J. CH… WEIL

La Nouvelle Grammaire de l'Allemand Moderne en 50 tableaux

ARMAND COLIN

SOMMAIRE

Illustrations : Gilles Rapaport

ISBN : 2-200-01405-8

Armand Colin Éditeur, 21, rue du Montparnasse, 75006 Paris

PRÉFACE À LA TROISIEME ÉDITION

"Cent fois sur le métier remettez votre ouvrage,
Polissez-le sans cesse et le repolissez !"

Dociles à l'invitation du poète, les auteurs de la *Nouvelle Grammaire de l'allemand moderne* s'efforcent de donner à leur ouvrage un visage nouveau, plus actuel encore, plus vivant peut-être, si possible plus avenant. Qu'il leur soit permis d'en esquisser les grands traits !

Après les quelques notions préliminaires relatives à la prononciation, l'accentuation, la graphie, la ponctuation, collègues et élèves y retrouveront les cinquante tableaux, mais simplifiés et rendus plus parlants grâce à une formulation plus concise des règles, des exemples dépouillés de toute prétention littéraire, une graphie plus fonctionnelle, une utilisation plus rationnelle de la couleur.

Le nombre des exercices passe de 500 à plus de 750 dont les trois cinquièmes sont directement liés au tableau dont ils sont l'illustration et forment avec lui une double page.

A dix reprises au cours de l'ouvrage, succèdant à une série de quatre ou cinq tableaux, une plage récapitulative offre à nouveau une série d'exercices comprenant deux niveaux de difficultés. Le niveau I fait une large place aux centres d'intérêt de la vie quotidienne en limitant le vocabulaire aux mots les plus usuels, le niveau II en revanche privilégie l'élément culturel en faisant appel à des proverbes, expressions idiomatiques, textes publicitaires, titres de journaux.

Afin de permettre conjointement le travail personnel à la maison et le travail en classe, le quart des exercices, notamment les thèmes, fait l'objet d'une traduction qui figure à la fin de l'ouvrage. Ils sont signalés par la lettre ©.

Aux cinquante tableaux succèdent quelques pages complémentaires consacrées aux petits mots qui, en français comme en allemand, sont rebelles à une traduction "mot à mot" et ne sont intelligibles que dans un contexte approprié.

Une place importante est réservée à une trentaine d'exercices – dont figurent également les corrigés – proposés aux candidats au baccalauréat lors des sessions les plus récentes sous la rubrique "compétence linguistique".

Enfin nous espérons que les élèves apprécieront – élément attractif mais non gratuit – en plus des montages de slogans publicitaires bien connus, les "Witze" disséminés au cours de l'ouvrage sous le titre "Zum Lachen", ainsi que les dessins humoristiques dont les légendes illustrent, de façon moins austère, tel ou tel fait grammatical figurant dans un des tableaux précédents.

Puisse la *Nouvelle Grammaire de l'allemand moderne* apprendre aux germanistes, jeunes et moins jeunes, à s'exprimer avec les mots de tous les jours, dans une langue simple, précise, correcte, adaptée aux exigences du monde d'aujourd'hui !

J.C., G.W.

LA PRONONCIATION

Le système vocalique

Il comprend sept voyelles brèves, huit voyelles longues et trois diphtongues.

– Les voyelles brèves :

i (i) :	Hilfe, Fisch, Tisch	**o** (ɔ) :	Stock, Bock, Rock
ü (Y) :	fünf, Hütte	**e, ä** (ɛ:) :	helfen, Felle, Teller Dächer, fällen, Bäche, Fächer
u (u) :	Hund, Mutter, Butter	**a** (a) :	Sack, Lamm, fallen, Mann
ö (œ) :	Stöcke, Hölle		

– Les voyelles longues :

i, ie, ieh, ih (i :) :	Lid, Lied, Biene, Vieh, ihr	**ä, äh** (ɛ :) :	Bär, Mähne
ü, üh (Y :) :	Flügel, Hügel, Bühne	**ö, öh** (ø) :	Öl, Höhle
u, uh (u :) :	Mut, Wut, Hut, Ruhe, Ruhm	**o, oo, oh** (o :) :	Los, Rose, Tod, Moos, Boot, Lohn, Mohn, Sohn, Ton
e, ee, eh (e :) :	Leben, Reben, See, Mehl	**a, aa, ah** (a :) :	Rat, Saat, Staat, Aal, Ahn, Bahn, Zahn

– Les diphtongues :

ei, ai (æ) :	Leib, Laib, Weib, Hain	**au** (ao) :	Laub, Maus, Baum, Auge, Haut
eu, äu (ɔø) :	Leute, Beute, Häute, Bäume, Mäuse		

Remarque : Le signe ə représente la voyelle atone de toutes les voyelles accentuées.

Est **longue**

– toute voyelle suivie de **h** : Wahn, Jahr, Hahn, Hähne, Mehl, ihm, Lohn, Hohn, Huhn, Hühner

– toute voyelle double (**aa, ee, oo**) : Saal, Aal, See, Klee, Fee, Boot, Moos

– la voyelle **i** suivie de **e** : Vieh, Lied, Biene

Est **brève**

– toute voyelle suivie d'une combinaison de deux ou plusieurs consonnes (toujours devant **pf**, **ng**, généralement dans tous les autres cas) :
Ast, Kiste, Kasten, Kirche, Küste, Schloß, Knopf, Apfel, Länge, lang

Cette règle ne s'applique pas à la combinaison **h + consonne.** N'entrent en ligne de compte dans un verbe que les consonnes faisant partie du radical :
ahnen träg/t, bläs/t (a et ä sont longs)

Principales exceptions parmi les plus courantes (voyelles longues).
Adler, Afrika, Art, artig, Arzt, Barsch, Bart, brach, Gemach, Jagd, Magd, nach, Papst, Schmach, sprach, stach, Schwarte Erde, erst, Erz, Herd, Herde, Keks, Krebs, nebst, Pferd, Schwert, stets, werden, wert, Wert, Nische, Behörde, Börse, hoch, Kloster, Mond, Obst, Ostern, Österreich, rösten, trösten, Vogt, Buch, düster, Fluch, fluchen, Geburt, husten, Kuchen, pusten, Schuster, Tuch, Wucher, wuchern, wuchs, wusch, Wüste, wüst

– toute voyelle de la syllabe accentuée suivie de **pp, tt, ck, bb, dd, gg, mm, nn, ff, rr, ll, ss, tz.**

Mais elle est longue avant les consonnes simples correspondantes.

Rat, Ratte	rot, Rotte	Mut, Mutter	beten, betten	bieten, bitten
Hüte, Hütte	kam, Kamm	den, denn	wen, wenn	

Remarques
– Après une voyelle brève, **ss** en finale s'écrit **ß**.
Flüsse, Fluß (voyelle brève)
Füße, Fuß (voyelle longue)

– La voyelle des mots invariables suivants est brève : ob, ab, weg, man, mit, von, zum, zur

Les consonnes

Il existe 21 consonnes qui sont :

p (p) **t** (t) **k** (k) **pf** (pf) **tz, z** (ts) **f, v** (f) **s, ß** (s) **sch** (ʃ) **ch** (ç, x) **h** (h)
b (b) **d** (d) **g** (g) **w** (v) **s** (z) **j** (j)
m (m) **n** (n) **ng** (ŋ)
l (l) **r** (r)

1. Les consonnes **p, t, k** sont fortement aspirées à l'initiale.
2. En finale, **b, d, g** se prononcent **p, t, k**. Exception : **-ig** en finale se prononce **-ich**.
   Ra**d**, Ra**t** Köni**g**, Köni**ge**
3. **f** et **v** ont la même prononciation.
   v se prononce souvent comme **v** français (mots d'origine étrangère).
   viel, **f**iel Zi**v**il, **V**illa
4. **z** se prononce **ts**.
   Zahn, **Z**unge
5. On distingue **s** sourd (s) et **s** sonore (z). **s** est sonore au début d'une syllabe tonique, dans les suffixes **sam** et **sal**, à l'intervocalique, entre **l, r, m, n** et voyelle.
   Sonne, **s**ind, an**s**agen ein**s**am, Schick**s**al le**s**en, Ra**s**en Hül**s**e, Fer**s**e, em**s**ig, Gän**s**e

s est sourd dans tous les autres cas et notamment en finale.
   Erb**s**e, Ei**s**, Gan**s**

Exception : les groupes **sp, st** à l'initiale se prononcent **schp** (ʃp), **scht** (ʃt).

6. **ss** et **ß** représentent **s** sourd (s) ; **ss** s'emploie après une voyelle brève.
   Ro**s**e, mais Ro**ß**, Ro**ss**e
7. Après **a, o, u, au, ch** se prononce (x). Ailleurs **ch** se prononce (ç).
   Ach-Laut : Bach, Koch, Buch, Bauch. Ich-Laut : Bäche, Hecht, Licht, Bücher, Bäuche
8. Le groupe **chs** se prononce (**ks**).
   Fu**chs**, Wu**chs**, se**chs**, wa**chs**en
9. **j** se prononce (j) comme **y** français.
   ja, **J**och, **J**ahr
10. Le groupe **qu** se prononce (**kw**).
    Quelle
11. **h** est fortement aspiré.
    Hand, **H**aus, **h**at

Les règles ci-dessus ne s'appliquent ni aux noms propres, ni aux mots d'origine étrangère.

Division des mots en syllabes

On sépare les consonnes doubles et les groupes **pf, ng, tz.**
   Son-**ne**, A**p-f**el, Ju**n-g**e, si**t-z**en, Sä**t-z**e, Zu**n-g**e, Mi**t-t**e, Pu**p-p**e

Remarques :

– **st** appartient à la seconde syllabe
   Ki-**ste**, We-**ste**

– **sch, ch, ph, th** ne se divisent pas.
   wa-**schen**

– Les mots composés se divisent en leurs éléments.
   Haus-tür, ver-ir-ren, Diens-tag, dar-in, Ver-ein

– **ck** se divise en **k-k**
   De**ck**e = De**k-k**e

– On rétablit la consonne double dans les noms composés
   Be**tt**uch = Be**tt-t**uch, Schi**ff**ahrt = Schi**ff-f**ahrt

– Ces règles ne s'appliquent pas aux mots étrangers. Dans ce cas, il est bon de consulter le dictionnaire, ou d'éviter de couper les mots.
   In-ter-es-se, So-wjet

LA PONCTUATION

Les règles de la ponctuation allemande diffèrent du français surtout en ce qui concerne la virgule.

La virgule à l'intérieur de la proposition

1. La virgule sépare les termes d'une énumération et les adjectifs épithètes entre eux, sauf s'ils sont réunis par **und** ou **oder**.

Am Tannenbaum glänzen rote , blaue , gelbe und grüne Kugeln.

– On ne sépare pas deux adjectifs lorsque le dernier forme avec le nom qui suit une unité de sens.

Sie trägt ein wunderschönes blaues Kleid. *(C'est la robe bleue qui est magnifique)*

2. La virgule sépare l'apposition ou le membre de phrase introduit par **aber** ou **sondern**.

Köln , eine Stadt am Rhein , ist groß, aber schön.

3. La virgule vient après le mot exclamatif, le nom de la localité ou le jour (dans la date), l'affirmation ou la négation.

Oh , wie schön ! **Ach** , wie traurig ! (mais : O wie schön !)

Köln , den 12. Januar. **Montag** , den 12. Januar. **Ja** , ich komme. **Nein** , ich komme nicht. **Doch** , ich komme.

– On ne sépare jamais par une virgule le membre de phrase en tête de la proposition quand ce n'est pas une subordonnée ou quand il n'est pas repris par un adverbe.

Am Abend ging er oft spazieren. **Am Abend** , dann ging er oft spazieren.

La virgule dans la phrase

1. Une virgule sépare les propositions indépendantes.

Reden ist Silber , Schweigen ist Gold. „Dieser Hund" , sagte er , „ist schön."

– Toutefois on ne sépare pas deux propositions coordonnées par **und** ou **oder** si la seconde a même sujet ou même verbe que la première.

Wir **fahren** morgen an die See und unsere Freunde ins Gebirge.

2. La subordonnée est toujours séparée de la principale ou intercalée entre deux virgules.

Der Junge , **der über die Straße läuft** , ist mein Bruder.

Wenn du kommst , gehen wir spazieren.

– Il en est de même pour les infinitives et les participiales.

Er spielt , **anstatt zu arbeiten. Von seiner Arbeit ermüdet** , ging er ins Bett.

– Toutefois on ne met pas la virgule quand l'infinitif est sujet en tête de phrase, ou quand l'infinitif avec **zu** est sans complément.

Sich selbst (zu) besiegen ist der schönste Sieg.

Er freut sich **zu kommen.**

– Il en est de même après certains verbes tels que **haben, sein, brauchen, pflegen** (avoir l'habitude), **scheinen, drohen, versprechen, bitten, glauben, helfen, hoffen, versuchen** sauf si la phrase introduite est considérée comme une proposition infinitive.

Et **scheint** nicht viel **zu arbeiten**. Ich **hoffe** , **sie bald wieder zu sehen.**

– L'infinitif avec ou sans **zu** est intercalé, même s'il a des compléments.

Er muß mir den Koffer zum Bahnhof **tragen** helfen.

– Les subordonnées sont séparées par une virgule, sauf si elles sont réunies par **und** ou **oder**.

Ich freue mich , weil das Wetter schön ist **und** weil wir draußen spielen können.

1. *Souligner les voyelles longues dans les mots ci-après :*

a) hart – Land – Vater – Wagen – wachen
b) Schwert – Herd – hell – Welle – bellen
c) Feder – Esel – treten – Pferd – Schnecke

2. *Souligner les voyelles longues dans les mots ci-après :*

a) traf – schoß – Buch – sprechen – sprach – Erde – Ostern – stets – Wüste – Loch
b) stechen – stach – nach – Kuchen – wuchs – Pferd – Keks – wusch – Stadt – Städte

3. *Souligner les voyelles longues dans les mots ci-après :*

a) Graf – Haß – Rast – rast – Rad
b) Lob – grob – Obst – Polen – Dom
c) du – tun – Blume – und – Bund

4. *Souligner les voyelles longues dans les mots ci-après :*

a) groß – hoch – holen – Holz – Mond
b) Huhn – gut – Nuß – Huf – Luft
c) hüten – Hütte – Tür – Löwe – böse
d) Blitz – Brille – Lied – Ritter – Tiger
e) Stern – Treppe – Nebel – Weg – Wert

5. *Souligner les voyelles longues dans ces proverbes. Traduire ensuite :*

1. Adler brüten keine Tauben. **2.** Je später der Abend, desto schöner die Gäste. **3.** Wer *A* sagt, muß auch *B* sagen. **4.** Wer den Aal hält beim Schwanz, hat ihn weder halb noch ganz. **5.** Abends werden die Faulen fleißig. **6.** Nicht jedes Feld trägt jede Frucht. **7.** Man soll das Fell des Bären nicht verkaufen, ehe man ihn nicht erlegt hat. **8.** Selber essen macht fett. **9.** Fleiß bringt Brot, Faulheit Not. **10.** Nur die Ärzte dürfen lügen.

6. *Mettre l'accent tonique :*

die Akademie – die Familie – die Linie – das Gebirge – der Tourist – die Türkei – die Matratze – die Maschine – die Minute – die Garage.

7. *Mettre l'accent tonique :*

das Gemüse – der Betrieb – das Benzin – das Plakat – der Salat – der August – der September – der Oktober – das Gesicht – die Gegend.

8. *Mettre les virgules manquantes dans les proverbes suivants :*

1. Fallen ist keine Schande aber liegen bleiben. **2.** Ein Buch das man liebt darf man nicht leihen sondern muß es besitzen. **3.** Ein klassisches Werk ist ein Buch das die Menschen loben aber nicht lesen. **4.** Es ist so schwer den falschen Weg zu meiden. **5.** Wenn nicht viel im Faß ist kann man auch nicht viel daraus zapfen. **6.** Wer satt ist lobt das Fasten. **7.** Feuer und Wasser sind gute Diener aber schlechte Herren. **8.** Iß den Fisch solange er frisch ist ; verheirate die Tochter solange sie jung ist ! **9.** Rosen Tulpen Nelken alle Blumen welken, Marmor Stein und Eisen bricht aber unsere Freundschaft nicht. (Albumvers). **10.** Ach wenn es doch immer so bliebe !

N.B.
1. Certains des tableaux qui suivent comportent des listes de mots.
   Nous n'avons généralement mentionné pour chacun d'eux que la traduction la plus courante.
2. Tout mot entre parenthèses est, pour le sens, une variante du mot qui le précède.
   Ex. : bevor (ehe)
   Les lettres ou syllabes entre crochets représentent des ajouts facultatifs.
   Ex. : [er] freuen

LA CONJUGAISON : INDICATIF ET IMPÉRATIF

AUXILIAIRES

sein			**haben**			**werden**		
présent	*prétérit*	*impératif*	*présent*	*prétérit*	*impératif*	*présent*	*prétérit*	*impératif*
ich **bin**	**war**		ich hab**e**	hat**te**		ich werd**e**	w**u**rde	
du **bist**	**warst**	**sei !**	du ha**st**	hat**test**	**hab (e) !**	du w**i**r**st**	w**u**rdest	werd (e) !
er **ist**	**war**		er ha**t**	hat**te**		er w**i**rd	w**u**rde	
wir **sind**	**waren**	**seien wir !**	wir hab**en**	hat**ten**	**haben wir !**	wir werd**en**	w**u**rden	werden wir !
ihr **seid**	**wart**	**seid !**	ihr hab**t**	hat**tet**	**habt !**	ihr werd**et**	w**u**rdet	werdet !
sie **sind**	**waren**	**seien Sie !**	sie hab**en**	hat**ten**	**haben Sie !**	sie werd**en**	w**u**rden	werden Sie !

parfait	*parfait*	*parfait*
ich bin **gewesen**	ich habe **ge**hab**t**	ich bin **ge**w**o**rd**en**
du bist **gewesen**	du hast **ge**hab**t**	du bist **ge**w**o**rd**en**
er ist **gewesen**	er hat **ge**hab**t**	er ist **ge**w**o**rd**en**
plus-que-parfait	***plus-que-parfait***	***plus-que-parfait***
ich war gewesen	ich hatte gehabt	ich war geworden
du warst geweseh	du hattest gehabt	du warst geworden
er war gewesen	er hatte gehabt	er war geworden
futur	***futur***	***futur***
ich werde sein	ich werde haben	ich werde werden
du wirst sein	du wirst haben	du wirst werden
er wird sein	er wird haben	er wird werden

VERBE FAIBLE : **lernen**			VERBE FORT EN A : **fahren**			VERBE FORT EN E : **geben**		
présent	*prétérit*	*impératif*	*présent*	*prétérit*	*impératif*	*présent*	*prétérit*	*impératif*
ich lern**e**	lern**te**		ich fah**re**	f**u**h**r**		ich geb**e**	g**a**b	
du lern**st**	lern**test**	lern (e) !	du f**ä**hr**st**	f**u**hr**st**	fahr (e) !	du g**i**b**st**	g**a**b**st**	g**i**b !
er lern**t**	lern**te**		er f**ä**h**rt**	f**u**h**r**		er g**i**b**t**	g**a**b	
wir lern**en**	lern**ten**	lernen wir !	wir fah**ren**	f**u**hr**en**	fahren wir !	wir geb**en**	g**a**b**en**	geben wir !
ihr lern**t**	lern**tet**	lernt !	ihr fah**rt**	f**u**hr**t**	fahrt !	ihr geb**t**	g**a**b**t**	gebt !
sie lern**en**	lern**ten**	lernen Sie !	sie fah**ren**	f**u**hr**en**	fahren Sie !	sie geb**en**	g**a**b**en**	geben Sie !

parfait	*parfait*	*parfait*
ich habe **ge**lern**t**	ich bin **ge**f**a**hr**en**	ich habe **ge**g**e**b**en**
du hast **ge**lern**t**	du bist **ge**f**a**hr**en**	du hast **ge**g**e**b**en**
er hat **ge**lern**t**	er ist **ge**f**a**hr**en**	er hat **ge**g**e**b**en**
plus-que-parfait	***plus-que-parfait***	***plus-que-parfait***
ich hatte gelernt	ich war gefahren	ich hatte gegeben
du hattest gelernt	du warst gefahren	du hattest gegeben
er hatte gelernt	er war gefahren	er hatte gegeben
futur I	***futur I***	***futur I***
ich werde lernen	ich werde fahren	ich werde geben
du wirst lernen	du wirst fahren	du wirst geben
er wird lernen	er wird fahren	er wird geben

1. Les formes surcomposées du futur II (ich werde gewesen sein, ich werde gelernt haben) sont peu usitées.

LA CONJUGAISON : SUBJONCTIF I ET II

AUXILIAIRES

sein		haben		werden	
présent		*présent*		*présent*	
subj. I	*subj. II*	*subj. I*	*subj. II*	*subj. I*	*subj. II*
ich **sei**	ich **wäre**	ich habe	ich **hätte**	ich werde	ich **würde**
du **sei(e)st**	du **wär(e)st**	du **habest**	du **hättest**	du **werdest**	du **würdest**
er **sei**	er **wäre**	er **habe**	er **hätte**	er **werde**	er **würde**
wir **seien**	wir **wären**	wir haben	wir **hätten**	wir werden	wir **würden**
ihr **seiet**	ihr **wär(e)t**	ihr **habet**	ihr **hättet**	ihr **werdet**	ihr **würdet**
sie **seien**	sie **wären**	sie haben	sie **hätten**	sie werden	sie **würden**

sein	haben	werden
passé	*passé*	*passé*
subj. I (et II)	*subj. I (et II)*	*subj. I (et II)*
ich **sei** **(wäre)** **gewesen**	ich habe **(hätte)** **gehabt**	ich **sei** **(wäre)** **geworden**
du **sei(e)st** **(wärest)** **gewesen**	du **habest** **(hättest)** **gehabt**	du **sei(e)st** **(wärest)** **geworden**
er **sei** **(wäre)** **gewesen**	er **habe** **(hätte)** **gehabt**	er **sei** **(wäre)** **geworden**
futur I	*futur I*	*futur I*
subj. I (et II)	*subj. I (et II)*	*subj. I (et II)*
ich werde **(würde)** **sein**	ich werde **(würde)** **haben**	ich werde **(würde)** **werden**
du **werdest** **(würdest)** **sein**	du **werdest** **(würdest)** **haben**	du **werdest** **(würdest)** **werden**
er **werde** **(würde)** **sein**	er **werde** **(würde)** **gehabt**	er **werde** **(würde)** **werden**

VERBE FAIBLE : **lernen**		VERBE FORT : **fahren**		VERBE FORT : **geben**	
présent		*présent*		*présent*	
subj. I (et II)		*subj. I (et II)*		*subj. I*	*subj. II*
ich lerne	ich lernte	ich fahre	ich **führe**	ich gebe	ich **gäbe**
du **lernest**	du lerntest	du **fahrest**	du **führest**	du **gebest**	du **gäbest**
er **lerne**	er lernte	er **fahre**	er **führe**	er **gebe**	er **gäbe**
wir lernen	wir lernten	wir fahren	wir **führen**	wir geben	wir **gäben**
ihr **lernet**	ihr lerntet	ihr **fahre**	ihr **führet**	ihr **gebet**	ihr **gäbet**
sie **lernet**	sie lernten	sie fahren	sie **führen**	sie geben	sie **gäben**

lernen	fahren	geben
passé	*passé*	*passé*
subj. I (et II)	*subj. I (et II)*	*subj. I (et II)*
ich habe **(hätte)** **gelernt**	ich **sei** **(wäre)** **gefahren**	ich habe **(hätte)** **gegeben**
du **habest** **(hättest)** **gelernt**	du **sei(e)st** **(wärest)** **gefahren**	du **habest** **(hättest)** **gegeben**
er **habe** **(hätte)** **gelernt**	er **sei** **(wäre)** **gefahren**	er **habe** **(hätte)** **gegeben**
	futur I	*futur I*
subj. I (et II)	*subj. I (et II)*	*subj. I (et II)*
ich werde **(würde)** **lernen**	ich werde **(würde)** **fahren**	ich werde **(würde)** **geben**
du **werdest** **(würdest)** **lernen**	du **werdest** **(würdest)** **fahren**	du **werdest** **(würdest)** **geben**
er **werde** **(würde)** **lernen**	er **werde** **(würde)** **fahren**	er **werde** **(würde)** **geben**

1. Les formes surcomposées du futur II **(ich werde gelernt haben, ich würde gelernt haben)** sont peu usitées.
2. Les formes en caractères gras sur fond de couleur (formes vivantes) sont celles qui se distinguent de l'indicatif.

LES VERBES FORTS en a et e

N.B. Les verbes suivis d'un astérisque se conjuguent avec l'auxiliaire **sein**. Ceux qui sont suivis de deux astérisques ne se conjuguent avec **sein** que lorsqu'ils sont intransitifs (voir p. 14).

Le signe ° indique qu'il existe également une forme faible.

Verbes forts en A	*1er groupe*	Modèle : a - i (e) - a					
blasen	blies	geblasen	souffler	hängen[1]	hing	gehangen	être suspendu
braten	briet	gebraten	(faire) rôtir	lassen	ließ	gelassen	laisser
fallen*	fiel	gefallen	tomber	laufen**	lief	gelaufen	courir
fangen	fing	gefangen	attraper, capturer	raten	riet	geraten	conseiller, deviner
halten	hielt	gehalten	tenir, s'arrêter	schlafen	schlief	geschlafen	dormir
Verbes forts en A	2e groupe : Modèle : a - u - a						
backen	backte (buk)	gebacken	cuire (au four)	schlagen	schlug	geschagen	frapper
fahren**	fuhr	gefahren	aller (en voiture)	tragen	trug	getragen	porter
graben	grub	gegraben	creuser	wachsen*	wuchs	gewachsen	croître, grandir
laden	lud	geladen	charger, inviter	waschen	wusch	gewaschen	laver
schaffen[2]	schuf	geschaffen	créer				

1. La forme **hangen** est peu usitée.
2. ne prend pas l'inflexion aux 2e et 3e pers. du sing. du présent de l'indicatif.

Verbes forts en B	1er groupe : Modèle : e - a - e						
essen	aß	gegessen	manger (humains)	lesen[1]	las	gelesen	lire
fressen	fraß	gefressen	manger (animaux)	messen	maß	gemessen	mesurer
geben	gab	gegeben	donner	sehen[1]	sah	gesehen	voir
genesen	genas	genesen	guérir	treten	trat	getreten	franchir (un seuil)
geschehen[1]	geschah	geschehen	se produire	vergessen	vergaß	vergessen	oublier

1. Ces verbes changent la voyelle du radical en **ie** aux 2e et 3e pers. du sing. du présent de l'indicatif. Les autres sauf **genesen** changent cette voyelle en **i**.

Verbes forts en E	*2e groupe*	Modèle : e - a - o					
befehlen[1]	befahl	befohlen	ordonner	schelten	schalt	gescholten	traiter de
bergen	barg	geborgen	abriter	sprechen	sprach	gesprochen	parler
bersten*	barst	geborsten	éclater	stechen	stach	gestochen	piquer
brechen**	brach	gebrochen	briser, cueillir	stehlen[1]	stahl	gestohlen	voler, dérober
empfehlen[1]	empfahl	empfohlen	recommander	sterben*	starb	gestorben	mourir
erschrecken*	erschrak	erschrocken	s'effrayer	treffen	traf	getroffen	atteindre
gelten	galt	gegolten	valoir	verderben**	verdarb	verdorben	se corrompre
helfen	half	geholfen	aider	werben	warb	geworben	briguer
nehmen	nahm	genommen	prendre	werfen	warf	geworfen	jeter
Verbes forts en E	3e groupe : Modèle : e - o - o						
bewegen[1]	bewog	bewogen	inciter à	pflegen[1]	pflog°	gepfogen°	avoir coutume de
dreschen	drosch	gedroschen	battre (le blé)	quellen*	quoll	gequollen	sourdre
fechten	focht	gefochten	se battre (à l'épée)	scheren[1]	schor	geschoren	tondre
flechten	flocht	geflochten	tresser	schmelzen*	schmolz	geschmolzen	fondre
heben[1]	hob	gehoben	lever	schwellen	schwoll	geschwollen	s'enfler
melken[1]	molk°	gemolken	traire	weben[1]	wob°	gewoben°	tisser

– peuvent s'ajouter à ce groupe							
erlöschen*	erlosch	erloschen	s'éteindre	saugen[1]	sog°	gesogen°	sucer, aspirer
gären[2]	gor°	gegoren°	fermenter	schwören[1]	schwor	geschworen	prêter serment
saufen	soff	gesoffen	boire (animaux)				

1. Ces verbes ne changent pas la voyelle du radical aux 2ᵉ et 3ᵉ pers. du sing. du présent de l'ind. Tous les autres verbes (sauf **saufen** qui prend l'inflexion) changent leur voyelle en **i**
2. Le verbe **gären** se conjugue avec **sein** ou **haben**.

ABLEAU 4

LES VERBES FORTS EN ei, i et hors série

Verbes forts en EI	*1er groupe*	Modèle : **ei - i - i**					
beißen	biß	gebissen	mordre	reiten**	ritt	geritten	aller à cheval
bleichen*	blich	geblichen	pâlir	schleichen*	schlich	geschlichen	se glisser
gleichen	glich	geglichen	ressembler	schleifen	schliff	geschliffen	aiguiser
gleiten*	glitt	geglitten	glisser	schneiden	schnitt	geschnitten	couper
greifen	griff	gegriffen	saisir	schreiten*	schritt	geschritten	marcher
kneifen	kniff	gekniffen	pincer	streichen**	strich	gestrichen	frotter, rôder
leiden	litt	gelitten	souffrir	streiten	stritt	gestritten	se quereller
pfeifen	pfiff	gepfiffen	siffler	weichen*	wich	gewichen	cèder, s'écarter
reißen**	riß	gerissen	arracher, déchirer				

Verbes forts en EI	*2e groupe*	Modèle : **ei - ie - ie**					
bleiben*	blieb	geblieben	rester	schreiben	schrieb	geschrieben	écrire
gedeihen*	gedieh	gediehen	prospérer	schreien	schrie	geschrien	crier
leihen	lieh	geliehen	prêter	schweigen	schwieg	geschwiegen	se taire
meiden	mied	gemieden	éviter	speien	spie	gespien	cracher
preisen	pries	gepriesen	louer, vanter	steigen*	stieg	gestiegen	monter
reiben	rieb	gerieben	frotter	treiben**	trieb	getrieben	faire avancer
scheiden**	schied	geschieden	(se) séparer	verzeihen	verzieh	verziehen	excuser, pardonner
scheinen	schien	geschienen	briller, paraître	weisen	wies	gewiesen	indiquer

Verbes forts en I	*1er groupe*	Modèle : **i - a - u**					
binden	band	gebunden	lier, attacher	singen	sang	gesungen	chanter
dringen*	drang	gedrungen	pénétrer	sinken*	sank	gesunken	sombrer
finden	fand	gefunden	trouver	springen*	sprang	gesprungen	sauter
gelingen*	gelang	gelungen	réussir	stinken	stank	gestunken	puer
klingen	klang	geklungen	résonner	trinken	trank	getrunken	boire
ringen	rang	gerungen	lutter	verschwinden*	verschwand	verschwunden	disparaître
schlingen	schlang	geschlungen	enlacer	winden	wand	gewunden	tordre
schwingen	schwang	geschwungen	brandir	zwingen	zwang	gezwungen	contraindre
Verbes forts en I	*2e groupe*	Modèle : **i - a - o**					
beginnen	begann	begonnen	commencer	schwimmen**	schwamm	geschwommen	nager
gewinnen	gewann	gewonnen	gagner	sinnen	sann	gesonnen	songer
rinnen*	rann	geronnen	ruisseler	spinnen	spann	gesponnen	filer (au rouet)
Verbes forts en I	*3e groupe*	Modèle : **i - o - o**					
glimmen[1]*	glomm	geglommen	couver (flamme)	klimmen[1]*	klomm	geklommen	grimper

1. Ces deux verbes sont également faibles.

Verbes forts en IE Modèle : ie - o - o							
biegen*	bog	gebogen	plier, courber	schieben	schob	geschoben	pousser
bieten	bot	geboten	offrir	schießen**	schoß	geschossen	tirer (projectile)
fliegen**	flog	geflogen	voler (oiseau)	schließen	schloß	geschlossen	fermer
fliehen**	floh	geflohen	fuir	sieden	sott°	gesotten°	bouillir
frieren	fror	gefroren	geler	sprießen*	sproß	gesprossen	bourgeonner
fließen*	floß	geflossen	couler	verdrießen	verdroß	verdrossen	contrarier
genießen	genoß	genossen	jouir de	verlieren	verlor	verloren	perdre
gießen	goß	gegossen	verser	wiegen (wägen)	wog	gewogen	peser
kriechen*	kroch	gekrochen	ramper	ziehen**	zog	gezogen	tirer, aller
riechen	roch	gerochen	sentir (odeur)				
– peuvent s'ajouter à ce groupe							
lügen	log	gelogen	mentir	trügen	trog	getrogen	tromper
Verbes forts hors série							
bitten	bat	gebeten	prier (de faire)	rufen	rief	gerufen	appeler
gehen*	ging	gegangen	aller (à pied)	sitzen	saß	gesessen	être assis
hauen	hieb°	gehauen	frapper, cogner	stehen	stand	gestanden	être debout
heißen	hieß	geheißen	s'appeler	stoßen**	stieß	gestoßen	heurter, tomber sur
kommen*	kam	gekommen	venir	tun	tat	getan	faire
liegen	lag	gelegen	être couché				

TABLEAU 5

L'AUXILIAIRE DANS LES TEMPS COMPOSÉS

1. Se conjuguent avec **sein** les verbes intransitifs qui marquent un changement de lieu ou d'état.
Er **ist** schnell **heimgegangen**. Er **ist** sofort **eingeschlafen**.

2. Se conjuguent avec **haben** les verbes transitifs, pronominaux, impersonnels et intransitifs d'état (sauf **bleiben** et **sein**).
Er **hat** das Fenster **geschlossen**. Er **hat sich** sehr **gefreut**.
Es **hat geblitzt** und **gedonnert**. Er **hat** lange **geschlafen**.
Er **ist** nicht zu Hause **geblieben**. Er **ist** in München **gewesen**.

N.B. **a)** Les verbes d'état se conjuguent normalement avec **haben**, mais en Allemagne du Sud ils se conjuguent surtout avec **sein**.
Wir **haben (sind)** unter einem Baum **gestanden**.

b) Avec les verbes de mouvement, on distingue la durée ou la continuité **(haben)** et la direction ou la rupture de continuité **(sein)**. Mais l'emploi de **sein** tend à s'étendre.
Er **hat** stundenlang **geschwommen**. Er **ist** ans andere Ufer **geschwommen**.

c) Dans certains cas ou le verbe exprime un changement insensible, on peut employer indifféremment **haben** ou **sein**.
Der Wein **ist (hat) gegoren**.

REMARQUES SUR LA CONJUGAISON

1. ***e intercalaire :*** se met après le radical suivi de **d, t** ou après une consonne suivie de **m** ou **n**.

du	at**me**st,	zei**chne**st,	antwor**te**st -	ich a**tme**te,	zei**chne**te,	antwor**te**te,	re**de**te
er	at**me**t,	zei**chne**t,	antwor**te**t	gea**tme**t,	gezei**chne**t,	geantwor**te**t,	gere**de**t
ihr	at**me**t,	zei**chne**t,	antwor**te**t				

– Il disparaît si la voyelle change.
du hältst, er hält (mais : ihr halt**e**t) - du trittst, er tritt (mais : ihr tret**e**t).

– Au prétérit des verbes forts, pas de **e** intercalaire en général à la 2ᵉ pers. du sing.
du fandst, botst plutôt que : fand**e**st, bot**e**st, mais : ihr fand**e**t, bot**e**t

2. ***Les 2ᵉ et 3ᵉ personnes du singulier du présent de l'indicatif*** sont identiques si le radical se termine par **s, ss, sch, z, tz.**
du (er) liest - du (er) sitzt - du (er) ißt

– Au prétérit, deux formes sont possibles, avec ou sans **e**.
du las**e**st, du last - ihr las**e**t, ihr last

3. ***Verbes en eln, ern :*** Le **e** du radical disparaît à la 1ʳᵉ personne du singulier du présent de l'indicatif, surtout si le radical se termine par **eln**.
lächeln, ich lächle - bewundern, ich bewundre ou ich bewund**e**re

4. ***Formes syncopées :*** Le **e** final ou placé après une voyelle ou **h** est parfois élidé au présent et prétérit (1ʳᵉ et 3ᵉ personnes du pluriel), ainsi qu'à l'impératif, sauf verbes en **ern, eln**.
wir (sie) schrein (schrien) - wir (sie) fliehn, flohn - Komm ! Lächle !

5. ***Changement de la voyelle du radical des verbes forts :*** (2ᵉ et 3ᵉ pers. du sing. du prés. ind.)
a → **ä**, au → **äu**, o → **ö**, e → **i (e)** - er tr**ä**gt, l**äu**ft, st**ö**ßt, g**i**bt, s**ie**ht

Exceptions : **gehen, hauen, heben, kommen, melken, saugen, schaffen, stehen, weben**

6. ***Formes doubles au présent du subj. II :*** normales en **ä**

plus usuelles en **ö : befehlen, beginnen, empfehlen, gelten, gewinnen, schwimmen, spinnen, stehlen**

ou en **ü : helfen, stehen, sterben, verderben, werben, werfen**
Ich bef**ö**hle (bef**ä**hle), ich st**ü**nde (st**ä**nde)

7. ***Verbes qui tendent à devenir faibles :*** **glimmen, melken saugen, schaffen** (sens de travailler), **schleifen** (sens de traîner, raser une ville), **sieden, weben** (sens de activité artisanale).
Das Feuer **glimmte** (glomm) noch unter der Asche. Die Frau **webte** einen Teppich.

ou partiellement faibles, surtout au prétérit : **backen, melken**
ich **backte** (buk), ich **melkte** (molk)

8. ***Verbes faibles lorsqu'ils sont transitifs :*** **bleichen, erschrecken, quellen, löschen, schwellen**
Du hast ihn **erschreckt.** Er ist erschrocken.

9. ***Verbes faibles au participe II :*** en **en (mahlen, salzen)**, en **en** ou **t (spalten)**
Er hat das Korn **gemahlen** und das Fleisch **gesalzen.** Der Blitz hat den Baum **gespalten (gespaltet).**

1. Compléter les proverbes suivants par le présent des verbes donnés :

1. In großen Wassern (fangen) man große Fische. **2.** Es (laufen) kein Fluß den Berg hinauf. **3.** Nicht jedes Feld (tragen) jede Frucht. **4.** Ein einzig faules Ei (verderben) den ganzen Brei. **5.** Über den Geschmack (lassen) sich nicht streiten. **6.** Der Erfolg (geben) recht. **7.** Glück und Glas, wie leicht (brechen) das. **8.** Der Apfel (fallen) nicht weit vom Stamm. **9.** Wer mit Ochsen (fahren), kommt auch auf den Markt. **10.** Was das Auge (sehen), glaubt das Herz.

2. Compléter les proverbes suivants par le présent des verbes donnés :

1. Wer hoch (steigen), (fallen) tief. **2.** Wer viel (versprechen), (halten) wenig. **3.** Wer das Recht (biegen), (brechen) es. **4.** Wer ins Feuer (blasen), dem (fliegen) die Funken in die Augen. **5.** Wie man sich (betten), so (schlafen) man.

3. Compléter les proverbes suivants par le présent ou le participe II des verbes donnés :

1. Wie (gewinnen), so (zerrinnen). **2.** Gesundheit ist leichter (verlieren), als wieder (gewinnen). **3.** Frisch (wagen), ist halb (gewinnen). **4.** Wo man (flüstern), wird (lügen). **5.** Wer leicht (glauben), wird leicht (betrügen).

4. © Compléter les proverbes suivants par le présent d'un des verbes donnés :

brechen, fangen, sprechen, sterben, treffen

1. Mit Speck ... man Mäuse. **2.** Not ... Eisen. **3.** Wer einmal ..., der ist noch kein guter Schütze. **4.** Wenn man vom Teufel ..., ist er nicht mehr weit. **5.** Die Wahrheit wird alt, aber sie ... nicht.

5. Mettre les phrases suivantes au présent, au prétérit puis au parfait des verbes faibles donnés :

1. Ich (kaufen) mir einen neuen Wagen. **2.** Ich (sparen) jahrelang dafür. **3.** Ich (verkaufen) mein Motorrad. **4.** Ich (schenken) meinem Bruder mein Fahrrad. **5.** Er (sich freuen) sehr. **6.** Er (brauchen) es wirklich. **7.** Zum Geburtstag (schicken) meine Großeltern mir 50 DM. **8.** Ich (danken) ihnen herzlich dafür. **9.** Ich (überraschen) sie dann mit meinem Besuch. **10.** Sie (bewundern) meinen neuen Wagen.

6. © Compléter les phrases suivantes à l'aide du présent, puis du prétérit et du parfait des verbes donnés :

blasen, halten, lesen, schlafen, sehen

1. Er ... sein Versprechen. **2.** Ein eisiger Wind ... mir ins Gesicht. **3.** Du ... Gespenster. **4.** Er ... auf der Luftmatratze. **5.** Das Kind ... fließend.

7. Compléter les titres de journaux suivants par le participe II des verbes donnés :

1. Generalstreik (ankündigen). **2.** Zwei Häftlinge mit Hubschrauber aus Gefängnis (fliehen). **3.** Sowjetisches Flugzeug nach Helsinki (entführen). **4.** Mann und zwei Söhne aus Höhle (retten). **5.** Fälscherwerkstatt (ausheben). **6.** Zwei Bankräuber nach Schußwechsel (festnehmen). **7.** Arbeitslosigkeit wieder (sinken). **8.** Mann beim Tauchen tödlich (verunglücken). **9.** Tabakwerbung in Frankreich bald (verbieten). **10.** Bei Veranstaltung in Kanada zwei Flugzeuge (abstürzen).

8. Mettre les expressions populaires suivantes au prétérit puis au plus-que-parfait :

1. Er schreit Zeter und Mordio. **2.** Er schwimmt wie eine bleierne Ente. **3.** Ich schwitze mich halb tot. **4.** Er schafft seinen Teller nicht mehr. **5.** Er wäscht ihr den Kopf. **6.** Er hilft ihm über den Berg. **7.** Er nimmt ihn auf den Arm. **8.** Das geschieht ihm recht. **9.** Sie sieht den Himmel voller Geigen. **10.** Er säuft wie ein Loch.

9. Compléter les phrases suivantes à l'aide du présent, du prétérit puis du parfait des verbes donnés :

1. Er (werfen) mit Geld um sich. **2.** Sie (brechen) den Streik. **3.** Wir (essen) abends nur kalt. **4.** Ein Wort (geben) das andere. **5.** Er (sprechen) Deutsch nur gebrochen.

10. Mettre les verbes suivants à la 2e per. du sing. puis à la forme de politesse de l'impératif :

bremsen, rechts einbiegen, langsam fahren, vor der Tankstelle halten, den Motor abstellen, volltanken, bezahlen, den Motor anlassen, den ersten Gang einschalten, abfahren.

11. Compléter par un des auxiliaires ***sein, haben, werden*** *:*

1. Er ... Angst. **2.** Ich ... ein Berliner. **3.** Die Zeit ... mir lang. **4.** Er ... keinen Unterricht. **5.** Zeit ... Geld. **6.** Was soll aus dem Jungen noch ... ! **7.** Die Sache ... Zeit. **8.** Ich ... ihm böse. **9.** Du ... zu schweigen. **10.** Das ... schade.

*12. Compléter par un des auxiliaires **sein** (4), **haben** (4), ou **werden** (2) :*

1. Dafür bin ich nicht zu ... . **2.** Er will Arzt ... . **3.** Er ... guten Mutes. **4.** Das ... du davon ? **5.** Wir ... in der Minderheit. **6.** Sie ... alle beide nichts. **7.** Muß das ... ? **8.** Hunde ... an der Leine zu führen. **9.** Aus nichts ... nichts. **10.** Das Mädchen ist noch zu ... .

13. Mettre les verbes donnés au prétérit :

1. Mein Freund und ich (treffen) uns jeden Sonnabend. **2.** Wir (trinken) ein Glas Bier zusammen und (singen) manchmal fröhliche Lieder. **3.** Plötzlich (verschwinden) er. **4.** Nach ein paar Tagen (dringen) die Nachricht seines Unfalls zu mir. **5.** Ich (finden) die Nummer seiner Eltern im Telefonverzeichnis. **6.** Ich (anrufen) sie. **7.** Die Stimme seiner Mutter (klingen) so traurig, daß ich sofort (verstehen), wie schlecht es um ihn (stehen). **8.** Ich (springen) in ein Taxi und (fahren) ins Krankenhaus. **9.** Es (gelingen) mir auch, ihn zu sehen. **10.** Es (gehen) ihm schon besser, aber die Krankenschwester (zwingen) mich schon nach 5 Minuten, das Zimmer zu verlassen.

14. Associer verbe et nom, puis mettre au prétérit :

beißen, fliegen, kriechen, pfeifen, rufen, schleichen, schwimmen, singen, spinnen, stechen
die Amsel, der Fisch, der Fuchs, der Hund, der Kuckuck, die Schlange, die Spinne, der Vogel, der Wind, die Wespe

15. Compléter les phrases suivantes par le présent, le prétérit puis le parfait du verbe donné :

1. Die Uhr (schlagen) zwei. **2.** Er (brechen) einen Rekord. **3.** Er (schieben) immer alles auf andere. **4.** Er (schneiden) Grimassen. **5.** Die Preise (fallen). **6.** Er (halten) sich einen Hund. **7.** Der Wagen (laufen) gut. **8.** Dieser Vorwurf (treffen) dich nicht. **9.** Er (greifen) ihm unter die Arme. **10.** Der Schnee (schmelzen).

16. Construire des phrases selon le modèle proposé :

Siehst du fern ? - Ja, ich sehe fern.
1. vorsichtig fahren. **2.** laut sprechen. **3.** Deutsch verstehen. **4.** langsam essen. **5.** seiner Schwester gleichen. **6.** einen Brief schreiben. **7.** leicht erschrecken. **8.** schnell laufen. **9.** lange schlafen. **10.** gut sehen.

17. Mettre au singulier :

1. Nehmt ihr den Wagen oder fahrt ihr mit dem Zug ? **2.** Geht ihr ins Kino oder bleibt ihr zu Hause ? **3.** Lest ihr oder seht ihr fern ? **4.** Zieht ihr den Wagen oder schiebt ihr ihn ? **5.** Gewinnt oder verliert ihr ?

18. Mettre les verbes des phrases suivantes au présent du subjonctif I et II :

1. Er hat keine Zeit. **2.** Er fährt zu schnell. **3.** Er spricht zu leise. **4.** Er geht ins Kino. **5.** Er sieht nichts. **6.** Er ist krank. **7.** Er liest die Zeitung. **8.** Er kommt spät. **9.** Er lernt gut. **10.** Er lacht laut.

19. Mettre les verbes des phrases suivantes au présent du subjonctif II :

1. Was bist du ohne mich ? **2.** Das ist alles. **3.** Das ist doch unmöglich. **4.** Er ist zu allem fähig. **5.** Ist es dir recht ? **6.** Ich habe keine Angst. **7.** Er fällt nicht auf. **8.** Ich trinke gern noch etwas. **9.** Wir finden nichts dabei. **10.** Ihm gelingt es.

20. Mettre les verbes des phrases suivantes au présent puis au futur I du subjonctif II. Souligner les formes vivantes : ©

1. Ich warte nicht so lange. **2.** Er holt mich ab. **3.** Er kommt nicht zu spät. **4.** Wir begrüßen unsere Gäste. **5.** Die Sonne scheint. **6.** Ihr fahrt in die Stadt. **7.** Er wäscht sich die Hände. **8.** Du betrügst ihn. **9.** Ich bleibe nicht zu Hause. **10.** Ich fliege nach München.

21. Traduire les phrases suivantes en utilisant les verbes donnés : ©

1. Il me donne la main **(geben)**. **2.** Il mange trop vite **(essen)**. **3.** Il admire la nouvelle voiture **(bewundern)**. **4.** Il porte la valise **(tragen)**. **5.** Il dort longtemps **(schlafen)**. **6.** Il lui lave la tête **(waschen)**. **7.** Il fait ses devoirs **(machen)**. **8.** Il lit le journal **(lesen)**. **9.** Il reste à la maison **(bleiben)**. **10.** Il va au théâtre **(gehen)**.

22. Traduire les phrases suivantes (voir les verbes p. 15) : ©

1. Tu m'as effrayé. **2.** Il a étanché sa soif. **3.** Je ne lui ai pas répondu. **4.** J'étais effrayé. **5.** Tu es assis devant ta porte. **6.** Tu me marches sur le pied. **7.** La soupe est trop salée. **8.** Tu dessines très bien. **9.** La neige fond. **10.** Ta joue est enflée.

LES VERBES DE MODALITÉ ET LE VERBE WISSEN

possibilité		*obligation*		*volonté*		
matérielle	*morale*	*matérielle*	*morale*	*ferme*	*inclination*	
être capable savoir (faire)	avoir la permission	falloir être obligé de	devoir	vouloir	désirer aimer bien	savoir par expérience
können	**dürfen**	**müssen**	**sollen**	**wollen**	**mögen**	**wissen**
ich **kann** du **kannst** er **kann** wir können ihr könnt sie können	**darf** **darfst** **darf** dürfen dürft dürfen	**muß** **mußt** **muß** müssen müßt müssen	**soll** **sollst** **soll** sollen sollt sollen	**will** **willst** **will** wollen wollt wollen	**mag** **magst** **mag** mögen mögt mögen	**weiß** **weißt** **weiß** wissen wißt wissen
prétérit						
ich k**o**nnte	d**u**rfte	mußte	sollte	wollte	mo**ch**te	wußte
participe II						
gek**o**nnt	ged**u**rft	gem**u**ßt	gesollt	gewollt	gem**ocht**	gewußt
subjonctif I (présent)						
ich könne	dürfe	müsse	solle	wolle	möge	wisse
subjonctif II (présent)						
ich könnte	dürfte	müßte	sollte	wollte	mö**ch**te	wüßte

1. Ils se construisent avec un infinitif non précédé de **zu**, sauf le composé **vermögen**.
   Ich **muß** jetzt **gehen**. Wann **soll** das **enden ?** Er **vermochte** kein Wort **zu sagen**.
2. Participe II à forme d'infinitif (double infinitif)

– ***Principale :*** toujours avec les verbes de modalité et **brauchen** :

Er hat **arbeiten müssen**. Er hätte es nicht zu **wissen brauchen**.

généralement avec **lassen** et **sehen** :

Sie hat sich ein Kleid **machen lassen**. Er hat ihn **kommen sehen**.

possible avec **fühlen, helfen** et **hören** :

Er hat mir **aufräumen geholfen (helfen)**. Ich habe ihn nicht **kommen gehört (hören)**.

– ***Subordonnée :*** L'auxiliaire précède le double infinitif.

Er sagt, daß er das **hat** kommen sehen.

3. L'ellipse de l'infinitif est fréquente quand celui-ci est un verbe de mouvement.
   Ich muß jetzt nach Hause **(gehen)**.
4. **Ich möchte** signifie : *je voudrais.*
   Das **möchte ich** wissen.
5. **können, mögen** et **wollen** peuvent avoir un complément nominal sans autre verbe.
   Er **kann** viele Gedichte. Er **mag** kein Fleisch. Ich **will** meine Ruhe.
6. **wissen** se conjugue comme un verbe de modalité, mais l'infinitif complément est précédé de **zu**.
   Er **weiß** sich immer **zu helfen**.

SENS SPÉCIAUX DES VERBES DE MODALITÉ

1. ***Opinion*** affirmée avec plus ou moins de certitude :
   Er **muß** (quasi-certitude), **dürfte** (probabilité), **kann (könnte)** (possibilité), **mag** (supposition) 20 Jahre alt sein.

2. ***Prise de position sur*** une affirmation d'autrui :
   Er soll 20 Jahre alt sein. (c'est ce qu'on dit)
   Er will 20 Jahre alt sein. (c'est ce qu'il prétend)

3. ***Autorisation :*** emploi de **brauchen** comme négatif de **müssen**. Il a tendance alors à se construire comme un verbe de modalité, c'est-à-dire sans **zu**.
   Du **mußt** kommen ≠ Du **brauchst nicht** zu kommen.
   Muß es gleich sein ? - Nein, es **braucht nicht** gleich (zu) sein.

– L'autorisation peut aussi s'exprimer par **können** et **mögen**.
   Du **kannst** *(je n'ai rien contre)*, **darfst** *(je t'autorise)*, **magst** *(je veux bien, si tu en as envie)* ins Kino gehen.

4. ***Injonction :*** (cf. impératif p. 116)
   Er **muß** *(ordre impérieux)*, **soll** *(conseil)*, **möchte** *(ordre poli)* morgen kommen.

1. Traduire (sens des verbes de modalité) :

1. Er mag wollen oder nicht, er muß es doch tun. **2.** Ärzte sollen sich frei niederlassen können. **3.** Es ist nicht genug zu wollen, man muß auch tun. **4.** Wer will, der kann. **5.** Selbst die Frauen dürfen Fußball mögen. **6.** Wer nicht hören will, muß fühlen. **7.** Wenn du willst, kannst du mitkommen. **8.** Man kann alles, wenn man nur will. **9.** Hier darf nicht geraucht werden. **10.** Ich will es versuchen, so gut ich kann.

2. Traduire (sens spéciaux des verbes de modalité) :

1. Forscher wollen menschliche Hirnzellen gezüchtet haben. **2.** Eltern sollen ihr Kind verkauft haben. **3.** Es mag kommen, was da will. **4.** Es soll morgen schneien. **5.** Er mag ruhig warten. **6.** Er muß sehr krank sein. **7.** Er will es nicht gesagt haben. **8.** Das will gelernt sein. **9.** Sie dürfen es mir glauben. **10.** Das darf nicht sein.

3. Compléter par un verbe de modalité :

© **1.** Es ist möglich = Es ... sein, daß es so ist. **2.** Er ist sicher krank = Er ... krank sein. **3.** Er leidet ihn nicht = Er ... ihn nicht. **4.** Ich habe keine Kraft mehr = Ich ... nicht mehr. **5.** Ich habe keine Erlaubnis = Ich ... das nicht. **6.** Das bedeutet nichts = Das ... nichts sagen. **7.** Laß uns gehen ! = Wir ... gehen. **8.** Er ist nicht schuld daran = Er ... nichts dafür. **9.** Wieviel habe ich zu zahlen ? = Wieviel ... ich zahlen ? **10.** Er behauptet, dich gesehen zu haben = Er ... dich gesehen haben.

4. Traduire en utilisant un verbe de modalité :

*© **1.** Je ne voudrais pas y penser. **2.** Je ne puis faire autrement. **3.** Que me veut-il ? **4.** Il n'a pas été autorisé à venir. **5.** Il n'a pas envie de travailler. **6.** Il n'a pas la permission de sortir. **7.** Il devrait savoir cela. **8.** Il ne peut pas partir. **9.** Il lui a fallu partir. **10.** Ce doit être vrai.

5. Traduire :

© **1.** Was soll ich damit ? **2.** Er soll nur kommen ! **3.** Sie dürfen es mir glauben. **4.** Es hat nicht sein dürfen. **5.** Das dürfte wohl möglich sein. **6.** An mir soll es nicht liegen. **7.** Mir kann keiner. **8.** Du kannst mich gern haben. **9.** Kann sein ! **10.** Für dieses Mal mag es hingehen.

*La lettre ©, placée sous le numéro d'un certain nombre d'exercices, indique que ces derniers font l'objet d'un corrigé placé en fin de volume.

6. Mettre au parfait :

1. Ich kann es nicht ändern. **2.** Er soll mich anrufen. **3.** Das darf nicht sein. **4.** Er will Arzt werden. **5.** Das kann ich mir nicht erlauben.

7. Mettre au parfait :

1. Er mag den Film nicht. **2.** Er kann nichts dafür. **3.** Er muß fort. **4.** Ich will doch nur dein Bestes. **5.** Er kann das Gedicht auswendig.

8. Mettre au parfait :

Modèle : **Er hat das kommen sehen.**
Er sagt, daß er das hat kommen sehen.
1. Er kann sich das nicht erlauben. **2.** Sie hat sich ein Kleid machen lassen. **3.** Er kann das nicht ändern. **4.** Er darf es nicht sagen. **5.** Er mag ihn nicht leiden.

9. Mettre au présent du subjonctif II :

1. Ich kann dich morgen besuchen. **2.** Magst du das ? **3.** Er muß bald da sein. **4.** Darfst du mitgehen ? **5.** Er soll das lassen.

10. Mettre au passé du subjonctif II :

1. Das sollst du nicht tun. **2.** Das darf ich nicht. **3.** Das muß nicht sein. **4.** Das mag ich nicht. **5.** Wer kann das glauben ?

*11. Compléter par **können** ou **dürfen** :*

1. Ich kenne das Lied, aber ich ... es nicht. **2.** ... ich um das Salz bitten ? **3.** Hier ... nicht geraucht werden. **4.** Du ... mich gern haben. **5.** Ich ... in diesen Schuhen gut gehen.

*12. Compléter par **müssen** ou **sollen** :*

1. Es hat nicht sein ... . **2.** Du ... nicht töten. **3.** Alle Menschen ... sterben. **4.** Er ... wissen, ob du kommst. **5.** Hoch ... er leben ! **6.** Du ... nicht töten. **7.** Ich ... lachen. **8.** Dich ... der Teufel holen. **9.** Was ... das heißen ? **10.** Es ... doch etwas geschehen !

*13. Compléter par **mögen** ou **wollen** :*

1. Er ... wollen oder nicht, er muß es doch tun. **2.** Wer nicht sehen ..., dem hilft keine Brille. **3.** Ich ... es versuchen, so gut ich kann. **4.** Er ... Arzt werden. **5.** Wer ... das sein ?

14. Compléter par un verbe de modalité :

© **1.** Ich ... doch nur dein Bestes. **2.** Hunde ... nicht in das Geschäft. **3.** Er ruft so laut er ... . **4.** Ich weiß nicht, was ich hier ... . **5.** Vorsicht ... nie schaden. **6.** Das ... man gesehen haben. **7.** Man ... mich in Ruhe lassen. **8.** ... ich etwas fragen ? **9.** Ich ... das nicht können. **10.** Man muß nur ..., dann geht es auch.

*15. Compléter par **können** ou **wissen** :*

1. Ich ... Klavier spielen. **2.** Ich ... nicht, ob er Deutsch sprechen ... . **3.** Er ..., was er will. **4.** Ich ... es nicht ändern. **5.** Ich kenne ihn, aber ich ... seinen Namen nicht. **6.** ... du schwimmen ? **7.** Wer ... ! **8.** Er ... sich immer zu helfen. **9.** Er ... sich helfen. **10.** Er ... weder lesen noch schreiben.

16. Traduire :

1. Er kann seine Aufgabe nicht. **2.** Möchten Sie noch etwas Kaffee ? **3.** Er kann die Sprache des Landes. **4.** Ich mag Eis. **5.** Er will Geld von mir.

17. Compléter par les verbes de modalités suivants (le chiffre entre parenthèses indique le nombre de fois où ils sont employés) :

© **dürfen** (3), **können** (2), **mögen** (1), **müssen** (4), **sollen** (1), **wollen** (1)
Liebe Großeltern,
Ich ... Euch heute eine traurige Nachricht mitteilen. Ich ... zu Eurer Goldenen Hochzeit nicht kommen. Ihr ... also ohne mich feiern. Ich liege nämlich seit acht Tagen im Krankenhaus und ... noch lange nicht aufstehen. Ich habe den Oberarzt gefragt, ob ich eventuell mit einem Krankenwagen zu Euch gebracht werden ... . Aber davon ... er nichts hören. Ich ... also hier bleiben, ob ich ... oder nicht. Ihr ... Euch aber keine Sorgen machen. So schlimm ist's nicht. Es ist nur ein gebrochenes Bein. Aber Geduld ... man haben. In Zukunft ... ich nicht mehr so schnell fahren. Aber auch ohne mich ... Ihr ein schönes Fest haben. Dafür werden meine Eltern sorgen.

18. *Compléter par le verbe indiqué :*

– Ich (müssen) nach Paris, aber ich (wissen) nicht, ob ich mit dem Zug fahren (sollen).
– Du (können) auch fliegen.
– Richtig, ich (müssen) mich mal nach den Preisen erkundigen.
– Du (dürfen) dir keine Illusionen machen. Das Flugzeug ist bestimmt teurer als der Zug.
– Das (mögen) wohl sein, aber man ist viel schneller am Ziel.
– Du (können) doch mit deinem Wagen fahren.
– Das (mögen) ich wohl, aber auf den (können) ich mich nicht mehr verlassen. Er ist viel zu alt.
– Dann (müssen) du dir einen neuen kaufen.
– Das (können) ich mir zur Zeit nicht leisten.
– Wieso ?
– Ich (wollen) doch ein Haus bauen und (müssen) sparen. Man (können) nicht alles auf einmal haben.

19. *Mettre au prétérit et au parfait :*

Herr Müller will heute abend im Restaurant essen. Der Ober bringt ihm die Speisekarte, aber Herr Müller kann sich nicht entschließen. Hummer mit Mayonnaise mag er besonders gern. Aber der Preis ist so hoch, daß er darauf verzichten muß. Er weiß nicht so recht, was er bestellen soll. Der Ober will dem unentschlossenen Gast helfen. Doch Fisch mag er nicht, Fleisch kann er nicht vertragen. Er muß sich also mit einem Gemüseeintopf begnügen.

20. *Traduire :*

1. Das will genau überlegt sein = Das muß man überlegen.
2. Die Blumen wollen jeden Tag gegossen werden = Die Blumen müssen jeden Tag gegossen werden.
3. Das will gelernt sein = Das muß man gelernt haben.
4. Es sollte mich freuen, wenn es so wäre = Es würde mich freuen, wenn es so wäre.
5. Sie dürfen es nur sagen = Sie brauchen es nur zu sagen.

21. *Traduire (**mögen** sens de **können**) :*

© **1.** Möge er recht haben ! **2.** Möchte er doch bald kommen ! **3.** Wo mag er das nur gehört haben ? **4.** Er mag sagen, was er will, er ist doch schuld an dem Unfall. **5.** Mag sein !

22. *Traduire (verbe de modalité non traduit) :*

© **1.** Du sollst nicht töten. **2.** Mag er doch tun, was er will ! **3.** Er mag nur kommen ! **4.** Das kann mich ärgern ! **5.** Die Arbeit will nicht vorwärtsgehen.

23. *Traduire cette histoire, en précisant les* © *nuances des verbes de modalité :*

In den letzten Jahren schrieb ein Regierungsrat bei Anlaß der Erweiterung eines Friedhofs an einen Bürgermeister und fragte, wie viele aus dessen Gemeinde im Jahre ungefähr sterben **möchten**.
– "Meines Wissens keiner", antwortete der Bürgermeister.
– "Sie haben mich mißverstanden", schrieb wiederum der Regierungsrat, "ich fragte wieviele etwa sterben **könnten**."
– "Alle", antwortete darauf der Bürgermeister. Ungeduldig schrieb der Regierungsrat zum drittenmal : "Ich fragte Sie, wieviele etwa sterben **dürften**."
"Ja, da habe ich nichts zu befehlen", war die dritte Antwort des gewissenhaften Bürgermeisters.

24. *Traduire en utilisant un verbe de modalité :*

© **1.** On dit qu'il est très riche. **2.** Il faut absolument que tu lui écrives. **3.** Il peut certainement t'aider. **4.** Il est interdit de fumer dans cette salle. **5.** Il voudrait bien te revoir. **6.** Il ne peut pas être ici avant demain. **7.** Il ne lui est pas encore permis de se lever. **8.** Il serait souhaitable qu'il travaillât davantage. **9.** Tu devrais partir maintenant, sinon tu arriveras trop tard. **10.** Je n'aime pas ce café, il est trop fort.

25. *Traduire :*

© **1.** Que devais-je faire ? **2.** Il faut que j'y aille. **3.** Que pouvait-il faire ? **4.** Tu devrais venir. **5.** Nous voudrions aller au cinéma. **6.** Ils voulaient te rendre visite. **7.** Il n'a pas aimé ce film. **8.** Que veux-tu boire ? **9.** Il faut que je rentre. **10.** As-tu la permission de fumer ?

26. *Traduire :*

© **1.** Pourriez-vous me dire l'heure ? **2.** Il aurait pu nous avertir. **3.** Tu aurais dû l'aider. **4.** Nous n'avons pas le droit de marcher sur le gazon. **5.** Qu'aurais-je dû dire ?

LES VERBES FAIBLES IRRÉGULIERS

infinitif	*prétérit*	*participe II*		*infinitif*	*prétérit*	*participe II*	
brennen	br**a**nnte	gebr**a**nnt	brûler	nennen	n**a**nnte	gen**a**nnt	nommer
bringen	br**ach**te	gebr**acht**	apporter	rennen	r**a**nnte	ger**a**nnt	courir
denken	d**ach**te	ged**acht**	penser	senden	s**a**ndte	ges**a**ndt	envoyer
kennen	k**a**nnte	gek**a**nnt	connaître	wenden	w**a**ndte	gew**a**ndt	tourner

1. **wenden** et **senden** ont une 2ᵉ forme dont la langue actuelle tend à différencier le sens.
   Ich **wendete** meinen Wagen. Er wandte **(wendete)** sich an mich.
   Der Rundfunk hat ein Hörspiel **gesendet**. Er **sandte (sendete)** ihm einen Brief.
2. Le présent du subjonctif II est généralement remplacé par le futur du subjonctif II.
   Ich **würde rennen** au lieu de : ich rennte
3. Formes du subjonctif II :
   Ich brennte, brächte, dächte, kennte, nennte, rennte, sendete, wendete.

LES VERBES IMPERSONNELS

1. Les verbes essentiellement impersonnels ne se conjuguent qu'à la 3ᵉ personne. Ils expriment généralement des phénomènes atmosphériques.
   Es regnet heute. Heute **regnet es. Es schneit, es donnert.**
2. Les verbes accidentellement impersonnels expriment
   – la croissance
   Es grünt. Es blüht
   – le bruit
   Es klopft. Es knistert. Es poltert.
   – des sensations
   Es friert mich. Es hungert mich.
   – des sentiments
   Es scheint mir. Es schwindelt mir.

Dans ces deux derniers cas, **es** disparaît s'il n'est pas en 1ʳᵉ position.
Mich friert. Mich hungert. Mir scheint. Mir schwindelt.

La langue parlée tend à remplacer ces tournures par des tournures personnelles.
Ich friere = Es friert mich.
Ich habe Hunger. Ich bin hungrig = Es hungert mich.

3. Passif impersonnel : voir p. 114.

LES VERBES PRONOMINAUX RÉFLÉCHIS

1. Les verbes essentiellement réfléchis ne peuvent s'employer que réfléchis.
   Ich schäme mich.
2. Les verbes accidentellement réfléchis sont transitifs ou expriment le résultat d'une action.
   Ich setze mich.
   Ich laufe mich müde. Trink dich schlank !
   Ich esse mich satt. Ich lache mich tot.

A un verbe réfléchi allemand peut correspondre un verbe non réfléchi français et inversement.
sich aufhalten (séjourner) aufstehen (se lever)

1. Compléter par un verbe faible irrégulier, au présent, au prétérit, puis au parfait.

1. Die Augen ... mir vom vielen Lesen. **2.** Er ... mit dem Kopf an die Wand. **3.** Er ... nach seiner Mutter. **4.** Ich ... ihn mir groß und blond. **5.** Der Jubel ... keine Grenzen. **6.** Sie ... das Essen auf den Tisch. **7.** Er ... sich an seinen Bruder. **8.** Er ... mir einen netten Brief. **9.** Der Rundfunk ... ein Hörspiel. **10.** Das Licht ... noch im Wohnzimmer.

2. Mettre les expressions idiomatiques suivantes au prétérit et au parfait.

1. Der Wagen bringt es auf 200 Stundenkilometer. **2.** Keine zehn Pferde bringen mich dahin. **3.** Das Fernsehprogramm bringt ein Live-Konzert. **4.** Das Geheimnis brennt mir auf der Zunge. **5.** Ich denke mir mein Teil dabei.

3. Compléter par le participe II des verbes donnés.

1. Bei unseren Bekannten auf dem Land hat es (brennen). Die Nachbarn sind (herbeirennen), um zu helfen. Sie haben die Möbel aus dem Haus (bringen). Als die Feuerwehr kam, was das Haus fast (abbrennen).
2. Der Briefträger hat mir eine Karte (bringen). Ich habe mich sehr gefreut, daß mein Freund an mich (denken) hat. Ich habe ihm auch einen Brief (senden).
3. Er hat mir die Namen vieler Nobelpreisträger (nennen), aber er hat sie nicht alle (kennen).

4. Traduire en utilisant des verbes faibles
© *irréguliers.*

1. Le feu brûle dans la cheminée. **2.** Il m'a apporté un livre. **3.** As-tu pensé à moi ? **4.** Je ne connais pas cette ville. **5.** Ses parents l'ont appelé Jürgen. **6.** Tu cours très vite. **7.** Je lui ai envoyé une lettre. **8.** A qui dois-je m'adresser ? **9.** Si tu m'apportais un verre d'eau, je serais content. **10.** Le vent a tourné.

5. Traduire en utilisant des verbes faibles
© *irréguliers.*

1. L'enfant a traversé la rue en courant. **2.** Il m'a cité toutes les villes qu'il a visitées pendant les vacances. **3.** Si tu cherches une chambre, adresse-toi à l'Office du Tourisme. **4.** Je n'écoute la radio que lorsqu'elle diffuse de la musique moderne. **5.** Je ne connais personne ici, à qui dois-je m'adresser ?

6. Traduire en utilisant des verbes impersonnels.

1. J'ai faim. **2.** Il a neigé toute la journée. **3.** Il y a des éclairs, mais il ne tonne pas. **4.** N'as-tu pas froid ? **5.** Il pleut depuis hier soir. **6.** J'ai le vertige. **7.** N'as-tu pas soif ? **8.** On frappe, ouvre ! **9.** Il me semble qu'il gèle. **10.** Il y a un courant d'air.

7. Traduire :

© **1.** Ich habe mich müde gelaufen. **2.** Wenn du ihm das erzählst, lacht er sich tot. **3.** Er schreit sich heiser. **4.** Er ärgert sich schwarz, wenn du ihm das sagst. **5.** Er hat sich vollgefressen. **6.** Vor dem Start laufen sich die Athleten warm. **7.** Er meldet sich krank. **8.** Er hat sich mit deiner Antwort zufriedengegeben. **9.** Er hat sich die Finger wund geschrieben. **10.** In der Dritten Welt essen sich viele Kinder selten satt.

8. Traduire le réfléchi français par un non réfléchi allemand :

1. Je me lève très tôt. **2.** Il s'est arrêté devant la gare. **3.** Je ne me baigne pas aujourd'hui. **4.** Je ne puis me débarrasser de mon rhume. **5.** Elle n'est jamais contente, elle se plaint toujours.

9. Traduire le non réfléchi français par un
© *réfléchi allemand :*

1. Tu n'as pas honte ? **2.** Il ne craint pas le chien. **3.** Tu as pris froid. **4.** Mon ami compte toujours sur moi. **5.** Cela valait la peine.

NIVEAU 1

1. Compléter par le verbe proposé au présent :

1. Er (nehmen) den Korb. **2.** Er (tragen) den Korb. **3.** Er (gehen) langsam. **4.** Er (laufen) schnell. **5.** Er (fallen) nicht. **6.** Er (sehen) nicht gut. **7.** Dieses Kind (essen) keine Suppe. **8.** Die Biene (stechen) mich in den Finger. **9.** Er (werfen) sich ins Gras. **10.** Der Fuchs (stehlen) eine Gans.

2. Compléter par le verbe proposé au prétérit :

1. Die Schüler (arbeiten) gut. **2.** Wir (sich freuen) auf die Ferien. **3.** Er (sich setzen) neben seinen Freund. **4.** Die Mutter (erzählen) Geschichten. **5.** Wir (sich versammeln) um den Tisch. **6.** Wir (haben) noch keine Zentralheizung. **7.** Es (schmecken) ihm gut. **8.** Sie (stellen) die Teller auf den Tisch. **9.** Sie (decken) den Tisch. **10.** Ihr (brauchen) das nicht zu sagen.

3. Compléter par le verbe proposé au prétérit :

1. Das Auto (halten) vor der Tür. **2.** Im Herbst (fallen) die Blätter. **3.** Das Auto (fahren) durch die Stadt. **4.** Er (sehen) nicht gut. **5.** Mein Freund (tragen) eine Brille. **6.** Der Junge (helfen) seinem Vater. **7.** Die Katze (fangen) eine Maus. **8.** Er (lassen) den Teller fallen. **9.** Die Mutter (braten) eine Gans. **10.** Ich (lesen) ein Buch.

4. Compléter par le verbe proposé au prétérit :

1. Die Schule (beginnen) um acht Uhr. **2.** Sie (singen) sehr schön. **3.** Er (schreien) laut. **4.** Er (schneiden) sich ein Stück Wurst. **5.** Er (schwimmen) gern. **6.** Düsseldorf (gewinnen) das Spiel. **7.** Der Wind (pfeifen) mir um die Ohren. **8.** Ich (schreiben) meinem Freund. **9.** Er (treiben) viel Sport. **10.** Ich (finden) viele Pilze.

5. Compléter par le verbe proposé au prétérit :

1. Es (riechen) nach Fisch. **2.** Die Katze (fliehen) vor dem Hund. **3.** Die Vögel (fliegen) nach Afrika. **4.** Er (kommen) zu spät. **5.** Er (verlieren) seine Brille. **6.** Er (liegen) noch im Bett. **7.** Ich (rufen) meine Mutter. **8.** Wir (sitzen) im Garten. **9.** Die Schlange (kriechen) im Gras. **10.** Er (stehen) vor der Tür.

6. Compléter par le verbe proposé au prétérit :

1. Die Schüler (gehen) in die Schule. **2.** Wir (kommen) zu spät. **3.** Der Mantel (hängen) am Kleiderhaken. **4.** Ingrid (nehmen) ihre Puppe. **5.** Er (stehen) vor der Schule. **6.** Es (werden) kalt. **7.** Er (ziehen) seinen Schlitten. **8.** Du (schlafen) lange. **9.** Wir (treten) in das Schulzimmer. **10.** Es (sein) sehr schön.

7. Compléter par le verbe proposé au parfait :

1. Der Wind (blasen). **2.** Er (trinken) Wein. **3.** Die Katze (fangen) eine Maus. **4.** Das Kind (wegwerfen) den Apfel. **5.** Ich (helfen) meinem Freund. **6.** Das Eichhörnchen (schlafen) den ganzen Winter. **7.** Was (mitnehmen) du ? **8.** Der Schnee (schmelzen) im Frühling. **9.** Der Lehrer (lesen) viele Bücher. **10.** Der Baum (wachsen) in die Höhe. **11.** Ein Vogel (fallen) aus dem Nest. **12.** Ich (treffen) meinen Freund. **13.** Es (beginnen) zu regnen. **14.** Der Junge (springen) ins Wasser. **15.** Er (zwingen) mich zu dieser Arbeit. **16.** Die Kinder (singen) ein schönes Lied. **17.** Die Kölner (gewinnen) das Spiel. **18.** Ich (vergessen) meine Uhr. **19.** Wo (finden) du deinen Freund ? **20.** Mein Vater (sprechen) mit dem Lehrer.

8. Compléter par le verbe proposé au parfait :

1. Die Sonne (scheinen) schon früh. **2.** Mein Freund (bleiben) nicht lange. **3.** Er (treiben) viel Sport. **4.** Die Soldaten (fliehen) vor dem Feind. **5.** Im Winter (frieren) es oft. **6.** Die Pfadfinder (steigen) auf den Feldberg. **7.** Die Schwalben (ziehen) nach Afrika. **8.** Die Mutter (verzeihen) ihrem Kind. **9.** Er (schneidet) sich in den Finger. **10.** Ein böser Hund (beißen) mich. **11.** Der kranke Schüler (gehen) nicht in die Schule. **12.** Ich (tun) es nicht gern. **13.** Der Bettler (stehen) vor der Kirche. **14.** Er (verlieren) seine Uhr. **15.** Der Jäger (schießen) einen Hasen. **16.** Mein Vater (fliegen) nach Amerika. **17.** Er (kommen) erst spät. **18.** Meine Schwester (liegen) schon früh im Bett. **19.** Der Jäger (rufen seinen Hund). **20.** Er (bitten) mich um einen Rat.

9. Compléter par le verbe proposé au parfait :

1. Dieser Mann (schlafen) unter einem Baum. **2.** Ich (sehen) dich nicht. **3.** Eine Biene (stechen) ihn. **4.** Der Esel (tragen) den Sack. **5.** Mein Vater (sprechen) mit meinem Lehrer. **6.** Paul (waschen) sich ohne Seife. **7.** Mein Onkel (fahren) nach Paris. **8.** Er (lesen) die Zeitung nicht. **9.** Du (geben) mir die Hand. **10.** Die Mutter (braten) Fleisch.

***10.** Compléter par le verbe proposé au parfait :*

1. Er (bleiben) zu Hause. **2.** Die Sonne (scheinen) den ganzen Tag. **3.** Mein Freund (schreiben) mir gestern. **4.** Du (gehen) gestern nicht in die Schule. **5.** Mein Vater (rufen) mich. **6.** Der Großvater (sitzen) im Garten. **7.** Du (tun) noch nichts. **8.** Wann (kommen) er ? **9.** Die Kinder (liegen) um 8 Uhr im Bett. **10.** Der arme Mann (bitten) mich um ein Stück Brot.

***11.** Compléter par le verbe proposé au parfait :*

1. Der Hirt (liegen) unter einem Baum. **2.** Das Kind (schreien) laut. **3.** Die Sonne (scheinen) den ganzen Tag. **4.** Das Kind (gehen) in die Kirche. **5.** Der Junge (laufen) schnell nach Haus. **6.** Du (bleiben) am Sonntag zu Hause. **7.** Er (stehen) am Fenster. **8.** Ich (rufen) meinen Freund. **9.** Ich (schreiben) meinem Onkel. **10.** Ihr (steigen) in den Zug.

***12.** Compléter par le verbe proposé au parfait :*

1. Die Mutter (backen) einen Kuchen. **2.** Die Kinder (fahren) nach Köln. **3.** Im Winter (tragen) wir einen Mantel. **4.** Der Jäger (nehmen) seine Flinte. **5.** Die Katze (fressen) eine Maus. **6.** Ihr (treten) in das Zimmer. **7.** Ich (fangen) einen Schmetterling. **8.** Ich (helfen) meinem Bruder. **9.** Wir (lesen) dieses Buch schon. **10.** Du (halten) mich für einen Esel.

***13.** Compléter par l'auxiliaire au présent :*

1. Wo ... ich dir schon begegnet ? **2.** Wo ... du deine Ferien verbracht ? **3.** Wie lang ... ihr in Venedig geblieben ? **4.** Er ... heute früh aufgestanden. **5.** Gestern abend ... ich ins Kino gegangen. **6.** Ich ... einen schönen Film gesehen. **7.** Wann ... eure Freunde angekommen ? **8.** Gestern ... es den ganzen Tag geregnet. **9.** Ich ... ihn nicht gesehen. **10.** Er ... krank gewesen.

***14.** Mettre à l'impératif (2e pers. du sing.) :*

1. nicht schreien **2.** jetzt arbeiten **3.** sitzen bleiben **4.** schön schreiben **5.** nicht träumen **6.** in die Schule gehen **7.** schnell kommen **8.** von 1 bis 20 zählen **9.** sich gerade halten **10.** das Buch nehmen.

***15.** Mettre le verbe proposé au présent du subjonctif II :*

1. Er (geben) es mir nicht. **2.** Was (tun) du an seiner Stelle ? **3.** Ich (mögen) mir ein Paar Schuhe kaufen. **4.** Er (bringen) das nicht fertig. **5.** Ich (helfen) meinem Freund gern, aber ich habe keine Zeit.

***16.** Compléter par le verbe proposé au présent :*

1. Ich (müssen) arbeiten. **2.** Du (sollen) aufpassen. **3.** Ihr (dürfen) jetzt spielen. **4.** Er (wollen) spazieren gehen. **5.** Er (mögen) die Suppe nicht.

***17.** Compléter par le verbe proposé au prétérit puis au parfait :*

1. Sie (mögen) das Kleid nicht. **2.** Er (wollen) einen Brief schreiben. **3.** Ich (dürfen) gestern nicht kommen. **4.** Du (können) nicht mehr arbeiten. **5.** Ihr (müssen) ein Paar Schuhe kaufen.

***18.** Compléter par le verbe **wissen** au présent puis au prétérit :*

1. Ich ... das nicht. **2.** Er ... nicht alles. **3.** Wir ... es nicht mehr. **4.** Ihr ... den Weg. **5.** Woher ... du das ?

***19.** Compléter par le verbe proposé au parfait :*

1. Die Sonne (brennen) stark. **2.** Wir (denken) an dich. **3.** Ich (bringen) dir ein Buch. **4.** Ich (kennen) ihn nicht mehr. **5.** Er (nennen) seinen Namen. **6.** Alle (rennen) in die Stadt. **7.** Er (senden) mir einen Brief. **8.** Der Wind (wenden) sich.

***20.** Compléter par **wissen** ou **kennen** au présent :*

1. Ich ... diesen Mann. **2.** Ich ... aber nicht, wo er wohnt. **3.** ... du mir sagen, wann du nach Paris fährst ? **4.** ... du vielleicht, wo meine Schwester ist ? **5.** ... sie ein gutes Hotel in Bonn ? **6.** Ich ... diese Stadt nicht sehr gut. **7.** ... du, was das ist ? **8.** Ich ... nicht, was ich dir raten soll. **9.** ... du meinen Freund ? **10.** Wir ... nicht, was wir machen sollen.

***21.** Compléter par **können, kennen, erkennen** ou **wissen**, puis mettre au prétérit :*

1. Ich ... ihn an seiner Stimme. **2.** Wir ... uns seit unserer Schulzeit. **3.** ... Sie Spanisch ? **4.** ... Sie, wann Herr Müller kommt ? **5.** Ich ... ihn noch nicht näher. **6.** Sie ... genau, was sie will. **7.** In der Not ... man den wahren Freund. **8.** Von wem ... Sie das ? **9.** ... du, von wem er das weiß ? **10.** Er ... nicht kommen.

NIVEAU 2

22. Traduire :

© **1.** Igel sollen im Winter draußen bleiben. **2.** Die Spieler vom FC Bayern, die alles gewinnen können, sollen oder müssen. **3.** Ein reines Wasser muß durch einen tiefen Stein. **4.** Tragetaschen sollten mehrmals benutzt werden. **5.** Landfahrzeuge dürfen überholt werden.

23. Traduire :

© **1.** Keiner ist so alt, der nicht noch ein Jahr leben will ; keiner ist so jung, der nicht heute noch sterben kann. **2.** Man soll Ämter mit Menschen, nicht Menschen mit Ämtern versehen. **3.** Wer nicht richtig faulenzen kann, kann auch nicht richtig arbeiten. **4.** Nur die Ärzte dürfen lügen. **5.** Wer einen Bauern betrügen will, muß einen Bauern mitbringen. **6.** Man kann so dumm sein, wie man will, man muß sich nur zu helfen wissen. **7.** Muß ist eine harte Nuß. **8.** Muß ist ein bitt'res Kraut. **9.** Mit den Wölfen muß man heulen. **10.** Die Philosophen sollen Könige, die Könige Philosophen sein.

24. Traduire :

© **1.** Frühstücke allein, teile dein Mittagessen mit einem Freund und schenke dein Abendessen deinem Feind. **2.** Bleibe im Land und nähre dich redlich. **3.** Fordre kein lautes Anerkennen ! Könne was, und man wird dich kennen. **4.** Spare in der Zeit, dann hast du in der Not ! **5.** Habe Rat vor der Tat ! **6.** Schau dir die Mutter an, bevor du dich mit der Tochter verlobst ! **7.** Töte einen – und du bist ein Mörder, töte tausend – und du bist ein Held. **8.** Lobe die Berge und bleibe im Tal ! **9.** Mach es wie die Sonnenuhr, zähl die heitern Stunden nur ! **10.** Üb immer Treu und Redlichkeit !

25. Mettre les verbes proposés au présent de l'indicatif dans les proverbes suivants :

1. Was du (haben) in deinem Haus, das (plaudern) nicht vor andern aus. **2.** Wer tief (pflügen), (müssen) tief düngen. **3.** Im Pferdehandel (gelten) keine Freundschaft. **4.** Pferde (dürfen) man nicht verleihen. **5.** Ein gutes Pferd (kennen) seinen Reiter.

26. Mettre les verbes au présent de l'indicatif dans les proverbes suivants :

1. Die Wahrheit (werden) alt, aber sie (sterben) nicht. **2.** Es (geben) keine Kraft ohne Wahrheit. **3.** Wer schnell (versprechen), der (vergessen) bald. **4.** Wer viel (versprechen), (halten) wenig. **5.** (vergeben) dir nichts, den andern viel ! **6.** Wer nichts (tun), nichts (wissen), nichts (können), muß allzeit bleiben hintenan. **7.** Wenn man vom Teufel (sprechen), (sein) er nicht weit. **8.** Wer sich in Gefahr (begeben), kommt darin um. **9.** Geduld (fressen) den Teufel. **10.** Der Fluch (fallen) zurück auf den Flucher.

27. Mettre les verbes proposés au présent, au prétérit puis au parfait :

1. Er (plaudern) aus der Schule. **2.** Er (dienen) von der Pike auf. **3.** Er (setzen) aufs richtige Pferd. **4.** Er (haben) Pech. **5.** Sie (waschen) ihm den Pelz. **6.** Er (gießen) Öl ins Feuer. **7.** Sie (bekämpfen) sich bis aufs Messer. **8.** Er (blasen) ihm den Marsch. **9.** Sie (sein) Mädchen für alles. **10.** Er (riechen) Lunte.

28. Mettre les verbes proposés au présent, au prétérit puis au parfait :

1. Er (rücken) mir auf den Pelz. **2.** Er (stecken) seine Nase in alles. **3.** Er (halten) mich zum Narren. **4.** Er (schlafen) wie ein Murmeltier. **5.** Er (fahren) mir immer über den Mund. **6.** Er (machen) gute Miene zum bösen Spiel. **7.** Er (lügen) wie gedruckt. **8.** Er (leben) von Luft und Liebe. **9.** Er (schlagen) alles über einen Leisten.

29. Mettre les verbes proposés au participe II :

1. Das ist aus der Luft (greifen). **2.** Er hat Lorbeeren (ernten). **3.** Er wurde ins Loch (stecken). **4.** Er hat mir eins hinter die Löffel (schlagen). **5.** Ich bin ihm auf den Leim (gehen). **6.** Er hat frisch von der Leber (sprechen). **7.** Es hat sich wie ein Lauffeuer (verbreiten). **8.** Er hat wie ein Landsknecht (fluchen). **9.** Er hat mir eine lakonische Antwort (geben). **10.** Er hat den kürzeren (ziehen).

30. Mettre les verbes proposés au participe II :

1. Leicht (versprechen), leicht (brechen). **2.** (verrechnen) ist nicht (betrügen). **3.** (verloben) ist noch nicht (verheiraten). **4.** Was nicht (verbieten) ist, ist (erlauben). **5.** Lang' (borgen) ist nicht (schenken). **6.** Ein Fresser wird nicht (gebären), sondern (erziehen). **7.** (aufschieben) ist nicht (aufheben). **8.** Das Aufschieben hat der Teufel (erfinden). **9.** Wer leicht glaubt, wird leicht (betrügen). **10.** Besser ehrlich (sterben) als schändlich (verderben). **11.** Der Elster wird wohl auch ein Ei (stehlen). **12.** (ersparen) ist (gewinnen). **13.** Der Esel wird nicht (fragen), wenn er (beladen) wird. **14.** Besser schlecht (fahren) als gut (laufen). **15.** Besser zweimal (fragen) als einmal (irregehen).

31. Mettre le texte suivant au prétérit :

Warten auf den Zug

30 Minuten Verspätung ! Wir stehen auf dem Bahnsteig und warten auf den Zug. Es regnet in Strömen und es ist kalt. Der Zug kommt nicht. Wir werden langsam ungeduldig. Es ist Abfahrtszeit. Der Uhrzeiger rückt weiter und weiter. Es wird immer ungemütlicher. Otto fängt an zu husten. Ich habe kalte Füße. Ein älterer Herr fängt an zu schimpfen. Da tritt der Fahrdienstleiter auf uns zu und sagt : "Der Zug hat 30 Minuten Verspätung." Heute kommen alle zu spät zur Arbeit.

32. Mettre les verbes entre parenthèses au prétérit puis au parfait :

Urlaubspläne

1. Wir (beschließen) am 15. August in Urlaub zu fahren. **2.** Wir (überlegen) lange, wohin wir fahren sollen. **3.** Wir (erkundigen) uns bei verschiedenen Reisebüros. **4.** Wir (bekommen) allerhand Prospekte. **5.** Schließlich (einigen) wir uns auf eine Spanienreise. **6.** Wir (buchen) unsere Reise bei einem Reisebüro. **7.** Das Reisebüro (verlangen) von uns eine Anzahlung. **8.** Über das nötige Geld (verfügen) wir. **9.** Von jetzt ab (kümmern) wir uns um nichts mehr. **10.** Das Reisebüro (erledigen) alles für uns.

33. Mettre le texte suivant au parfait :

Ein Wintertag

Es schneite die ganze Nacht. Dann fror es. Am Morgen waren die Straßen mit Schnee und Glatteis bedeckt. Die Autos fuhren langsam, und trotzdem gab es zahlreiche Unfälle. Hier verlor ein Fahrer die Gewalt über seinen Wagen und fuhr gegen einen Baum. Dort gab es einen Zusammenstoß. Viele Leute kamen zu spät zur Arbeit. Andere blieben einfach zu Hause.

34. Compléter ce texte par l'un des trois verbes
© ***können, kennen, wissen** :*

"Du ... doch meinen Freund Otto ! ... du, ob er morgen kommt ?" – "Das ... ich dir nicht sagen, ich ... nur, daß er viel zu tun hat. Du ... ihn ja heute abend mal anrufen. Hast du seine Telefonnummer ?" – "Er hat sie mir gegeben, aber ich ... im Moment nicht, wo ich sie habe. Aber ich ... im Telefonverzeichnis nachsehen. Sollte er nicht kommen ..., so rufe ich dich an. Ich ... aber noch nicht um wieviel Uhr."
– "Das macht nichts, du ... ja, daß ich zu Hause bin."

35. Traduire les phrases ci-après :

1. Ob du willst oder nicht, du mußt. **2.** Mag kommen, was das will, ich bleibe. **3.** Man darf nicht zu viel auf einmal wollen. **4.** Er muß es noch nicht wissen. **5.** Das darf und soll nicht sein. **6.** Wer nicht kann, wie er will, muß wollen, wie er kann. **7.** Das Kind kann schon sprechen. **8.** Es ist oft schwer, das Wollen mit dem Sollen in Einklang zu bringen. **9.** Spiel nicht mit dem Feuer, du könntest dich verbrennen. **10.** Ich möchte es ihm nicht sagen, es würde ihm weh tun.

36. Traduire en précisant le sens des verbes de
© *modalité :*

Was ein Witzbold kann und darf

Unser Gerhard behält gern das letzte Wort. Einmal drückte er sich an der Mutter vorbei zur Tür, aber die merkte es gerade noch. "**Willst** du dich schon wieder fortschleichen ?" sagte sie und vertrat ihm den Weg. "Ich **muß** noch mal schnell zu Wolf rüberlaufen", antwortete er ein bißchen verlegen. "Du **mußt** ? Du **solltest** richtiger sagen : ich **will**", verbesserte ihn die Mutter, "und für mich **sollst** du schon seit einer Stunde Brot holen ; wenn du mir das gebracht hast, **kannst** du meinetwegen springen, wohin du **magst** !" Damit drückte sie ihm das bereitliegende Geld in die Hand, und Gerhard flitzte zum Bäcker. Als er wiederkam, legte er das Brot auf die Anrichte, guckte die Mutter verschmitzt an und ließ sie warten, als **wollte** er sagen : "Nun also, jetzt **will** ich was hören !" Die Mutter fiel auch wirklich auf den Trick herein. "Du **kannst** jetzt springen", sagte sie. Da feixte Gerhard : "Ich **kann** schon lange, und richtig **muß** es heißen : du **darfst** springen." Schwupp, war er zur Tür draußen.

SCHLECHTE VORBILDER

"Jochen, zeig mir mal den Nordpol auf den Globus !" verlangt der Lehrer. Jochen schüttelt verwundert den Kopf. "Aber Herr Lehrer, Nansen hat ihn vergeblich gesucht, Cook hat ihn nicht gefunden – und ausgerechnet ich **soll** ihn zeigen **können ?** !"

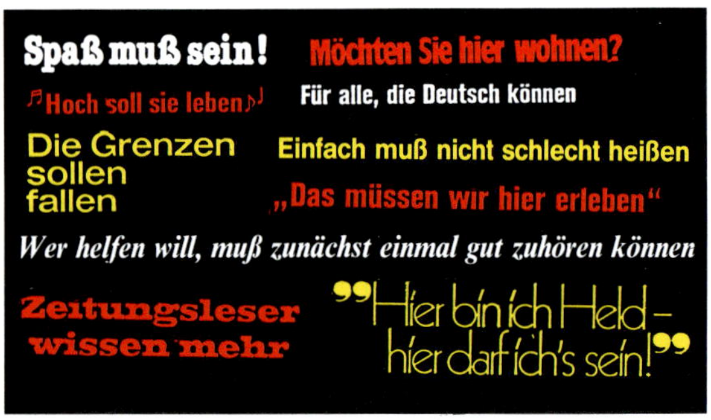

Der kleine Otto geht mit der Mutter zum Opa. Dort sieht er einen Kaktus.
Aufgeregt holt er seine Mutter ans Fenster und sagt : "Sieh nur, Mutter, bei Opa wächst ein Igel im Topf.

"Ihre Papiere sind in Ordnung. Sie **können** weiterfahren."

"Emil, warum schaust du denn schon seit einer Stunde das Zebra so nachdenklich an", **will** sein Kamerad **wissen**. "**Weißt** du, ich zerbreche mir den Kopf darüber, ist das Zebra nun weiß und hat schwarze Streifen oder ist es schwarz und hat weiße Streifen ?"

IMMER PLEITE

"Unsere Nachbarin **kann** einfach nicht wirtschaften", erzählt Frau Schutz ihrem Mann, "heute ist der zwölfte, und sie hat schon kein Haushaltsgeld mehr."
– "Woher **weißt** du denn das ?"
– "Na, ich **wollte** mir heute hundert Mark von ihr leihen !"

Bubi : "Warum rennst du denn ?"
Heini : "Ich **muß** heim, Mutter **will** mich verhauen."
Bubi : "Und da beeilst du dich noch ?"
Heini : "Klar, wenn ich später komme, ist Vater schon da !"

DIE SCHÖNSTE ZEIT

Der Lehrer hat seinen Schülern lange Zeit die Begriffe : **Gegenwart, Vergangenheit** und **Zukunft** erklärt. Zum Schluß fragt er den kleinen Simmerl : "Wenn ich dir nun sage : Ich bin krank. Was ist das für eine Zeit ?" Darauf die Antwort : "Das ist eine schöne Zeit, Herr Lehrer !"

GEBURTSTAGSANZEIGE

Vor neun Monaten ist es passiert.
Da hat die Mama den Papa verführt.
Mama hatte es nicht leicht mit mir.
Lange, schwere Monate liegen hinter ihr.
Die Aufregung wurde immer stärker, denn alle freuten sich auf den kleinen Quaker.
Heute ist es endlich soweit,
Ich habe mich von Mama abgeseilt,
bin 52 cm groß, wiege 3120 g.
Es freuen sich :
Gertrud und Manfred Weißhaar

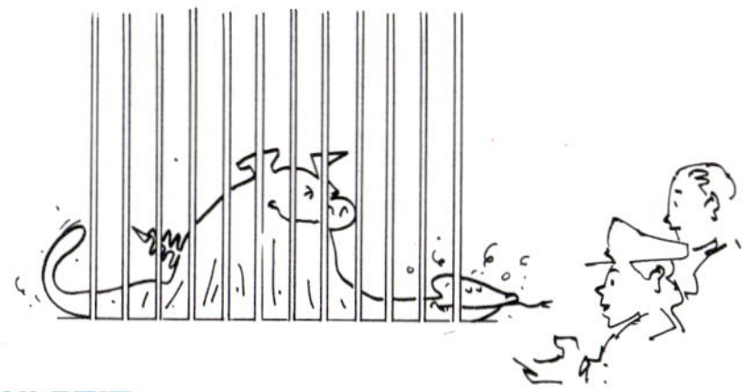

MAHLZEIT

Führung im Zoo : "Und hier, meine Herrschaften, sehen Sie unsere berühmte Riesenschlange.
Sie ist imstande, zu einer Mahlzeit ein ganzes Schwein zu verschlingen. Bitte, mein Herr, gehen Sie nicht so nahe heran !"

ZELTWACHE

Theo hat Zeltwache und tippt Heiner wach. Der sagt schlaftrunken : "Du **solltest** mich doch nicht um vier Uhr wecken, ich hatte doch gesagt um sechs !" Darauf Theo : "Ja, ich **weiß**, ich **wollte** dir auch nur sagen, daß du noch zwei Stunden schlafen **kannst**."

Gerhard hat vom Lehrer eine Strafarbeit aufbekommen. Als der Vater zu Hause fragt, was er denn schon wieder verbrochen habe, sagt er : "In der Schulstunde fragte mich der Lehrer, wo die Pyrenäen lägen. Das **wußte** ich nicht."
– "Da gebe ich dem Lehrer ganz recht. Passe nächstens auf, wo du deine Sachen hinlegst !"

LES PARTICULES : CARACTÉRISTIQUES GÉNÉRALES

1. *Particules séparables*

– Elles sont accentuées :

ábnehmen, ánnehmen, áufstehen, áussehen, éinnehmen, vorliegen, zusehen

– Lorsque le verbe est conjugué, elles se placent à la fin de la proposition.

Ich stehe um 7 Uhr **auf**. Ich mache die Tür **zu**. Ich ziehe mich **aus**.

– Elles font corps avec l'infinitif ou le participe II (le préfixe **ge** s'intercale entre la particule et le participe, **zu** entre la particule et l'infinitif).

Ich will um 7 Uhr **auf**stehen. Ich bin um 7 Uhr **aufge**standen. Du hast um 7 Uhr **aufzu**stehen.

– L'ensemble formé par une particule séparable et une particule inséparable est généralement inséparable.

Ich **beauf**trage dich mit diesem Geschäft (habe dich ... **beauf**tragt).

Er **anver**traut mir seine Sorgen = Er **ver**traut mir seine Sorgen **an**.

mais seulement :

Er hat mir seine Sorgen **anver**traut.

– Le nombre des particules séparables augmente sans cesse du fait que de nombreux substantifs ou adjectifs sont considérés comme des particules :

achtgeben, **frei**machen, **heim**kehren, **kopf**stehen, **los**schießen, **preis**geben, **statt**finden, **zurecht**legen.

Du gibst nicht **acht**. Du hast nicht **acht**gegeben.

2. *Particules inséparables :* **be, emp, ent, er, ge, miß, ver, zer**

– Elles sont toujours non accentuées : **berúhigen, erfáhren, verstéhen, zerbréchen**

– Elles ne se séparent pas du verbe (sans **ge** au participe passé II)

Ich **ver**stehe das. Ich habe das **ver**standen. Um das zu **ver**stehen, muß man aufpassen.

3. *Particules mixtes :* **durch, über, unter, um, voll, wider, wieder**

– Elles sont tantôt accentuées et séparables, tantôt non accentuées et inséparables.

Er sprang auf ein anderes Thema **über**. Er **über**sprang eine Klasse.

– Elles sont toujours séparables dans les verbes intransitifs.

Das Wasser läuft **über**.

– Elles sont séparables ou inséparables dans les verbes transitifs.

Ein Garten **um**gibt das Haus. Kain hat seinen Bruder **um**gebracht.

– Si la particule est inséparable, il y a toujours un complément d'objet.

Wir haben das ganze Land **durch**reist.

1. *Mettre au parfait :*

1. Ich mache das Licht an. **2.** Er macht das Fenster zu. **3.** Er macht sich gleich wieder davon. **4.** Der Kranke macht viel durch. **5.** Sie macht viel Obst ein. **6.** Er macht das Boot am Ufer fest. **7.** Sie macht einen Kochkurs mit. **8.** Er macht mir alles nach. **9.** Die Kinder machen sich über den Kuchen her. **10.** Er macht es den andern vor.

2. *Mettre au parfait :*

1. Wir gehen aus. **2.** Ich bekomme die Tür nicht auf. **3.** Er bewahrt sein Geld gut auf. **4.** Wir sehen uns die Stadt an. **5.** Sie schließen eine Wette ab. **6.** Der Zug fährt um 14 Uhr ab. **7.** Warum läßt du die Tür auf. **8.** Ich gebe ein Telegramm auf. **9.** Er steht früh auf. **10.** Der Kaufmann stellt seine Waren aus.

3. *Mettre au parfait :*

1. Der Dieb dringt in das Haus ein. **2.** Der Bauer bringt die Ernte ein. **3.** Das Kleid geht beim Waschen ein. **4.** Wir ziehen in unsere neue Wohnung ein. **5.** Die Schüler führen ein Theaterstück vor. **6.** Die Melodie kommt mir bekannt vor. **7.** Du nimmst dir zuviel vor. **8.** Ich ziehe den Rotwein vor. **9.** Der Angeklagte gibt die Tat zu. **10.** Er sperrt die Tür zu.

4. *Faire des phrases au présent puis au parfait :*

1. er - bald - zurückkommen **2.** der Lehrer - den Schülern - ihre Aufsätze - zurückgeben **3.** sie - zu dritt - losziehen **4.** ich - den Schnupfen - nicht loswerden **5.** sie - ohnmächtig - niedersinken **6.** sie - die Augen - niederschlagen **7.** der Schüler - nachsitzen **8.** ich - ihm - keine Träne - nachweinen **9.** keiner - es - dir - nachtun **10.** die Arznei - noch lange - nachwirken.

5. *Mettre au prétérit puis au parfait :*

1. Das ganze Haus steht kopf. **2.** Frau Ernst zieht vier Kinder groß. **3.** Ilse gibt auf ihre kleine Schwester acht. **4.** Das Fest findet um 18 Uhr statt. **5.** Er gibt das Geheimnis nicht preis. **6.** Er legt sich für die Reise alles zurecht. **7.** Er macht ihr einen Sitzplatz frei. **8.** Wir kehren früh heim. **9.** Er macht alles wieder gut. **10.** Er macht seinen Fehler wett.

6. *Mettre au parfait :*

1. Sie betrachtet sich im Spiegel. **2.** Die Miete beträgt 200 DM. **3.** Er bestreitet den Unterhalt seiner Familie. **4.** Er beteiligt sich am Unternehmen. **5.** Seine Verspätung beunruhigt mich sehr. **6.** Wir empfangen oft Gäste. **7.** Ich empfinde Sympathie für ihn. **8.** Ich entnehme einen Geldschein aus meiner Brieftasche. **9.** Der Schwimmer erreicht das Ufer mit Mühe. **10.** Der Patient erwacht aus der Narkose.

7. *Mettre au parfait :*

1. Er entfesselt einen Sturm der Entrüstung. **2.** Er entfaltet großes Talent. **3.** Mir entgeht keines seiner Worte. **4.** Ich enthalte mich der Stimme. **5.** Die Explosion erschüttert die ganze Stadt. **6.** Das erschwert meine Aufgabe. **7.** Dieses Gemälde gefällt mir. **8.** Die Kinder vertragen sich gut. **9.** Das Fleisch zergeht auf der Zunge. **10.** Der Hund verfolgt die Spur des Wildes.

8. *Mettre au parfait :*

1. Die Sonne bricht durch. Der Feind durchbricht die Front. **2.** Der Zug fährt durch. Er durchfährt das Land. **3.** Der Fluß tritt über. Du übertrittst das Gesetz. **4.** Der Balken steht über. Der Kranke übersteht die Krankheit. **5.** Der Gärtner gräbt Dung unter. Er untergräbt mein Ansehen. **6.** Er zieht noch ein Hemd unter. Er unterwirft sich einer Operation. **7.** Ein Gespenst geht im Schloß um. Er umgeht die Antwort auf die Frage. **8.** Er fährt die Ampel um. Wir umfahren die Insel. **9.** Er ißt sich voll. Er vollbringt sein Tagewerk. **10.** Der See strahlt das Sonnenlicht wider. Dieser Käse widersteht mir.

9. *Faire des phrases au présent puis au parfait :*

1. Er - die Handbremse - anziehen **2.** Er - keine Miene - verziehen **3.** Sie - ihre Kinder - gut - erziehen **4.** Wolken - sich zusammenziehen **5.** Er - es vorziehen - ins Kino zu gehen **6.** Er - der Polizei - durch die Flucht - sich entziehen **7.** Er - ins Privatleben - sich zurückziehen **8.** Dieser Geschäftsmann - viele Waren - aus dem Ausland - beziehen **9.** Die Truppen - in die Stadt - einziehen **10.** Das Gewitter - abziehen

10. *Faire des phrases avec les éléments proposés en utilisant un des verbes de la liste ci-après. Mettre au parfait :*

anziehen - aufziehen - ausziehen - beziehen - einziehen - entziehen - erziehen - umziehen - vorziehen - sich zusammenziehen

1. der Vater - seinen Sohn - streng **2.** mein Bruder - dem Fußball - das Tennis **3.** diese kinderreiche Familie - in eine größere Wohnung **4.** der Magnet - das Eisen **5.** ein Gewitter - im Westen **6.** der Tapezierer - das Sofa - mit Leder **7.** der Diskussionsleiter - dem Redner - das Wort **8.** die Truppen - in die Stadt **9.** ich - meine Uhr - wenn sie steht **10.** die Mutter - die Kleinen - bevor sie ins Bett gehen.

LES PARTICULES SÉPARABLES

– *rapprochement :* her, an, entgegen, bei
Der Zug ist **an**gekommen.

– *mouvement de bas en haut :* auf, empor
Die Sonne geht **auf**.

– *entrée :* ein
Die Reisenden steigen (in den Zug) **ein**.

– *ouverture :* auf
Mach das Fenster **auf** !

– *mouvement en avant :* vor, voran, vorwärts
Geh du **voran** !

– *éloignement :* ab, fort, hin, weg, davon, weiter
Der Zug ist **ab**gefahren. Er ist **davon**gelaufen.

– *de haut en bas :* ab, nieder, unter
Die Blätter fallen **ab**. Die Sonne geht **unter**.

– *sortie :* aus
Ich bin **aus**gegangen.

– *fermeture :* zu
Mach die Tür **zu** !

– *en arrière ou à la suite de :* zurück, nach, um
Er ist soeben **zurück**gekommen. Wir kehren **um**.

– *addition, majoration :* hinzu, bei, zu
Der Mond nimmt **zu**.

– *commencement :* an, los
Es fängt **an** zu regnen

– *destination précise :* zu
Hör mir gut **zu** !

– *passage au dessus :* hinüber
Ich gehe schnell **hinüber**.

– *apparition :* hervor
Der Baum bringt gute Früchte **hervor**.

– *soustraction, diminution, séparation :* (her)ab
Die Tage nehmen **ab**.

– *achèvement :* aus, auf
Er trinkt das Glas **aus**.

– *destination indéterminée :* umher
Er irrt den ganzen Tag **umher**.

– *passage au travers :* hindurch
Er geht durch die Menge **hindurch**.

– *présentation :* dar
Was stellt dieses Bild **dar** ?

– *présence :* bei
Gott steh' mir **bei** !

– *contrôle :* nach
Schau einmal **nach**, ob er da ist !

– *aller et venue :* auf und ab, hin und her
Er geht seit einer Stunde **auf und ab**.

– *imitation :* nach
Er ahmt die Stimmen der Vögel **nach**.

– *réunion :* zusammen
Er setzt die Maschine **zusammen**.

– *préférence :* vor
Ziehen Sie Wein oder Bier **vor** ?

– *anticipation :* voraus
Ich habe das **voraus**gesehen.

– *passage devant :* vorüber, vorbei
Er geht an mir **vorüber**.

– *anéantissement :* nieder, zusammen
Das Haus ist **nieder**gebrannt.

– *séparation :* los, auseinander
Binde den Hund **los** !

ZUM LACHEN

EIN GEHEIMNIS
Ein Junge geht auf der Straße spazieren, da begegnet ihm sein Freund und sagt : "Hör mal du **hast** ja zwei verschiedene Schuhe **an**."
Darauf erhält er die Antwort : "**Stell** dir **vor**, zu Hause hab" ich nochmal dasselbe Paar."

Lehrer : Also, Robert, **paß** gut **auf**, Hitze **dehnt aus**, Kälte **zieht zusammen**, nenne mir ein Beispiel !
Robert : Die Sommerferien dauern acht Woche, die Weihnachtsferien höchstens vierzehn Tage.

1. *Compléter par une des particules données puis mettre au parfait :*

auf, aus, leer, nach, um, umher, vor (2), **zu** (2).

1. Ich ziehe Wein ... . **2.** Er trinkt das Glas .... **3.** Am Morgen geht die Sonne ... . **4.** Bevor ich ins Bett gehe, ziehe ich mich ... . **5.** Wir gehen falsch, wir müssen ...kehren. **6.** Du schläfst, du hörst mir nicht ... . **7.** Ich will mal ...schauen, ob der Briefträger schon da war. **8.** Die Schüler hören dem Lehrer gut ... . **9.** Er irrt den ganzen Tag in der Stadt ... . **10.** Was soll dieses Bild ...stellen ?

2. *Remplacer le verbe à particule par son* © *contraire :*

1. Der Mond nimmt zu. **2.** Es fängt an zu regnen. **3.** Der Zug ist eben abgefahren. **4.** Binde den Hund an ! **5.** Er fängt früh an. **6.** Die Sonne geht auf. **7.** Mach das Fenster zu ! **8.** Die Reisenden steigen alle ein. **9.** Meine Uhr geht vor. **10.** Er geht hin.

3. *Compléter par une des particules données,* © *puis mettre au parfait :*

auf, bei, empor, entgegen, fort, los, nach, nieder, vorbei, weg

1. Er ißt alles ... . **2.** Die Veranstaltung geht um 4 Uhr ... . **3.** Sie gibt dem Gulasch Paprika ... . **4.** Die Zuschauer recken die Arme ... . **5.** Er kommt mir auf halbem Weg ... . **6.** Der Hund läuft der Katze ... . **7.** Errötend schlägt sie die Augen ... . **8.** Der Vogel fliegt ... . **9.** Wir fahren an einem Schloß ... . **10.** Er setzt seine Reise ... .

4. *Compléter par une des particules données :*

ab, an, auf, aus, heraus, mit, nach, vor, zu, zurück

1. Die Lehrerin gibt ihren Schülerinnen Hausaufgaben ... . **2.** Er gibt ..., krank zu sein, weil er nicht in die Schule gehen will. **3.** Ich gebe ..., daß du recht hast. **4.** Ich gebe meinem Freund das geliehene Buch ... . **5.** Ich gebe meinen Mantel an der Garderobe ... . **6.** Du gibst zuviel Geld ... . **7.** Im Herbst gibt der Verlag viele neue Bücher ... . **8.** Er hat ihrem Drängen ...gegeben. **9.** Geben Sie mir Ihre Anschrift ... . **10.** Er hat mir ein Paket ...gegeben.

5. *Compléter par hin ou her :*

1. Komm mal ..., ich will dir was zeigen. **2.** Wo läufst du denn ... ? **3.** Ich weiß nicht, wo diese Katze ...kommt. **4.** Kommen Sie doch ...ein ! **5.** Wo soll ich das Geld denn ... nehmen ? **6.** Sie wirft den Hühnern Körner ... . **7.** Ich kenne Berlin nicht, ich möchte gern einmal ... . **8.** Er hat sich eine Stunde ...gelegt. **9.** Sie hat den Tisch feierlich ...gerichtet. **10.** Gib die Zeitung bitte ... .

6. *Traduire en utilisant un verbe à particule* © *séparable :*

1. Vide ton verre ! **2.** Ferme la porte ! **3.** Ouvre la fenêtre ! **4.** Ecoute-moi bien ! **5.** Détache le chien !

7. *Traduire en utilisant un verbe à particule* © *séparable, puis mettre au parfait :*

1. Il commence à neiger. **2.** Tous les voyageurs montent dans le train. **3.** Les jours augmentent. **4.** Le soleil se lève. **5.** Il attache le chien. **6.** Il revient sur ses pas. **7.** A l'automne les feuilles tombent. **8.** Le train part à 14 heures. **9.** Il fait les cent pas depuis un quart d'heure. **10.** Il marche toujours devant.

8. *Traduire en utilisant un verbe à particule* © *séparable :*

1. Ma montre avance, la tienne retarde. **2.** Il s'est enfui. **3.** Habille-toi vite ! **4.** L'usine a été réduite en cendres. **5.** Il m'a croisé sans me regarder. **6.** Je ne pouvais pas prévoir cela. **7.** Il traverse la foule. **8.** Il vient de rentrer. **9.** Ils viennent de sortir. **10.** Que représente ce tableau ?

LES PARTICULES MIXTES

durch – ***inséparable :*** verbes transitifs
durch a valeur de préposition.
Der Wanderer **durch**zieht die Gegend. = Er zieht durch die Gegend.

– ***séparable :*** verbes intransitifs
Der Zug fährt hier nur **durch**.
verbes transitifs
durch a valeur d'adverbe.
Er setzt seinen Willen **durch**.

über – ***inséparable :*** sens figuré ou affaibli de la préposition
Ich **über**setze den Text ins Deutsche.
action de caractère excessif
Man hat seinen Einfluß **über**schätzt.

– ***séparable :*** sens propre de la préposition *(passer de l'autre côté)*
Der Fährmann setzt den Reisenden **über**.

unter – ***inséparable :*** sens figuré ou affaibli de la préposition
Der Arzt **unter**sucht den Kranken.

– ***séparable :*** sens propre de la préposition *(placer dessous, descendre sous)*
Die Sonne geht früh **unter**.

um – ***inséparable :*** idée d'entourer, contourner
Der Kahn hat die Insel **um**schifft.

– ***séparable :*** autres sens, en particulier, passage d'un lieu ou d'un état à un autre.
In Frankfurt steigen wir **um**.

voll – ***inséparable :*** sens figuré : (idée d'achèvement)
Er hat sein Werk **voll**endet.

– ***séparable :*** sens propre (idée de remplir)
Er gießt das Glas **voll**.

wider – ***inséparable :*** idée d'opposition
Luther hat seine Lehre nie **wider**rufen.

– ***séparable :*** idée de renvoi
Das Wasser spiegelt die Bäume **wider**.

wieder – ***inséparable :*** uniquement dans un verbe
Wiederhole diesen Satz !

ZUM LACHEN

ATTEST
"Mein Arzt hat mir geraten, sofort mit dem Fußballspielen **aufzuhören** !"
– "Hat er dich denn gründlich **untersucht** ?"
– "Nein, er hat mich spielen gesehen."

Anton fragt Willi, wann Adam und Eva aus dem Paradies **vertrieben** wurden.
"Das muß Anfang September gewesen sein."
"Wie willst du das **beweisen** ?
"Na, da waren die Äpfel reif."

1. Mettre au prétérit, au parfait :

1. Wir arbeiten mittags durch. **2.** Er durchreist das ganze Land. **3.** Er durchquert den Marktplatz. **4.** Das Eis bricht durch. **5.** Truppen ziehen hier durch.

2. Mettre au prétérit puis au parfait :

1. Der Athlet überbietet den Rekord. **2.** Der Schlaf überfällt mich. **3.** Wir gehen zu einem anderen Thema über. **4.** Die Milch läuft über. **5.** Ich überlege es mir. **6.** Der Schüler übersetzt den Text. **7.** Die Flammen springen von der Scheune aufs Haus über. **8.** Dieser Schüler überspringt eine Klasse. **9.** Er zieht sich einen Pullover über. **10.** Nebel überzieht die Gegend.

3. Mettre au prétérit puis au parfait :

1. Er stellt sein Fahrrad bei mir unter. **2.** Er unterzeichnet den Antrag. **3.** Er unterscheidet sich kaum von seinem Bruder. **4.** Ihr unterschätzt den Gegner. **5.** Mein Vater unterrichtet am Gymnasium.

4. Composer des phrases avec les éléments proposés, puis mettre au parfait :

1. sie - eine Schürze - sich umbinden. **2.** die Fans - den berühmten Star - umschwärmen. **3.** er - einen Schal - umhaben. **4.** er - seinen Garten - umgraben. **5.** der Fahrer - umkehren. **6.** der Satellit - die Erde - umkreisen. **7.** wir - schnell - sich umkleiden. **8.** der Bauer - seinen Acker - umpflügen. **9.** sie - die Soße - umrühren. **10.** er - nach ihr - sich umdrehen.

5. Composer des phrases avec les éléments proposés, puis mettre au parfait :

1. das Kind - mit Schokolade - sich vollschmieren. **2.** er - den Wagen - volltanken. **3.** der Bürgermeister - die Trauung - vollziehen. **4.** er - das Glas - vollgießen. **5.** er - seine Arbeit - vollenden.

6. Composer des phrases avec les éléments proposés, puis mettre au parfait :

1. aus den Bergen - das Echo - widerhallen. **2.** er - deine Ansicht - widerlegen. **3.** er-dem Befehl - sich widersetzen. **4.** der See - die Bäume - widerspiegeln. **5.** er - seinen Eltern - widersprechen.

7. Compléter par le verbe donné, puis mettre au prétérit et au parfait :

1. Das Urteil wird (vollstrecken). **2.** Die Freiheitsstrafe wird in eine Geldstrafe (umwandeln). **3.** Die Turnhalle wird (umbauen). **4.** Die Betten werden frisch (überziehen). **5.** Die Kartoffeln werden (umlagern). **6.** Der Verkehr wird (umleiten). **7.** Viele Arbeitnehmer werden (umschulen).

8. Compléter par les verbes donnés :

1. (umbauen) Er hat sein Haus … . Man hat den Platz mit Hochhäusern … . **2.** (umfahren) Der Betrunkene hat das Kind … . Die Großstädte werden heute oft … . **3.** (umlaufen) die Erde … die Sonne. Gerüchte … **4.** (umpflanzen) Wir haben das Beet mit Astern … . Wir haben die Blumen … . **5.** (umgehen) Die Grippe … Er hat die Vorschrift … .

9. Compléter par les verbes donnés :

1. (überführen) Der Patient wurde in eine Klinik … . Der Angeklagte wurde des Verbrechens … . **2.** (übertreten) Er ist zu einer anderen Partei … . Er hat das Gesetz … **3.** (umspringen) Der Wind ist … . Die Hunde … den Jäger. **4.** (umstellen) Die Polizei hat das Haus … . Die Fabrik hat sich … . **5.** (unterstellen) Er hat den Wagen in der Garage … . Er ist mein Vorgesetzter, ich bin ihm … worden.

10. Compléter par les verbes donnés :

© **1.** (durchbrechen) Der Steg über dem Bach ist … Die 1. Armee hat die Front … .
2. (durchdenken) Ich habe das Problem … Er hat sich die Arbeit gründlich … .
3. (durchdringen) Die Nachricht ist bis zu uns … Das Licht … die Dunkelheit.
4. (durchfahren) Er ist …, ohne zu halten. Er hat die ganze Gegend … .
5. (durchsetzen) Er hat seinen Willen … Das Gestein ist mit Erzen … .

11. Traduire en utilisant les verbes donnés :

© **durchfallen - überlaufen - überqueren - umgeben - umkommen - umsteigen - umtauschen - umwerfen - vollenden - vollstopfen**

1. Il a traversé la rue. **2.** Le dimanche, le parc est bondé. **3.** Il s'est rempli les poches. **4.** Il a péri dans les flammes. **5.** Le jardin est entouré d'une haie. **6.** Le chat a renversé le vase. **7.** Il a terminé son œuvre. **8.** Il a échangé le livre. **9.** Il a changé de train à Cologne. **10.** Il a échoué à son examen.

NIVEAU 1

1. *Faire des phrases au parfait :*

1. (sich verkleiden), die Kinder, gern. **2.** (zuschauen), wir, dem Spiel. **3.** (zuhören), alle, der, Großmutter. **4.** (sich versammeln), wir, in der Schule. **5.** (erreichen), wir, das Dorf. **6.** (aufmachen), ich, das Fenster. **7.** (sich verstecken), die Kinder, im Wald. **8.** (betrachten), Sie, die Bilder. **9.** (erblicken), wir, den Hund. **10.** (bedecken), Schnee, Berge und Täler.

2. *Faire des phrases au parfait :*

1. (aufstehen), ich, früh. **2.** (anziehen), Ingrid, ihre Puppe. **3.** (fortlaufen), die Räuber, schnell. **4.** (zurückkommen), du, spät. **5.** (bekommen), ich, viele Geschenke. **6.** (verlieren), die Kölner, das Spiel. **7.** (beginnen), die Ferien, gestern. **8.** (hinauffahren), sie, mit dem Lift. **9.** (ausziehen), er, seine Stiefel. **10.** (heraustreten), er, aus dem Zimmer.

3. *Faire des phrases au parfait :*

1. (anstoßen), alle, auf dein Wohl. **2.** (gewinnen), wir, das Spiel. **3.** (zerschlagen), ich, einen Teller. **4.** (ergreifen), er, das Wort. **5.** (erreichen), er, den Zug, nicht mehr.

4. *Faire des phrases au parfait :*

1. (anrufen), ich, meinen Freund. **2.** (anstellen), was, du wieder ? **3.** (begleiten), der Junge, seine Mutter. **4.** (gratulieren), alle, dem Geburtstagskind, herzlich. **5.** (ertönen), die Stimme des Onkels, im Eßzimmer. **6.** (ausblasen), das Geburtstagskind, die Kerzen. **7.** (bereiten), die Mutter, einen guten Kuchen. **8.** (anbrennen), der Braten. **9.** (bezahlen), Frau Koch, an der Kasse. **10.** (eintreten), um acht Uhr, die Schüler, in das Schulzimmer.

5. *Compléter par le verbe proposé au parfait :*

1. (vertragen) Perkeo ... viel Wein ... können. **2.** (einschlafen) Ich ... spät ... . **3.** (zurückkehren) Der junge Mann ... gestern ... . **4.** (erreichen) Nach einer mühsamen Wanderung ... die Pfadfinder ihr Ziel ... . **5.** (erkranken) Er kann nicht kommen, er ... plötzlich ... . **6.** (versprechen) Ich ... meinen Eltern ..., besser zu arbeiten. **7.** (verschwinden) Die Sonne ... hinter den Wolken ... . **8.** (unternehmen) Ich ... eine Arbeit ..., die mir gefällt. **9.** (untergehen) Die Sonne ... eben ... . **10.** (untersuchen) Der Arzt ... das kranke Kind ... .

6. *Compléter par le verbe proposé au parfait :*

1. (annähen) Meine Schwester ... mir einen Knopf ... . **2.** (aussteigen) Alle Reisenden ... in Freiburg ... . **3.** (verfehlen) Mein Freund ... den Zug ... . **4.** (vorkommen) Was ... gestern ... ? **5.** (genügen) Das ... ihm nicht ... . **6.** (packen) Er ... seinen Koffer ... .

7. *Compléter par le verbe proposé au parfait :*

1. (begegnen) Ich ... meinem Freund in der Stadt ... . **2.** (erwarten) Er ... seine Eltern am Bahnhof ... . **3.** (umsteigen) Die Kinder ... in Freiburg ... . **4.** (austrinken) Der Onkel ... sein Glas ... . **5.** (ausgehen) Wir ... noch spät ... . **6.** (verschlingen) Die Wellen ... die Insel ... . **7.** (gewinnen) Wir ... das Spiel ... . **8.** (aufschlagen) Wir ... unser Zelt ... . **9.** (teilnehmen) Wir ... am Fest ... . **10.** (verbringen) Wir ... die Nacht im Hotel ... .

8. *Compléter par une particule :*

1. Der Zug kommt um 8 Uhr ... . **2.** Die Reisenden steigen ..., ... oder ... . **3.** Wo fährst du ... ? **4.** Ich rufe meinen Freund ... . **5.** Bringst du mir etwas ..., wenn du nach Paris fährst ? **6.** Wir haben ein Haus gebaut, jetzt richten wir es ... . **7.** Dieser Mann bleibt immer zu Hause, er geht nicht ... . **8.** Die Mutter liest ein Märchen, die Kinder hören ihr ... .

9. *Mettre à l'impératif (2e personne du singulier) :*

1. jetzt aufstehen. **2.** tief einatmen. **3.** aufhören. **4.** gut aufpassen. **5.** das Fenster zumachen.

10. *Compléter par le participe II ou l'infinitif de l'un des verbes proposés :*

1. (absetzen, herabsetzen) Der König wurde ... Die Preise wurden ... . **2.** (ausgeben, herausgeben) Er hat viel Geld ... . Haben Sie das Geld nicht passend, ich kann nicht ... . **3.** (ausgehen, herausgehen) Die Flecken sind schwer ... . Er ist heute abend ... . **4.** (umkommen, herumkommen) Er ist in seinem Leben viel ... . Er ist bei einem Unfall ... . **5.** (ausziehen, herausziehen) Wir sind vorige Woche ... . Er hat mir einen Dorn aus dem Finger ... .

NIVEAU 2

11. Remplacer les verbes par l'un des verbes ci-après :

entdecken, entfernen, entwenden, entwerfen, entziffern

1. Ich kann das schlecht lesen. **2.** Er hat den Fehler beseitigt. **3.** Er hat den Plan skizziert. **4.** Er hat Pilze gefunden. **5.** Er hat das Buch gestohlen.

12. Compléter par le participe II de l'un des verbes ci-après :

zerfetzen, zerfressen, zerreißen, zerrinnen, zerrütten, zerschellen, zersplittern, zerstören, zerstreuen, zerteilen

1. Dieses Haus wurde im Kriege .... **2.** Der Löwe hat das Zebra .... **3.** Der Blitz hat die Eiche .... **4.** Die Motten haben den Stoff .... **5.** Sein Bein wurde von einer Granate .... **6.** Das Geld ist ihm in den Händen .... **7.** Sie haben sich in alle Winde .... **8.** Die Wolken haben sich .... **9.** Seine Nerven sind ganz .... **10.** Das Schiff ist an den Klippen ....

13. Compléter par une des particules : ***be, er, ver***

1. Das Kind wurde von seinem Vater ...straft. **2.** Es hat sich vieles ...ändert. **3.** Alle Türen waren ...schlossen. **4.** Er hat seine Gäste ...grüßt. **5.** Ich habe ihn stets ...mahnt.

14. Compléter par un composé du verbe ***fallen :***

© **1.** Er wurde von einer schweren Krankheit .... **2.** Er ist angenehm .... **3.** Er ist bei der Prüfung .... **4.** Das Werk ist gut .... **5.** Mir ist plötzlich etwas .... **6.** Der Name ist mir .... **7.** Der Film hat mir sehr gut .... **8.** Räuber haben ihn .... **9.** Sie sind über ihn .... **10.** Die Augen sind ihm vor Müdig keit ....

15. Compléter par un composé du verbe ***setzen :***

© **1.** Nach langer Belagerung wurde die Stadt .... **2.** Deutschland wurde von den Alliierten .... **3.** Er hat Scheiben ins Fenster .... **4.** Er bekam seinen Schaden .... **5.** Er hat seinen Willen .... **6.** Er hat seinen Hut .... **7.** Die Ware wurde billig .... **8.** Er hat sich der Gefahr .... **9.** Er wurde in einer Gruft ... . Er hat zum Sprung ....

16. Compléter par un composé du verbe ***schlagen :***

© **1.** Nach Seite 20 kommt nicht Seite 25, du hast etwas .... **2.** Der Wind hat die Tür .... **3.** Ein unbekanntes Wort soll man im Wörterbuch .... **4.** Der Blitz hat in unser Haus .... **5.** Alle meine Pläne haben sich .... **6.** Ich muß Ihnen leider Ihre Bitte .... **7.** Obwohl das Angebot günstig war, hat er es .... **8.** Im Winter sind die Fenster morgens oft .... **9.** Wir haben unser Zelt .... **10.** Er wurde für das Amt ....

17. Compléter par un composé du verbe ***legen :***

© **1.** Er hat ein gutes Wort für ihn .... **2.** Er hat seinen Mantel .... **3.** Er hat sein Geld gut .... **4.** Er hat eine Schallplatte .... **5.** Er hat den Platz im Abteil .... **6.** Der Jäger hat einen Hasen .... **7.** Er hat es sich lange .... **8.** Er hat den Motor .... **9.** Der Termin wurde .... **10.** Der Streit wurde ....

18. Compléter par un composé du verbe ***ziehen :***

© **1.** Die Truppen haben die Stadt verlassen, sie sind .... **2.** Er hat sich eine böse Krankheit .... **3.** Er hat sich einer Operation .... **4.** Sie hat das Bett frisch .... **5.** Sie sind in eine neue Wohnung .... **6.** Er hat keine Miene .... **7.** Er hat die Uhr .... **8.** Er hat sich sauber .... **9.** Der Zirkus ist in die Stadt .... **10.** Dieses Kind ist gut ....

19. Compléter par un composé du verbe ***fahren :***

© **1.** Das Schiff ist in den Hafen .... **2.** Er ist aus dem Schlaf .... **3.** Wir haben uns .... **4.** Der Wagen ist .... **5.** Der Fußgänger wurde von einem Auto .... **6.** Ein Unglück ist ihm .... **7.** Zwei Wagen sind .... **8.** Diese Straße ist stark .... **9.** Der Zug ist soeben .... **10.** Er redet ganz ....

20. Mettre au parfait les phrases ci-après :

1. Dieses Kind gehört zu einer kinderreichen Familie. **2.** Er hat Glück, er gewinnt immer. **3.** Dieses Kleid gefällt mir nicht, ich kaufe es nicht. **4.** Er gehorcht weder seinen Eltern noch seinen Lehrern. **5.** Es gelingt mir nicht, ihn telefonisch zu erreichen.

21. Compléter par le participe II des verbes donnés :

entdecken, entfallen, entlassen, entnehmen, entpuppen, entschädigen, entschuldigen, entsinnen, enttäuschen, entziffern.

1. Aus deinem Brief habe ich ..., daß es dir gut geht. **2.** Deine Schrift habe ich nur schwer … . **3.** Was ich dir sagen wollte, ist mir … . **4.** Er hat sich als Lügner … . **5.** Die Firma hat viele Arbeiter … . **6.** Er hat sich für seine Verspätung … . **7.** Die Astronauten haben einen neuen Stern … . **8.** Er hat seine Freunde für ihre Mühe … . **9.** Ich habe mich der schönen Tage …, die wir zusammen verbracht haben. **10.** Ich bin schwer …, ich erwartete mehr von dir.

22. *Compléter les phrases ci-après par l'un des deux verbes donnés :*

1. absetzen, herabsetzen. Der langfährige Betriebsleiter wurde … . Seine Verdienste wurden … .
2. anziehen, heranziehen. Nach dem Krieg mußte man aus Mangel an Arbeitskräften viele Ausländer … . Es ist kalt geworden, du solltest einen Mantel … .
3. aushelfen, heraushelfen. In den Sommerferien … viele Schüler den Bauern bei der Ernte … . Ich habe einer alten Dame aus der Straßenbahn … .
4. einbrechen, hereinbrechen. Wir müssen uns beeilen, in dieser Jahreszeit … die Nacht früh … . Bei unseren Nachbarn ist … worden.
5. einlegen, hereinlegen. Ich habe mich von diesem Betrüger … lassen. Früher … die Hausfrau die billigeren Frühjahrseier für den Winter … .

23. *Compléter les phrases ci-après par l'un des deux verbes donnés :*

1. auskommen, herauskommen. Er muß mit wenig Geld … . … doch endlich mit der Sprache … und sage, was du auf dem Herzen hast !
2. umkommen, herumkommen. Er ist in seinem Leben viel …, er kennt fast die ganze Welt. Er ist bei einem Unfall … .
3. ausreden, herausreden. Du bist schuld an diesem Vorfall, versuch nicht dich … . Laß mich zuerst …, dann darfst du reden.
4. ausgeben, herausgeben. Er hat zuviel … und mußt jetzt sparen. Haben Sie kein Kleingeld ? Ich kann Ihnen auf diesen großen Schein nicht … .
5. ausfinden, herausfinden. Nach langem Suchen haben die Ingenieure den Konstruktionsfehler … . Er … sich in dieser Großstadt nicht … .

24. *Compléter par le participe II des verbes entre parenthèses :*

1. (überfahren) Weil die Brücke zerstört war, hat uns ein Fährmann … . Das Kind ist über die Straße gerannt und dabei von einem Auto … worden.
2. (übergehen) Er wollte nicht länger von seiner Krankheit sprechen und ist schnell auf ein anderes Thema … . Er hat alle Anwesenden herzlich begrüßt, nur mich hat er … .
3. (übertreten) Er hat das Gesetz … und macht sich strafbar. Die Soldaten, die nicht mehr kämpfen wollten, sind zum Feind … .
4. (überwerfen) Sie hat schnell einen Mantel … und ist hinausgelaufen. Ich habe mich mit ihm …, weil wir nicht gleicher Meinung waren.
5. (überziehen) In diesem Hotel werden jeden Morgen alle Betten frisch … .

25. *Compléter par l'une des particules ci-après puis mettre au parfait :*

ab, auf, aus, ein, her, nahe, über, um, vorbei, zu
1. Jeden Sonnabend gehen meine Eltern … . **2.** Meine Pflanzen gehen …, es fehlt ihnen an Licht. **3.** Sie geht sehr nett mit den Kindern … . **4.** Er geht an mir …, ohne mich zu grüßen. **5.** Er geht am Ende des Jahres von der Schule … . **6.** Mir geht ein Licht … . **7.** Das Geschäft geht in andere Hände … . **8.** Sein plötzlicher Tod geht mir sehr … . **9.** Bei der Hochzeit geht es hoch … . **10.** Er geht rasch auf den Ausgang …

26. *Compléter par l'une des particules ci-après puis mettre au parfait :*

ab, an, hin, vor, zurück
1. Der Zug fährt pünktlich … . **2.** Er fährt mit dem Auto … . **3.** Er fährt noch ein Stück … . **4.** Er fährt den gleichen Weg … . **5.** Er fährt ihn grob … .
auf, aus, durch, ein, zu
1. Mir fällt keine Antwort … . **2.** Vor Müdigkeit fallen dem Kind die Augen … . **3.** Er fällt in der Prüfung … . **4.** Mit ihren schönen Augen fällt sie überall … . **5.** Die Ernte fällt gut … .

27. *Compléter par le participe II des verbes donnés :*

erfahren, erfüllen, ergreifen, erhalten, erhöhen, erholen, erkälten, erlauben, erreichen, erzählen
1. Das Kind hat sich bei dem naßkalten Wetter … und muß das Bett hüten. **2.** Meine Hoffnungen haben sich nicht … . **3.** Ich habe erst vor kurzem …, daß er nicht mehr hier wohnt. **4.** Er hat meinen Brief nicht …, sonst hätte er mich angerufen. **5.** Seine Eltern haben ihm …, mit uns ins

Kino zu gehen. **6.** Nach seiner schweren Krankheit hat er sich nur langsam .... **7.** Die Diebe haben die Flucht ..., bevor die Polizei kam. **8.** Was du ... hast, ist kaum zu glauben. **9.** Der Eigentümer hat die Miete ..., sie ist mir jetzt zu teuer. **10.** Wir haben nach einer langen Fahrt die Stadt erst spät ... .

28. *Remplacer, dans les phrases ci-après les termes en italiques par un des verbes donnés :* ©

durchblättern, durchbrennen, durchfahren, durchfallen, durchgreifen, sich durchsehen, durchsetzen, widerfahren, widerrufen, wiedersehen

1. Er hat den Befehl *zurückgenommen*. **2.** Ich habe die Arbeit *überprüft*. **3.** Er hat hier *Ordnung geschafft*. **4.** Er hat das Buch nur *flüchtig angesehen*. **5.** Er hat *seinen Willen behauptet*. **6.** Er *hat die Prüfung nicht bestanden*. **7.** Er ist *heimlich davongelaufen*. **8.** Ihm ist ein Unglück *zugestoßen*. **9.** Ich bin *ihm nochmals begegnet*. **10.** Der Zug *hat nicht gehalten*.

29. *Remplacer dans les phrases ci-après les termes en italiques par un des verbes donnés :* ©

überarbeiten, überbringen, übergreifen, übernehmen, überraschen, überreichen, übersehen, übersetzen, überschwemmen, überwachen

1. Er *trägt* die Kosten. **2.** Er *gab* mir ein schönes Geschenk. **3.** Er hat mir einen Brief *gegeben*. **4.** Der Polizist *beaufsichtigt* den Gefangenen. **5.** Der Fährmann hat uns *mit dem Boot ans andere Ufer gebracht*. **6.** Das *setzt* mich *in Erstaunen*. **7.** Die Seuche *breitet sich aus*. **8.** Der Fluß *tritt über* die Ufer. **9.** Er hat das Manuskript *neu bearbeitet*. **10.** Er hat ihn *nicht beachtet*.

30. *Remplacer dans les phrases ci-après les termes en italiques par un des verbes donnés :* ©

umgehen, sich umkleiden, umkommen, umschalten, sich umsehen, sich umstellen, umziehen, untergehen, unterliegen, unterrichten

1. Er kann sich nicht *anpassen*. **2.** Er *hat seinen Wohnsitz gewechselt*. **3.** Er *blickt nach allen Seiten*. **4.** Das Schiff *versinkt*. **5.** Du mußt jetzt vom **1.** in den **2.** Gang *gehen*. **6.** Bei dem Erdbeben sind viele Menschen *ums Leben gekommen*. **7.** Er *wird von* seinem Gegner *besiegt*. **8.** Im alten Schloß *spukt* ein Gespenst. **9.** Dieser Lehrer *lehrt* am Gymnasium. **10.** Sie *wechselt* oft *die Kleider*.

31. *Accorder les verbes entre parenthèses :*

1. Der Verbrecher ist irgendwo (untertauchen). **2.** Er hat sich eine Krawatte (umbinden). **3.** Er hat den Flug auf Montag (umbuchen). **4.** Die Fußballfans haben die siegreiche Mannschaft (umlagern). **5.** Die Vase ist (umkippen). **6.** Ein Gerücht ist (umgehen). **7.** Er hat den Inhalt des Romans mit wenigen Worten (umschreiben). **8.** Nach dem Krieg wurden viele Menschen (umsiedeln). **9.** Er ist im Examen (durchfallen). **10.** Er hat die höhere Schule (durchlaufen).

32. *Faire des phrases avec les éléments proposés en utilisant les verbes ci-après :*

absetzen, besetzen, einsetzen, festsetzen, nachsetzen, umsetzen, versetzen, vorsetzen, sich widersetzen, zersetzen

1. die Polizei, dem Dieb. **2.** der Zahnarzt, meinem Großvater, falsche Zähne. **3.** tatkräftige Männer, ihren Plan, in die Tat. **4.** ausgezeichnete Schauspieler, die Hauptrollen. **5.** falsche Gerüchte, die Moral des Heeres. **6.** der Wirt, seinen Gästen, etwas Gutes. **7.** der müde Wanderer, seinen schweren Rucksack. **8.** der Mörder, seinem Opfer, den Todesstoß. **9.** der Unterrichtsminister, den Ferienbeginn. **10.** das Parlament, den Maßnahmen der Regierung.

33. *Compléter les phrases ci-après en ajoutant le verbe entre parenthèses précédé ou non de* ***zu*** *:*

1. Er hofft bald (ankommen). **2.** Die Truppen scheinen sich (zurückziehen). **3.** Er glaubt bald (heimkehren). **4.** Du scheinst nicht (achtgeben). **5.** Ich hoffe bald (abreisen). **6.** Er hofft dich (wiedersehen). **7.** Der Film scheint ihm (mißfallen). **8.** Er glaubt dich (verstehen). **9.** Er hofft ihr (gefallen). **10.** Er scheint sich (bewähren).

34. *Accorder les verbes entre parenthèses :*

1. Ich bin nur (durchreisen). **2.** Das Wasser ist (durchfließen). **3.** Der Zug ist hier nur (durchfahren). **4.** Der Vorfall wurde stillschweigend (übergehen). **5.** Ein Schauder hat mich (überlaufen). **6.** Weil es kalt ist, hat er sich eine Decke (überlegen). **7.** Die Truppen wurden aufs andere Ufer (übersetzen). **8.** Das Wasser ist (überfließen). **9.** Er hat seine Idee in die Tat (umsetzen). **10.** Die Straße wurde (umtaufen).

VERSPRECHEN GEHALTEN

Jammert Frau Schulze : “Herbert, ein halbes Jahr hast du mir **versprochen**, daß wir in der nächsten Ballsaison **ausgehen** !”
– “Na und ? Habe ich uns nicht eine Dauerkarte für den Fußballverein **besorgt** ?”

SONDERWÜNSCHE

Der Untermieter **beschwert** sich bei der Wirtin : “**Stellen** Sie sich **vor**, heute nacht haben sich zwei Ratten in meinem Zimmer gebalgt !”
Erwidert die Wirtin : “Was **erwarten** Sie für 80 Mark im Monat – etwa einen Stierkampf ?”

WAS IST EIN MAGNET ?

– Ein Magnet ist ein Ding, das andere Körper **anzieht**.
– Dann ist meine Mutter ja auch ein Magnet. Sie **zieht** mich doch jeden Morgen **an**.

SIND PFERDE DUMME TIERE ?

“Wie kannst du **behaupten**, Pferde seien keine dummen Tiere ?”
– “Wenn acht Leute wie verrückt um die Rennbahn laufen, **stellt** sich kein Pferd **hin** und **schaut** ihnen **zu**.

IM THEATER

Die Familie Meier war im Theater. Auf dem Heimweg sagte Herr Meier zu seiner Frau : "Es ist für mich jedesmal ein Genuß, die Vorstellung mit geschlossenen Augen zu **verfolgen**...
Darauf Frau Meier : "So, so ! Dann kann ich dir nur den einen guten Rat geben, nicht immer so laut dabei zu schnarchen."

HEIßE WÜRSTCHEN

Georg **geht** an einem Wurststand **vorbei**. Der Verkäufer ruft : "Heiße Würstchen, heiße Würstchen !"
Da **verbeugt** sich Georg vor ihm und **grüßt zurück** : "Sehr angenehm, heiße Müller !"

IM RESTAURANT

"**Entschuldigen** Sie, mein Herr, daß ich Sie nicht gleich **wiedererkannt** habe ! An Personen kann ich mich nur schlecht erinnern, aber ein schlechtes Trinkgeld **vergesse** ich nie... !

HERR WEBER HAT EINEN ENTSCHLUß GEFAßT

"Ich habe so viel Schlimmes über das Trinken gelesen", philosophiert Herr Weber, "daß ich mich **entschlossen** habe, es **aufzugeben** !"
"Was ? Du willst das Trinken aufgeben ?" fragt sein Freund ungläubig.
"Aber nein !" sagt da Herr Weber, "das Trinken doch nicht, das Lesen !"

O FRÜHLINGSZEIT !

Der erste, wirklich schöne Frühlingstag.
Anton **ging** mit Adelheid am Fluß **entlang**. Sie **kamen** an einem Bootsverleih **vorbei**.
"Ach, wäre das schön..." meinte Adelheid.
Der Bootsverleiher mußte **bedauern** : "Tut mir leid. Meine Boote werden zur Zeit gerade frisch **angestrichen**."
So schnell ließ sich Anton nicht **abweisen**."
"Dort hinten steht doch noch ein Boot, das schon gestrichen ist !"
"Sie haben recht, mein Herr, aber damit können Sie nicht fahren, das Boot hat ein Loch !"
Anton **überlegte**, dann sagte er : "Das macht doch nichts. Unter Wasser sieht es sicher niemand."

LES COMPLÉMENTS DU VERBE

Verbes suivis de l'accusatif

– Les verbes transitifs, ou rendus transitifs par une particule (v. tableaux 11 et 12) sont suivis de l'accusatif.

– Certains, comme **lehren** et **kosten** sont suivis d'un double accusatif, mais on trouve aussi le datif, notamment après **lehren.**

Das **kostet mich** viel Mühe. Sie **lehrt ihn (ihm)** das Lesen.

Verbes suivis du datif

auffallen	attirer (frapper l'attention)	gefallen	plaire	passieren	se produire
[aus] weichen	éviter	gehorchen	obéir	sich nähern	s'approcher de
bangen	être angoissé	gehören	appartenir	schaden	nuire
begegnen	rencontrer	gelingen	réussir	schmeicheln	flatter
danken	remercier	glauben	croire	trotzen	défier
dienen	servir, être au service de	gleichen	ressembler	verdanken	devoir à
drohen	menacer	gratulieren	féliciter	(ver) trauen	se fier à
sich einbilden	s'imaginer	helfen	aider	widersprechen	contredire
einfallen	venir à l'esprit	lauschen	épier	widerstehen	résister à
einflößen	inspirer à	mißfallen	déplaire	widmen	consacrer à
folgen	suivre	mißlingen	échouer		

– C'est aussi le cas de nombreux verbes formés avec **bei, ent, entgegen, nach** et **zu**.

beiwohnen	assister à	entgegenkommen	venir à la rencontre de	zusehen	regarder faire
beistehen	aider	nachlaufen	courir après	zuschauen	regarder en spectateur
entkommen	échapper	zuhören	écouter		
entgegengehen	aller à la rencontre de	zurufen	crier à l'adresse de		

Verbes suivis du génitif

anklagen	accuser de	sich bewußt sein	être conscient de	sich rühmen	se vanter de
sich annehmen	se charger de	sich entledigen	se débarrasser de	sich schämen	avoir honte de
sich bedienen	se servir de	sich entsinnen	se souvenir de	sterben	mourir
bedürfen	avoir besoin de	sich erbarmen	avoir pitié de	überführen	convaincre de
sich bemächtigen	s'emparer de	sich [er]freuen	se réjouir de	verdächtigen	soupçonner de
berauben	dépouiller de	sich erinnern	se souvenir de	versichern	assurer de
beschuldigen	accuser de	gedenken	se souvenir de	würdigen	honorer de

Le génitif a de plus en plus tendance à être remplacé par un autre cas précédé d'une préposition.

Ich erinnere mich **an meine** Jugend au lieu de Ich erinnere mich **meiner** Jugend.

1. Accorder le complément entre parenthèses :

1. Er ist (ich) durch sein schlechtes Benehmen aufgefallen. **2.** Der Fahrer wich (der Fußgänger) aus. **3.** Es bangt (ich) vor der Prüfung. **4.** Ich bin (mein Lehrer) begegnet. **5.** Ich danke (du) für deine Hilfe.

2. Accorder le complément entre parenthèses :

1. Der Hund gehorcht (sein Herr). **2.** Dieses Haus gehört (mein Onkel). **3.** Das Buch gefällt (ich) sehr. **4.** Nichts gelingt (er). **5.** Du gleichst (dein Vater). **6.** Ich gratuliere (du). **7.** Ich werde (du) helfen. **8.** Er lauscht (das Gespräch). **9.** Dein Freund mißfällt (ich). **10.** Der Plan ist (ich) mißlungen.

3. Accorder le complément entre parenthèses :

1. Wir näherten uns (die Stadt). **2.** Das kann nur (er) passieren. **3.** Das schadet (du). **4.** Warum schmeichelst du (ich) ? **5.** Er trotzt (sein Vater). **6.** Ich verdanke (er) viel. **7.** Ich traue (er). **8.** Du sollst (ich) nicht widersprechen. **9.** Er widerstand (die Versuchung). **10.** Er hat sein Leben (die Kunst) gewidmet.

4. Accorder le complément entre parenthèses :

1. Ich habe (das Fest) beigewohnt. **2.** Er hat (ich) immer beigestanden. **3.** Der Dieb ist (die Polizei) entkommen. **4.** Ich werde (du) ein Stück entgegengehen. **5.** Er ist (ich) entgegengekommen. **6.** Ich werde (er) nicht nachlaufen. **7.** Alle hörten (der Redner) zu. **8.** Er hat (ich) einen Gruß zugerufen. **9.** Wir schauen (das Spiel) zu. **10.** Ich sah (er) bei der Arbeit zu.

5. Accorder le complément entre parenthèses :

1. Er erfreut sich (eine gute Gesundheit). **2.** Er freut sich (das Leben). **3.** Er erinnert sich (du). **4.** Wir gedenken (die Opfer) des Erdbebens. **5.** Er rühmt sich (seine Tat). **6.** Er schämt sich (sein Betragen). **7.** Er starb (ein natürlicher Tod). **8.** Er wurde (ein Verbrechen) überführt. **9.** Er ist (der Diebstahl) verdächtigt. **10.** Er würdigt ihn (kein Blick).

6. Compléter par les désinences convenables :

1. Er erfreut sich best.. Gesundheit.
2. Ich will mich mein.. Tat nicht rühmen.
3. Er hilft d.. alt.. Dame beim Einsteigen.
4. Er war sich sein.. Fehler.. bewußt.
5. Das Buch hat mein.. Freund gut gefallen.

7. Accorder les mots entre parenthèses :

1. Er würdigte ihn (kein Blick). **2.** Er versicherte mich (seine Freundschaft). **3.** Das Haus gleicht (ein Trümmerhaufen). **4.** Er ist (der Betrug) angeklagt. **5.** Es gelang (der Dieb) zu entfliehen.

8. Accorder le complément entre parenthèses :

1. Ich glaube (du) aufs Wort. **2.** Das schadet (er) gar nichts. **3.** Wie kann ich (du) das jemals danken ? **4.** Ich kann (er) nicht gut folgen. **5.** Das lasse ich (ich) nicht gefallen. **6.** Ich traue (die Sache) nicht. **7.** Er starb (ein natürlicher Tod). **8.** Ich kann mich (das) noch gut erinnern. **9.** Erbarme dich (ich). **10.** Er rühmt sich (seine Tat).

9. Accorder les mots entre parenthèses :

1. Ich folge (dein Beispiel). **2.** Du hilfst (dein Bruder). **3.** Er bedient sich (der Fahrstuhl). **4.** Rauchen schadet (deine Gesundheit). **5.** Der Verunglückte bedarf dringend (der Arzt). **6.** Was fällt (du) ein ? **7.** Der Hund gehorcht (sein Herr). **8.** Er ist sich (sein Fehler) bewußt. **9.** Er wurde (der Diebstahl) angeklagt. **10.** Ich gratuliere (Sie) zum Geburtstag.

10. Accorder les mots entre parenthèses :

1. Die Soldaten näherten sich (die Stadt) und bemächtigten sich (sie). **2.** Ich bin (mein Lehrer) begegnet und habe (er) begrüßt. **3.** Es gefällt (ich) nicht, daß du (deine Eltern) widersprichst. **4.** Ich bin (ich) bewußt, daß ich (du) viel verdanke. **5.** Er trotzt (jeder) und widerspricht (alle).

11. Remplacer les verbes par des verbes suivis du génitif : ©

1. Er zieht seinen Mantel aus. **2.** Er hat einen ausgezeichneten Ruf. **3.** Sie kümmerte sich um ihn. **4.** Er hat Mitleid mit den Armen. **5.** Er benutzt den Fahrstuhl.

12. Traduire :

© **1.** Tu me flattes. **2.** Je n'ai pas réussi. **3.** Je me fie à toi. **4.** J'ai honte. **5.** Je regarde le jeu. **6.** Pourquoi me menaces-tu ? **7.** Elle suit la mode. **8.** Il m'a beaucoup aidé. **9.** Obéis à tes parents et à tes maîtres ! **10.** Ces plantes résistent au froid et à la pluie.

LES VERBES SUIVIS D'UNE PRÉPOSITION ET DE L'ACCUSATIF

an

(sich) erinnern	(se) rappeler	glauben	croire à	sich klammern	se cramponner à
(sich) gewöhnen	(s') habituer à	grenzen	être contigu à	senden	envoyer à

auf

achten achtgeben	faire attention à	sich beziehen eingehen	se référer à tenir compte de	schätzen schießen	estimer à tirer sur
angewiesen sein	être tributaire de	sich einstellen	s'adapter à	starren	regarder fixement
anspielen	faire allusion à	gefaßt sein	s'attendre à	sich stützen	s'appuyer sur
antworten	répondre à	sich gründen	se fonder sur	sich verlassen	se fier à
aufpassen	faire attention à	hinweisen	insister sur	vertrauen	se fier à
bauen	compter sur	hoffen	espérer en	verzichten	renoncer à
sich berufen	se réclamer de	horchen	obéir à	sich vorbereiten	se préparer à
sich beschränken	se limiter à	reagieren	réagir à	warten	attendre

für

sich bedanken	remercier pour	danken	remercier pour	schwärmen	s'enthousiasmer pour
belohnen	récompenser pour	sich interessieren	s'intéresser à		

gegen

einwenden	objecter à

in

ausarten	dégénérer en	einwickeln	emballer dans	sich verlieben	s'éprendre de
eingreifen	intervenir dans	sich schicken	se résigner à	sich vertiefen	se plonger dans
[ein] münden	se jeter dans	übersetzen	traduire en	verwandeln	transformer en
einpacken	emballer dans				

über

sich ärgern	s'irriter de	herfallen	se jeter sur	[er] staunen	s'étonner de
sich aufregen	s'irriter de	herrschen	régner sur	urteilen	juger
sich beklagen	se plaindre de	sich lustig machen	se moquer de	verfügen	disposer de
sich beschweren	se plaindre de	nachdenken	réfléchir à	wachen	veiller sur
diskutieren	discuter de	siegen	vaincre	sich wundern	s'étonner de
sich entrüsten	s'indigner de	spotten	se moquer de		

um

sich [be]kümmern	s'occuper de	sich bewerben	solliciter	sich handeln	s'agir de
beneiden	envier	bitten	demander, prier	trauern	porter le deuil de

1. *Compléter par la préposition convenable :*

1. Er verfügt ... ein großes Vermögen. **2.** Sie diskutierten lebhaft ... die Schulprobleme. **3.** Sie wickelt das Frühstücksbrot ... Pergamentpapier ein. **4.** Sie bedankt sich ... das schöne Geschenk. **5.** Horch ... deine Eltern ! **6.** Ich baue ... deine Mithilfe. **7.** Er erinnert sich gern ... die schönen Tage. **8.** Sie achtet ... ihre kleine Schwester. **9.** Er reagiert nicht ... meinen Brief. **10.** Er wurde ... seine Mühe belohnt.

2. *Compléter par la préposition convenable :*

1. Er schickt sich ... sein Los. **2.** Er beruft sich ... das Gesetz. **3.** Sie entrüstet sich ... deine Unpünktlichkeit. **4.** Der Hund wacht ... das Haus. **5.** Sie gibt ... ihre kleine Schwester acht. **6.** Wir wollen uns ... das Nötigste beschränken. **7.** Der Schaden wird ... 10 000 Mark geschätzt. **8.** Er dankt seinen Gastgebern ... die gute Aufnahme. **9.** Der Schüler übersetzt den Text ins Deutsche. **10.** Sie ärgert sich ... deine Frechheit.

3. Compléter par la préposition convenable :

1. Ich wundere mich ... deine Geduld. **2.** Der Jäger schießt ... den Fuchs. **3.** Wir beziehen uns ... Ihr Schreiben vom 15.1. **4.** Er interessiert sich ... diese Küchenmaschine. **5.** Er hat sich ... seine Nachbarin verliebt. **6.** Der König herrscht ... das Land. **7.** Sie [be]kümmert sich ... den Haushalt. **8.** Ich muß mich ... meine neue Umgebung gewöhnen. **9.** Ich glaube ... deine Ehrlichkeit. **10.** Ich kann ... ihre Frage nicht näher eingehen.

4. Compléter par la préposition convenable :

1. Das kleine Kind starrt ... den Weihnachtsmann. **2.** Viele Fans schwärmen ... diese Schauspielerin. **3.** Er vertieft sich ... das Buch. **4.** Warum machst du dich lustig ... mich ? **5.** Ich beneide dich ... deine Energie. **6.** Das ängstliche Kind klammert sich ... seinen Vater. **7.** Ich muß mich ... die neuen Bedingungen einstellen. **8.** Der alte Mann stützt sich ... seinen Stock. **9.** Was haben Sie da... einzuwenden ? **10.** Die Hexe verwandelte die Prinzessin ... einen Kürbis.

5. Compléter par la préposition convenable :

1. Ich muß ... deinen Vorschlag nachdenken. **2.** Er bewirbt sich ... den Posten. **3.** Ich kann mich ... ihn verlassen. **4.** Der Streit artete ... eine Schlägerei aus. **5.** Ich bin ... alles gefaßt. **6.** Er vertieft sich ... seine Arbeit. **7.** Er ärgert sich ... deine Antwort. **8.** Er hat ... alle Hindernisse gesiegt. **9.** Darf ich Sie ... das Salz bitten ? **10.** Er spielt ... den gestrigen Unfall an.

6. Compléter par la préposition convenable :

1. Mein Verdacht gründet sich ... meine Beobachtungen. **2.** Er vertraut ... sein Glück. **3.** Er griff ... das Gespräch ein. **4.** Er regt sich ... deine Anwesenheit auf. **5.** Du sollst nicht ... den Körperbehinderten spotten. **6.** Es handelt sich ... eine Kleinigkeit. **7.** Er hat schnell ... meinen Brief geantwortet. **8.** Er wies mich ... die Gefahr hin. **9.** Er verzichtet ... das Rauchen. **10.** Der Rhein mündet ... die Nordsee.

7. Compléter par la préposition convenable :

1. Er hat sich bei mir ... dich beklagt. **2.** Er staunt ... deine Leistung. **3.** Er trauert ... seinen besten Freund. **4.** Du solltest ... deinen kleinen Bruder aufpassen. **5.** Der Kranke hofft ... baldige Genesung. **6.** Er bereitet sich ... die Reise vor. **7.** Der Kaufmann packt die Ware ... Papier ein. **8.** Der Kunde beschwert sich ... die schlechte Bedienung. **9.** Wie urteilst du ... ihn ? **10.** Sie gibt ... ihre kleine Schwester acht.

8. Compléter par la préposition et la désinence convenables :

1. Er kann sich nicht ... dies.. Klima gewöhnen. **2.** Die Elbe mündet ... d.. Nordsee. **3.** Ich bedanke mich ... d.. schöne Geschenk. **4.** Er macht sich lustig ... sein.. Freund. **5.** Du sollst die Ellenbogen nicht ... d.. Tisch stützen. **6.** Sie hat sich ... ihr.. Lehrer verliebt. **7.** Wie reagiert er ... dein.. Brief ? **8.** Es handelt sich ... mein.. Arbeit. **9.** Er wartet ... sein.. Freundin. **10.** Er ärgert sich ... d.. Hund.

9. Compléter par la préposition et la désinence convenables :

1. Er wird ... sein.. Arbeit belohnt. **2.** Der Jäger schießt ... d.. Hasen. **3.** Er staunt ... dein.. Leistung. **4.** Er bewirbt sich ... d.. Stelle. **5.** Frankreich grenzt ... d.. Schweiz. **6.** Ich verzichte ... d.. Hilfe. **7.** Er bekümmert sich ... sein.. Freund. **8.** Darf ich ... ihr.. Hilfe bitten ? **9.** Er bereitet sich ... d.. Prüfung vor. **10.** Die Polizei wacht ... d.. Verkehr.

10. Compléter par un interrogatif adverbial :

1. ... beschwerst du dich ? **2.** ... gründet sich deine Zuversicht ? **3.** ... diskutiert ihr ? **4.** ... spielst du an ? **5.** ... beneidet er dich ? **6.** ... interessierst du dich ? **7.** ... soll ich mich kümmern ? **8.** ... klammert er sich ? **9.** ... schwärmen viele junge Leute ? **10.** ... bezieht sich seine Äußerung ?

11. Compléter par un démonstratif adverbial :

1. Was soll ich ... antworten ? **2.** Er will ... nachdenken. **3.** Er erinnert sich nicht .... **4.** Er interessiert sich .... **5.** Er ärgert sich .... **6.** Er wartet .... **7.** Er beruft sich .... **8.** Er wird ... belohnt. **9.** Er kümmert sich .... **10.** Er hofft ....

12. Traduire :

© **1.** Je ne dispose pas de beaucoup de temps. **2.** Je dois traduire ce texte en allemand. **3.** Il se plonge dans le travail ? **4.** Je l'ai rendu attentif à son erreur. **5.** Il s'intéresse à la musique. **6.** Il te remercie pour ta longue lettre.

LES VERBES SUIVIS D'UNE PRÉPOSITION ET DU DATIF

an

sich beteiligen	: participer à	mangeln	: manquer de	verzweifeln	: désespérer de
erkennen	: reconnaître à	schuld sein	: être la faute de	vorbeigehen	: passer devant
fehlen	: manquer de	teilnehmen	: prendre part à	zweifeln	: douter de
hängen	: être attaché à				

auf

beharren	: ne pas démordre de	beruhen	: reposer sur	ertappen	: prendre sur le fait

aus

folgern	: déduire de	schöpfen	: puiser de	übersetzen	: traduire de
schließen	: conclure de				

in

sich täuschen	: se tromper au sujet de

mit

anfangen	: commencer par	sich beschäftigen	: s'occuper de	verbinden	: relier à
aufhören	: cesser (qc)	füllen	: remplir de	vergleichen	: comparer à
ausrüsten	: armer de	Mitleid haben	: avoir pitié de	verkehren	: fréquenter
(sich) bedecken	: (se) couvrir de	prahlen	: faire étalage de	sich verloben	: se fiancer avec
bedrohen	: menacer	schmücken	: orner de	versehen	: doter de
sich befassen	: s'occuper de	überhäufen	: accabler de	versorgen	: approvisionner en
beginnen	: commencer par	überschütten	: couvrir de	zudecken	: recouvrir de
sich begnügen	: se contenter de	umgehen	: s'avoir s'y prendre avec		

nach

sich erkundigen	: s'informer de	sich sehnen	: aspirer à	sich umsehen	: être à la recherche de
riechen	: avoir une odeur	streben	: être avide de	sich umwenden	: se tourner vers
schmecken	: avoir le goût de	suchen	: rechercher	verlangen	: désirer, réclamer

von

abraten	: déconseiller	sich entfernen	: s'éloigner de	überzeugen	: persuader de
abhängen	: dépendre de	[ent]leihen	: emprunter à	sich verabschieden	: prendre congé de
befreien	: dispenser de	genesen	: recouvrer la santé	wissen	: savoir

vor

Achtung haben	: respecter	es ekelt mir	: je suis dégoûté de	es graut mir	: j'ai horreur de
Angst haben	: avoir peur de	fliehen (flüchten)	: fuir devant	sich hüten	: se garder de
bewahren	: mettre à l'abri de	sich fürchten	: redouter	weinen	: pleurer de

zu

anregen	: inciter à	ermahnen	: exhorter à	taugen	: être apte à
auffordern	: inviter à	ernennen	: nommer (fonction)	treiben	: pousser à
beglückwünschen	: féliciter	gehören	: faire partie de	überreden	: persuader de
beitragen	: contribuer à	sich gesellen	: se joindre à	veranlassen	: amener à
bestimmen	: destiner à	gratulieren	: féliciter pour	verführen (verleiten)	: entraîner à
dienen	: servir à (qc)	neigen	: être enclin à	verurteilen	: condamner à
einladen	: inviter à	passen	: aller avec	zwingen	: contraindre à
sich entschließen	: se décider à	stehen	: penser de		

1. Compléter par la préposition convenable :

1. Alle Kinder beteiligen sich ... Spiel. **2.** Er beharrt ... seiner Meinung. **3.** Der Himmel bedeckt sich ... Wolken. **4.** Er überschüttet ihn ... Geschenken. **5.** Es riecht hier ... Fisch. **6.** Es wurde ... Militärdienst befreit. **7.** Es ekelt mir ... Schlangen. **8.** Er war ... deinem Nachfolger bestimmt. **9.** Diese Krawatte paßt nicht ... deinem Hemd. **10.** Ich habe dich ... deiner Stimme erkannt.

2. Compléter par la préposition convenable :

1. Deine Behauptungen beruhen ... einem Irrtum. **2.** Er hat mich ... einem Messer bedroht. **3.** Sie kann gut ... kleinen Kindern umgehen. **4.** Der Wein schmeckt ... dem Faß. **5.** Das Schiff entfernt sich langsam ... Hafen. **6.** Der Hase flieht ... dem Fuchs. **7.** Der Helm dient ... deinem Schutz. **8.** Wie stehen Sie ... diesem Vorfall ? **9.** Es fehlt ... Notwendigsten. **10.** Der Dieb wurde ... frischer Tat ertappt.

3. Compléter par la préposition convenable :

1. Er befaßt sich ... Kleinigkeiten. **2.** Bitte verbinden Sie mich ... München. **3.** Er sehnt sich ... seiner Heimatstadt. **4.** Er hat das Geld ... seinem Onkel entliehen. **5.** Sie fürchtet sich ... Mäusen. **6.** Ich lade meine Freunde ... Geburtstag ein. **7.** Er taugt nicht ... Lehrer. **8.** Mein Großvater hängt sehr ... seinem Hund. **9.** ... deinem Brief folgern wir, daß du uns nicht begleiten willst. **10.** Sie mußten sich ... einem Stück Brot begnügen.

4. Compléter par la préposition convenable :

1. Du kannst dich doch nicht ... mir vergleichen. **2.** Napoleon strebte ... Ruhm. **3.** Er ist ... seiner schweren Krankheit schnell genesen. **4.** Es graut mir ... der langen Reise. **5.** Er kann sich nicht ... Arbeit entschließen. **6.** Du treibst mich noch ... Verzweiflung. **7.** Es mangelt meinem Freund ... Mut. **8.** Er schöpt Wasser ... dem Brunnen. **9.** Er beschäftigt sich gern ... Gartenarbeit. **10.** Er verkehrt gern ... alten Leuten.

5. Compléter par la préposition convenable :

1. Er sucht ... Pilzen. **2.** Du hast mich ... deiner Unschuld überzeugt. **3.** Hüte dich ... Erkältungen ! **4.** Er ermahnte ihn ...r Vorsicht. **5.** Er hat mich ...m Weitermachen überredet.

6. Compléter par la préposition convenable :

1. Er weint ... Freude. **2.** Er wurde ... Botschafter ernannt. **3.** Was hat dich ... diesem Entschluß veranlaßt. **4.** Ich habe die Flasche ... Wein gefüllt. **5.** Alle nahmen ... Fest teil. **6.** Ich habe mich ... ihm getäuscht. **7.** Er hat Mitleid ... den hungernden Vögeln. **8.** Er ist gut ... Lebensmitteln versorgt. **9.** Beim Abschied wendete er sich mehrmals ... uns um. **10.** Ich weiß nichts ... dieser Angelegenheit.

7. Compléter par la préposition convenable :

1. Er hat mich ... Arbeit angeregt. **2.** Er gehört ... meinen Freunden. **3.** Er hat mich ... Trinken verführt. **4.** Du darfst nicht ... den Menschen verzweifeln. **5.** Er weiß nicht, was er da... anfangen soll. **6.** Er prahlt ... seinen sportlichen Erfolgen. **7.** Mein Auto ist ... einer Servolenkung versehen. **8.** Das kleine Kind verlangt ... seiner Mutter. **9.** Du sollst Achtung ... deinen Lehrern haben. **10.** Ich habe meine Freundin ... Tanz aufgefordert.

8. Compléter par la préposition convenable :

1. Er hat mich ... Ungehorsam verleitet. **2.** Er ist ... mir vorbeigegangen, ohne mich zu sehen. **3.** Er hört ... seiner Arbeit auf. **4.** Der Weihnachtsbaum ist ... Kugeln und Kerzen geschmückt. **5.** Vor dem ersten Frost deckt der Gärtner die Pflanzen ... Stroh zu. **6.** Ich rate dir ... der Fahrt ab. **7.** Er hat Angst ... dem Fliegen. **8.** Wir haben ihn ... seinem Erfolg beglückwünscht. **9.** Wir gratulieren ... Geburt ihres ersten Kindes. **10.** Er wurde ... einer Geldstrafe verurteilt.

9. Compléter par la préposition convenable :

1. Ich zweifle nicht ... deinem guten Willen. **2.** Er ist ... guten Vorsätzen ausgerüstet. **3.** Er überhäufte ihn ... Vorwürfen. **4.** Ich möchte mich ... den Ankunftszeiten erkundigen. **5.** Das hängt ... mir ab. **6.** Ich möchte dich ... Schaden bewahren. **7.** Du hast ... Gelingen des Festes beigetragen. **8.** Er neigt ...m Alkohol.

10. Compléter par la préposition et les désinences convenables :

1. Wir müssen uns ... d.. Weg erkundigen. **2.** Er schmückt sich gern ... fremd.. Federn. **3.** ... dies.. Kleid gehören weiße Schuhe. **4.** Die Katze flüchtet ... d.. Hund. **5.** Wir hängen sehr ... unser.. Hund.

LES VERBES SUIVIS DE PRÉPOSITIONS DIFFÉRENTES SUIVANT LE SENS

ankommen	auf +	A. :	dépendre de
	in +	D. :	arriver à (destination)
sich äußern	über +	A. :	donner son avis sur
	zu +	D. :	
(sich) bangen	um +	A. :	craindre pour
	vor +	D. :	avoir peur de
sich bemühen	für +	A. :	se mettre en peine pour
	um +	A. :	s'efforcer d'obtenir
berichten	über +	A. :	informer, relater
	von +	D. :	parler de
bestehen	auf +	D. :	exiger, persister
	aus +	D. :	se composer de
	in +	D. :	consister en
sich beugen	aus +	D. :	se pencher par (hors de)
	über +	A. :	se pencher sur
binden	an +	A. :	attacher à
	in +	A. :	nouer
	mit +	D. :	lier avec
	um +	A. :	entourer
	zu +	D. :	attacher en
sich binden	durch +	A. :	se lier par
denken	an +	A. :	penser à
	von +	D. :	penser de
sich ergeben	aus +	D. :	résulter de
	in +	A. :	se résigner à
erschrecken	über +	A. :	s'effrayer de
	vor +	D. :	
erzählen	über +	A. :	dire de
	von +	D. :	parler de
folgen	auf +	A. :	succéder à
	aus +	D. :	résulter de
fragen	nach +	D. :	demander
	um +	A. :	
sich freuen	auf +	A. :	se réjouir (d'avance)
	über +	A. :	se réjouir de
fürchten	für +	A. :	craindre pour
sich fürchten	vor +	D. :	avoir peur de
gewinnen	an +	A. :	acquérir, gagner en
	auf +	A. :	prendre de l'ascendant sur
	für +	A. :	gagner quelqu'un à
	in +	D. :	gagner à
	zu +	D. :	faire de quelqu'un
greifen	in +	A. :	mettre la main (à la poche)
	nach +	D. :	saisir, s'emparer de
	unter +	A. :	soutenir, aider
	zu +	D. :	avoir recours à
sich greifen	an +	A. :	porter la main à
halten	auf +	A. :	tenir à
	für +	A. :	considérer comme
	von +	D. :	penser de
	vor +	A. :	mettre devant
	vor +	D. :	s'arrêter devant
	zu +	D. :	être attaché,
sich halten	an +	A. :	s'en tenir à
	an +	D. :	se tenir à
hören	auf +	A. :	obéir, suivre
	in +	D. :	écouter à
	über +	D. :	entendre dire
	vor +	D. :	
kämpfen	für +	A. :	lutter (pour acquérir)
	gegen +	A. :	combattre
	mit +	D. :	lutter avec
	um +	A. :	lutter (pour conserver)
klagen	auf +	A. :	plaider
	gegen +	A. :	porter plainte contre
	über +	A. :	se plaindre de
	um +	A. :	déplorer
kommen	an +	A. :	arriver (à son tour)
	auf +	A. :	arriver (à dépister)
	hinter +	A. :	découvrir
	in +	A. :	être en
	über +	A. :	s'abattre sur
	um +	A. :	être frustré, privé de
	zu +	D. :	arriver à
lachen (lächeln)	über +	A. :	se moquer de
	vor +	D. :	rire de
leiden	an +	D. :	souffrir de (maladie)
	durch +	A. :	souffrir (de dommages)
	unter +	D. :	souffrir de
sich mischen	in +	A. :	se mêler à
	unter +	A. :	s'immiscer, se mêler à
sich rächen	an +	D. :	se venger de
	für +	A. :	se venger pour
rechnen (zählen)	auf +	A. :	compter sur
	zu +	D. :	compter au nombre de
rechnen	mit +	D. :	compter sur
reden	mit +	D. :	parler avec
	über +	A. :	parler de
	von +	D. :	
richten	an +	A. :	adresser à
	auf +	A. :	diriger sur
sich richten	gegen +	A. :	se dresser contre
	nach +	D. :	se conformer à
sagen	über +	A. :	dire de
	von +	D. :	
	zu +	D. :	
sich schämen	für +	A. :	avoir honte pour
	vor +	D. :	avoir honte en présence de
schauen (sehen)	auf +	A. :	regarder
	in +	A. :	
	nach +	D. :	jeter un regard sur vérifier

schimpfen	auf (über)	+	A. :	pester contre
	mit	+	D. :	se disputer avec
schreiben	an	+	A. :	écrire à
	über	+	A. :	écrire au sujet de
	von	+	D. :	écrire à propos de
schreien	nach	+	D. :	réclamer à grands cris
	um	+	A. :	appeler (au secours)
	vor	+	D. :	crier de
sorgen	für	+	A. :	prendre soin de
sich sorgen	um	+	A. :	se faire du souci pour
spielen	mit	+	D. :	jouer avec
	um	+	A. :	jouer pour quelqu'un
sprechen	für	+	A. :	parler pour
	mit	+	D. :	parler avec
	über	+	A. :	parler au sujet de
	von	+	D. :	parler de
sterben	an	+	D. :	mourir (de maladie)
	aus	+	D. :	mourir (de chagrin)
	durch	+	A. :	mourir par
	für	+	A. :	mourir pour
	über	+	D. :	mourir en
	vor	+	D. :	mourir de
stoßen	auf	+	A. :	tomber sur
	durch	+	A. :	transpercer
	in	+	A. :	pousser dans
	von	+	D. :	repousser
sich stoßen	an	+	D. :	se heurter à
streiten	für	+	A. :	lutter pour
	mit	+	D. :	se quereller avec
	über	+	A. :	discuter de
sich streiten	um	+	A. :	se disputer pour
sich stürzen	auf	+	A. :	se précipiter sur
	in	+	A. :	se plonger dans
treten	an	+	A. :	aller à, s'avancer vers
	auf	+	A. :	aller, marcher sur
	aus	+	D. :	se retirer, sortir
	in	+	A. :	entrer dans
	über	+	A. :	déborder, franchir
	unter	+	A. :	se mêler à
	vor	+	A. :	s'avancer vers
	zu	+	D. :	aller vers
trinken	auf	+	A. :	boire à
	aus	+	D. :	boire dans
übertreffen	an	+	D. :	surpasser en
	in	+	D. :	dépasser en
sich unterhalten	mit	+	D. :	s'entretenir avec
	über	+	A. :	s'entretenir à propos de
sich verbeugen	nach	+	D. :	s'incliner vers
(verneigen)	vor	+	D. :	s'incliner devant
verstehen	von	+	D. :	s'y connaître
	unter	+	D. :	entendre par
sich verstehen	auf	+	A. :	s'y entendre
wählen	in	+	A. :	élire pour
	zu	+	D. :	élire comme
weichen	unter	+	D. :	céder sous
	von	+	D. :	s'éloigner de
	vor	+	D. :	se retirer devant
wenden	auf	+	A. :	diriger sur
	nach	+	D. :	tourner vers
	von	+	D. :	détourner de
sich wenden	an	+	A. :	s'adresser à
	gegen	+	A. :	s'opposer à
	nach	+	D. :	se tourner vers
	zu	+	D. :	se diriger vers
werben	für	+	A. :	faire de la publicité pour
	um	+	A. :	briguer
werden	aus	+	D. :	advenir de
	zu	+	D. :	devenir, se transformer en
zittern	an	+	D. :	trembler de
	für	+	A. :	trembler pour
	vor	+	D. :	trembler de, devant

1. Compléter par les désinences convenables :

1. Es kommt auf jed.. von uns an. **2.** Er besteht auf sein.. Recht. **3.** Er hat in d.. Lotterie gewonnen. **4.** Er hält die Hand vor d.. Mund. **5.** Er kämpft mit d.. Wellen. **6.** Er rächte sich an sein.. Feind. **7.** Er richtet sich nach d.. Vorschrift. **8.** Er schreibt seinem Freund von sein.. Reise. **9.** Wir kommen um 4 Uhr in d.. Stadt an. **10.** Ihre Garderobe besteht aus Kleid.. und Mäntel.. .

2. Compléter par les désinences convenables :

1. Er gewann ihn zu sein.. Freund. **2.** Das Auto hält vor d.. Haus. **3.** Er ist um sein.. Schlaf gekommen. **4.** Er rächte sich für d.. erlitten.. Unrecht. **5.** Ich schäme mich für mein.. Freund. **6.** Er beugt sich aus d.. Fenster. **7.** Wir freuen uns schon auf d.. nächst.. Winter. **8.** Er griff nach d.. Messer. **9.** Er hält sich an d.. Gesetz. **10.** Der Kranke klagt über heftig.. Schmerzen.

3. Compléter par les désinences convenables :

1. Er rechnet mit dein.. Teilnahme. **2.** Er schaut auf d.. Uhr. **3.** Die Eltern sorgen für ihr.. Kinder. **4.** Es bangt mir vor d.. Zukunft. **5.** Er bindet den Kahn an ein.. Baum. **6.** Er erschrak über sein.. Worte. **7.** Das Kind fürchtet sich vor d.. Hund. **8.** Er griff sich an d.. Kopf. **9.** Ich höre Musik in mein.. Freizeit. **10.** Er kommt jetzt an d.. Reihe.

4. *Compléter par les désinences convenables :*

1. Er will sich nicht über d.. Vorfall äußern. **2.** Er beugt sich über d.. Tisch. **3.** Was denken Sie von dies.. Buch ? **4.** Sie freut sich über d.. schön.. Blumen. **5.** Er muß tief in d.. Tasche greifen. **6.** Er hält treu zu sein.. Freund. **7.** Sie klagt gegen ihr.. Nachbarn. **8.** Er lacht über dein.. dumm.. Antwort. **9.** Ich rechne ihn zu mein.. Freund.. . **10.** Was sagen Sie zu dies.. Spiel ?

5. *Compléter par les désinences convenables :*

1. Er bemüht sich sehr für sein.. Freund. **2.** Sie bindet dem Kind ein Band in d.. Haar. **3.** Er ergab sich in sein traurig.. Schicksal. **4.** Er gewann ihn für sein.. Partei. **5.** Er griff ihm unter d.. Arm. **6.** Er hält ihn für ein.. gut.. Schüler. **7.** Der Hund hört auf sein.. Herr.. **8.** Wir haben von d.. letzt.. Fußballspiel geredet. **9.** Er hat sich vor sein.. Kamerad.. geschämt. **10.** Die Mutter sorgt sich um ihr.. krank.. Sohn.

6. *Compléter par les désinences convenables :*

1. Er hat uns von sein.. Reise berichtet. **2.** Er bindet eine Schnur um d.. Paket. **3.** Sie bindet Blumen zu ein.. Strauß. **4.** Ich denke oft an d.. vergangen.. Ferien. **5.** Das Kind erschrak vor d.. Hund. **6.** Man hört nur Gutes über d.. jung.. Mann. **7.** Die Soldaten kämpfen tapfer gegen d.. Feind. **8.** Er klagt um d.. Verlust seines Hundes. **9.** Er leidet an ein.. schwer.. Krankheit. **10.** Ich rechne auf dein.. Hilfe.

7. *Compléter par les désinences convenables :*

1. Was sagt er von dein.. Arbeit ? **2.** Der Vater schimpft mit sein.. Sohn. **3.** Er spielt Karten mit sein.. Freund. **4.** Er bemüht sich sehr für sein.. Freund. **5.** Kannst du mir etwas über dein.. Großeltern erzählen ? **6.** Auf d.. Regen folgt gewöhnlich Sonnenschein. **7.** Er gewinnt Einfluß auf sein.. Freund. **8.** Sie griffen zu d.. Waffen. **9.** Was hältst du von dies.. Leut.. . **10.** Er hält sich an d.. Geländer.

8. *Compléter par les désinences convenables :*

1. Ich schreibe an mein.. Großvater. **2.** Er richtet seine ganze Aufmerksamkeit auf d.. Spiel. **3.** Der Journalist berichtet über d.. Katastrophe. **4.** Erzähle von dein.. Reise ! **5.** Ich habe vergeblich nach d.. Kind gefragt. **6.** An w.. ist der Brief gerichtet ? **7.** Er sagt nichts über sein.. Bruder. **8.** Er spielt Karten mit sein.. Vater. **9.** Er hat sich durch sein unvorsichtig.. Versprechen gebunden. **10.** Die Polizei kommt dem Dieb auf d.. Spur.

9. *Compléter par les prépositions convenables :*

1. Er bindet sich ... sein Versprechen. **2.** Was wird dar... folgen ? **2.** Ein schweres Unglück ist ... ihn gekommen. **3.** Ich denke oft ... die Ferien. **4.** Ich habe vergeblich ... ihm gefragt. **5.** Er kämpft ... sein Leben. **6.** Sie schrie ... Hilfe. **7.** Äußern Sie sich da... ! **8.** Dar... können sich Nachteile ergeben. **9.** Sie lacht ... Freude.

10. *Compléter par les prépositions convenables :*

1. Er fürchtet ... sein Leben. **2.** Er sagt nichts ... ihn. **3.** Ich klage ... Schadenersatz. **4.** Er kam ... die Wahrheit. **5.** Er kommt ... nichts. **6.** Sie lacht ... Freude. **7.** Das Vieh schreit ... Futter. **8.** Sie spielen nicht ... Geld. **9.** Er schreit ... Schmerz. **10.** Sie kämpfen ... die Freiheit.

11. *Compléter par les désinences convenables :*

1. Er leidet unter d.. Hitze. **2.** Sie mischt sich unter d.. Leute. **3.** Die Stadt hat durch d.. Bomben schwer gelitten. **4.** Er mischt sich gern in d.. Gespräch. **5.** Er redet mit d.. Händen. **6.** Er schaut nach d.. Recht.. **7.** Du kommst in groß.. Gefahr. **8.** Er hält auf gut.. Kleidung. **9.** Die Soldaten kämpften tapfer gegen d.. Feind. **10.** Die Bäche treten im Frühjahr oft über ihr.. Ufer.

12. *Compléter par la préposition et les désinences convenables :*

1. Die Alten reden gern ... ihr.. Soldatenzeit. **2.** Ich habe dich immer ... ein.. gut.. Freund gehalten. **3.** Er rechnet sich ... d.. Umweltschützer.. . **4.** Immer mehr Frauen greifen ... Zigarette. **5.** Der Lehrer klagt ... d.. Schülerin. **6.** Der Lehrer richtet seine Fragen ... all.. Schüler. **7.** Die Soldaten kämpfen ... d.. Feind. **8.** Ich freue mich ... d.. kommend.. Ferien. **9.** Ich wende mich ... mein.. Vater um Rat. **10.** Er hat sich ... d.. Zuschauer gemischt.

13. *Compléter par la préposition et la désinence convenable :*

1. Wir kämpfen ... d.. Freiheit. **2.** Er wandte sich ... d.. Entschluß. **3.** Meine Mutter freut sich ... d.. Geschenk, das du ihr mitgebracht hast. **4.** Der Luftangriff richtete sich ... d.. feindlich.. Stellungen. **5.** Er ist ... ein.. gut.. Gedanken gekommen. **6.** Er sagt ... d.. ganz.. Familie. **7.** Er klagt ... sein.. Nachbarn. **8.** Er mischt sich gern ... d.. Unterhaltung. **9.** Er hält sich gern ... d.. Vorschrift. **10.** Sie stirbt ... Neugierde.

***14.** Compléter par la préposition et la désinence convenables :*

1. Er bangt ... sein.. Stellung. **2.** Er bemüht sich ... d.. Amt. **3.** Ich denke oft ... d.. schön.. Reise. **4.** Überall in Ägypten reden die Steine ... d.. Vergangenheit. **5.** Das Essen besteht ... einer Vorspeise und ein.. Hauptgericht. **6.** Die Mutter beugt sich ... d.. krank.. Kind. **7.** Er schimpft ... d.. schlecht.. Wetter. **8.** Ich werde mich ... d.. Gebrauchsanweisung richten. **9.** Was ist ... dein.. Jugendfreund geworden ? **10.** Der Bach tritt ... d.. Ufer.

***15.** Compléter par la préposition et les désinences convenables :*

1. ... d.. Verkauf seines Hauses gewann er 10 000 DM. **2.** Er fürchtet sich weder ... Tod noch Teufel. **3.** Du sollst dich nicht ... d.. fahrend.. Zug beugen. **4.** ... d.. Ursache folgt d.. Wirkung. **5.** Sie erschrak ... d.. Aussehen ihrer Freundin. **6.** Er kämpft ... ein geeint.. Europa. **7.** Der Faule wird nie ... etwas kommen. **8.** Du sollst ... dein.. Eltern hören. **9.** Er griff ... ein.. List. **10.** Der Wagen hält ... d.. Tür.

***16.** Compléter par la préposition et les désinences convenables :*

1. Er rechnet ... dein.. Mitarbeit. **2.** ... wen richtet sich dein Verdacht ? **3.** Der faule Schüler schämt sich ... d.. ganz.. Klasse. **4.** Er schaut mit offenen Augen ... d.. Welt. **5.** Der Lehrer schreibt das Datum ... d.. Tafel. **6.** Die Katze spielt ... d.. Maus. **7.** Er stieß seinem Gegner das Messer ... d.. Brust. **8.** Er stürzte sich von einem Felsen ... d.. Tiefe. **9.** Er trat ... d.. Balkon. **10.** Sie mußten ... d.. Gewalt weichen.

***17.** Compléter par les désinences convenables :*

1. Er spricht für sein.. Freund. **2.** Der Jäger stieß auf ein.. Hirsch. **3.** Er stürzt sich in ein.. schwer.. Arbeit. **4.** Ich trinke nicht aus d.. Flasche, sondern aus ein.. Glas. **5.** Der Vater spricht mit d.. Lehrer. **6.** Er stieß ihm den Degen durch d.. Leib. **7.** Er hat ihn in d.. Bach gestoßen. **8.** Tritt mir nicht auf d.. Füße. **9.** Der Boden wich unter ihr.. Füßen. **10.** Sie sprachen von ihr.. Reise.

***18.** Compléter par les désinences convenables :*

1. Er ist aus d.. Verein getreten. **2.** Er hat sich mit sein.. Freund unterhalten. **3.** Er wich nicht von mein.. Seite. **4.** Er ist an ein.. Herzschlag gestorben. **5.** Er hat sich an ein.. Tischecke gestoßen. **6.** Sie trat in d.. Zimmer. **7.** Sie unterhalten sich über ihr.. Arbeit. **8.** Die Soldaten mußten vor d.. Feind weichen. **9.** Was soll aus d.. Jungen werden ? **10.** Wir sind über d.. Schwelle getreten.

***19.** Compléter par les prépositions convenables :*

1. Er spricht ... alle. **2.** Er wurde ..s Parlament gewählt. **3.** Er wendet sich ... links. **4.** Er tritt ...s Fenster. **5.** Er übertrifft dich ... Fleiß. **6.** Man hat ihn ...m Präsidenten gewählt. **7.** Wenden wir uns ...m Ausgang. **8.** Der Redner sprach ...m Umweltschutz. **9.** Er hat ihn ...m Schwimmen übertroffen. **10.** Er wirbt ... die Firma Müller.

***20.** Compléter par les prépositions convenables :*

1. Sie stieß ihn ... sich. **2.** Sie wirbt ... seine Gunst. **3.** Sie starb ... Kummer. **4.** Er streitet ... seine Ideen. **5.** Sie wendet ihre Aufmerksamkeit ... ihn. **6.** Das Wasser wird ... Eis. **7.** Er starb ... Mörderhand. **8.** Er tritt ... die Leute. **9.** Er wendet den Kopf ... ihr. **10.** Er starb ...s Vaterland.

***21.** Compléter par les prépositions convenables :*

1. Wer versteht was ... Sport ? **2.** Sie wandte kein Auge ... ihm. **3.** Sie stritten sich ... das Fell des Bären. **4.** Was verstehen Sie ... Sport ? **5.** Er zitterte ... Angst. **6.** Wir sterben ... Langeweile. **7.** Er ist so hungrig, daß er sich ... das Essen stürzt. **8.** Ich trinke ... deine Gesundheit. **9.** Er versteht sich ...s Geldverdienen. **10.** Tritt ...r Seite !

NIVEAU 1

1. *Compléter les phrases ci-après en ajoutant les désinences manquantes :*

1. Ich begegne mein.. Freund. **2.** Ich trinke aus ein.. Glas. **3.** Ich danke mein.. Onkel für sein Geschenk. **4.** Wir denken gern an d.. Ferien. **5.** Er hat Angst vor d.. Schnaken. **6.** Ich nehme an d.. Fest teil. **7.** Er hat auf mein.. Brief geantwortet. **8.** Er hat lange auf sein.. Freund gewartet. **9.** Er fürchtet sich vor d.. Gewitter. **10.** Wir hoffen auf besser.. Wetter.

2. *Compléter les phrases ci-après en ajoutant les désinences et les prépositions manquantes :*

1. Wir nehmen ... d.. Spiel teil. **2.** Ich denke oft ... mein.. Freund. **3.** Ich danke dir ... dein.. Brief. **4.** Er träumt ... ein.. schönen Reise. **5.** Du trinkst ... ein.. Tasse. **6.** Ich habe nichts ... mein.. Freund gehört. **7.** Wir hoffen ... schön.. Wetter. **8.** Ich antworte dir ... dein.. Brief. **9.** Ich fürchte mich ... dies.. Hund. **10.** Der Garten gehört ... dies.. Haus.

3. *Compléter par une préposition :*

1. Er begnügt sich ... Wasser, er trinkt keinen Wein. **2.** Er konnte nicht ... dem Ausflug teilnehmen. **3.** Sie hat mir viel ... ihrer Fahrt erzählt. **4.** Ich warne dich ... diesem bösen Menschen. **5.** Ich habe mich ... meinem Freund geärgert. **6.** Er hat nicht ... meine Frage geantwortet. **7.** Das Kind klagt ... Kopfschmerzen. **8.** Ich danke dir ... deinen Brief. **9.** Wir träumen oft ... den Ferien. **10.** Er fürchtet sich ... den Hunden.

4. *Compléter les phrases ci-après en ajoutant les désinences manquantes :*

1. Dieser arme Mann muß sich sein.. Sohn.. schämen. **2.** Dieses Buch gehört mein.. Bruder. **3.** Wir haben ein.. Fußballspiel beigewohnt. **4.** Er ist sein.. Freund nachgelaufen. **5.** Man kann dies.. Mann nicht trauen. **6.** Ich erfreue mich ein.. guten Gesundheit. **7.** Die Kinder sollen ihr.. Eltern gehorchen. **8.** Alle gratulieren d.. Geburtstagskind. **9.** Ich bin mein.. Husten endlich losgeworden. **10.** Er hat sein.. Onkel herzlich gedankt.

5. *Compléter les phrases ci-après en ajoutant les désinences manquantes :*

1. Er hat sich ganz auf sein.. Bruder verlassen. **2.** Ich danke dir für dein.. Hilfe. **3.** Er hat sich über dein.. Antwort gewundert. **4.** Wir haben uns zu dies.. Reise entschlossen. **5.** Was denkst du von dies.. Schüler ?

6. *Compléter les phrases ci-après par la préposition exigée par le verbe :*

1. Es riecht hier ... Fisch. **2.** Sie überhäuft ihn ... Vorwürfen. **3.** Die Menschen streben ... Frieden. **4.** Ich habe ihn ... Geld versorgt. **5.** Der Kranke verlangt ... Wasser. **6.** Er befaßt sich ... Politik. **7.** Er sehnt sich ... Ruhe. **8.** Es mangelt ihm ... Ausdauer. **9.** Er taugt nicht ... dieser Arbeit. **10.** Er will sich ... Arbeit umsehen.

7. *Compléter les phrases ci-après en ajoutant les désinences et les prépositions manquantes :*

1. Mein Freund will mich ... ein.. Party einladen. **2.** Sie sucht ... ein.. passend.. Kleid. **3.** Ich bin ... dein.. Ehrlichkeit überzeugt. **4.** Er wurde ... ein.. hoh.. Geldstrafe verurteilt. **5.** Du bist nicht schuld ... d.. Unfall. **6.** Ich erkenne ihn ... sein.. Schrift. **7.** Er prahlt ... sein.. neu.. Wagen. **8.** Die Straßenbahn verbindet die Vororte ... d.. Stadt. **9.** Wir sehnen uns ... d.. Sonne. **10.** Wir ermahnten ihn ... groß.. Vorsicht.

8. *Compléter les phrases ci-après par le démonstratif adverbial voulu :*

1. Ich will mich mal ... erkundigen. **2.** Alle suchen ... . **3.** Er zweifelt nicht ... . **4.** ... täuscht er sich. **5.** Es ekelt mir ... . **6.** Was folgerst du ... . **7.** Er will sich ... beteiligen. **8.** Er fürchtet sich ... . **9.** Was treibt ihn ... ? **10.** Er hat mich ... überzeugt.

9. *Compléter les phrases ci-après par l'interrogatif adverbial voulu :*

1. ... hast du Angst ? **2.** ... forderst du ihn auf ? **3.** ... wollen wir beginnen ? **4.** ... beschäftigst du dich ? **5.** ... hast du ihn ermahnt ? **6.** ... taugt der Bursche ? **7.** ... schließt du das ? **8.** ... ist die Flasche gefüllt ? **9.** ... strebst du ? **10.** ... erkennt man ihn ?

NIVEAU 2

10. Compléter les phrases ci-après en ajoutant la préposition manquante :

1. Ich beneide unsere Nachbarn ... ihr schönes Haus. **2.** Kannst du dich noch ... seinen Namen erinnern ? **3.** Er hat mir ... meinen letzten Brief nicht geantwortet. **4.** ... dich kann man sich nicht verlassen. **5.** Er hat Mitleid ... diesen armen hungrigen Kindern, die ... fremde Hilfe angewiesen sind. **6.** Er hat sich ... den Preisen erkundigt, bevor er sich zum Kauf einer neuen Waschmaschine entschlossen hat. **7.** Er konnte ... dem Fest nicht teilnehmen, weil er ... einer schweren Grippe litt. **8.** Er hat sich ... seinen Bekannten verabschiedet und ist nach Hause gefahren. **9.** Ich muß ... meine Gesundheit achten und begnüge mich zum Frühstück ... einer Schnitte Brot. **10.** Vergiß nicht deiner Schwester ... ihrem Geburtstag zu gratulieren !

11. Compléter les phrases ci-après en ajoutant les prépositions manquantes :

1. Sie schmückte das ganze Haus ... Blumen ... ihrem Garten. **2.** Ich muß mich ... einer anderen Wohnung umsehen. **3.** Mit den Kindern fehlt es dir ... der nötigen Geduld. **4.** Du sollst vorsichtig ... dem neuen Apparat umgehen. **5.** Er hängt ganz und gar ... seinen Eltern ab.

12. Compléter les phrases ci-après en ajoutant les désinences et les prépositions manquantes :

1. Ich verfüge nicht ... d.. nötig.. Geld, um mir diesen Wagen zu kaufen. **2.** Er wollte mich ... dies.. Kauf überreden, aber vergebens. **3.** Er wurde ... ein.. lang.. Strafe verurteilt. **4.** Ich weiß nicht, was ich ... dies.. Geschenk anfangen soll. **5.** Wir raten dir ... dies.. Reise ab. **6.** Kümmere dich nicht ... Ding.., die dich nichts angehen. **7.** Wenn du besser ... d.. Kind aufgepaßt hättest, wäre das Unglück nicht geschehen **8.** Ich denke oft ... d.. Vergangenheit nach. **9.** Du sollst dich nicht ... d.. arm.. Kind lustig machen. **10.** Er hat sich Kopf über Hals ... dies.. jung.. Mädchen verliebt.

13. Compléter les proverbes suivants :

© **1.** Das Faß riecht ... d.. ersten Wein. **2.** Der Ertrinkende klammert sich ... ein.. Strohhalm. **3.** Wer im Trocknen sitzt, lacht ... d.. Regen. **4.** Alter schützt ... Torheit nicht. **5.** ... d.. Baum, der einem Schatten spendet, soll man sich neigen. **6.** ... d.. Eichen sollst du weichen, doch die Buchen sollst du suchen. **7.** Was ich denk' und tu', trau' ich auch d.. ander.. zu. **8.** Wer ... d.. Liebe der Erben glaubt, dem hat man den Verstand geklaut. **9.** Ein Bauer zwischen zwei Advokaten gleicht ein.. Fisch zwischen zwei Katzen. **10.** Gut.. Anrede folgt guter Bescheid. **11.** Man glaubt ein.. Auge mehr als zwei Ohren. **12.** Was ... mir ein Esel spricht, das acht' ich nicht. **13.** Auch die Ewigkeit besteht ... Augenblicken. **14.** Ein gutes Pferd bedarf d.. Peitsche nicht. **15.** Gedenke d.. Quelle, wenn du trinkst !

14. Accorder les pronoms entre parenthèses :

1. Ich brauche (du) heute nicht mehr. **2.** Du sollst (ich) nicht dauernd widersprechen. **3.** Das viele Rauchen schadet (du). **4.** Wie kann ich (er) loswerden ? **5.** Folge (ich), ich kenne den Weg. **6.** Vergiß nicht, (er) zur Verlobung zu gratulieren ! **7.** Gehört (du) dieser Wagen ? **8.** Gefällt er (du) nicht ? **9.** Er achtet (er) nicht. **10.** Er folgt (wir).

15. Remplacer dans les phrases ci-après les verbes par les verbes simples correspondants :

1. Er beantwortet die Frage. **2.** Er bewohnt ein großes Haus. **3.** Sie besprechen die Ereignisse. **4.** Sie besiegten den Feind. **5.** Er bezweifelt deinen guten Willen. **6.** Er beherrscht das ganze Land. **7.** Er betritt das Zimmer. **8.** Sie besteigen den Gipfel. **9.** Er beachtet ihn nicht. **10.** Er bekämpft ihn.

16. Transformer les phrases ci-après en utilisant un verbe suivi d'une préposition :

Exemple :
Niemand beachtete den armen Bettler.
Niemand achtete auf den armen Bettler.

1. Warum hast du meinen Brief nicht beantwortet ? **2.** Der Feind beschoß tagelang die Stadt. **3.** Man muß die Umweltbeschmutzung bekämpfen. **4.** Er betrat das Zimmer, ohne ein Wort zu sagen. **5.** Sie besiegten nach einem schweren Kampf einen mutigen Gegner. **6.** Wir haben dieses Problem lange besprochen. **7.** Der Lehrer bewacht seine Schüler während der Pause. **8.** Dieses

Ergebnis kann man bestreiten. **9.** Ich bezweifle sein Können. **10.** Er beklagt seine Anwesenheit.

17. Traduire :

© **1.** Je n'ai pas peur de toi. **2.** Je tiens beaucoup à ma montre. **3.** Il ne sait rien de cette affaire. **4.** Je suis solidaire de mon ami. **5.** Il puise de l'eau dans la rivière. **6.** Il veut prendre part à l'excursion. **7.** Il m'en a chargé. **8.** Qu'en conclus-tu ? **9.** Il ne fréquente personne. **10.** Il n'a peur de rien.

18. Traduire :

© Mon cher Jochen

1. Je te remercie de ta longue lettre. **2.** Tu te plains de mon long silence. **3.** Tu sais pourtant que je me prépare à un examen. **4.** Je dispose de peu de temps libre. **5.** Il se limite à une séance de cinéma par mois. **6.** Je dois renoncer à beaucoup de choses. **7.** J'attends avec impatience la fin de cette année scolaire. **8.** Ce soir il faut que je traduise un texte en allemand. **9.** Ne t'étonne donc pas de cette courte lettre. **10.** Fais-moi confiance, dès que ce sera possible je te ferai une visite.

ULRICH

19. Compléter par les prépositions et les désinences manquantes, puis mettre au parfait :

1. Die älteren Leute können sich nur schwer ... d.. modern.. Welt gewöhnen. **2.** Ich muß mich ... d.. Wichtigst.. beschränken. **3.** Ich kann aus Zeitmangel nicht ... jed.. Einzelheit eingehen. **4.** Die jungen Mädchen schwärmen ... d.. neu.. Frühjahrsmode. **5.** Sie ergibt sich ... ihr traurig.. Schicksal. **6.** Ich interessiere mich nicht ... klassisch.. Musik. **7.** Ich wundere mich ... sein lang.. Schweigen. **8.** Er klagt ... d.. teur.. Miete seiner neuen Wohnung. **9.** Wir kommen später ... dies.. Thema zurück. **10.** Der Wortwechsel artete ... ein.. Schlägerei aus.

20. Compléter par la préposition manquante :

© **1.** Ich kann mich nicht ... diese Sache äußern, ich bin dar.. nicht im Bilde, ich kenne sie nicht genug. **2.** ... dieses Problem läßt sich streiten. **3.** Sie streiten ... des Kaisers Bart. **4.** Er sorgt sich sehr ... sein krankes Kind. **5.** Wenn ich etwas kaufe, kommt es mir nicht ... den Preis, sondern ... die Qualität an. **6.** Der Schaden wird ... über 10 000 DM geschätzt. **7.** Wor.. wollen Sie mit Ihrer Bemerkung anspielen ? **8.** Wir waren ... ihren Besuch nicht eingestellt und konnten unseren Gästen nicht viel bieten. **9.** Es wurde ... hohe Summen gespielt. **10.** Sie kämpfen ... die Gleichberechtigung der Frauen.

21. Compléter les phrases ci-après par l'interrogatif adverbial voulu :

1. ... graut es dir ? **2.** ... hast du sie aufgefordert ? **3.** ... befaßt du dich ? **4.** ... beschäftigst du dich ? **5.** ... habt ihr gesprochen ? **6.** ... hast du dich erkundigt ? **7.** ... wollen wir anfangen ? **8.** ... fürchtest du dich ? **9.** ... prahlst du schon wieder ? **10.** ... hast du die Flasche gefüllt ?

22. Traduire :

© **1.** Nous sommes arrivés dans la nuit dans cette ville que nous ne connaissions pas. **2.** Nous nous sommes informés d'un hôtel. **3.** Nous nous sommes adressés au Syndicat d'Initiative. **4.** Nous voulions nous contenter d'une chambre modeste pour ne pas dépenser trop d'argent. **5.** Nous fûmes étonnés des prix. **6.** Nous suivîmes les conseils d'une aimable jeune fille. **7.** Nous la remerciâmes de son aide. **8.** Elle nous mit en garde contre les pickpockets. **9.** Nous entrâmes ensemble dans un café. **10.** Nous l'invitâmes à dîner.

GEBURTSANZEIGE

4 Füße groß bis mittelklein gingen lange Zeit allein. Jetzt geh'n auf Schritt und Tritt 2 winzig kleine Füße mit. Wir **freuen uns über die Geburt** unseres Sohnes.

Werner
15.4.1991
53 cm 3050 g

Die glücklichen Eltern
Barbara und Anton Holz
Rheinstr. 21,4300 Essen 11

SCHWERES LEIDEN
Tante : "Hermann, möchtest du nicht noch ein Stück Kuchen ?"
Hermann : "Nein, Danke !"
Tante : "Du **leidest** wohl **an Appetitlosigkeit**".
Hermann : "Nein, ich **leide an Höflichkeit**."

KLATSCHBASEN
"Frau Müller, wie sind denn die neuen Nachbarn ?"
– "Über die kann man nur Gutes sagen !"
– "Schade, dann **reden** wir **übers Wetter** !"

WILLKOMMENE HILFE
Der Polizist erwischt einen Dorfbuben, der verbotenerweise geangelt hat.
"Hast du die Fische allein gefangen ?" verhört er den Jungen.
"Nein, ein paar Würmchen haben **mir** dabei **geholfen** !" entschuldigt sich der Bub.

DEM MANN IST NOCH ZU HELFEN !
"**Helfen** Sie **einem Armen**, der außer diesem Revolver nichts besitzt !"

LE GENRE DES SUBSTANTIFS

Masculins

– Êtres du sexe masculin
der Mann, **der** Löwe
mais **die** Wache

– phénomènes atmosphériques
der Regen, **der** Schnee, **der** Tau

– marques de voiture
der Mercedes, **der** Citroën

– noms terminés par le suffixe **en**
der Boden,
mais **das** Kissen, **das** Zeichen

– noms terminés par les suffixes **ee**, **s**
der Tee, **der** Schnaps
mais die See

– noms terminés par les suffixes **ich, ig**
der Teppich, **der** Honig

– noms terminés par le suffixe **ling**
der Jüngling, **der** Schmetterling

– jours, mois, saisons
der Montag, **der** Mai **der** Herbst
mais **das** Jahr, **die** Woche

– radicaux verbaux sans désinence
der Gang, **der** Schlaf
mais **das** Spiel

– noms terminés par le suffixe **el**
der Spiegel
mais **das** Rätsel, **das** Viertel, **die** Kartoffel, **die** Kugel, **die** Nadel, **die** Tafel

– noms terminés par le suffixe **er** *(métier, instrument, habitant d'un pays)*
der Bäcker, der Hammer, der Kölner
mais **das** Messer, **das** Fenster, **das** Kloster

Féminins

– Êtres du sexe féminin
die Frau
mais **das** Mädchen, **das** Weib

– arbres, fleurs, fruits
die Tanne, **die** Birne
mais **der** Apfel, **der** Flieder, **der** Holunder

– chiffres et nombres cardinaux
die Null, **die** Drei
mais **das** Hundert, **das** Tausend

– noms terminés par les suffixes **ei, in,**
die Bäckerei, **die** Lehrerin

– par le suffixe **schaft**
die Gesellschaft, **die** Freundschaft

– par le suffixe **ung**
die Nahrung, **die** Zeitung

– la plupart des noms de fleuves
die Weser
mais **der** Main, **der** Rhein

– avions et bateaux
die Bremen, **die** Boeing
mais **der** Starfighter

– noms formés à partir d'un adjectif (suffixe **e**) exprimant une qualité
die Größe, **die** Güte, **die** Wärme

– noms terminés par les suffixes **heit, keit**
die Gemeinheit, **die** Geschwindigkeit

– par le suffixe **sucht**
die Habsucht, **die** Sehnsucht

– la plupart des radicaux verbaux en **d** ou **t**
die Jagd, **die** Flucht

Neutres

– êtres jeunes
das Kind, **das** Lamm, **das** Kalb

– couleurs, métaux
das Eisen, **das** Gold, **das** Kupfer, **das** Weiß
mais **der** Stahl, **die** Bronze

– infinitifs substantivés
das Essen, **das** Trinken

– adjectifs substantivés désignant une chose
das Schöne, **das** Gute

– noms terminés par **tum, icht, sel, sal**
das Königtum, **das** Dickicht, **das** Rätsel, **das** Schicksal
mais **der** Irrtum, **der** Reichtum, **die** Trübsal

– lettres de l'alphabet
das A und **das** O

– noms de villes et de pays[1]
das große Berlin
mais **die** Schweiz, **die** Türkei, **die** Niederlande, **die** USA

– fractions
das Drittel, **das** Zehntel
mais **die** Hälfte

– diminutifs en **chen** et **lein**
das Mädchen, **das** Tischlein

– collectifs pourvus du préfixe **ge**
das Gebirge, **das** Gemüse

1. Employés sans adjectif, ils ne prennent pas l'article. Certains l'ont toutefois obligatoirement.

Frankreich, Afrika, mais **das** Elsaß

1. *Faire précéder de l'article défini les noms ci-dessous dont le genre est différent du français :*

a) le corps humain : Auge, Bart, Bein, Gesicht, Haar, Herz, Kinn, Knie, Mund, Nase, Ohr, Stirn.
b) l'habitation : Bett, Dach, Eingang, Erdgeschoß, Fenster, Haus, Keller, Matratze, Saal, Schlüssel, Schrank, Stuhl, Telefon, Treppe, Zimmer.
c) nourriture : Bier, Butter, Durst, Ei, Eis, Essen, Fleisch, Frühstück, Gemüse, Löffel, Mehl, Messer, Milch, Öl, Salz, Schokolade
d) voyages : Abfahrt, Ampel, Ausland, Auto, Benzin, Gasthaus, Hotel, Kreuzung, Kurve, Lenkrad, Reise, Reisebüro, Restaurant, Taxi, U-Bahn, Unterkunft, Wagen, Welt, Zentrum, Zoll.
e) sports et loisirs : Brief, Briefmarke, Kino, Konzert, Klavier, Orchester, Programm, Radio, Rätsel, Schallplatte, Schauspiel, Spiel, Stadion, Tanz, Tennis, Theater, Zeitung, Zeitschrift.
f) Nature : Gewitter, Meer, Mond, Mühle, Schnee, Sonne, Stern, Strand, Sturm, Wetter
g) arbres et fruits : Ast, Blatt, Eiche, Frucht, Holz, Laub, Linde, Salat, Tanne, Traube, Wald, Zitrone
h) animaux : Ente, Kalb, Katze, Pferd, Rind, Schaf, Schlange, Schnake, Schnecke, Schwein, Storch, Taube
i) vêtements : Hemd, Hose, Kleid, Rock, Stiefel, Taschentuch
j) école : Aufgabe, Bank, Beispiel, Buch, Gedicht, Gymnasium, Heft, Lied, Lineal, Papier, Satz, Schuljahr, Tafel, Übung, Wort, Zahl, Zeugnis

2. *Former des substantifs précédés de l'article défini :*

a) à l'aide du suffixe **-schaft** : das Land, der Mann, der Nachbar, der Geselle, der Kunde, das Erbe, der Gefangene, der Bote, der Ort, der Wirt.
b) à l'aide du suffixe **-ung** : bedienen, begegnen, begleiten, bezahlen, entdecken, erfinden, führen, landen, melden, retten.
c) à l'aide du préfixe **ge-** : backen, beten, decken, dichten, fechten, fühlen, hören, richten, schenken, setzen.

3. *Compléter :*

1. D.. schönste Jahreszeit ist für mich d.. Sommer, aber d.. Frühling ist auch sehr schön. **2.** Für d.. Skiläufer ist d.. Winter besonders schön, wenn hoh.. Schnee liegt. Dann denkt er d.. ganze Woche an d.. kommenden Sonntag. **3.** D.. Wetterbericht meldet gute Wintersportmöglichkeiten in d.. Schweiz. **4.** Bei Müllers ist d.. Freude groß. D.. neue Mercedes steht vor d.. Tür. D.. Fahrt kann losgehen ! D.. Sonne scheint, d.. Himmel ist blau, d.. Straße ist frei. **5.** D.. Fahrer tritt auf d.. Gaspedal. D.. Ziel ist bald erreicht.

4. *Compléter puis former des diminutifs précédés de l'article défini :*

a) en **-chen** : d.. Baum, d.. Hand, d.. Haus, d.. Hund, d.. Katze, d.. Korb, d.. Mutter, d.. Nase, d.. Stuhl, d.. Vater.
b) en **-lein** : d.. Auge, d.. Blume, d.. Glocke, d.. Ring, d.. Tisch.

5. *Former des substantifs précédés de l'article défini :*

a) à l'aide du suffixe -heit : dumm, faul, frech, kühn, krank.
b) à l'aide du suffixe -keit : aufmerksam, fröhlich, gemütlich, höflich.

6. *Faire précéder les substantifs ci-dessous de l'article défini. En former d'autres avec le suffixe* **-ei** :

Bäcker, Drucker, Fleischer, Gärtner, Konditor, Maler, Metzger, Schreiner, Tischler.

7. *Même exercice avec le suffixe* **-in** :

Arzt, Aufseher, Buchhändler, Koch, Künstler, Lehrer, Leser, Maler, Sänger, Verkäufer.

8. *Former des substantifs exprimant une qualité avec le suffixe* **-e** *à partir des adjectifs suivants :*

breit, eng, frisch, groß, gut, hoch, kalt, nah, warm, weit.

9. *Traduire :*

© **a)** le lion, le sommeil, la jeune fille, l'agneau, l'erreur, le jeu, le couvent, la semaine, le repas, la Turquie.
b) le miel, la boulangerie, le journal, les Pays-Bas, le veau, la devinette, la richesse, la marche, le marteau, le papillon.

10. *Compléter :*

D.. Rhein entspringt in d.. Schweiz ebenso wie d.. Rhone. D.. hübsche Stadt Heidelberg liegt am Neckar. D.. kleine Bonn wurde nach dem Krieg d.. Hauptstadt d.. Bundesrepublik Deutschland. Vielleicht wird d.. schöne Berlin wieder d.. Hauptstadt d.. geeinten Deutschland[s].

PARTICULARITÉS CONCERNANT LES GENRES

1. *Sens différents selon le genre*

der / das Band	le volume, le ruban	**der / die** Kunde	le client, la nouvelle
der / das Bund	l'alliance, le trousseau	**die / das** Mark	le mark, la moëlle
der / das Erbe	l'héritier, l'héritage	**der / das** Schild	le bouclier, l'enseigne
der / die Flur	le vestibule, la campagne	**der / die** See	le lac, la mer
der / die Heide	le païen, la lande	**die / das** Steuer	l'impôt, le gouvernail
der / die Hut	le chapeau, la garde (surveillance)	**der / das** Stift	la pointe, l'hospice
der / die Kiefer	la mâchoire, le pin	**der / das** Tau	la rosée, le câble
der / das Junge	le garçon, le petit (des animaux)	**der / das** Tor	le fou, la porte
der / die Leiter	le conducteur, l'échelle	**der / das** Verdienst	le gain, le mérite

– Genres hésitants : **der / das** Liter, Meter, mais : **der** Kilometer, **das** Thermometer

– Noter aussi : **der (das)** Bonbon, **der (die, das)** Dschungel, **das (der)** Barock

2. *Composés de* **der Mut**

der Hochmut	l'orgueil	**der** Kleinmut	la pusillanimité	**der** Übermut	l'exubérance, la suffisance,
der Unmut	la mauvaise humeur	**der** Wankelmut	l'inconstance		
die Anmut	la grâce	**die** Demut	l'humilité la modestie	**die** Großmut	la magnanimité
die Langmut	l'indulgence, la patience			**die** Schwermut	la mélancolie
die Wehmut	la mélancolie, la nostalgie	**die** Sanftmut	la douceur		

3. *Composés de* **der (das) Teil**

der Anteil	la part	**der** Nachteil	le désavantage	**der** Stadtteil	le quartier (de ville)
der Erdteil	le continent	**der** Vorteil	l'intérêt		
das Abteil	le compartiment	**das** Erbteil	l'héritage	**das** Gegenteil	le contraire
das Urteil	le jugement, l'opinion				

4. *Noms terminés en* **-nis**

das Ärgernis	le scandale	**das** Bildnis	l'image, le portrait	**das** Verhältnis	la liaison, les rapports
das Bedürfnis	le besoin	**das** Ergebnis	le résultat		
das Begräbnis	l'enterrement	**das** Gefängnis	la prison	**das** Versäumnis	l'omission, l'oubli
die Betrübnis	l'affliction	**die** Ersparnis	l'épargne	**die** Kenntnis	la connaissance (savoir)
die Erlaubnis	la permission	**die** Finsternis	les ténèbres	**die** Wildnis	la contrée (l'état) sauvage

1. *Traduire les proverbes suivants :*

© **1.** Wenn Hochmut aufgeht, geht das Glück unter. **2.** Übermut tut selten gut. **3.** Kein Gewand kleidet schöner als Demut. **4.** Sanftmut macht alles gut. **5.** Einen Teil sollst du verschenken, einen Teil sollst du ausgeben, einen Teil sollst du sparen. **6.** Viele Teile, schmale Brocken. **7.** Das Schild ist's, das die Kunden lockt. **8.** Wenn die Jungen flügge geworden sind, verlassen sie das Nest. **9.** Mit dem Hute in der Hand, kommt man durch das ganze Land.

2. *Traduire :*

© **1.** Er weiß vor lauter Übermut nicht, was er tun soll. **2.** Er läßt seinen Unmut an mir aus. **3.** Ihr Tanz war voller Anmut. **4.** Seine Großmut wurde von allen bewundert. **5.** Er hatte immer viel Geduld, aber jetzt ist seine Langmut erschöpft. **6.** Durch Sanftmut wirst du mehr gewinnen als durch Gewalt und Ungestüm. **7.** Er litt schon lange an Schwermut. **8.** Er denkt mit Wehmut an seine Kindheit.

3. *Traduire les expressions suivantes :*

© **1.** Ich denke mir mein Teil. **2.** Er hat das bessere Teil erwählt. **3.** Der größte Teil des Waldes ist niedergebrannt. **4.** Ich für mein(en) Teil bleibe zu Hause. **5.** Er hat sein Teil bekommen. **6.** Ich habe den ersten Teil des "Faust" gelesen. **7.** Der südliche Teil des Landes ist am malerischsten. **8.** Er hat den größten Teil der Arbeit erledigt. **9.** Wir wohnen im schönsten Teil der Stadt. **10.** Ich bin ein Teil des Teils, der anfangs alles war, ein Teil der Finsternis, die sich das Licht gebar. (Goethe).

4. *Traduire :*

© **1.** Wenn wir zusammen essen gehen, bezahlt jeder seinen Anteil. **2.** Er sucht immer den eigenen Vorteil. **3.** Der beste Spieler fehlte, das war ein großer Nachteil für die Mannschaft. **4.** Paris hat zwanzig Stadtteile. **5.** Australien ist der kleinste Erdteil. **6.** Dieses Abteil ist besetzt. **7.** Die musikalische Begabung ist sein väterliches Erbteil. **8.** Ich werde dir gleich das Gegenteil beweisen. **9.** Der Richter spricht das Urteil. **10.** Das ist ein salomonisches Urteil.

5. *Traduire :*

© **1.** Er erregte öffentliches Ärgernis, als er nackt badete. **2.** Weh dem Menschen, durch welchen Ärgernis kommt ! **3.** Er fühlt ein großes Bedürfnis nach Ruhe. **4.** Das Begräbnis fand in aller Stille statt. **5.** Ich habe alte Briefmarken mit dem Bildnis des Kaisers. **6.** Die Verhandlungen führten zu keinem Ergebnis. **7.** Der Dieb wurde zu Gefängnis verurteilt. **8.** Sie leben in ärmlichen Verhältnissen. **9.** Unser Lehrer hat ein gutes Verhältnis zu den Schülern. **10.** Du hast dir ein schweres Versäumnis zuschulden kommen lassen.

6. *Traduire :*

© **1.** Stille teilnehmende Betrübnis wirkt mehr auf das menschliche Herz als viele Worte. **2.** Ich habe es mit seiner Erlaubnis getan. **3.** Meine Ersparnisse sind auf der Sparkasse. **4.** Wenn der Mond nicht scheint, ist die Finsternis groß. **5.** Er hat große Kenntnisse auf dem Gebiet der Musik. **6.** Während meiner Abwesenheit ist der Garten zu einer wahren Wildnis geworden.

7. *Compléter par les désinences manquantes :*

1. Von diesem Werk habe ich nur d.. erst .. Band gelesen. **2.** Er ist beim Kirschenpflücken von d.. Leiter gefallen. **3.** Die Zuschauer warten ungeduldig auf d.. erst.. Tor ihrer Mannschaft. **4.** Viele Touristen besuchen jedes Jahr d.. Lüneburger Heide. **5.** Er ist d.. Alleinerbe seiner Eltern. **6.** Er fing als Arbeiter in einer Fabrik an und wurde später d.. Leiter einer großen Firma. **7.** Der Rhein fließt durch d.. Genfer See. **8.** Viele Deutsche verbringen ihre Ferien an d.. Ostsee. **9.** Dies.. Hut steht dir gut. **10.** Wem gehört dies.. Schlüsselbund ? **11.** D.. Kiefer ist ein Nadelbaum und bleibt im Winter grün. **12.** Bei Ausgrabungen entdeckte man d.. Kiefer eines Mammuts. **13.** Sie haben d.. Bund fürs Leben geschlossen. **14.** D.. Schild über der Tür ist nachts hell erleuchtet. **15.** Bevor wir ins Zimmer traten, mußten wir durch ein.. lang.. Flur gehen. **16.** Morgens hängt d.. Tau noch an den Gräsern. **17.** Ich habe mein.. Bleistift verloren. **18.** Dieser Mann arbeitet viel, hat aber auch ein.. gut.. Verdienst. **19.** D.. gut.. Kunde geht regelmäßig in dasselbe Geschäft. **20.** Der Stürmer traf d.. Tor nicht, er schoß daneben.

8. *Traduire (voir liste) :*

© **1.** Cet homme est un bon client. **2.** Les soldats romains portaient un bouclier. **3.** Ce grand garçon est mon fils. **4.** Un pin solitaire se dressait sur la lande. **5.** Il porte un grand chapeau. **6.** J'ai acheté une botte de radis. **7.** Tu ne dois pas lâcher le volant. **8.** Son mérite est grand. **9.** L'impôt sur le tabac *(mot composé)* a été augmenté. **10.** Je passe mes vacances à la mer.

9. *Traduire (voir liste) :*

© **1.** Il ne montre pas sa mauvaise humeur. **2.** L'Asie est le plus grand continent. **3.** Le tribunal a rendu son jugement. **4.** J'ai de la chance, le compartiment est vide. **5.** Il ne pense qu'à son intérêt. **6.** L'humilité est le contraire de l'orgueil. **6.** J'habite dans un quartier tranquille. **8.** As-tu déjà vu une éclipse de soleil ou de lune ? *(mot composé)*. **9.** Dans cette contrée sauvage, on ne rencontrait personne. **10.** Il a la permission de pêcher dans ce lac.

LE PLURIEL DES SUBSTANTIFS

	masculins		*neutres*		*féminins*	
règle générale	¨ e e	Bäume Hunde *(liste 1)*	¨ er e	Bücher Hefte *(liste 6)*	(e) n nen	Uhren, Tafeln Lehrerinnen
noms en **el, en, er**	- ¨	Esel, Besen Vögel *(liste 5)*	-	Mädchen, Fenster		
plus rare	¨er (e)n (e)n	Wälder *(liste 2)* Menschen *(liste 3)* Seen *(liste 4)*	(e)n	Ohren Augen *(liste 7)*	¨	Bänke, Gänse *(monosyllabiques, liste 8)*

1. Substantifs en **tum** : ¨er — der Reich**tum**, die Reicht**ümer**
   – en **ing** : e — der Lehr**ling**, die Lehr**linge**
   – en **nis** : se — das Bild**nis**, die Bild**nisse**
   – en **chen** et **lein** : - — das Mäd**chen**, die Mäd**chen**
   – en **heit, keit, schaft, ung** : **en** — die Zeit**ung**, die Zeit**ungen**
2. Masculins en **e** désignant des êtres animés : **n** (déclinaison faible)
   der Löw**e**, die Löw**en** — der Ochs**e**, die Ochs**en** — der Knab**e**, die Knab**en**
3. Noter certains pluriels en **s** (se rencontrent surtout dans la langue parlée).
   das Wrack, die Wrack**s** — der Junge, die Jung **(en)s** — das Mädel, die Mädel**s**
4. Noter le pluriel en ¨ :
   die Mutter, die M**ü**tter — die Tochter, die T**ö**chter — das Kloster, die Kl**ö**ster
5. Nom d'origine étrangère. Les féminins font généralement leur pluriel en **en**.
   die Station, die Station**en** — die Kabine, die Kabin**en**
   – Les neutres terminés par **o** ou **a** ont un **s** à tous les cas du pluriel.
   Ceux qui se terminent par **um** font leur pluriel en **en**.
   das Auto, die Auto**s** — das Lama, die Lama**s** — das Album, die Alb**en**

CAS PARTICULIERS

1. Pluriels irréguliers
   der Bau (Bau**ten**) — der Saal (S**ä**le)
2. N'ont pas de pluriel : masculins et neutres marquant la mesure (poids, longueur, etc.)
   zwei Pfund, — hundert Schritt
   mais drei Flaschen
   noms ayant un sens collectif généralement précédés de **ge**
   das Laub, — das Gesträuch, — das Geflügel
3. N'ont pas de singulier
   die Geschwister, — die Leute, — die Eltern
4. Composés de Mann, généralement pluriel en **-leute**
   der Zimmermann (Zimmer**leute**)
   mais der Staatsmann (Staatsm**ä**nner)
5. Pluriels différents

das Band **(¨er)**	le ruban	der Band **(¨e)**	le volume
die Bank **(¨e)**	le banc	die Bank **(en)**	la banque
das Bund **(e)**	le trousseau	der Bund **(¨e)**	l'alliance
der Rat **(¨e)**	le conseiller	der Rat **(Ratschläge)**	le conseil
der Stock **(¨e)**	le bâton	der Stock **(Stockwerke)**	l'étage
der Strauß **(¨e)**	le bouquet	der Strauß **(e)**	l'autruche
das Wort **(¨er)**	le mot	das Wort **(e)**	la parole

6. Pluriels doubles
   der Hammel (H**ä**mmel, Hammel)
   der Motor (Motor**en**, Motor**e**)
   der Mast (Mast**e**, Mast**en**)
7. Pluriel en **s** : noms de famille
   die Buddenbrook**s**, die Müller**s**

1. *Faire précéder les noms ci-dessous de l'article défini. Les mettre ensuite au pluriel :*

a) le voyage : Abteil, Ausflug, Auto, Bahnhof, Bahnsteig, Fahrkarte, Fahrt, Flugzeug, Kursbuch, Reise, Reisebüro, Straßenbahn, Tankstelle, Wagen, Zug.
b) le repas : Brot, Gabel, Gasthaus, Gastwirt, Getränk, Glas, Kartoffel, Kellner, Koch, Löffel, Mahlzeit, Messer, Speisekarte, Teller, Wirtin.
c) la maison : Dach, Decke, Diele, Fenster, Fensterladen, Fußboden, Haus, Keller, Mauer, Ofen, Schornstein, Tor, Tür, Zimmer Wand
d) la nature : Bach, Berg, Feld, Fluß, Hügel, Straße, Strom, Tal, Weg, Wiese
e) la lecture : Autor, Buch, Dichter, Gedicht, Leser, Nachricht, Novelle, Roman, Verfasser, Zeitung

2. *Mettre au pluriel le nom entre parenthèses :*

Heute haben viele (Familie) zwei (Auto). Morgen müssen die (Frau) die (Kind) in die Schule bringen. Bevor sie wieder nach Hause fahren, machen sie ihre (Einkauf). Außerhalb der Stadt gibt es verschiedene (Supermarkt). Es ist interessant, ihre (Preis) zu vergleichen. Oft kommen die (Mann) zum Mittagessen nicht nach Hause. Die (Kantine) bieten ihnen gute (Mahlzeit) an. Sie sparen dabei die Fahrkosten von den (Büro) und den (Betrieb) nach Hause und zurück. Bevor die (Vater) zurückkommen, überwachen die (Mutter) die (Schularbeit).

3. *Mettre au pluriel le nom entre parenthèses :*

In vielen (Gegend) Frankreichs gibt es immer weniger (Bauernhof). Die alten (Bauer) haben ihre (Betrieb) aufgegeben. Ihre (Sohn) haben die (Dorf) verlassen und leben jetzt in den (Großstadt). Die (Frau) wollten nicht mehr an Sonn- und (Feiertag) zu Hause bleiben, weil sie die (Kuh) melken mußten, selbst wenn die (Melkmaschine) die Arbeit leichter gemacht haben. Heute haben viele Städter (Wochenendhaus), wo sie das Wochenende verbringen.

4. *Mettre au pluriel le nom entre parenthèses :*

Die (Reise) ins Ausland werden immer beliebter. (Zeitung) und (Zeitschrift) werben für preisgünstige (Fahrt). Aber auch die (Ferienort) in der Heimat sind gut besucht. Fröhliche (Wanderer) ziehen durch den Schwarzwald und die (Skiläufer) verleben herrliche (Tag) in den bayrischen (Skistation). (Skilift) und (Sesselbahn) bringen sie hoch oben auf die (Berg). Aber die (Abfahrt) ins Tal sind oft viel kürzer als die (Wartezeit) unten an den (Kabine).

5. *Mettre au pluriel :*

1. Das ist ein schöner Bau. **2.** Der Speisesaal ist groß. **3.** Der Ochse zieht den Pflug. **4.** Der Löwe ist ein Raubtier. **5.** Der Vogel baut ein Nest.

6. *Traduire :*

© **1.** Notre maison a trois étages. **2.** Connais-tu les paroles de cette chanson ? **3.** Cette phrase se compose de cinq mots. **4.** C'est un ouvrage en deux volumes. **5.** Dans ce parc il y a de nombreux bancs. **6.** Mon ami m'a donné de bons conseils. **7.** J'ai acheté deux livres de cerises et trois bouteilles de bière. **8.** Il a bu deux verres de vin. **9.** C'était une armée de dix mille hommes. **10.** A mon anniversaire j'ai reçu deux bouquets de fleurs.

ZUM LACHEN

EINFACHE ERKLÄRUNG !
Klaus und Helmut betrachten im Parkteich die **Schwäne**.
"Ich möchte nur wissen, warum die **Schwäne** so länge **Hälse** haben ?" meint Klaus, "Mensch, ist doch klar", antwortet Helmut, "damit sie bei Hochwasser nicht ertrinken !"

KLAVIERÜBUNGEN
Mutter : "Du solltest dir doch die **Hände** waschen, bevor du Klavier spielst."

Junge : "Das ist nicht nötig, ich übe heute nur auf den schwarzen **Tasten**."

EXCEPTIONS AUX RÈGLES DU PLURIEL

Liste 1 : masculins, pluriel en **e**

Aal	anguille	Dolch	poignard	Lachs	saumon	Schluck	gorgée
Abend	soir	Erfolg	succès	Laut	son	Schuh	chaussure
Amboß	enclume	Forst	forêt	Monat	mois	Star	étourneau
Arm	bras	Gau	province	Ort	lieu	Stoff	étoffe
Aufenthalt	séjour	Halm	fétu	Pfad	sentier	Strauß	autruche
Besuch	visite	Huf	sabot	Ruf	appel	Tag	jour
Beruf	profession	Hund	chien	Schlot	cheminée	Verlust	perte
						Versuch	essai

Liste 2 : masculins, pluriel en **¨er**

Geist	esprit	Mann	homme	Schi	ski	Wald	forêt
Gott	dieu	Rand	bord	Strauch	buisson	Wurm	ver
Leib	corps						

Liste 3 : masculins, pluriel en **(e)n** (déclinaison faible avec nominatif généralement sans **e**)

Architekt	architecte	Graf	comte	Kollege	collègue	Solist	soliste
Bär	ours	Doktor	docteur	Kommunist	communiste	Sozialist	socialiste
Bauer	paysan	Held	héros	Kunde	client	Spatz	moineau
Dirigent	chef d'orchestre	Hirt	berger	Mensch	être humain	Student	étudiant
Elefant	éléphant	Herr	seigneur	Nachbar	voisin	Tor	fou
Fürst	prince	Journalist	journaliste	Narr	fou		
Fink	pinson	Kamerad	camarade	Soldat	soldat		

Liste 4 : masculins, pluriel en **(e)n** (déclinaison forte au singulier)

Ahn	aïeul	Motor[1]	moteur	Schmerz	souffrance	Stachel	épine
Direktor	directeur	Muskel	muscle	See	lac	Strahl	rayon
Dorn	épine	Nerv	nerf	Staat	Etat	Vetter	cousin
Mast	mât[1]	Pantoffel	pantoufle				

1. ou **e**

Liste 5 : masculins, pluriel en **¨**

Acker	champ	Graben	fossé	Magen	estomac	Schaden	dommage
Apfel	pomme	Hafen	port	Mantel	manteau	Schnabel	bec
Boden	sol	Hammer	marteau	Nagel	clou, ongle	Schwager	beau-frère
Bruder	frère	Kasten	boîte	Ofen	fourneau	Vater	père
Faden	fil	Laden	magasin	Sattel	selle	Vogel	oiseau
Garten	jardin						

Prennent aussi **en** au pluriel les masculins à double nominatif (**e** ou **en**). Les mots en gras ont plus généralement **e** au nominatif singulier.

Friede	paix	**Gedanke**	pensée	Haufe	tas	Same	semence
Funke	étincelle	**Glaube**	foi	**Name**	nom	**Wille**	volonté

Noter également : der Buchstabe, die Buchstab**en** (la lettre de l'alphabet).

Liste 6 : neutres, pluriel en **e**

Beil	hache	Gift	poison	Knie	genou	Netz	filet
Boot	barque	Haar	cheveu	Kreuz	croix	Paar	couple
Brot	pain	Heer	armée	Los	sort	Pferd	cheval
Ding	chose	Heft	cahier	Mal	fois	Recht	droit
Fell	fourrure	Jahr	année	Maß	mesure	Reh	chevreuil
Flugzeug	avion	Kamel	chameau	Meer	mer	Rohr	tube, roseau

Reich	royaume	Schwein	porc	Tier	animal	Zelt	tente
Roß	coursier	Seil	corde	Werk	œuvre	Ziel	but
Schaf	mouton	Spiel	jeu	Werkzeug	outil		
Schiff	bateau	Stück	morceau	Tor	porte cochère		

Liste 7 : neutres, pluriel en **(e)n** (déclinaison forte au singulier, faible au pluriel)

Auge	œil	Ende	fin	Herz	cœur	Leid	souffrance
Bett	lit	Hemd	chemise	Insekt	insecte	Ohr	oreille

Liste 8 : féminins monosyllabiques, pluriel en **¨-e**

Angst	angoisse	Gruft	tombeau	Laus	pou	Naht	couture
Axt	cognée	Hand	main	Luft	air	Nuß	noix
Bank	banc	Haut	peau	Lust	joie	Sau	truie
Braut	fiancée	Kluft	crevasse	Nacht	nuit	Schnur	ficelle
Brust	poitrine	Kraft	force	Magd	servante	Stadt	ville
Faust	poing	Kuh	vache	Maus	souris	Wand	paroi
Gans	oie	Kunst	art	Nacht	nuit	Wurst	saucisse

1. *Mettre au pluriel les noms entre parenthèses :*

1. (Aal) sind (Fisch). **2.** (Bär) sind (Raubtier). **3.** (Elefant) leben in Afrika und in Asien. **4.** Ein Jahr hat zwölf (Monat) oder 365 (Tag). **5.** Es gibt (Back-, Küchen-, Zimmer- und Kachelofen). **6.** (Fürst und Graf) gehören zum Adel. **7.** (Vogel) fressen (Wurm). 8. (Hirsch) und (Reh) leben in den (Wald). **9.** Ich habe (Halsschmerz). **10.** Er leidet unter den glühenden (Strahl) der Sonne.

2. *Mettre au pluriel les noms entre parenthèses :*

1. (Der Bauer) hatten früher (Pferd, Kuh, Schwein, Schaf, Huhn, Gans). **2.** (Star, Fink, Strauß, Spatz) sind (Vogel). **3.** Im Herbst bestellen die (Bauer) ihre (Acker) und (Garten). **4.** Im Herbst reifen (Apfel) und (Nuß). **5.** In den Vereinigten (Staat) von Amerika gibt es große (Stadt).

3. *Mettre au pluriel les noms entre parenthèses dans les proverbes suivants :*

1. (Kind) und (Narr) sagen die Wahrheit. **2.** (Fürst) kommen in den Himmel, wenn sie in der Wiege sterben. **3.** Wenn die (Herr) sich streiten, müssen die (Bauer) Haare lassen. **4.** Wenn die (Hirt) sich zanken, haben die (Schaf) freies Spiel. **5.** Große (Schiff) brauchen breites Fahrwasser.

4. *Mettre au pluriel les noms entre parenthèses :*

1. Ich habe alle (Hand) voll zu tun. **2.** Wir können noch zwei starke (Arm) gebrauchen. **3.** Alle (Mensch) sind Brüder. **4.** Er behält alle (Faden) in der Hand. **5.** (Hund), die bellen, beißen nicht. **6.** Er hat mehr Schulden als (Haar) auf dem Kopf. **7.** Er kommt wieder zu (Kraft). **8.** Die (Wand) haben (Ohr). **9.** Meine Mutter wäscht und bügelt meine (Hemd). **10.** Er ist zwanzig (Jahr) alt.

5. *Mettre au pluriel les noms entre parenthèses :*

1. Dunkle (Macht) sind am Werk. **2.** Gleich (Recht), gleiche (Pflicht). **3.** Er steckt sich hohe (Ziel). **4.** Die (Held) sind müde. **5.** Die (Laden) sind sonntags geschlossen. **6.** Große (Mann) sind bescheiden. **7.** Keine (Rose) ohne (Dorn). **8.** Meine (Dame) und (Herr) ! **9.** Die (Knie) zitterten ihm vor Angst. **10.** Mitternacht ist die Stunde der (Geist).

6. *Traduire :*

© **1.** J'ai deux cousins et trois beaux-frères. **2.** Mon amie a acheté deux manteaux. **3.** Nos voisins sont partis en vacances. **4.** Le pêcheur répare ses filets. **5.** Les élèves ont plusieurs cahiers. **6.** Les ficelles sont moins grosses que les cordes. **7.** Les chevaux n'ont pas d'ongles mais des sabots. **8.** Le soir, je mets mes pantoufles. **9.** Cet hôtel a 50 lits. **10.** Je peux lire tes pensées.

LA DÉCLINAISON DU SUBSTANTIF

	Singulier				*Pluriel*
Nominatif	der / ein } Tag	Junge	die / eine } Tür	das / ein } Heft	die Bücher
Accusatif	**den** / ein**en** } Tag	Junge**n**	die / eine } Tür	das / ein } Heft	die Bücher
Datif	**dem** / ein**em** } Tag **(e)**	Junge**n**	**der** / ein**er** } Tür	**dem** / ein**em** } Heft **(e)**	**den** Bücher**n**
Génitif	**des** / ein**es** } Tag **(e)s**	Junge**n**	**der** / ein**er** } Tür	**des** / ein**es** } Heft **(e)s**	**der** Bücher

1. Noter la déclinaison de **das Herz, der Buchstabe**
   D. Herz**en**, G. Herz**ens**, Pl. Herz**en**
   A. D. Buchstabe**n**, G. Buchstabe**ns**, Pl. Buchstabe**n**

2. Déclinaison faible : voir remarque 2 (page 62) et liste 3 (pp. 64, 65)

3. Masculins à double nominatif (page 64). La forme en **n** a une déclinaison forte normale.
   N. Friede**(n)** A. Friede**n** D. Friede**n** G. Friede**ns**

4. Particularité du datif : **e** final facultatif :
   dans la langue écrite ou dans des locutions, jamais après **el, em, en, er** ou après voyelle
   Ich gehe nach Haus**(e).** dem Tag**(e)** mais dem Lehrer, dem Bau

5. Particularités du génitif
   – **e** intercalaire quand la prononciation l'exige et, généralement si voyelle finale accentuée :
   des Haus**es**, des Arzt**es**, des Kampf**es**
   Génitif pluriel sans article remplacé par un datif avec **von** :
   die Aufgabe eines Schülers, die Aufgaben von Schülern
   – Dans les titres, mois, noms géographiques, le génitif n'est généralement marqué qu'une fois.
   die Straßen **des** modernen Köln, die Tage **des** schönen Mai, **des** Monat**s** Januar
   – Le titre avec déterminatif est décliné ; sinon l'on décline le nom propre. **Herr** est toujours décliné, **Fräulein** jamais.
   das Haus **des** Direktor**s** Meyer, das Haus Direktor Meyer**s**, das Haus **des** Fräulein Müller (Fräulein Müller**s**)
   das Haus **des** Herr**n** Direktor**s** Meyer, das Haus Herr**n** Direktor Meyer**s**

6. Le génitif saxon
   – ne s'emploie plus guère qu'avec les noms propres, dans le style noble et certaines expressions.
   Jeder ist sein**es** Glück**es** Schmied. (Sprw.), Inge**s** Vater, Goethe**s** Werke.
   – La terminaison est **ens** lorsque la prononciation l'exige (archaïque).
   Max**ens** Vater = der Vater von Max, Mari**ens** Vater = der Vater von Marie
   – Lorsqu'il y a deux noms, on n'accorde que le second (sauf pour **Herr**).
   Friedrich Schiller**s** Werke, Frau Müller**s** Sohn, Herr**n** Müller**s** Sohn

7. L'apposition se met généralement au même cas que le nom auquel elle se rapporte.
   Mein Freund wohnt in Köln, ein**er** groß**en** Stadt am Rhein.

1. *Ajouter les désinences :*

Ich habe ein.. Vetter, er ist d.. Sohn mein.. Onkel.. Werner. Onkel Werner.. Frau ist mein.. Tante Marie und d.. Schwester mein.. Mutter. Tante Marie.. Tochter ist mein.. Kusine Karin. Karin.. Freundin ist in mein.. Klasse. Herr Schubert, uns.. Klassenlehrer, ist sehr streng. Meine Schwester hat sich mit ein.. Schulkamerad.., d.. Sohn ein.. Arzt.. verlobt. Er studiert in Freiburg, ein.. berühmt.. Stadt Baden-Württemberg.. .

2. *Ajouter les désinences :*

1. Ich bin dies.. Mann schon einmal begegnet. **2.** Hast du dein.. Großmutter zum Geburtstag gratuliert ? **3.** Trink nicht so viel Wein, das schadet dein.. Gesundheit. **4.** Ich kann mich dies.. Vorfall.. nicht entsinnen. **5.** Du sollst d.. Rat dein.. Eltern folgen. **6.** Gib d.. armen Mann etwas zu essen ! **7.** Daß ich noch am Leben bin, verdanke ich d.. Zufall. **8.** Er ist sich kein.. Schuld bewußt. **9.** Bring d.. kranken Nachbarin ein Stück Kuchen ! **10.** Befolge mein.. Rat !

3. *Ajouter les désinences :*

1. Das neu.. Kleid mein.. Mutter gefällt mein.. Vater nicht. **2.** Meine Großeltern erfreuen sich ein.. guten Gesundheit. **3.** Er entledigte sich sein.. Mantel.., bevor er ins Zimmer trat. **4.** Sie hat ihr Leben d.. Armen gewidmet. **5.** Ich habe d.. Gespräch zugehört. **6.** Gegen Abend näherten wir uns d.. Stadt. **7.** Du solltest dein.. Vater nicht immer widersprechen. **8.** Der Dieb konnte sein.. Verfolger.. entkommen.

4. *Ajouter les désinences dans les proverbes suivants :*

1. D.. Mutig.. gehört d.. Welt. **2.** Jed.. Narr.. gefällt sein.. Kappe. **3.** D.. Neid gönnt d.. Teufel nicht d.. Hitze in d.. Hölle. **4.** Jed.. Tag hat sein.. Abend. **5.** D.. Auge d.. Herr.. macht d.. Kühe fett. **6.** Kein Herrscher dies.. Welt ist Herrscher d.. Gedanken. **7.** Nicht d.. Ort, d.. Herz macht d.. Gebet. **8.** Jed.. ist sein.. Glück.. Schmied. **9.** Jed.. Mann ist d.. Sohn ein.. Frau. **10.** Jed.. findet sein.. Meister.

5. *Ajouter les désinences dans les proverbes suivants :*

1. D.. Auge d.. Frau hält d.. Stube rein. **2.** Aus d.. Augen, aus d.. Sinn. **3.** Viel.. Bächlein geben ein.. Bach. **4.** Nicht d.. Bart macht d.. Mann. **5.** Jed.. Brand hat sein.. Rauch. **6.** Jed.. Topf findet sein.. Deckel. **7.** Nicht jed.. Feld trägt jed.. Frucht. **8.** Handel ist d.. Mutter d.. Reichtum.. . **9.** Viel.. Hund.. sind d.. Hase.. Tod. **10.** D.. Jugend Tugend gibt d.. Alter Jugend.

6. *Ajouter les désinences dans les aphorismes et expressions courantes :*

1. Neid ist d.. Ruhm.. Begleiter. **2.** Er hat etwas auf d.. Herz.. . **3.** D.. Werk lobt d.. Meister. **4.** D.. Mensch ist manchmal sein.. Schicksal.. Meister. **5.** Er gibt sein.. Herz.. ein.. Stoß. **6.** D.. Tod ist d.. Ende d.. Mühsal. **7.** D.. Sprache ist d.. Menschen gegeben, um sein.. Gedanken zu verbergen. **8.** Das ist eben d.. Unglück d.. Könige, daß sie d.. Wahrheit nicht hören wollen. **9.** Seele d.. Menschen, wie gleichst du d.. Wasser ! **10.** Man kann kein.. Teufel kämmen, der kein.. Haare hat.

7. *Transformer les phrases suivantes en utilisant le génitif saxon :*

Ex. : **Der Wagen meines Vaters ist sehr alt. Meines Vaters Wagen ist sehr alt.**
1. Der Freund meiner Schwester ist mein Schulkamerad. **2.** Der Bruder von Uli hat mich eben angerufen. **3.** Der Lehrer dieses Schülers ist streng. **4.** Das Geschenk meines Onkels gefällt mir sehr. **5.** Der Hund von Herrn Kalt bellt die ganze Nacht.

8. *Traduire :*

© **1.** Mon grand-père, le père de mon père, vit à Cologne. **2.** Le fils de mon oncle, mon cousin Uli, va dans la même école que moi. **3.** Les parents de ma mère son morts jeunes. **4.** Ils avaient un fils, mon oncle Heinz, et une fille, ma tante Erika. **5.** L'amie de ma sœur est une très bonne élève.

9. *Traduire :*

© **1.** J'ai acheté les œuvres de Goethe, le célèbre poète allemand. **2.** J'ai visité la maison natale de Goethe à Francfort. **3.** Goethe était l'ami de Schiller. **4.** Mon ami a étudié l'allemand à Heidelberg, une des plus anciennes universités d'Europe. **5.** Que pense ton ami allemand de Paris, la capitale de la France ?

LA DÉCLINAISON DE L'ADJECTIF QUALIFICATIF

Avec *déterminatif du groupe* der : article défini et adjectif démonstratif *(déclinaison faible)*				
	Singulier			*Pluriel*
N.	der alt**e** Mann	die alt**e** Frau	das gut**e** Kind	die alt**en** Männer
A.	den alt**en** Mann	die alt**e** Frau	das gut**e** Kind	die alt**en** Männer
D.	dem alt**en** Mann	der alt**en** Frau	dem gut**en** Kind	den alt**en** Männern
G.	des alt**en** Mann(e)s	der alt**en** Frau	des gut**en** Kind(e)s	der alt**en** Männer
Sans *déterminatif (déclinaison forte)*				
N.	alt**er** Mann	alt**e** Frau	gut**es** Kind	alt**e** Männer
A.	alt**en** Mann	alt**e** Frau	gut**es** Kind	alt**e** Männer
D.	alt**em** Mann	alt**er** Frau	gut**em** Kind	alt**en** Männern
G.	alt**en** Mann(e)s	alt**er** Frau	gut**en** Kind(e)s	alt**er** Männer
Avec *déterminatif du groupe* ein *: article indéfini et adjectif possessif (déclinaison mixte)*				
N.	ein alt**er** Mann	eine alt**e** Frau	ein gut**es** Kind	alt**e** Männer
A.	einen alt**en** Mann	eine alt**e** Frau	ein gut**es** Kind	alt**e** Männer
D.	einem alt**en** Mann	einer alt**en** Frau	einem gut**en** Kind	alt**en** Männern
G.	eines alt**en** Mann(e)s	einer alt**en** Frau	eines gut**en** Kind(e)s	alt**er** Männer

1. Noter les particularités orthographiques de certains adjectifs déclinés.
   hoch : ein **hohes** Haus dunkel : eine **dunkle** Nacht
   teuer : ein **teures** Kleid
2. Le participe I ou II peut s'employer comme adjectif épithète.
   das **weinende** (ein **weinendes**) Kind, das **gebügelte** (ein **gebügeltes**) Hemd
3. L'adjectif ou le participe substantivé se décline comme s'il précédait le nom.
   der böse Hund → der **Böse**, ein böser Hund → ein **Böser** die bösen Hunde → die **Bösen**
   böse Hunde → **Böse**
   der **Reisende** pl. die **Reisenden** ein **Reisender** pl. **Reisende**
4. Les possessifs suivent au singulier la déclinaison mixte, au pluriel la déclinaison faible.
   sein (ihr) neu**er** Hut, seine (ihre) neu**en** Hüte

1. Ajouter les désinences dans les proverbes suivants :

1. Fleißig.. Jugend macht behaglich.. Alter. **2.** Schwer.. Ähren und voll.. Köpfe neigen sich. **3.** Jung.. Alter ist gut, alt.. Jugend taugt nichts. **4.** Gut.. Anfang ist halb.. Arbeit. **5.** Ein faul.. Apfel steckt hundert gesund.. an. **6.** Gut.. Belohnung macht willig.. Arbeiter. **7.** Arm.. Leute kochen dünn.. Suppen. **8.** Ein Arm.. kennt seine Verwandten besser als ein Reich.. . **9.** Aus einem klein.. Reis wird ein groß.. Baum. **10.** Schlecht.. Beispiele verderben gut.. Sitten.

2. Ajouter les désinences dans les proverbes suivants :

1. Die klein.. Diebe hängt man, die groß.. läßt man laufen. **2.** Die groß.. Fische fressen die klein... **3.** Fett.. Fleisch gibt auch fett.. Brühe. **4.** Das Besser.. ist der Feind d.. Guten. **5.** Fett.. Küche, mager.. Erbschaft. **6.** Ein faul.. Fisch verdirbt die ganz.. Küche. **7.** Klein.. Ursachen, groß.. Wirkungen. **8.** In einer hart.. Schale steckt oft ein weich.. Kern. **9.** Lieber ein klein.. Herr als ein groß.. Knecht. **10.** Das ist ein schlecht.. Vogel, der das eigen.. Nest beschmutzt.

3. *Ajouter les désinences dans les expressions suivantes ?*

1. Das ist ein.. lohnend.. Aufgabe. **2.** Er gab mir ein.. treffend.. Antwort. **3.** Er hört mit wachsend.. Interesse zu. **4.** Hast du schon ein.. fliegend.. Untertasse gesehen ? **5.** Wenn zwei sich streiten, freut sich d.. lachend.. Dritte. **6.** Er bekam ein.. dringend.. Anruf. **7.** Ich war als zahlend.. Gast in Deutschland. **8.** Die Inflation ist ein.. schleichend.. Krankheit. **9.** Schon von weitem hörten wir ein schallend.. Gelächter. **10.** Er verließ den Platz als strahlend.. Sieger.

4. *Ajouter les désinences dans les expressions suivantes :*

1. Ich esse gern gefüllt.. Tomaten. **2.** Zu Weihnachten essen wir ein.. gebraten.. Gans. **3.** Zum Frühstück esse ich oft ein weich gekocht.. Ei. **4.** Mein Vater ißt lieber geräuchert.. Schinken. **5.** Mein Bruder ist ein gelernt.. Koch. **6.** Die geladen.. Gäste kamen pünktlich. **7.** Es war ein.. geschlossen.. Gesellschaft. **8.** Er hat nämlich ein.. gefüllt.. Brieftasche. **9.** Mein Onkel ist ein gern gesehen.. Gast. **10.** Er bekam ein.. gesalzen.. Rechnung.

5. *Compléter ces titres empruntés à des journaux :*

1. Grau.. Gesichter, altmodisch.. Anzüge. **2.** Neu.. Sturm auf ein.. alt.. Festung. **3.** Wenn aus ein.. hoh.. Gewinn plötzlich ein hoh.. Verlust wird. **4.** Mercedes-Benz : Ihr gut.. Stern auf all.. Straßen. **5.** In Italien : schmutzig.. Wasser und gut.. Absichten. **6.** Polizei findet gestohlen.. Gemälde wieder. **7.** Hoh.. Umweltschaden durch Gewässerverschmutzung. **8.** D.. entscheidend.. Schritt in die Zukunft. **9.** Die traditionell.. Feindbilder weichen ein.. groß.. Bewunderung. **10.** Sommerlich.. Hoch mit kalt.. Füßen.

6. *Ajouter les désinences :*

Auf einem Prospekt
Auf ein.. sehr gut ausgebaut.. Straße ist der See ohne Schwierigkeiten zu erreichen, teils durch lieblich.. Täler mit weidend.. Schweinen, teils durch wildromantisch.. Schluchten mit tosend.. Stromschnellen und pittoresk.. Wasserfällen, hin und wieder vorbei an den Ruinen tausend Jahre alt.. Wachtürme. Unterwegs gibt es sauber.. Picknickplätze und zahlreich.. Souvenirstände.

7. *Ajouter les désinences dans l'article de journal ci-après :*

Lastwagen in Gemüsegeschäft gefahren. Ein Tot..
Nach ein.. mißglückt.. Bremsmanöver ist am Donnerstag in d.. Innenstadt von Hagen in Westfalen ein schwer.. Lastwagen von d.. Fahrbahn abgekommen und über den Gehsteig in ein Gemüsegeschäft gerast. Ein Passant, der von d.. vollbeladen.. Achtunddreißig-Tonner überrollt wurde, starb an der Unfallstelle. Fünf Menschen, darunter der 24 Jahre alt.. Lastwagenfahrer, erlitten schwer.. Verletzungen. Zwei von ihnen, offenbar Kunden in dem Laden, schwebten am Donnerstag in Lebensgefahr.

8. *Aus einem Prospekt. Compléter :*

Renoviert.., stilecht.. Bauernhof in ruhig.., sonnig.. Aussichtslage. Ausgezeichnet.. Küche, gemeinsam.. Wanderungen und Picknicks. Viele gemütlich.. Talwanderwege. Ideal für schön.. Wander- und Bergtouren. Behaglich.. Gästezimmer zu bürgerlich.. Preisen.

9. *Traduire :*

© **1.** Tu portes une belle robe. **2.** Je me suis acheté des chaussures noires. **3.** Mon ami a de larges épaules. **4.** Il habite dans un petit village. **5.** Il a une forte fièvre. **6.** Il a passé de belles vacances. **7.** Ma grande sœur s'est fiancée hier. **8.** Nous avons fait une petite promenade. **9.** As-tu entendu parler de la guerre froide ? **10.** Sais-tu qui était Charles le Téméraire ?

REMARQUES SUR LA DÉCLINAISON DE L'ADJECTIF QUALIFICATIF

1. Lorsque deux adjectifs se suivent, ils se déclinent de la même manière. Au datif singulier (masculin et neutre) le second adjectif peut suivre la déclinaison faible.
   Köln ist eine **schöne große** Stadt. Es ist ein Mädchen mit **schönem blondem** ou **blonden** Haar.
2. L'épithète précédée de **manch, solch, viel, welch, wenig** invariables suit la déclinaison forte.
   Welch schönes Bild !
3. L'épithète précédée d'un adjectif indéfini de quantité suit en général la déclinaison forte.
   Mehrere ältere Herren unterhielten sich.

   – sauf après **alle** et **sämtliche**
   Aller guten Dinge sind drei (Sprw.)

N.	viel**e**	klein**e**	Dörfer	all**e**	klein**en**	Dörfer
A	viel**e**	klein**e**	Dörfer	all**e**	klein**en**	Dörfer
D.	viel**en**	klein**en**	Dörfern	all**en**	klein**en**	Dörfern
G.	viel**er**	klein**er**	Dörfer	all**er**	klein**en**	Dörfer
	viel**er**	klein**en**	Dörfer			

4. L'épithète précédée d'un adjectif numéral cardinal suit la déclinaison forte. Il en est de même avec certains substantifs qui ont valeur de cardinaux. Après **beide**, l'adjectif est plutôt faible.
   zwei weit**ere** Tage, eine Anzahl (eine Reihe) schön**e** Bücher, beide klein**en** Kinder, mais alle beide.
5. L'épithète précédée d'un pronom personnel suit en général la déclinaison forte. Exception surtout au datif féminin et au nominatif pluriel (déclinaison faible).
   ich arm**er** Tor, mir alt**en** Frau, wir Deutsch**en**
6. L'adjectif substantivé neutre précédé de **nichts, viel** ou **etwas** suit la déclinaison forte (avec majuscule), mais on écrit sans majuscule : **etwas (nichts) anderes**
   Er hat viel **Gutes** getan. Ich habe nichts and**eres** tun können.
7. Formes archaïques et tournures figées non déclinées, ainsi que certains adjectifs de couleur :
   Auf gut Glück, ein rosa Kleid.
8. Les noms de ville peuvent donner lieu à des adjectifs indéclinables formés à l'aide du suffixe **er**. Ils gardent alors leur majuscule.
   Er wohnt in der Köln**er** Straße.

ZUM LACHEN

SEHEN SIE SICH VOR !

Maler Neckermann zog in ein **neues** Atelier. Vorsichtig wie er war, brachte er seine Bilder persönlich an den Wagen, gab sie behutsam dem Fahrer und sagte freundlich : "Ach, bitte, sehen Sie sich doch etwas vor... die Farben sind noch nicht ganz trocken !"
"Das macht nichts", beruhigte der **gutmütige** Mann, "ich habe meinen **alten** Kittel angezogen !"

WAS WIRD AUS DEM KIND WERDEN ?

"Wenn man bedenkt, daß aus diesem Kinde einmal ein **großer** Politiker, ein **mächtiger** Wirtschaftsführer oder ein **weltberühmter** Künstler werden kann... ! Wie heißt der Kleine übrigens ?"
– "Erika !"

1. Ajouter les désinences :

1. Dein.. Schwester trug ein.. schick.., lang.., schwarz.. Mantel. **2.** In unser.. Nähe wohnt ein nett.. alt.. Ehepaar. **3.** Ich habe ein.. lang.., ausführlich.. Brief von unser.. Bekannt.., die heute in ein.. einsam.. klein.. Gebirgsdorf wohnen, bekommen. **4.** Er fährt mit sein.. neu.. schwer.. Wagen viel zu schnell auf d.. schlecht.. kurvenreich.. Landstraßen. **5.** D.. tragisch.. Unfall, den unser.. nett.. Nachbarn erlitten haben, hat ein.. lang.., herzlich.. Freundschaft jäh beendet.

2. Ajouter les désinences :

1. Solch ein schlecht.. Wetter haben wir im Urlaub noch nie erlebt. **2.** Wir haben mehrere angenehm.. Wochen bei mein.. Eltern verbracht. **3.** In manch.. Gegenden steht manch groß.. Bauernhof leer. **4.** Viel.. älter.. Bauern haben ihren Betrieb aufgegeben. **5.** Die jung.. Leute wollen solch eine schwer.. Arbeit nicht mehr machen. **6.** Wir haben unser.. sämtlich.. alt.. Möbel verkauft. **7.** Er hat mir gestern zwei interessant.. Bücher gebracht. **8.** Was wird aus den beid.. arm.. Waisen werden ? **9.** Du, arm.. Mann, ich kann dir nicht helfen. **10.** Uns alt.. Leut.. gefällt es zu Hause am besten, während ihr jung.. Leut.. lieber durch die Welt reist.

3. Ajouter les désinences :

1. Wir haben viel Angenehm.., aber auch Unangenehm.. erlebt. **2.** Hast du mir etwas Schön.. mitgebracht ? **3.** Er hat mir nichts Wichtig.. erzählt. **4.** Dies.. versalzen.. Suppe schmeckt mir nicht, hast du nichts ander.. für mich ? **5.** Wir lesen jed.. Tag d.. Frankfurt.. Zeitung.

4. Ajouter les désinences :

1. Ein.. langjährig.. Freundschaft verbindet uns mit ihnen. **2.** Er wurde nach ein.. kurzfristig.. Kündigung entlassen. **3.** Mein Bruder hat ein blondhaarig.. Mädchen kennengelernt. **4.** Mein.. Schwester hat pechschwarz.. Haar.. . **5.** Mein.. Freundin trägt ein himmelblau.. Kleid mit ein.. schneeweiß.. Kragen. **6.** In meinem Garten blühen goldgelb.. und weinrot.. Astern. **7.** Du solltest dies.. giftgrün.. Beeren nicht essen. **8.** D.. silbergrau.. Haar steht d.. alt.. Dame gut. **9.** Mein Freund hat hellbraun.. Augen. **10.** In diesem Geschäft gibt es Kleider für vollschlank.. Frauen.

5. Compléter :

Mein Schlafzimmer. Ich habe ein hübsch.. Schlafzimmer mit einem groß.., breit.. Fenster. In der recht.. Ecke steht mein Bett. Auf dem Fußboden liegt ein weiß.. Schafsfell. Ich liege gern auf diesem weich.. Teppich und lese ein interessant.. Buch oder höre modern.. Schlager. Einen bequem.. Ledersessel habe ich auch, aber darauf sitzen oder liegen meine liebst.. Puppen und meine groß.. und klein.. Plüschtiere. Auf dem klein.. rund.. Tisch steht eine hübsch.. Vase mit frisch.. Blumen aus unserem groß.. Garten. Alle meine Kleider hängen in einem weißlackiert.. Schrank, in dem auch Platz ist für meine viel.. Langspielplatten. Einen Kassettenrecorder wünsche ich mir zum nächst.. Geburtstag.

6. Compléter :

Guter Rat ist teuer (Sprw.)
Er hat von seinen verstorben.. Eltern einige kostbar.. Gemälde geerbt, aber er weiß nicht, was er mit diesen schön.. Gemälden anfangen soll. Ein echt.. Kunstwerk braucht einen geeignet.. . Platz, und in seiner klein.. Wohnung gibt es solch ein.. Platz nicht. Was soll er nur mit diesen teur.. Bildern machen ? Wenn er sie verkauft, bekommt er vielleicht einen hoh.. Preis dafür. Er muß aber einen richtig.. Liebhaber finden. Was würdest du machen ?

7. Traduire :

© **1.** Notre chatte a trois petits chatons. **2.** Dans beaucoup de petits villages il n'y a pas de magasins. **3.** La cathédrale de Cologne a deux tours. **4.** J'ai quelque chose de très important à te dire. **5.** As-tu vu les deux chiens ? Oui, je les ai vus tous les deux.

8. Traduire :

© **1.** Il ne m'a rien raconté d'intéressant. **2.** Les parents sont sortis, et leurs deux petits enfants sont seuls à la maison. **3.** M'as-tu rapporté quelque chose de beau ? **4.** Je suis monté sur la tour de la cathédrale de Strasbourg. **5.** Aimes-tu les saucisses de Francfort ? **6.** J'aimerais assister plus souvent à un tel concert. **7.** Je n'ai rien d'autre à te dire. **8.** As-tu lu ces deux beaux livres ? **9.** Nous avons visité plusieurs jolies petites villes. **10.** Beaucoup de petits villages et toutes les grandes villes ont un terrain de sport.

L'ARTICLE

1. L'article défini

On n'emploie pas l'article défini

– au génitif saxon, ainsi qu'après **dessen, deren, wessen** :
Jeder ist **seines Glückes** Schmied. (Sprw.) Da ist Ulli, **dessen** Vater du kennst.

– devant les noms neutres de fêtes ou de pays sans épithète ou précédés de **ganz** ou **halb**.
L'article peut toutefois marquer l'insistance :
Pfingsten, Deutschland, **ganz** Europa, **das ganze** Europa

– après **alle**, mais l'article peut avoir un sens démonstratif :
Alle Vögel sind schon da. **Alle die** Leute, die ich sah, waren jung.

– devant un titre précédant le nom de celui qui le porte ou précédé de **Herr** ou **Frau** :
Kaiser Napoleon, **Frau** Doktor

– dans certains proverbes ou locutions et devant les pluriels de sens général :
Zeit ist **Geld.** (Sprw.) Ich lerne **Deutsch.** Das ist nichts für **Kinder**.

On emploie l'article défini

– devant mois et saisons et devant une apposition (qualité unique) :
im Mai, **im** Sommer, Paris, **die** Hauptstadt Frankreichs

– avec un sens de démonstratif ou de possessif :
Er setzt **den** Hut auf.

– après **erklären, ernennen, krönen, machen, verurteilen, wählen, werden,** qui expriment le passage d'un état à un autre (emploi de **zum, zur,** mais seulement au singulier) :
Er wurde **zum** König gekrönt. Sie wurden **zu** Erwachsenen. Exceptions : Das Wasser wird **zu** Eis.

– devant **heilig** épithète, un complément de nom exprimant un sentiment, et dans certaines expressions :
die heilige Eilsabeth, ein Gefühl **der** Freude, **in der** Stadt, **im** Krieg, **zum** Beispiel

2. L'article indéfini

On n'emploie pas l'article indéfini

– devant un complément de manière accompagné d'une épithète :
Er spricht mit **lauter** Stimme.

On emploie l'article indéfini

– généralement devant une apposition (qualité unique) :
Er wohnt in Köln, **einer** großen Stadt am Rhein.

– devant un nom exprimant la condition ou la profession (mais seulement avec une épithète ou sous la forme négative) :
Er ist **ein** guter Schüler, **kein** Franzose mais : Er ist Deutscher, Bäcker.

– après haben pour désigner des qualités physiques et dans certaines expressions :
Er hat **eine** hohe Stirn. Welch **ein** Mann ! **ein** Ende nehmen

3. L'article partitif

Il n'existe en allemand qu'à la forme négative :
Er hat Geld. Ich habe **kein** Geld.

1. Traduire :

1. Kinder und Narren sagen die Wahrheit. **2.** Liebe macht blind. **3.** Gegen Morgen wird es frisch. **4.** Er ist von Kopf zu Fuß neu gekleidet. **5.** Die Bauern stehen oft vor Sonnenaufgang auf. **6.** Er soll Ende der Woche kommen. **7.** Milch und Käse sind gut für die Gesundheit. **8.** In der Schule habe ich Deutsch und Englisch gelernt. **9.** Ich kenne Deutschland sehr gut, aber England nur wenig. **10.** Nächste Woche beginnen die Sommerferien.

2. Traduire :

1. Er ist nur noch Haut und Knochen. **2.** Er arbeitet gern bei offenem Fenster. **3.** Wein macht froh. **4.** Nach getaner Arbeit ist gut ruhen. **5.** Narren sagen, was die Klugen denken.

3. Traduire :

1. Ißt du gern Fisch ? **2.** Ja, aber Fleisch esse ich lieber. **3.** Gemüse gibt es bei uns jeden Tag. **4.** Wein trinken wir nur an Sonn- und Feiertagen. **5.** Zum Mittagessen gibt es nur Wasser. **6.** Morgens und abends stehen Kaffee, Milch und Tee auf dem Tisch. **7.** Dazu gibt es natürlich Butter, Käse, Wurst, Marmelade und Obst. **8.** Cola, Yoghurt und Eis können wir in der Schule kaufen. **9.** Geben dir deine Eltern Geld dafür ? **10.** Ja, ich bekomme jede Woche Taschengeld.

4. Traduire :

© **1.** Mon père est boulanger. **2.** C'est un très bon boulanger. **3.** Chez lui on trouve du pain frais toute la journée. **4.** En juillet, le mois des vacances pour beaucoup de gens, les journées sont les plus longues. **5.** La Pentecôte se fête 50 jours après Pâques. **6.** La Suisse est un petit pays dont je connais la capitale Berne. **7.** Connaissez-vous la Lorraine ? **8.** Oui, mais je connais mieux l'Alsace. **9.** Nous habitons en ville, mais nous avons aussi une maison à la campagne. **10.** Les enfants ne devraient pas manger trop de chocolat et de sucreries.

5. Traduire :

© **1.** As-tu faim ? – Non, je n'ai pas faim. **2.** J'ai de l'argent français, mais pas d'argent allemand. **3.** Je bois du lait, mais pas de vin. **4.** Aimes-tu lire ? – Oui, mais pas des romans. **5.** Peux-tu me donner du feu ? – Non, je n'ai pas de briquet. **6.** As-tu le temps d'aller en ville avec moi ? **7.** Elle a acheté des chaussures blanches pour l'été. **8.** En hiver elle porte des bottes noires. **9.** Il a mangé de la viande et des légumes mais pas de fruits. **10.** Elle parle à haute voix.

6. Traduire :

© **1.** Je connais toute la France, mais seulement la moitié de l'Allemagne. **2.** J'ai lu beaucoup de livres dont j'ai oublié les titres. **3.** Il veut écrire à ses amis dont il a perdu l'adresse. **4.** De qui Uwe est-il l'ami ? **5.** Cet homme a bon cœur.

7. Traduire :

© **1.** Monsieur le docteur Müller nous soigne depuis des années. **2.** Madame le docteur Springer est un excellent professeur. **3.** L'empereur Guillaume II a abdiqué après la Première Guerre mondiale. **4.** Le roi Louis XIV fit construire le château de Versailles. **5.** L'empereur Charlemagne est enterré à Aix-la-Chapelle.

8. Traduire :

© **Vacances en Italie : 1.** Je connais l'Italie. **2.** En été il y fait très chaud pendant la journée. **3.** Mais après le coucher du soleil la température devient agréable. **4.** Alors on peut jouer au tennis et évidemment manger de la glace. **5.** J'ai appris l'italien, mais j'ai aussi des amis qui parlent le français et l'allemand.

NIVEAU 1

1. Compléter par l'article puis mettre au pluriel :

1. ... Nacht ist lang. **2.** ... Haus ist schön. **3.** ... Wald ist grün. **4.** ... Wolke ist grau. **5.** ... Abend ist kalt. **6.** ... Blatt ist gelb. **7.** ... Baum ist kahl. **8.** ... Platz ist frei. **9.** ... Buch ist sauber. **10.** ... Heft ist schmutzig.

2. Compléter par l'article puis mettre au pluriel :

1. ... Apfel ist rot und gelb. **2.** ... Zitrone ist gelb. **3.** ... Kirsche ist rot. **4.** ... Erdbeere ist reif. **5.** ... Birne ist gelb. **6.** ... Bohne ist grün. **7.** ... Erbse ist rund. **8.** ... Apfelsine ist süß. **9.** ... Hering ist billig. **10.** ... Kartoffel ist klein.

3. Compléter par l'article puis mettre au pluriel :

1. ... Stadt ist groß. **2.** ... Dorf ist klein. **3.** ... Kirche ist alt. **4.** ... Garten ist groß. **5.** ... Auto fährt schnell. **6.** ... Straße ist breit. **7.** ... Zug hält nicht oft. **8.** ... Flugzeug fliegt nach Afrika. **9.** ... Bach springt über Steine. **10.** ... Fahrrad hat zwei Räder.

4. Mettre au pluriel les phrases ci-après :

1. Der Bauernhof ist groß. **2.** Der Blumenstrauß ist schön. **3.** Das Landhaus ist klein. **4.** Der Bursche tanzt gern. **5.** Der Gärtner arbeitet viel. **6.** Der Bauer pflügt seinen Acker. **7.** Der Knecht eggt das Feld. **8.** Dieser Pilz ist giftig. **9.** Dieses Faß ist groß. **10.** Diese Stadt ist alt.

5. Compléter par les désinences :

1. Ein lang.. Weg führt uns durch einen groß.. Wald. **2.** Die ganz.. Familie versammelt sich um den groß.. Tisch. **3.** Diese schön.. Katze ist der Gestiefelt.. Kater. **4.** Ein schön.. Landhaus liegt im still.. Tal. **5.** In diesem groß.. Geschäft gibt es billig.. Wintermäntel. **6.** Blaubart droht seiner arm.. Frau mit einem spitz.. Messer. **7.** Viele Mädchen tragen lang.. Haare und kurz.. Kleider. **8.** Ilse will einen gut .. Kuchen backen, Herbert ein schön.. Stück Fleisch braten. **9.** Kurt bekommt einen schön.. Anorak und Nicole ein schön.. Kleid. **10.** Die Großmutter erzählt den fleißig.. Kindern lustig.. Geschichten.

6. Compléter par les désinences :

1. Diese klein.. Katze hat spitz.. Zähne. **2.** Der groß.. Junge macht ein dumm.. Gesicht. **3.** Schön.. Leute haben schön.. Sachen. **4.** Dieser klein.. Mann trägt einen breit.. Hut. **5.** Dieses arm.. Mädchen hat eine dick.. Wange. **6.** Die warm.. Sonne scheint am blau.. Himmel. **7.** Der klein.. Bach fließt in den breit.. Strom. **8.** Die Mutter kocht dem klein.. Kind ein weich.. Ei. **9.** Der Vater kauft seinem klein.. Sohn ein schön.. Auto. **10.** Heute ist schlecht.. Wetter, ein kalt.. Wind weht.

7. Compléter par les désinences :

1. Das klein.. Mädchen trägt ein schön.. Kleid. **2.** Der alt.. Gärtner hat einen groß.. Garten. **3.** Unser neu.. Haus hat ein spitz.. Dach. **4.** Unser neu.. Wagen steht auf dem groß.. Parkplatz. **5.** Der alt.. Mann sitzt in der warm.. Sonne.

8. Compléter par les désinences :

1. Auf d.. Autobahn kann d.. Volkswagen schnell fahren. **2.** In d.. Stadt ist d.. Verkehr sehr groß. **3.** Dies.. Straße hat viel.. Kurven. **4.** An d.. Tankstelle tanken wir Benzin. **5.** Schwarz.. Rauch steigt aus d.. Schornsteinen.

9. Compléter par les désinences :

1. Nach d.. Krieg arbeiteten viel.. Arbeiter auf d.. Baustellen d.. deutsch.. Städt... **2.** D.. Wiederaufbau begann. **3.** Mit Bagger.. räumte man d.. Trümmer weg. **4.** D.. Maurer baut d.. Haus. **5.** D.. Dachdecker deckt d.. Dach. **6.** Wenn ein Haus fertig ist, feiern d.. Arbeiter d.. Richtfest. **7.** D.. Licht an d.. Kreuzung ist grün. **8.** D.. Fußgänger dürfen nun hinübergehen. **9.** D.. Verkehr ist groß in d.. Städt... **10.** Buss.. und Taxi.. haben Vorfahrt.

10. Compléter par les désinences :

Renate hat Geburtstag.

1. Auf d.. Tisch steht eine Vase mit schön.. Blumen. **2.** D.. Onkel gratuliert d.. Geburtstagskind herzlich. **3.** D.. Geburtstagskind dankt sein.. Onkel für sein schön.. Geschenk. **4.** Renate hat ein.. herrlich.. Handtasche bekommen. **5.** D.. Katze ist auf d.. Geburtstagstisch gesprungen.

11. Compléter par les désinences :

Rolfs erste Reise

1. Das ist d.. groß.. Bahnhof. 2. Auf d.. Bahnsteig sind viel.. Leute. 3. Rolf löst ein.. Fahrkarte und geht in d.. Wartesaal. 4. Er trägt ein.. Koffer. Jetzt sitzt er in ein.. Abteil. 5. Er zeigt d.. freundlich.. Zöllner sein.. Paß.

12. Compléter par les désinences :

Winterschlußverkauf

1. Treten wir in das groß.. Geschäft! 2. Hier finden wir billig.. Wintermäntel. 3. Es gibt auch sehr schön.. Herrenanzüge. 4. Peter bekommt einen schön.. Anorak, Ruth ein blau.. Kleid. 5. Dann fahren sie mit d.. Rolltreppe in den dritt.. Stock. 6. Die Mutter bezahlt an der modern.. Kasse. 7. Der Vater betrachtet die viel.. Pakete. 8. "Ein ander.. Mal nehmt doch gleich einen groß.. Schubkarren mit !"

13. Compléter par les désinences :

1. Die Ferien in d.. klein.. Schweiz sind schön. 2. D.. schön.. Griechenland erwartet euch. 3. In d.. warm.. Spanien verbringe ich meine Ferien. 4. An d.. See gefällt es den Kindern. 5. Ich finde d.. Rheinland schön. 6. In d.. herrlich.. Bayern können wir wandern.

14. Compléter par les désinences :

Die neue Zeit

Viel.. Bergleut.. wurden Weber. Kein Dorf gab es, in d.. nicht d.. Spinnräder surrten und d.. Webstühle knarrten. Wolle gaben d.. Schaf.., d.. in groß.. Herden im Gebirge weideten. Nach und nach erfand man Maschinen, klein.. Fabriken wurden gebaut. Viele Orte wurden zu Industrieorten.

15. Compléter par les désinences :

Friedrich der Große und der Müller

D.. König ließ d.. Müller kommen und fragte ih.., ob er ih.. seine Mühle verkaufen und welch.. Preis er dafür wolle. D.. Müller aber wollte dies.. Mühle, die er von sein.. Vater bekommen hatte, um kein.. Preis verkaufen.

16. Compléter par les désinences puis traduire les proverbes suivants :

1. D.. Wein ist d.. Milch d.. Alt... 2. D.. Wald hat Ohren, d.. Feld Augen. 3. Alt.. Vögel lassen sich schwer rupfen. 4. D.. Vater.. Segen baut d.. Kinder.. Häuser. 5. D.. Weg d.. Tugend ist keinem verschlossen. 6. Grob.. Tuch gibt kein.. fein.. Kleider. 7. D.. Treue ist d.. Schwester d.. Liebe. 8. Tätigkeit ist d.. Salz d.. Leben.. . 9. Die groß.. Fisch.. fressen d.. klein.. . 10. Frauen sind ein Paradies für d.. Augen, ein Fegefeuer für d.. Beutel und ein.. Hölle für d.. Seele.

17. Compléter par les désinences puis traduire les proverbes suivants :

1. Unter Blind.. ist d.. Einäugige König. 2. D.. Kutte macht nicht d.. Mönch. 3. D.. Liebe ist d.. Leben.. süß.. Kern. 4. In ein.. leer.. Scheune kommt kein.. Maus. 5. Jed.. Mensch hat sein.. Vogel. 6. Ein gut.. Nachbar ist besser als ein fern.. Freund. 7. Ein gut.. Name ist ein reich.. Erbteil. 8. Gut.. Ruf ist Gold.. wert. 9. Stet.. Ruhe macht müd.. Beine. 10. Heiß.. Sommer, gut.. Wein.

18. Compléter par les désinences puis traduire les proverbes suivants :

1. Gibt man d.. Teufel d.. klein.. Finger, so nimmt er d.. ganz.. Hand. 2. Warm ist d.. Leben, kalt ist d.. Tod. 3. Von Wort.. zu Tat.. ist ein weit.. Weg. 4. D.. Wunsch ist oft d.. Vater d.. Gedanken. 5. Frei.. Mann haßt jed.. Zwang. 6. Fleißig.. Jugend macht behaglich.. Alter. 7. Ein.. gut.. Ausrede ist ein.. Taler.. wert. 8. Betrunken.. und Kinder sagen d.. Wahrheit. 9. Jung.. Blut hat Mut. 10. D.. fleißig.. Hamster schadet d.. Winter nicht.

19. Compléter par l'adjectif substantivé proposé :

1. (neu) Ich weiß nichts .... 2. (schön) Bring mir etwas ... mit ! 3. (genau) Ich weiß nichts .... 4. (schön) Ich habe von etwas ... geträumt. 5. (gut) Das ist etwas ....

20. Compléter ces extraits de bulletins météorologiques par les désinences :

1. Stark.. bis stürmisch.. Wind aus Südwest. 2. Wechselnd.., meist stark.. Bewölkung. 3. Frisch.. bis stark.. Wind aus Süd. 4. Im Südern länger.. sonnig.. Abschnitte. 5. D.. Warmfront ein.. zum Nordmeer ziehend.. Tief.. überquert Deutschland ostwärts.

NIVEAU 2

21. *Mettre les substantifs proposés au pluriel puis traduire les proverbes suivants :*

1. (Wand) haben (Ohr), (Fenster) (Auge). **2.** (Lüge) haben kurze (Bein). **3.** Die (Gesunde) und die (Kranke) haben ungleiche (Gedanke). **4.** Kleine (Glocke) klingen auch. **5.** Alle (Fluß) laufen ins Meer. **6.** (Tat) sind (Frucht), (Wort) nur (Blatt). **7.** Wer seine (Schuld) bezahlt, verbessert seine (Gut). **8.** Man darf alte (Schuh) nicht wegwerfen, ehe man neue hat. **9.** (Buch) fressen und nicht käuen macht ungesund. **10.** (Buch) sind die (Hülle) der Weisheit, bestickt mit den (Perle) der (Wort).

22. *Compléter ces slogans par les désinences :*

1. Kein.. Macht d.. Drogen, all.. Macht d.. Harmonie (Schlagwort bei der Fußballweltmeisterschaft 1990). **2.** Stein ist d.. Gold d.. Weisen. **3.** D.. Zukunft d.. Auto.. liegt auf d.. Schiene. **4.** Uns stinkt's, d.. Wald schon lange. Darum kein.. Autobahn. **5.** D.. Weltmarkt ist unser.. Stärke (Siemens).

23. *Compléter par les désinences :*

1. Ich trage ein.. Hut. Ich bin auf d.. Hut. **2.** Wir haben schlimm.. Kunde von unser.. Kunden. **3.** D.. Tau funkelt an den Gräsern. D.. Tau ist dick. **4.** Das Schiff gewann d.. Blaue Band. Dies.. Band ist alt. **5.** Dies.. Hausflur ist lang. Ich bin allein auf weit.. Flur. **6.** Dies.. Wirtshausschild ist schön. Der Ritter trägt ein.. Schild. **7.** D.. Lüneburger Heide ist bekannt. D.. Heide glaubt an viele Götter. **8.** Er führt d.. Steuer. D.. Steuer ist eine öffentliche Abgabe. **9.** Der Rhein fließt durch d.. Bodensee und mündet in d.. Nordsee. **10.** Er geht d.. Bund der Ehe ein. Wo ist d.. Schlüsselbund ?

24. *Traduire puis mettre au pluriel :*

© **1.** Le paysan laboure son champ. **2.** Notre voisin possède un très beau chien. **3.** La servante aidait la fermière. **4.** Le chat a attrapé une souris. **5.** Petit à petit l'oiseau bâtit son nid. **6.** Le jeune homme portait une chemise bleue. **7.** On voyait au loin le mât du bateau. **8.** Le chasseur a tiré un sanglier et un chevreuil. **9.** Jadis un fossé entourait la ville. **10.** A côté du bateau il vit une petite barque.

25. *Transformer les phrases ci-après conformément à l'exemple donné :*

Ex. : **Dieser Roman ist langweilig, ich lese ihn nicht. Langweilige Romane lese ich nicht.**

1. Dieser Apfel ist sauer, ich esse ihn nicht. **2.** Dieses Buch ist teuer, ich kaufe es nicht. **3.** Diese Reise ist gefährlich, ich mache sie nicht. **4.** Dieser Wein ist süß, ich trinke ihn nicht. **5.** Dieser Junge ist grob, ich mag ihn nicht.

26. *Compléter par les désinences convenables :*

Jugendprobleme

1. Jugendlich.. im Alter zwischen etwa 13 und 18 Jahren befinden sich in einer sehr schwierig.. Entwicklungsphase. Sie haben die kindlich.. Lebensform verloren und die des Erwachsen.. noch nicht gefunden. Es hat keinen Zweck, zwischen Jugendlich.. und deren Eltern ein.. Schuldig.. zu suchen. Die Eltern haben es schwer mit d.. Jugendlich.., aber diese haben es auch schwer mit sich selbst. (Aus "Scala").

2. Man ist nie zu jung, unregelmäßig.. Verben zu lernen, sich in bürgerlich.. Höflichkeitsformen zu langweilen, jede tüchtig.. Arbeit zu verrichten. Aber man ist viel zu jung, sich mit gleichaltrig.. Jungen zu treffen, man ist zu jung für Selbständigkeit und eigen.. Urteil. Auch noch nicht erwachsen.. Söhne und Töchter sind schon Menschen mit eigen.. Willen, eigen.. Wünschen, eigen.. Sehnsüchten. (Aus "Scala").

27. *Compléter par les désinences convenables :*

Steckbrief. Der Täter ist von untersetzt.. Gestalt. Er hat ein oval.., blass.. Gesicht, hellblau.. Augen und schmal.. Augenbrauen. Auffällig ist seine platt.. Nase. Er hat schmal.. Lippen. Das dicht.. dunkelblond.. Haar ist auf der recht.. Seite gescheitelt. Der Täter trug einen knielang.., dunkelblau.. Mantel, aber keine Kopfbedeckung, außerdem hellgrau.. Lederhandschuhe und schwarz.. spitz.. Halbschuhe.

Müssen Sie eigentlich immer mit müden, schweren Füßen herumlaufen?

Guter Rat ist oft auch sehr billig

WENN FRAUEN MÄNNERN ÄHNLICH WERDEN

Not macht erfinderisch

Was können die Bäume dafür?

Ein anstrengender Tag. Und ein erholsamer Abend. Bei Sauna und Solarium. Dampfbad und Hanteln. Lassen Sie sich doch einfach mal verwöhnen. Und geniessen Sie es, unser Gast zu sein.

„Überhaupt bin ich ein positiver Mensch."

Die Schnitzer sind aus hartem Holz.

Peinlich wie unsere Tochter von ihrer Freundin schwärmt

Der Winter hat einen fatalen Einfluß

Die nächsten Minuten entscheiden

Ein dringender Anruf

OHNE WORTE

WIE SIND DIE MONATE DES JAHRES ?

Lehrer : "Wir sagen zum Beispiel : der kalte Januar, der kühle April, der heiße Juni. Kann noch jemand einen Monat mit einem passenden Eigenschaftswort nennen ?"
Schüler : – "Der dumme August, Herr Lehrer !"

UWE HAT SEINE MUTTER VERLOREN !

Die Mutter ging mit dem kleinen Uwe Einkäufe machen. Im Gedränge verlor er sie. Uwe unterdrückte tapfer seine Tränen, sah sich um und erblickte einen Schutzmann. Er ging auf ihn zu und fragte :
"Herr Schupo, haben Sie vielleicht eine Dame gesehen ohne mich ?"

Wir wünschen Ihnen viele schöne Stunden!

Eigener Herd bleibt Goldes wert

Der Schmerz ist eine gute Sache!

Über guten Geschmack läßt sich nicht streiten!

Wir wollen in einer modernen, sauberen Welt leben.

Heute wie in alter Zeit ein Zeichen guter Gastlichkeit

Zwei Tote und 30 Verletzte bei Zugunglück in Schweden

Freie Bahn für Ihren Brief!

Gesundes Herz Starke Nerven Erholsamer Schlaf

Klein und Groß gesellt sich gern

BIER macht nicht dick
es hat nur 45 Kalorien

Bald gibt es keine häßlichen Menschen mehr.

Ein kleiner Wagen kann ein großer Wurf sein,

LES POSSESSIFS ET LES DÉMONSTRATIFS

1. L'adjectif possessif se décline comme **ein** (au singulier), **die** (au pluriel).

masculin et neutre	*féminin et pluriel*
mein, dein, sein (ihr), unser, euer, ihr (Ihr)	**meine, deine, seine (ihre), unsere, eure, ihre (Ihre)**

– Attention au possesseur !
Herr Kohl, **sein** Hut und **seine** Mappe, Frau Kohl, **ihr** Hut und **ihre** Mappe

– Quand il y a ambiguïté, on remplace **sein, ihr**, par le démonstratif **dessen, deren.**
Sie nahm Abschied von Ute und **deren** Mann.

– Comme attribut, on emploie **mein, dein, sein**, etc. (invariables)
Ist dieses Buch **dein** ?

2. Le pronom possessif a trois formes possibles :
- **meiner, meine, mein(e)s,** *pl.* : **meine** se déclinent comme **der, die, das**
- **der (die, das) meine,** *pl.* : **die meinen**
- **der (die, das) meinige,** *pl.* : **die meinigen**

} se déclinent comme l'adjectif précédé de **der, die, das**

Das Buch ist sein, es ist **seins**. Jedem **das Seine** ! Er erholt sich im Umgang mit **den Seinigen**.

3. Les démonstratifs **dieser** *(celui-ci)*, **jener** *(celui-là)* se déclinent comme **der.**

– **jener** s'emploie surtout dans la langue littéraire (recul du narrateur par rapport à l'événement). Dans la langue parlée on emploie **dieser (der) ... da** :
diese irdische Welt, **jene** himmlische Welt, Ich bin doch nicht wie **der da.**

A côté de **dieses**, on trouve la forme non fléchie **dies** :
Dies will ich nicht.

– **der, die, das** se déclinent comme le pronom relatif (voir p. 82), mais on remplace **deren** par **derer** au génitif pluriel antécédent d'un pronom relatif :
Die laßt nur reden ! Gedenke **derer,** die nicht mehr da sind !

– **der - die - dasselbe** *le (la) même, celui (celle)-ci* se déclinent comme l'adjectif précédé de l'article. Distinguer **derselbe** *(identité)* et **der gleiche** *(similitude)*.
Sie trägt **dasselbe** Kleid wie gestern, das **gleiche** Kleid wie ihre Schwester.

– **der - die - dasjenige** *(celui, celle)* généralement suivis d'une relative se déclinent comme **derselbe** :
Derjenige, der das getan hat, wird bestraft.

– **solcher (e, es),** *pl.* : **solche**, *(tel)* indiquant la qualité ou l'intensité a deux formes avec l'article indéfini :
ein solcher, eine solche, ein solches, *pl.* : **solche** se déclinent comme **ein guter**
solch ein, solch eine, solch ein, *pl.* : **solche, solch** invariable au singulier peut être remplacé par **so.**
Ich habe **solchen** Hunger ! Wer hat **ein solches** Pech ? **Solch (So)** ein Pech !

– Le démonstratif adverbial **da(r)** + **préposition** ne s'emploie que pour désigner des choses :
Das ist mein neuer Wagen. **Damit** fahre ich in Urlaub.

1. *Répondre par l'affirmative :*

1. Ist das deine Mutter ? **2.** Hast du meine Telefonnummer vergessen ? **3.** Gehört dieses Auto deinen Eltern ? **4.** Wohnt ihr schon in eurem Haus ? **5.** Bist du meiner Schwester begegnet ? **6.** Kennst du den Bruder meines Freundes ? **7.** Fahrt ihr mit eurem Wagen nach Paris ? **8.** Ist das mein Mantel ? **9.** Ist das nicht deine Schwester ? **10.** Hast du meinen Brief erhalten ?

2. *Compléter par l'adjectif possessif :*

Klaus nimmt ... Mantel und ... Mappe und geht fort. Vorher verabschiedet er sich von ... Eltern. Vor der Tür wartet er mit ... Freund auf die Straßenbahn. ... Straßenbahn hat heute Verspätung. ... Unterricht beginnt um 8 Uhr 30. Was wird ... Lehrer sagen, wenn sie zu spät kommen ? Vielleicht ist der Bus ... Schulkameraden heute auch nicht pünktlich ! Der Bus hält vor ... Schule. Auf dem Hof warten die Lehrer auf ... Schüler. Wir kommen gerade recht, sagt Klaus zu ... Freund.

3. Compléter par l'adjectif possessif :

Heute will Inge ... Mutter helfen. Sie macht ... Bett, räumt ... Kleider auf. Dann geht sie zu ... Mutter in die Küche. Diese hat eben ... Einkäufe gemacht und packt ... Einkaufstasche aus. Sie hat an alle ... Leutchen gedacht. Für ... Mann hat sie Fisch gekauft, den ... Kinder nicht mögen. Für sie hat sie bei ... Fleischer Bratwurst gekauft. So werden sie alle zufrieden sein.

4. Compléter les pronoms possessifs :

Ferienpläne

Holger : Wir könnten über Ostern an den Rhein fahren.
Christian : Ja, aber mit welchem Wagen ?
H. : Mit m.. auf keinen Fall, aber vielleicht mit d.. ?
Chr. : M.. steht in der Garage, die Bremsen wollen nicht mehr. Und was fehlt d.. ?
H. : Ich habe m.. meiner Schwester verkauft.
Chr. : Und wo ist i.. ?
H. : Kaputt.
Chr. : Also können wir weder mit d.. noch mit m.. fahren.
H. : Vielleicht leiht mir mein Vater s.. .
Chr. : Ich drücke dir die Daumen, denn meine Eltern leihen mir i.. bestimmt nicht.

5. Répondre par la négative en utilisant un adjectif possessif :

Modèle : Ist das Rolfs Wagen ? – Nein, das ist nicht sein Wagen.
1. Ist das Erikas Buch ? **2.** Ist das Werners Lehrer ? **3.** Ist das Herrn Müllers Frau ? **4.** Ist das Gerdas Handtasche ? **5.** Brauchst du meine Anschrift ? **6.** Kannst du mir dein Moped leihen ? **7.** Habt ihr unser neues Museum schon besichtigt ? **8.** Gefällt es euch in eurer alten Schule ? **9.** Fährst du mit deinem Wagen nach Berlin ? **10.** Hast du mit Jürgens Schwester gesprochen ?

6. Traduire :

© **1.** Monsieur Schulz a pris son imperméable et Madame Schulz son parapluie. **2.** Est-ce votre manteau ou est-ce le mien ? **3.** Ce n'est pas mon travail mais le sien. **4.** Il passe les fêtes avec les siens. **5.** A chacun son dû.

7. Traduire :

1. In solch einem Haus möchte ich nicht wohnen. **2.** Wir gehen in dieselbe Schule, obgleich wir nicht in demselben Stadtteil wohnen. **3.** Ich möchte den kennen, der das behaupten kann. Ich wußte nichts davon. **4.** Er hat mich mit seinem Besuch überrascht, ich hatte nicht damit gerechnet und war nicht darauf vorbereitet. **5.** Mit diesen Schuhen kannst du doch nicht in den Wald gehen !

8. Compléter par le démonstratif ***der, die, das*** *:*

1. Kennst du diesen Mann ? – Nein, ... kenne ich nicht. **2.** Aber du kennst doch seine Frau. – ... kenne ich auch nicht. **3.** Wieso kennst du diese Leute nicht ? – ... bin ich noch nie begegnet. **4.** Du gehst doch mit ihrem Sohn in dieselbe Schule. – ... kenne ich vielleicht, aber wie heißt er denn ? **5.** Klaus Müller. – Ach, Klaus Müllers Eltern sind ... . **6.** Aber ... sein Freund bin ich nicht. **7.** ... ist mir nicht sympathisch. **8.** Mit ... will ich nichts zu tun haben. **9.** Aber seine Schwester, ... finde ich sehr nett. **10.** Mit ... würde ich gern ausgehen.

9. Traduire :

© **1.** J'ai le même professeur que ma sœur. **2.** Nous habitons dans la même maison que nos grands-parents. **3.** Ton père a la même voiture que nous. **4.** Nous passons les vacances dans le même hôtel que nos amis. **5.** Elle porte le même manteau que l'an dernier. **6.** Mon père lit tous les jours le même journal. **7.** Ma sœur et moi portons toujours les mêmes vêtements. **8.** Il chante toujours la même chanson. **9.** Nous n'aimons pas visiter tous les ans la même région. **10.** Je n'aime pas manger tous les jours la même chose.

10. Traduire :

© **1.** Je ne connais pas celui dont tu m'as parlé. **2.** Je n'attendais pas une telle réponse. **3.** Un tel bruit m'est insupportable. **4.** As-tu déjà entendu une telle histoire ? **5.** Que faire avec ce crayon ? Je ne peux pas écrire avec.

LES PRONOMS PERSONNELS ET RÉFLÉCHIS

Le pronom personnel : déclinaison

N.	ich	du	er	sie	es	wir	ihr	sie	Sie
A.	mich	dich	ihn	sie	es	uns	euch	sie	Sie
D.	mir	dir	ihm	ihr	ihm	uns	euch	ihnen	Ihnen
G.	meiner	deiner	seiner	ihrer	seiner	unser	euer	ihrer	Ihrer

1. Le génitif n'est employé qu'avec certains verbes et adjectifs, mais le complément d'un pronom ou d'un superlatif est introduit par **von** ou **unter.**

Herr, erbarme dich **meiner** ! (Gebet)

Er gab jedem **von uns** die Hand.

Er war der älteste **unter ihnen.**

– L'ancien génitif : **mein, dein, sein, unser, euer, ihr** subsiste dans certaines expressions :

das Vergiß**mein**nicht

Erbarme dich **unser** !

– Il s'associe à **-wegen, -willen, -halben** avec un **t** euphonique :

Meinetwegen kannst du gehen.

– Distinguer la forme de politesse **Sie** de la forme familière **Du, Ihr** employée dans les lettres.

2. Le pronom **es** peut être sujet d'un verbe impersonnel.

Es schneite Tag für Tag.

Tag für Tag schneite **es.**

– Il peut être sujet apparent. Dans ce cas le verbe s'accorde avec son véritable sujet.

Es war ein schöner Tag.

Es waren schöne Tage.

– Il peut être aussi attribut (l'allemand n'a pas de forme d'insistance).

Ich bin'**s** = Ich bin **es** *(c'est moi).*

– Noter l'expression **es gibt** *(il y a)* (voir page 160)

Es gab zum Nachtisch einen Apfel.

Les pronoms réfléchis et réciproques

1. Le pronom réfléchi a les mêmes formes que le pronom personnel, sauf à la 3e personne où il n'a qu'une seule forme : **sich**

Seine Zeitung hatte er immer bei **sich.**

Er arbeitet für **sich** (**er** et **sich** = *même personne).*

Er arbeitet für **ihn** (**er** et **ihn** = *deux personnes différentes).*

2. Le pronom réciproque **einander** *(l'un l'autre)* est invariable (emploi littéraire). Il s'emploie surtout avec une préposition : **miteinander, nacheinander** :

Sie lieben **einander.**

Sie reden nicht **miteinander.**

– On peut dire aussi **sich gegenseitig** ou même **sich** seul s'il n'y a pas équivoque :

Sie helfen **sich gegenseitig.** = Sie helfen **einander.**

Was **sich** liebt, das neckt **sich.** *(Sprw.)*

– **Selbst** ou **selber** *(même)* s'emploie généralement avec un nom ou un pronom. Le premier est d'un emploi plus littéraire.

Wer andern eine Grube gräbt, fällt **selbst** hinein. *(Sprw.)* **Selber** essen macht fett *(Sprw.).*

1. *Faire des phrases conformément au modèle :*

Weihnachten bei meinen Großeltern

Modèle : **Mutti bekommt eine Armbanduhr. – Sie ist für sie.**

1. Vater eine seidene Krawatte. **2.** Meine kleine Schwester einen Teddybär. **3.** Opa ein paar schöne Bücher. **4.** Oma eine lederne Handtasche. **5.** Tante Erika einen goldenen Ring. **6.** Onkel Werner einen Plattenspieler. **7.** Antje eine Langspielplatte. **8.** Uli einen Kassettenrecorder. **9.** Christian einen Photoapparat. **10.** Onkel Wilhelm und Tante Karin eine Geschirrspülmaschine.

2. *Compléter par le pronom personnel indiqué :*

1. Kommst du mit (ich) ? **2.** Dieser Hund gehört (wir). **3.** Ich danke (Sie). **4.** Habe ich (du) schon begrüßt ? **5.** Er war unser Freund, wir gedenken (er). **6.** Er hat (ich) nicht gesehen. **7.** Er will (wir) sprechen. **8.** Ich habe (sie) gern. **9.** Ich kann es (sie) nicht sagen. **10.** Wasch (du) die Hände !

3. *Remplacer tous les noms par des pronoms personnels :*

1. Der Vater kauft seinem Sohn ein Buch. **2.** Der Kellner bringt den Gästen Bier. **3.** Das Theaterstück gefiel den Zuschauern. **4.** Die Mutter gibt dem Kind die Flasche. **5.** Der Lehrer erteilt den Schülern eine Lektion. **6.** Der Hund bringt seinem Herrn die Zeitung. **7.** Fängt die Katze die Maus ? **8.** Der Herr überreicht der Dame einen Blumenstrauß. **9.** Folgt deine Mutter der Mode ? **10.** Der Lehrling verdankt seinem Lehrherrn seine Ausbildung.

4. *Compléter par* ***du, dich*** *ou* ***dir*** *:*

Entschuldige, ich habe ... nicht verstanden. Ich kann ... doch nicht alles zweimal sagen, ... solltest besser aufpassen. Der Lehrer ist nicht zufrieden mit ... . gibst ... zu wenig Mühe. Wer hat ... gestern abend noch so spät angerufen ? Hat deine Freundin ... etwas Wichtiges mitgeteilt oder wollte sie ... zu einer Party einladen ? ... solltest nicht so neugierig sein.

5. *Compléter par* ***er, ihn*** *ou* ***ihm*** *:*

Du könntest ... um Hilfe bitten. Du hast ... doch auch schon oft geholfen. Wenn ... Zeit hat, kannst du mit ... in die Stadt fahren. Ich befürchte, daß ... krank ist. Sag ..., er solle mal zum Arzt gehen. Der Arzt wird ... untersuchen und ... etwas verschreiben, das ... bald wieder auf die Beine bringt.

6. *Traduire :*

© **1.** Er konnte deinetwegen nicht kommen. **2.** Es waren ihrer drei. **3.** Ich habe es nur Ihrethalben getan. **4.** Erinnerst du dich unser noch ? **5.** Bemühe dich nicht meinetwegen !

7. *Traduire :*

© **1.** Je ne le lui ai pas dit. **2.** Lui sait ce qu'il veut. **3.** C'est lui qui l'a dit. **4.** Il a plu toute la journée. **5.** Où est votre voiture, Monsieur Müller ? **6.** Cela m'est égal. **7.** Moi, je viendrai. **8.** Je te remercie. **9.** Je te demande pardon. **10.** Demande-lui si la voiture lui appartient !

8. *Compléter par* ***sich, ihn*** *ou* ***ihm*** *:*

1. Er freut ... auf die Ferien. **2.** Sie hat keinen Regenschirm bei ... . **3.** Er will ... begleiten. **4.** Gib ... die Hand ! **5.** Was willst du von ... ? **6.** Er läßt ... nicht sehen. **7.** Er schämt ... . **8.** Er läuft ... müde. **9.** Er steht ... gut. **10.** Er droht ... .

9. *Traduire :*

© **1.** Il n'est pas chez lui, il n'est pas non plus chez elle. **2.** Ils s'aident mutuellement. **3.** Ils marchent l'un derrière l'autre. **4.** Tu travailles pour toi. **5.** Nous travaillons ensemble. **6.** Il n'aime que soi. **7.** Il l'a dit lui-même. **8.** Tu ne le crois pas toi-même. **9.** Il regardait devant soi. **10.** Connais-toi toi-même !

10. *Compléter par l'un des substantifs donnés :*

Selbstbedienung, Selbsbeherrschung, Selbstbildnis, Selbsthilfe, Selbstmord

1. Auf diesem Bild hat sich der Künstler selbst dargestellt, es ist ein ... . **2.** Er hat sich so sehr geärgert, daß er sich nicht beherrschen konnte. Er hat seine ... verloren. **3.** Er war verzweifelt und wollte nicht mehr leben. Er beging ... . **4.** Viele Leute bedienen sich heute gern selbst in den Geschäften. Sie ziehen die ... vor. **5.** Es war niemand da, um ihnen bei dem Brand zu helfen. Sie mußten zur ... greifen.

11. *Compléter par l'un des adjectifs donnés :*

© **selbstgebacken, selbstmörderisch, selbstverdient, selbstverschuldet, selbständig**

1. Für einen ... Unfall haftet meine Versicherung nicht. **2.** Er arbeitet nicht mehr bei seinem alten Meister, er hat sich ... gemacht. **3.** Du fährst viel zu schnell auf dieser gefährlichen Straße, das ist einfach ... . **4.** Bei dieser Bäuerin gibt es heute noch ... Brot. **5.** Mit seinem ersten ... Geld hat er seiner Mutter eine Geschirrspülmaschine gekauft.

12. *Traduire en utilisant un composé avec* ***selbst*** *:*

©

1. Il s'est donné la mort. **2.** Il fait de l'autocritique. **3.** Il porte une cravate en soie. **4.** Les peuples veulent le droit à l'autodétermination. **5.** Le deuxième acte de cette pièce n'est qu'un long monologue.

LES RELATIFS ET LES INTERROGATIFS

N.	der	die	das	die	wer ?	was ?
A.	den	die	das	die	wen ?	was ?
D.	dem	der	dem	denen	wem ?	—
G.	dessen	deren	dessen	deren	wessen ?	—

Les relatifs

1. Au génitif, le pronom relatif est suivi du nom dont il est complément.
   Da kommt Ulli, **dessen Vater** du kennst.

2. **welcher, welche, welches,** plur. : **welche** *(qui, lequel)*, inusités dans la langue parlée, se déclinent comme **der, die, das.** Ils ne s'emploient pas au génitif, ni après **ich, du, wir, ihr, jeder, niemand.**
   Er nahm ihre beiden Hände, **welche** kalt waren*(langue écrite)*, **die** kalt waren *(langue parlée)*.

3. **wo(r)** + **préposition** *(relatif adverbial)* peut remplacer le groupe **préposition + pronom relatif** mais ne s'emploie jamais avec des antécédents d'êtres animés.
   Er fragte mich etwas, **worauf** ich keine Antwort wußte.

4. **wer ..., der** *(celui qui, qui)* désigne une personne. **was ..., das** *(ce qui, ce que)* une chose.
   Wer will, **der** kann. **Was** er hat, **das** will er nicht.

   – **der** et **das** peuvent être sous-entendus.
   Wer wagt, gewinnt *(Sprw.)*.

   – remarquer les formes anciennes **wes** et **des** :
   Wes Brot ich esse, **des** Lied ich singe ! *(Sprw.)*.

5. **was** est employé comme corrélatif après **alles, etwas, nichts, viel, manches, das wenige, das einzige** et un superlatif de sens très général.
   Alles, **was** ihm gefällt, kauft er.

Les interrogatifs

1. **wer** *(qui)* désigne des êtres animés, **was** *(que, quoi)* désigne des choses.
   Wer sind diese Leute ? **Was** wollen sie von mir ?

   – Le génitif saxon après **wessen** est généralement remplacé dans la langue parlée par le datif.
   Wessen Hund ist das ? **Wem** gehört dieser Hund ?

2. **welcher, welche, welches, welche** *(quel, lequel)* se déclinent comme **der, die, das** mais **welches** est invariable dans l'expression **welches ist (sind) ?**
   An **welchem** Tag bist du geboren ? **Welches sind** die höchsten Berge in Europa ?

   – **welch** exclamatif est invariable
   Welch ein Pech !

3. **was für ein, (eine, ein)** *(quelle sorte de)* précise la qualité, la catégorie et se décline comme l'article indéfini. Il peut avoir valeur partitive.
   Was für ein Tier ist das ? **Was für** Wein möchtest du ?

4. L'interrogatif adverbial **wo(r)** + **préposition** ne se rapporte qu'à des choses.
   Wovon ist die Rede ? - Von meiner Reise.

5. **wie, weswegen, weshalb, wann, warum, wozu** (voir p. 106, 108).

1. Traduire les proverbes suivants :

© **1.** Wer nicht wagt, der nicht gewinnt. **2.** Wer sich zum Schaf macht, den fressen die Wölfe. **3.** Wer sät, der mäht. **4.** Wem nicht zu raten ist, dem ist auch nicht zu helfen. **5.** Wer Wind sät, wird Sturm ernten.

2. Compléter par un pronom relatif :

1. Das ist der Schauspieler, von ... alle schwärmen. **2.** Das sind junge Leute, mit ... ich Tennis spiele. **3.** Der Zug, ... Köln um 16 Uhr verläßt, ist pünktlich angekommen. **4.** Meine Freundin, ... Vater tot ist, ist eine sehr gute Schülerin. **5.** Das Auto, ... Insassen schwer verletzt wurden, ist zu schnell gefahren.

3. *Compléter par un pronom relatif :*

Was ich mir als Hausfrau alles wünsche
1. Eine Waschmaschine, ... meine Wäsche nicht nur sauber wäscht, sondern auch trocknet. **2.** Eine Bügelmaschine, mit ... ich nicht nur glatte Wäsche, sondern auch Herrenhemden bügeln kann. **3.** Eine Geschirrspülmaschine, in ... ich auch Kristallgläser und feines Porzellan ohne Schaden spülen kann. **4.** Einen Roboter, ... ohne mich das ganze Haus sauber macht. **5.** Kurz und gut, alle Apparate, ... mir das Leben leichter machen.

4. *Relier les phrases ci-après conformément au modèle :*

Er fährt langsam, er kommt doch ans Ziel. Wer langsam fährt, der kommt doch ans Ziel.
1. Er hat hohes Fieber, er läßt den Arzt kommen. **2.** Er ißt zu viel, er wird dick. **3.** Er sieht schlecht, er braucht eine Brille. **4.** Er raucht zu viel, er schadet seiner Gesundheit. **5.** Er hat kein Auto, er muß zu Fuß gehen. **6.** Er hat zu viel getrunken, er darf nicht Autofahren. **7.** Er hat kein Geld, er kann sich kein Auto kaufen. **8.** Er will bauen, er muß sparen. **9.** Er hat keine Arbeit, er ist arbeitslos. **10.** Er will nicht hören, er muß fühlen.

5. *Répondre aux questions selon le modèle :*

Was ist ein schwarzhaariges Mädchen ? Ein Mädchen, das schwarze Haare hat
1. Was ist eine unleserliche Schrift ? **2.** eine unvollständige Antwort ? **3.** eine unerwartete Nachricht ? **4.** ein mehrstöckiges Haus ? **5.** eine weltbekannte Stadt ? **6.** ein abwechslungsreicher Beruf ? **7.** ein schneeweißes Kleid ? **8.** ein aufmerksamer Schüler ? **9.** eine verständnisvolle Lehrerin ? **10.** ein bleischwerer Koffer ?

6. *Traduire :*

1. Le peu que je sache, je te l'ai déjà dit. **2.** Rien de ce que je sais ne peut t'intéresser. **3.** Le seul hôtel que l'Office du Tourisme m'a indiqué est trop cher pour moi. **4.** Tout ce que je pouvais faire, je l'ai fait. **5.** Il ne sait pas ce qu'il veut.

7. *Compléter par **wer** ou **was** à la forme voulue :*

1. Mit ... hast du gesprochen ? **2.** ... hat dir dein Vater gesagt ? **3.** ... Hund ist das ? **4.** ... bringst du diesen Blumenstrauß ? **5.** ... soll ich nun tun ?

8. *Compléter par un interrogatif adverbial :*

1. ... wartest du ? **2.** ... interessierst du dich ? **3.** ... erinnerst du dich ? **4.** ... sollst du achtgeben ? **5.** ... hast du dich entschlossen ?

9. *Compléter par l'interrogatif convenable*
© *précédé éventuellement d'une préposition :*

1. ... von diesen beiden Büchern soll ich zuerst lesen ? **2.** ... habt ihr gesprochen ? **3.** ... antwortest du mir nicht ? **4.** ... ist dieses Mädchen gut ? **5.** ... brauchst du eine Zahnbürste ? **6.** ... gehört diese Katze ? **7.** ... hat sich dein Bruder verlobt ? **8.** ... Fest habt ihr gestern teilgenommen ? **9.** ... Tochter ist Ingrid ? **10.** ... Stadtteil wohnt ihr ?

10. *Poser les questions auxquelles répondent les termes soulignés :*

1. Ich habe mit deinem Lehrer gesprochen. **2.** Diese Vase ist aus Kristall. **3.** Ich bringe meiner Großmutter einen Blumenstrauß. **5.** Die Lehrerin gibt den Schülern heute keine Aufgaben. **6.** Wir wollen morgen nach Paris fahren. **7.** Wir haben den Wagen meiner Mutter verkauft. **8.** Er kommt aus der Stadt. **9.** Sie sind gestern Abend angekommen. **10.** Ich muß meine Schwester am Bahnhof abholen.

11. *Traduire :*

© **1.** Dans laquelle de ces villes voudrais-tu vivre ? **2.** Pour quelle raison n'est-il pas venu ? **3.** Quelle robe mettras-tu demain soir ? **4.** Dis-moi lequel de ces livres tu as déjà lu. **5.** Avec lequel de tes frères t'entends-tu le mieux ? **6.** Quel est ton avis ? **7.** D'où vient cette lettre ? **8.** Quelle espèce d'animal est-ce ? **9.** Quels sont les pays les plus pauvres ? **10.** Quelles fleurs préfères-tu ?

LES INDÉFINIS

Adjectifs-pronoms déclinables

singulier		*pluriel*	
jeder (e, es)	chaque, chacun	**alle, sämtliche**	tous, tous les
aller (e, es)	tout		
mancher (e, es)	maint, plus d'un	**manche**	maints
viel	beaucoup (de)	**viele**	beaucoup de
wenig	peu (de)	**wenige**	peu de
welcher (e, es)	en, de cela	**einige, etliche**	quelques (-uns)
		einzelne	plusieurs (en particulier)
irgendein (e) (adjectif)	quelqu'un ou	**mehrere**	plusieurs
irgendeiner (e, (e) s) (pronom)	quelque chose	**gewisse**	certains
irgendwelcher (e, es)	(indéterminé)	**irgendwelche**	n'importe quels

1. Au génitif sing. **aller, jeder, mancher, viel, wenig** ont aujourd'hui plutôt une terminaison faible lorsque le cas est nettement marqué par le substantif.
   Er sagte es **allen** Ernst**es.**
2. **einige** peut s'employer au singulier.
   Nach **einiger** Zeit kam er zurück.
3. **manch** s'emploie souvent sans terminaison devant **ein** ou un adjectif épithète.
   manch liebes Kind = **manches** liebe Kind
4. **viel** et **wenig** sont presque toujours invariables au sing. (surtout au nominatif et à l'accusatif).
   Er hat viel Geld, mais : viel**en** Dank
5. **welcher (e, es)** a un sens partitif.
   Wer Wein will, kann welchen haben.

Pronoms déclinables

1. **einer, eine, ein(e)s** *(un, quelqu'un)*, **keiner, keine, keine(e)s** *pl.* **keine** *(aucun, personne)* se déclinent comme **der. einer** peut être renforcé par **irgend** (généralisation).
   Das ist einer meiner Freunde. Irgendeiner *(quelqu'un)* muß es doch gewesen sein.
2. **der eine** *(l'un)*, **der andere** *(l'autre)* peuvent être employés comme adjectifs.
   Eine Hand wäscht **die andere.**
3. **jemand** *(quelqu'un)*, **niemand** *(personne)*, **jedermann** *(chacun, tout le monde, tout un chacun)* ne se déclinent obligatoirement qu'au génitif.
   Jedermanns Freund ist niemandes Freund. (Sprw.) Ich habe es niemand**(em)** erzählt.

Pronoms indéclinables

1. **man** *(on)* est indéclinable. On utilise aux cas obliques **einer, eine, ein(e)s.**
   Wenn **man** diese Musik gehört hat, läßt sie **einen** nicht mehr los.
2. **etwas**, familièrement **was** *(quelque chose)* peut être renforcé par **irgend, nichts** *(ne...rien)*.
   Hast du **(irgend)** etwas gehört ? Ich habe nichts gehört. Gib mir **irgendwas** zu essen !
   – Devant un verbe ou un adjectif **etwas** devient adverbe *(un peu)*, devant un substantif, il prend une valeur partitive.
   Nimm **etwas** Wein ! Er zögert **etwas**, denn der Wein ist **etwas** zu herb.
3. **ein paar** *(quelques, quelques-uns)*
   Er kommt in **ein paar** Tagen und bleibt **ein paar** Tage.

1. Traduire les proverbes suivants :

1. Aller Anfang ist schwer. **2.** Aller guten Dinge sind drei. **3.** Zwei wissen mehr als einer. **4.** Die Krankheit des einen heilt nicht die des anderen. **5.** Man kann keinen Teufel kämmen, der keine Haare hat. **6.** Man soll nicht alles in einen Topf werfen. **7.** Jeder Kaufmann lobt seine Ware. **8.** Jeder Topf findet seinen Deckel. **9.** Wie man's macht, macht man's falsch. **10.** Aus nichts wird nichts.

2. Traduire :

Immer mit der Ruhe !
Hier stimmt irgend etwas nicht. Keiner ist zu Hause. Wo sind sie nur alle ? Sonst ist immer der eine oder der andere da. Ich mache mir etwas Sorgen. Es ist doch hoffentlich nichts Schlimmes passiert. Ob einer krank ist ? Ich warte noch ein paar Minuten, vielleicht kommt doch noch jemand. Etwas Zeit habe ich ja noch !

3. Compléter les proverbes suivants :

1. All.. Menschen recht getan, ist eine Kunst, die niemand kann. **2.** Wer jed.. dient, bekommt von kein.. Lohn. **3.** Jed.. Ding hat zwei Seiten. **4.** Ein.. acht's, der andr.. verlacht's. **5.** Wer all.. haben will, bekommt am Ende nichts. **6.** Kein.. ist so alt, der nicht noch ein Jahr leben will, kein.. ist so jung, der nicht heute noch sterben kann. **7.** Die Zeit heilt all.. Wunden. **8.** Es gehen viel.. Wünsche in einen Sack. **9.** Manch.. sorgt für die Wiege, ehe das Kind geboren ist. **10.** Es führen viel.. Wege in die Hölle, aber kein.. heraus.

*4. Compléter par **viel** ou **wenig** en les accordant si besoin est :*

Wer nur ... Geld hat, kann nicht ... ausgeben. Mit dem ... Geld, das ich verdiene, muß ich leben. Ich muß auf ... verzichten. Meine ... Urlaubstage muß ich bei meinen Eltern verbringen.

5. Accorder :

Gestern hatten wir Klassentreffen. Die ehemaligen Schüler unserer Klasse wollten all.. da sein. Sämtlich.. waren eingeladen, aber nur wenig.. sind gekommen. Manch.. wohnen weit weg, einig.. hatten sich entschuldigt, mehrer.. hatten irgendwelch.. Verpflichtungen. Ander.. haben gar nichts von sich hören lassen. Der ein.. oder der ander.. erinnert sich vielleicht nicht gern an seine Schulzeit ! Seit dieser Zeit sind auch etlich.. Jahre vergangen. Die wenig.., die gekommen waren, hatten sich viel zu erzählen. Wir haben von den einzeln.. Lehrern gesprochen. Mehrer.. von ihnen sind nicht mehr am Leben. Auch von den ehemaligen Schülern sind etlich.. gestorben. Das hat viel.. von uns traurig gestimmt. Aber dann hat ein.. von uns vorgeschlagen, wir sollten von etwas Lustiger.. sprechen. All.. waren einverstanden und jed.. hat dann eine lustige Geschichte aus seiner Schulzeit erzählt.

*6. Accorder **jemand** dans les expressions courantes ci-après :*

1. Jemand.. reinen Wein einschenken = Jemand.. offen die Wahrheit sagen. **2.** Jemand.. abblitzen lassen = die Erfüllung eines Wunsches versagen. **3.** Jemand.. über die Achsel ansehen = Jemand.. hochmütig behandeln. **4.** Jemand.. anschwärzen = Jemand.. verleumden. **5.** Jemand.. etwas aufbinden = Jemand.. täuschen.

*7. Compléter par **man, einen** ou **einem** :*

© **Christiane :** Ich habe meinen Regenschirm vergessen. Kannst du mir ... leihen ?
Stephanie : Natürlich, denn bei solch einem Wetter muß ... unbedingt ... haben. Aber bring ihn mir zurück. Oft vergessen die Leute ... das Geliehene zurückzubringen.
Christiane : Natürlich !
Stephanie : Ich habe ... alten im Wagen. Ich komme gleich wieder.
Christiane : Mit einem alten Schirm oder mit ... neuen, das ist mir egal. Hauptsache ich habe ... . In der Not kann ... also zu dir kommen, du wirst ... helfen !
Stephanie : Insofern ... nur einen Regenschirm von mir will !

8. Traduire :

© **1.** Personne ne sait où il est. **2.** J'ai besoin de beaucoup d'argent, mais je n'en ai pas. **3.** Personne ne peut l'aider. **4.** Si tu as besoin de quelque chose, dis-le moi ! **5.** Il voulait dire quelque chose, mais personne ne l'écoutait. **6.** Veux-tu encore un peu de vin ? **7.** Tu n'as rien à dire ici. **8.** Ce chien n'appartient à personne. **9.** Il faut pourtant que ce soit le chien de quelqu'un. **10.** As-tu parlé avec quelqu'un ? Non, avec personne.

NIVEAU 1

1. Compléter par un pronom personnel :

1. Seht ... den Hund ? Ja, ... sehen .... **2.** Siehst ... die Katze ? Ja, ... sehe .... **3.** Habt ... einen Hund ? Ja, wir haben einen Hund. **4.** Hast ... eine Katze ? Ja, ... habe eine Katze. **5.** Seid ... stolz ? Nein, ... sind nicht stolz.

2. Mettre les phrases ci-après au pluriel :

1. Er kauft sich einen Ball. **2.** Ich bringe dir einen Schirm. **3.** Sie freut sich. **4.** Du spielst mit ihm. **5.** Ich zeige ihr meine Puppe. **6.** Ich sehe ihn nicht. **7.** Du rufst mich. **8.** Am Abend zieht er sich aus. **9.** Gehst du sonntags spazieren ? **10.** Du hast dich verrechnet.

3. Remplacer les substantifs par des pronoms personnels dans les phrases ci-après :

1. Das Kind ruft den Hund. **2.** Der Lehrer nimmt das Buch. **3.** Der Jäger sieht ein Reh. **4.** Der Schüler grüßt den Lehrer. **5.** Die Schülerin grüßt die Lehrerin.

4. Compléter par un pronom personnel :

1. Das ist mein Buch, es gehört .... **2.** Das ist unsere Katze, sie gehört .... **3.** Das ist sein Heft, es gehört .... **4.** Das ist ihre Flinte, sie gehört .... **5.** Das ist dein Haus, es gehört .... **6.** Das ist ihr Bild, ... gehört .... **7.** Das ist meine Uhr, ... gehört .... **8.** Das sind unsere Sachen, ... gehören .... **9.** Das ist sein Fotoapparat, ... gehört ....

5. Compléter par le pronom personnel réfléchi :

1. Freut ihr ... ? Ja, ... freuen .... **2.** Freut er ... ? Ja, ... freut .... **3.** Freust du ... ? Ja, ... freue .... **4.** Freuen sie ... ? Ja, ... freuen .... **5.** Freut sie ... ? Ja, ... freut ....

6. Compléter par un adjectif possessif :

1. Ich habe ein Buch, das ist ... Buch. **2.** Er hat auch ein Buch, das ist ... Buch. **3.** Liese hat eine Puppe, das ist ... Puppe. **4.** Du hat eine Schwester, das ist ... Schwester. **5.** Wir haben einen Bruder, das ist ... Bruder. **6.** Herr Lehrer, Sie haben einen Hut, das ist ... Hut. **7.** Ihr habt einen Lehrer, das ist ... Lehrer. **8.** Sie haben eine Lehrerin, das ist ... Lehrerin. **9.** Ich habe einen Hund, das ist ... Hund. **10.** Sie hat ein Zimmer, das ist ... Zimmer.

7. Compléter par un adjectif possessif :

1. Ich nehme ... Mantel. **2.** Du zeigst ... Zunge. **3.** Wir spielen mit ... Freunden. **4.** Das Mädchen spielt mit ... Puppe. **5.** Die Mädchen spielen mit ... Puppen. **6.** Der Jäger nimmt ... Flinte. **7.** Die Schülerin nimmt ... Heft. **8.** Der Lehrer nimmt ... Regenschirm. **9.** Das Kind zieht ... Schuhe an. **10.** Die Mutter geht mit ... Tochter spazieren.

*8. Compléter par **wer, was, wie** ou **wo** :*

1. ... ist dieser Junge ? Dieser Junge ist Uwe Diez. **2.** ... wohnt Uwe ? Er wohnt in Köln. **3.** ... ist er ? Er ist ein Schüler. **4.** ... heißt dieses Mädchen ? Dieses Mädchen heißt Gertrud. **5.** ... für ein Tier ist das ? Das ist eine Katze. **6.** ... macht der Fisch ? Der Fisch schwimmt. **7.** ... ist das Loch ? Das Loch ist rund. **8.** ... kommt da ? Herr Keller kommt da. **9.** ... verbringst du deine Ferien ? Ich verbringe meine Ferien an der Nordsee. **10.** ... arbeitet deine Schwester ? Meine Schwester arbeitet gut.

*9. Compléter par **wo** ou **wohin** :*

1. ... gehst du ? **2.** ... bleibst du heute abend ? **3.** ... steht dein Wagen ? **4.** ... läuft er ? **5.** ... kommen wir an ?

10. Compléter par l'interrogatif adverbial :

1. Er schreibt mit einem Bleistift. ... schreibt er ? **2.** Du sitzt auf einem Stuhl. ... sitzt du ? **3.** Wir fahren durch den Wald, ... fahren wir ? **4.** Die Schuhe sind aus Leder. ... sind die Schuhe ? **5.** Ich denke an die Ferien. ... denkst du ?

11. Compléter par un pronom relatif :

1. Ich sehe einen Fuchs, ... fortläuft. **2.** Der Jäger, ... auf die Jagd geht, nimmt seine Flinte mit. **3.** Das Kind, ... ich eine Geschichte erzähle, ist froh. **4.** Die Kinder, ... ich eine Geschichte erzähle, sind froh. **5.** Das Faß, auf ... ich sitze, ist rund. **6.** Der Pflug, mit ... der Bauer pflügt, ist neu. **7.** Der Wald, durch ... wir gehen, ist dunkel. **8.** Das Haus, in ... ich wohne, ist modern. **9.** Die Zuschauer, ... froh sind, klatschen in die Hände. **10.** Die Pferde, auf ... die Kinder sitzen, sind klein.

NIVEAU 2

12. Compléter les proverbes et aphorismes

© **1.** W.. zuschaut, d.. ist keine Arbeit schwer. **2.** W.. sich überall zu Hause fühlt, d.. ist nirgends daheim. **3.** W.. in der Jugend spart, d.. darbt im Alter nicht. **4.** W.. nicht zu sparen weiß, d.. nützt auch das Gewinnen nichts. **5.** W.. um alle Dinge sorgen will, d.. erwartet Leides viel. **6.** W.. sich unter die Kleie mengt, d.. fressen die Schweine. **7.** W.. Gott will Gunst erweisen, d.. schickt er in die weite Welt. **8.** W.. Liebe säet, d.. wird Freude ernten. **9.** W.. Maß hält in allen Dingen, d.. wird's auch zu etwas bringen. **10.** W.. sich an andre hält, d.. wankt die Welt.

13. Poser les questions auxquelles répondent les termes en caractères gras :

1. Herr Schuster wohnt **auf dem Land** und fährt jeden Morgen **ins Büro**. **2.** Bis dorthin braucht er **eine halbe Stunde**. **3.** Er muß **an jeder Verkehrsampel** halten, denn um diese Zeit ist **Stoßverkehr**. **4.** Er ärgert sich **über die dabei verlorene Zeit**. **5.** Oft beneidet er **die Leute**, die in der Stadt wohnen. **6.** Die können **zu Fuß** ins Büro gehen. **7.** Aber sonntags freut er sich **über die Ruhe auf dem Land**. **8.** Dann läßt er seinen Wagen **in der Garage** stehen. **9. An Beschäftigung** fehlt's ihm aber nicht. **10.** Um das Haus herum hat er **einen schönen Garten** angelegt.

14. Compléter par un démonstratif adverbial :

1. Die Ferien sind zu Ende, aber wir denken oft .... **2.** Die Kinder nehmen ihren Ball und spielen .... **3.** Ich habe deinen Brief noch nicht bekommen, aber ich warte .... **4.** Am Sonntag ist Erntefest. Werdet ihr ... teilnehmen ? **5.** Ich habe nicht ... gedacht.

15. Compléter par un relatif :

1. Der Junge, ... du eben gesehen hast, war mein Bruder. **2.** Der Baum, ... so schön blüht, ist ein Apfelbaum. **3.** Die Rosen, ... du mir gebracht hast, sind wunderschön. **4.** Der Zug, mit ... ich fortfahren wollte, hatte viel Verspätung. **5.** Mein Freund, ... ich eben angerufen habe, war nicht zu Hause. **6.** Das Haus, in ... wir wohnen, ist modern. **7.** Die Ferien, von ... alle Leute sprechen, sind bald da. **8.** Die Schule, ... ich besuche, ist ein Gymnasium. **9.** Dein Großvater, ... ich begegnet bin, ist noch jung. **10.** Der Brief, auf ... ich schon lange warte, ist endlich angekommen.

16. Compléter les phrases ci-après :

1. Sage mir, mit w.. du umgehst und ich will dir sagen, w.. du bist. **2.** Jedermann will einen Freund haben, aber niemand gibt sich die Mühe, auch ein.. zu sein. **3.** Manch.. denkt nicht weiter als ein fett.. Schwein springt. **4.** Sieh erst auf Dich und die Dein.., dann schilt mich und die Mein... **5.** Tu das Dein.., Gott tut das Sein... **6.** Kinder, d.. in Haushalten aufwachsen, in d.. geraucht wird, leiden an Atembeschwerden. **7.** W.. zuerst kommt, mahlt zuerst. **8.** Das Rennen macht, w.. vorne liegt. **9.** W.. die Wahl hat, hat die Qual. **10.** Liebe Gemeinden, danke für Spielplätze, Kindergärten und Horte, in d.. Kinder sich geborgen fühlen.

17. Compléter par ***irgendeine, irgendjemand,***
© ***irgendwo, niemand, nirgendwo :***

1. Ich habe meinen Hund überall gesucht, ihn aber ... finden können. **2.** Er muß aber ... sein. **3.** Kann mir ... helfen ? **4.** Wenn mir ... helfen kann, so muß ich wohl zur Polizei gehen. **5.** Vielleicht hat die Polizei ... Möglichkeit, ihn wiederzufinden.

18. Compléter les phrases ci-après :

1. Alle für ein.., ein.. für all... **2.** Der ein.. pflanzt d.. Baum, der andr.. ißt die Pflaum'. **3.** Es ist drollig auf d.. Welt : d.. ein.. hat d.. Beutel, d.. andr.. hat das Geld. **4.** Des ein.. Tod, des ander.. Brot. **5.** Wer jed.. dient, bekommt von kein.. Lohn. **6.** Für jed.. Dummheit findet sich immer ein.., der sie mischt. **7.** Egoisten sind wir alle, d.. ein.. mehr, d.. ander.. weniger. **8.** Sie gleichen sich wie ein Ei d.. ander... **9.** Man kann nicht all.. helfen, sagt der Engherzige, und er hilft kein...

19. Compléter par ***alle*** *ou* ***ganz*** *:*

1. ... schwarz war der Himmel. **2.** ... Menschen müssen sterben. **3.** In ... Deutschland feiert man Weihnachten. **4.** ... Europa liegt unter Schnee. **5.** ... unsere Freunde sind da.

20. Traduire :

© **1.** Vous deviez tous être là pour 8 heures. **2.** Mais beaucoup sont arrivés en retard. **3.** Quelques-uns ne se sont pas réveillés à temps. **4.** D'autres ont manqué leur bus. **5.** Peut-être que l'un ou l'autre est malade.

HAT KARLS HUND EINEN DOPPELGÄNGER ?
"Karl, was denkst du dir überhaupt ? Du hast bei dem Aufsatz 'Unser Hund' genau das gleiche geschrieben wie dein Bruder Franz."
Karl : "Herr Lehrer, es ist ja auch derselbe Hund.

KRONEN HIN, KRONEN HER...
Lehrer : Wer trägt eine goldene Krone ?
Peter : Mein Vater, Herr Lehrer !
Lehrer : Dein Vater ? Wieso das denn ?
Peter : Er war gestern beim Zahnarzt.

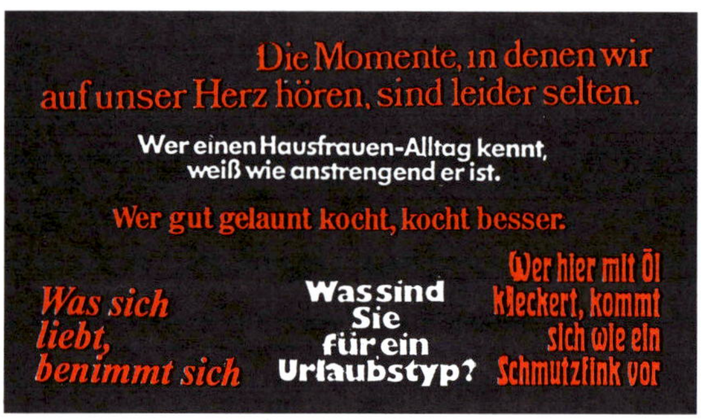

MIßTRAUEN
Sagt der Lehrer : "Ich hab' euch jetzt von der Klapperschlange erzählt. Wer kann mir ein ähnliches Tier nennen, dem man auch nicht trauen darf ?"
Fritzchen : "Der Klapperstorch !"

Mütter sollten mehr an sich selbst denken!

jetzt gibt's Hemden, in denen wir Männer uns wohlfühlen.

Mutti weiß, was ihr schmeckt!

Kontraste dicht beieinander

Forschung bringt uns den Fortschritt

Wer zuletzt lacht, lacht am besten!

Die Pause, die zum Erlebnis wird

Ein Erlebnis erwartet Sie...

Zwei Männer unterhielten sich über Sparsamkeit. “Wie kommt es”, fragte der eine, “daß du neuerdings Zigaretten rauchst ? Pfeife ist doch viel billiger !”
– “Gewiß”, gab der zweite zu, “aber wer bietet mir schon eine Pfeife an ?”

JEDEM DAS SEINE !

Wer spielt, gewinnt.

Es sind oft die kleinen Dinge, die uns zu Weihnachten Freude machen.

Ich suche Dich!

Was früher eine Plage war, ist heute ein Vergnügen

Das kann Ihnen nicht passieren!

Zerbrechen Sie sich nicht den Kopf wegen der Kleidung Ihrer Kinder

Wieviel und wie gut essen Sie?

Eine eigene Meinung ist ein Luxus, den sich nicht viele leisten

Der Lebensweg Ihres Kindes...

Ihre Maschine lassen Sie kontrollieren ...und Ihre Augen?

Wer schlägt wen?

Ein Haus fürs Leben. Fürs Leben Ihrer Kinder.

Jedes für sich

Das Geld ist der Gott unserer Zeit

Ein Geschenk, das immer Freude macht

Meyer traf Müller. Fragte Meyer : “Was macht denn eigentlich Ihr Sohn ?”
“Der studiert die Rechte.”
“Die Rechte ?” staunte Meyer. “Will er denn Rechtsanwalt werden ?”
“Nein ! – Boxer !”

Der kleine Peter ging mit seinem Vater spazieren. Plötzlich kam ein Hund bellend angesprungen. Als Peter Reißaus nehmen wollte, beruhigte ihn der Vater : “Du brauchst keine Angst zu haben, Peter, Hunde, die bellen, beißen nicht.”
Darauf Peter ängstlich : “Ja, aber wenn er aufhört zu bellen... ?”

LES DEGRÉS DE LA COMPARAISON

Comparatif	*Superlatif*
Er ist **nicht so** alt **wie** ich.	Ich bin der **ält**e**ste** Schüler, er ist der **jüng**ste
Er ist **so** alt **wie** ich.	Im Juni sind die Tage **am läng**sten
Er ist **älter als** ich.	Ich grüße dich **aufs** herzlich**ste**

Irrégularités

					Comparatif		*Superlatif*
gut (wohl)	**besser**	der **beste**	am **besten**	viel	**mehr**	der **meiste**	**am meisten**
gern	**lieber**	der **liebste**	am **liebsten**	hoch	**höher**	der **höchste**	**am höchsten**
nah	**näher**	der **nächste**	am **nächsten**	wenig	wenig**er**	der wenig**ste**	**am** wenig**sten**
					mind**er**	der mind**este**	**am** mind**esten**

1. Les adjectifs en **el**, **er** perdent leur **e** au comparatif.
   edel → **edler** teuer → **teurer**
2. Au superlatif, la prononciation peut exiger un **e** euphonique.
   das geliebst**e**ste Kind
3. Principaux adjectifs possédant l'inflexion au comparatif et au superlatif :
   alt, arm, groß, hart, jung, kalt, krank, krumm, kurz, lang, nah, scharf, schwach, stark, warm
4. Pour comparer deux qualités d'un même objet, on emploie **mehr ... als.**
   Er kam **mehr** tot **als** lebendig an.
5. Quand on compare deux objets, on se sert du comparatif.
   Er ist **der ältere** der beiden Brüder.
6. **als** peut être remplacé par **denn** pour éviter une répétition ou par archaïsme.
   Lieber sterben **denn als** Sklave leben.
7. **je ..., desto (umso)** marque un rapport de comparaison.
   Je eher, **desto** (umso) besser. **Je** früher du kommst, **desto** besser ist es.
   – avec un verbe, on emploie **je mehr ..., desto (je) mehr ...** *(plus..., plus)*
   Je mehr wir verdienen, **desto mehr** geben wir aus.
   – **moins** ..., **moins** se rend par **je weniger..., desto weniger...**
   Je weniger es regnet, **desto weniger** Wasser ist im Bach.
8. Dans certaines expressions, le comparatif a valeur de positif.
   Er war schon **längere** Zeit nicht da.
9. **aller** renforce le superlatif.
   Sie kleidet sich nach der **aller**neuesten Mode.
10. Superlatif de forme adverbiale : **am ¨-sten**
    Wer zuletzt lacht, lacht **am besten.** (Sprw.) Ehrlich währt **am längsten.** (Sprw.)
11. Formes superlatives adverbiales figées : **höchst, jüngst, meist, mindestens, höchsten, meistens, wenigstens.**
    Dein Vorschlag ist mir **höchst** willkommen.

1. *Compléter les proverbes suivants à l'aide des adjectifs donnés au comparatif :*

1. Das Ei will oft (klug) sein als die Henne. **2.** Erhalten ist (schwer) als Erwerben. **3.** Glauben ist (leicht) als denken. **4.** Der Hehler ist (schlimm) als der Stehler. **5.** Der Hund ist oft (schlau) als sein Herr. **6.** Das Kalb will oft (klug) sein als die Kuh. **7.** Das Pferd ist oft (gescheit) als sein Reiter. **8.** Blut ist (dick) als Wasser. **9.** Tatsachen sind (stark) als Worte. **10.** (gern) biegen als brechen.

2. *Compléter les proverbes suivants à l'aide des adjectifs donnés au superlatif :*

1. Schadenfreude ist die (rein) Freude. **2.** Auch das (schön) Grün wird einmal Heu. **3.** Gesundheit ist der (groß) Reichtum. **4.** Der Schuster trägt immer die (schlecht) Stiefel. **5.** Geradeaus ist der (nah) Weg. **6.** Jeder ist sich selbst der (nah). **7.** Verstand ist das (groß) Kapital. **8.** Tugend ist der (gut) Adel. **9.** Im (schön) Apfel steckt der Wurm. **10.** Waffen sind die (schlecht) Argumente.

3. *Compléter les proverbes suivants à l'aide de superlatifs adverbiaux :*

1. Mäßiges Glück währt am (lang). **2.** Wer zuletzt lacht, lacht am (gut). **3.** Das schlechteste Rad knarrt am (laut). **4.** Die Leute, die niemals Zeit haben, tun am (wenig). **5.** Wer am (viel) klagt, fühlt sich oft am (wohl).

4. *Compléter à l'aide du comparatif :*

1. Je (hoch) der Rang, desto (stark) der Zwang. **2.** Je (dunkel) die Nacht, desto (schön) der Tag. **3.** Je (hoch) die Glocke, je (hell) ihr Klang. **4.** Je (eng) der Käfig, umso (schön) die Freiheit. **5.** Je (streng) die Gesetze, desto (schlecht) die Menschen. **6.** Je (lang), je (gern). **7.** Je (hoch) der Baum, desto (nah) der Blick. **8.** Je (spät) der Abend, desto (schön) die Gäste. **9.** Je (karg), je (arg). **10.** Je (hoch) der Berg, desto (tief) das Tal.

5. *Compléter à l'aide du comparatif ou éventuellement du superlatif :*

1. Je (fett) der Boden, desto (fett) das Unkraut. **2.** Hunger ist der (gut) Koch. **3.** Durst ist der (gut) Kellner. **4.** Geiz ist die (groß) Armut. **5.** Die (dumm) Bauern haben die (groß) Kartoffeln. **6.** Der (gut) Arzt ist meist der (schlecht) Patient. **7.** Das (teuer) ist nicht immer das (gut). **8.** Die (reich) Bauern haben die (mager) Katzen. **9.** Die (alt) Bäume tragen oft die (süß) Früchte. **10.** Vier Augen sehen (viel) als zwei.

6. *Compléter par le superlatif des adjectifs :*

1. Der Februar ist der (kurz) Monat des Jahres. **2.** Die Autobahnen sind die (verkehrsreich) Straßen des Landes. **3.** Sie sucht immer die (billig) Geschäfte, um ihre Einkäufe zu machen. **4.** Im Februar gibt es gewöhnlich die (gut) Skimöglichkeiten. **5.** Der Bodensee ist einer der (besucht) Seen Deutschlands. **6.** München ist die (berühmt) Stadt Bayerns. **7.** Welches ist der (gut) Schüler der Klasse ? **8.** Ist er auch der (fleißig) ? **9.** In Mathematik bin ich wohl der (schwach). **10.** Welches ist der (hoch) Berg in Deutschland ?

7. *Compléter par le comparatif ou le superlatif adverbial :*

1. Ich gehe gern ins Theater, ins Kino, aber am ... sehe ich fern. **2.** Stuttgart finde ich schön, Münster finde ich ..., aber Berlin finde ich am .... **3.** Meine Schwester ist groß, ich bin ..., aber unser Vater ist am .... **4.** Ein Fahrrad ist teuer, ein Moped ist ..., aber ein Auto ist am .... **5.** Meine Großmutter ist alt, mein Großvater ist ..., aber mein Urgroßvater ist am ....

8. *Compléter par le superlatif des adjectifs :*

1. Sie wohnen im (alt) Haus der Stadt. **2.** Sie trägt immer nur die (modern) Kleider. **3.** Die Sommerferien sind die (lang) Ferien. **4.** Vater sitzt immer in dem (bequem) Sessel. **5.** Er hört sich jeden Morgen die (neu) Nachrichten an.

9. *Faire des phrases conformément au modèle :*

Paris ist größer als Straßburg

1. Wasser, Wein, gesund. **2.** Afrika, Norwegen, kalt. **3.** Vater, Großvater, alt. **4.** Mutter, Großmutter, jung. **5.** Auto, Fahrrad, teuer. **6.** Turm, Haus, hoch. **7.** Obst, Fleisch, billig. **8.** Wolle, Baumwolle, warm. **9.** Spielen, Arbeiten, angenehm. **10.** Stuhl, Sessel, bequem.

10. *Compléter à l'aide du comparatif :*

1. Sprechen Sie bitte laut.., ich kann Sie nicht verstehen. **2.** Ich bin in einer Stunde da, schnell.. geht es nicht. **3.** Du mußt mich um 8 Uhr anrufen, spät.. bin ich nicht mehr zu Hause. **4.** Kannst du nicht früh.. kommen ? **5.** Doch, aber lang.. als bis 9 Uhr darf ich nicht bleiben.

11. *Compléter par les adjectifs au comparatif :*

© **1.** Ich verbringe meine Ferien immer an der See, für mich gibt es nicht (schön). **2.** Diese Möbel sind almodisch, ich wünsche mir (modern). **3.** In den Alpen gibt es keinen (hoch) Berg als der Mont Blanc. **4.** Dieses Buch habe ich schon gelesen, gibt es nichts (neu). **5.** Diese Arbeit ist schwer für mich, gibt es keine (leicht).

LES ADJECTIFS NUMÉRAUX

Les nombres cardinaux

0	null	10	zehn	20	**zwan**zig	100	hundert
1	eins	11	elf	21	**ein**undzwanzig	101	hunderteins
2	zwei	12	zwölf	22	zweiundzwanzig	200	zweihundert
3	drei	13	dreizehn	30	dreißig	350	dreihundertfünfzig
4	vier	14	vierzehn	40	vierzig	1 000	tausend
5	fünf	15	fünfzehn	50	fünfzig	1 500	tausendfünfhundert
6	sechs	16	**sech**zehn	60	**sech**zig	10 000	zehntausend
7	sieben	17	**sieb**zehn	70	**sieb**zig	100 000	hunderttausend
8	acht	18	achtzehn	80	achtzig	1 000 000	eine Million
9	neun	19	neunzehn	90	neunzig	1 000 000 000	eine Milliarde

1. **eins** n'a de **s** que s'il n'est pas suivi d'un substantif.
Ich komme um eins (um ein Uhr).

– L'adjectif numéral **ein, eine, ein** se décline comme l'article indéfini, mais le négatif est **nicht ein.** Il est invariable dans certaines expressions.
Nicht ein Haus war stehengeblieben. Ich komme in **ein** oder zwei Tagen.

2. Noter l'expression **anderthalb** *(un et demi)*
Ich komme in **anderthalb** (eineinhalb) Stunden.

3. **zwei** et **drei** se déclinent au génitif lorsque le cas n'est pas indiqué par le déterminatif.
der Vater **dreier** Kinder mais der Vater dieser **drei** Kinder (von **drei** Kindern)

4. **beide** désigne une paire. Il se décline comme l'adjectif épithète (neutre singulier : **beides**).
beide Kinder = die **beiden** Kinder. Wir reden mit **den beiden** Herren. **Beides** ist möglich.

5. Les cardinaux de 2 à 12 peuvent se décliner au datif, surtout si le cas n'est pas apparent.
Was **zweien** zu weit, ist **dreien** zu eng. (Sprw.)

6. **das Hundert, das Tausend, die Million, die Milliarde** sont des substantifs.
Hunderte von Menschen **Tausende** armer Menschen Zwei **Millionen** Mark

7. Noter les expressions.
Das Kind kriecht **auf allen Vieren**. Er streckt **alle Viere** von sich. Wir sind **zu viert**.

Les nombres ordinaux

der erste, zweite,	**dritte, vierte,**	**fünfte, sechste,**	**sieb(en)te, achte,**	**neunte,**	**zehnte,...**
der zwangigste,	**dreißigste,...**	**fünfzigste,...**	**siebzigste,...**	**neunzigste,**	**hundertste**

Le nombre ordinal se décline comme l'adjectif épithète.
A côté d'un nom de souverain, il s'écrit avec une majuscule.
Montag, **den ersten** Januar Heinrich IV. **(der Vierte)**

Dérivés des noms de nombre

1. Nombre de fois : einmal, zweimal, dreimal
2. Multiplication : einfach, zweifach (doppelt)
3. Nombre d'espèces : einerlei, zweierlei
4. Classification : erstens, zweitens, drittens
5. Fractions : das Drittel, Viertel mais : die Hälfte
6. Distribution : je zwei (zu zweien) jeder(e, s) zweite

– Noter l'adjectif indéclinable dans : die **neunziger** Jahre *(les années 90)*

1. Traduire les proverbes suivants :

1. Erstens kommt es anders, zweitens als man denkt. **2.** Eine Schwalbe macht noch keinen Sommer. **3.** Drei Dinge machen den Meister : Wissen, Können und Wollen. **4.** Wo sechs essen, wird auch der siebente satt. **5.** Wenn zwei sich streiten, freut sich der dritte. **6.** Versprechen und Halten sind zweierlei. **7.** Ändern und bessern ist zweierlei. **8.** Zwei wissen mehr als einer. **9.** Was drei wissen, das erfahren hundert. **10.** Einmal ist keinmal.

2. Les phrases de 1 à 10 sont employées au sens figuré, les phrases de 11 à 20 au sens propre. Établir les correspondances.

1. Er kann nicht bis drei zählen; **2.** Er ist das fünfte Rad am Wagen. **3.** Das kannst du dir doch an deinen fünf Fingern abzählen. **4.** Laß fünf gerade sein ! **5.** Im Krieg sprach man von der fünften Kolonne. **6.** Das ist mir ein Buch mit sieben Siegeln. **7.** Sie ist eine böse Sieben. **8.** Er hat einen sechsten Sinn. **9.** Setz dich auf deine vier Buchstaben ! **10.** Er bleibt immer in seinen vier Wänden. **11.** Nimm es nicht so genau ! **12.** Er hat ein besonderes Ahnungsvermögen. **13.** Er ist überflüssig. **14.** Er bleibt immer zu Hause. **15.** Sie ist ein böses Weib. **16.** Er ist besonders dumm. **17.** Setz dich hin ! **18.** Das ist etwas Geheimnisvolles. **19.** Das mußt du doch sehen ! **20.** Eine Unterorganisation, die mit Kräften außerhalb des eigenen Lands zusammenwirkt.

3. Traduire les expressions suivantes :

© die sieben Weltwunder – die sieben freien Künste – die vier Elemente – die neun Musen – die vier Jahreszeiten – die Achterbahn – die zwölf Apostel – der Hundertjährige Krieg (Kalender) – der Dreißigjährige Krieg – der Erste (Zweite) Weltkrieg – tausend Dank (Grüße) ! – Tausendundeine Nacht – ein Tausendfüßler – der Vierjahresplan – ein Viersitzer – ein vierstimmiges Lied – ein Viertaktmotor – die Vieruhrpause.

4. Traduire les expressions courantes suivantes :

1. Mit fünf Mark sind Sie dabei (Werbeslogan der Fernsehlotterie). **2.** Wir haben keine drei Worte miteinander gewechselt. **3.** Ich will es in drei Worten erklären. **4.** Wir kommen zu dritt. **5.** Ich fahre mit der 8 (Buslinie Nr. 8). **6.** Ich wette zehn gegen eins. **7.** Er kauft eine Zehnerpackung [Zigaretten]. **8.** Er ist Europameister im Zehnkampf. **9.** Ich habe es dir schon hundertmal gesagt. **10.** Sie steht tausend Ängste aus.

5. Traduire les expressions suivantes :

1. Er kommt vom Hundertsten ins Tausendste. **2.** Es gefällt mir nicht hundertprozentig. **3.** Sie kamen zu Tausenden. **4.** Ich bitte tausendmal um Entschuldigung. **5.** Er zahlt die Miete vierteljährig. **6.** Die Zeitschrift erscheint vierzehntäglich. **7.** Es gab immer nur einerlei Kost. **8.** Ich sage es dir ein für allemal. **9.** Das ist kein Viereck, sondern ein Dreieck. **10.** Ein dreifaches Hoch auf das Geburtstagskind.

6. Traduire :

© **1.** Le train doit arriver dans cinq minutes. **2.** Il n'est resté que deux jours chez nous. **3.** Il est le père de cinq enfants. **4.** Il n'a que trente ans. **5.** Ses deux enfants vont à l'école. **6.** Les deux enfants travaillent bien. **7.** Il est fier de ses deux enfants. **8.** Lequel de ces trois enfants est le plus grand ? **9.** Je vois ces deux enfants tous les jours. **10.** Ces deux enfants se ressemblent.

7. Remplacer les chiffres par des lettres :

1. Der 1. Januar ist der 1. Tag des Jahres. **2.** Am 31. Dezember feiern wir Silvester. **3.** Heute haben wir den 20. Februar. **4.** Wir sind im 20. Jahrhundert. **5.** Das 20. Jahrhundert ist bald zu Ende. **6.** Die meisten von uns werden den Anfang des 21. Jahrhunderts erleben. **7.** Im 1. Schuljahr lernen die Schüler lesen und schreiben. **8.** Ich hoffe das Abitur in 2. Jahren zu bestehen. **9.** Mein Großvater ist 78 Jahre alt. **10.** Für viele Menschen ist die Zahl 13. eine Unglückszahl.

8. Traduire :

© **1.** Je le vois pour la première fois. **2.** Je t'ai appelé deux fois et tu ne m'as pas répondu une seule fois. **3.** J'ai vendu la moitié de mes livres, premièrement parce que je n'avais plus de place et deuxièmement parce que j'avais besoin d'argent. **4.** La moitié de ma famille est née en Italie avant la Première Guerre mondiale. **5.** Paris compte

LES ADJECTIFS DE QUANTITÉ

• **aller, e, es** *(tout)*, **alle** *(tous les)*

1. **alle** s'emploie sans article ou associé à un possessif.
   Alle Menschen müssen sterben. **Alle unsere** Freunde waren gekommen.
2. **aller** s'emploie surtout au neutre et dans certaines locutions.
   Aller Anfang ist schwer. (Sprw.) Ende gut, **alles** gut. (Sprw.)

• **ganz** *(tout à fait, très)*

1. **ganz**, adjectif ou adverbe, désigne une totalité indivisible.
   Die **ganze** Stadt war zerstört. Diese Aufgabe ist **ganz** einfach.
2. **ganz** est invariable devant des noms de pays ou de villes employés sans article.
   ganz Deutschland, mais die **ganze** Schweiz.

• **voll** *(plein)*

1. Employé comme attribut il est invariable.
   Der Korb ist **voll.**
2. Employé comme épithète il se décline.
   Er bremste in **voller** Fahrt.
3. Si **voll** a un complément, celui-ci – qui se mettait autrefois au génitif – est généralement sans marque de cas.
   Er war **voll** des Lobes. Die Straße ist **voll** Löcher.
4. Si le complément est précédé d'un adjectif épithète, on met dans la langue littéraire le génitif.
   Er kommt mit einem Glas **voll** guten Weins.
5. Mais on trouve aussi le datif précédé de **von** ou **mit.**
   Das Haus war stets **voll (von)** Menschen.
6. Dans la langue courante, le groupe **voll** + **adjectif** + **substantif** se décline maintenant souvent comme une apposition.
   Er bekommt ein Glas **voll** guten Wein. Er kommt mit einem Glas **voll** gutem Wein.
7. Noter la forme figée **voller** suivie d'un complément invariable et toujours sans article.
   Er war **voller** Begeisterung.

1. *Mettre les désinences :*

1. Sie haben eine Wohnung mit all.. Komfort gemietet. **2.** Ich kann nicht all.. deine Wünsche erfüllen. **3.** Er hat mir all.. erzählt, was er von der Sache wußte. **4.** Was soll ich mit all.. diesen Blumen anfangen ? **5.** Zur goldenen Hochzeit kamen all.. ihre Kinder. **6.** Ich habe all.. versucht, aber umsonst. **7.** Sobald es dunkel ist, brennt in all.. Häusern Licht. **8.** Trotz all.. Mühe konnte er sein Ziel nicht erreichen. **9.** Jeden Tag bringt das Fernsehen Nachrichten aus all.. Welt. **10.** Die Beisetzung fand in all.. Stille statt.

2. *Mettre les désinences :*

1. Ein.. für all.., all.. für ein... **2.** All.. Anfang ist schwer. **3.** All.. gut.. Dinge sind drei. **4.** Ich muß all.. Arbeit allein tun. **5.** All.. Augen waren auf ihn gerichtet. **6.** Im Zoo kann man Tiere all.. Art sehen. **7.** Ich wünsche dir all.. Gute. **8.** Müßiggang ist all.. Laster Anfang. **9.** All.. paar Schritte stolpert er. **10.** Es ist noch nicht all.. Tage Abend.

3. Mettre les désinences :

© **1.** All.. in all.. habe ich 100 Mark ausgegeben. **2.** Man muß nicht in all.. und jed.. etwas Schlechtes sehen. **3.** Er kommt in all.. Eile. **4.** Die Nachricht ist in all.. Munde. **5.** Er lebt in all.. Stille. **6.** Kennst du das Fernsehspiel "All.. oder nichts" ? **7.** Du mußt in all.. Dingen sehr vorsichtig sein. **8.** Er ist zu all.. fähig. **9.** Was hast du heute all.. gemacht ? **10.** Er will um all.. in der Welt nicht darauf verzichten.

4. Mettre les désinences :

1. D.. ganze Stadt wartet auf das Ergebnis der Wahl. **2.** In d.. ganz.. Welt gibt es nur einen Eiffelturm. **3.** D.. ganz.. Welt wünscht d.. Frieden. **4.** Gegen 16 Uhr herrscht reger Verkehr in d.. ganz.. Stadt. **5.** Nebel bedeckt d.. ganz.. Gegend. **6.** Ich verstehe kein Wort von d.. ganz.. Rede. **7.** Der ganz.. Sommer verlief ohne Regen. **8.** Ich habe während d.. ganz.. Nachmittags auf dich gewartet. **9.** Das Holz in unser.. Keller reicht für d.. ganz.. Jahr. **10.** Vier ist ein..ganz.. Zahl.

5. Traduire les expressions suivantes :

1. Das Kind ist seine ganze Freude. **2.** Ich habe mein ganzes Geld ausgegeben. **3.** Ich habe noch ganze 10 Mark. **4.** Er war ganz Ohr. **5.** Ich habe keine ganzen Strümpfe mehr. **6.** Der Sohn ist ganz der Vater. **7.** Das Glas ist noch ganz. **8.** Im großen und ganzen ist alles in Ordnung. **9.** Ich wünsche es von ganzem Herzen. **10.** Das ist etwas ganz anderes !

6. Traduire les expressions suivantes :

1. Er ist voller Hoffnung. **2.** Er hat mir einen Korb voll Äpfel gebracht. **3.** Ich habe eine volle Stunde auf dich warten müssen. **4.** Im Frühling ist unser Garten voller Tulpen und Narzissen. **5.** Sag mir bitte die volle Wahrheit. **6.** Du sollst nicht mit vollem Munde sprechen. **7.** Er hat zwei volle Teller Suppe gegessen. **8.** Es wurde ein voller Erfolg. **9.** Willst du noch einen Teller voll ? **10.** Er kommt mit voller Wahrscheinlichkeit nächsten Samstag.

7. Traduire les expressions suivantes :

1. Ich kann dir nicht helfen, ich habe die Hände voll. **2.** Du hast mir den Kopf voll gemacht. **3.** Er nimmt immer den Mund voll. **4.** Das Maß ist voll. **5.** Er hält ihn für nicht voll. **6.** Der Saal war zum Bersten voll. **7.** Er war drei volle Wochen verreist. **8.** Die Bäume stehen in voller Blüte. **9.** Er ist bei vollem Bewußtsein. **10.** Die Straße ist voller Löcher.

8. Traduire :

© **1.** Tous les chemins mènent à Rome. **2.** Tout ce qui brille n'est pas or. **3.** Tout le monde le sait. **4.** Il vient tous les deux jours. **5.** Il part de grand matin. **6.** Tout est bien qui finit bien. **7.** Pour rien au monde il n'irait seul en forêt. **8.** Il est prêt à tout. **9.** Elle était bonne à tout faire. **10.** Il risque le tout pour le tout.

9. Traduire :

© **1.** Il travaille toute la journée. **2.** Il a lu tout le livre en une seule nuit. **3.** Il connait toute l'Europe. **4.** Il a passé tout l'été à la campagne. **5.** La nuit, toute la ville est illuminée. **6.** Toute la région est recouverte de neige. **7.** Je n'ai pas fermé l'œil de toute la nuit. **8.** Cet hôtel est ouvert toute l'année. **9.** Nous n'avons pas eu de neige pendant tout l'hiver. **10.** Elle a travaillé pendant toute sa vie dans la même entreprise.

10. Traduire (ne pas employer la forme indéclinable ***voller****) :*

1. Il est revenu avec une valise pleine de cadeaux pour ses enfants. **2.** Le samedi soir, les restaurants de la ville sont souvent pleins. **3.** Il m'a apporté un panier plein de cerises. **4.** Je n'ai plus une entière confiance en lui. **5.** Le seau est plein d'eau.

ZUM LACHEN

Vater : Junge, Junge, wie willst du denn je etwas lernern, wenn du immer am Ende in der Klasse sitzt ?"
Junge : Oh Papa, das ist ganz gleich. Wir lernen auf allen Plätzen dasselbe."

LES COMPLÉMENTS DE L'ADJECTIF (sans préposition)

L'adjectif est généralement précédé de son complément.

Adjectifs avec l'accusatif

Ils sont quantitatifs et expriment généralement une mesure (poids, durée, valeur, prix, âge, etc.).
Paul ist **dreizehn Jahre alt.**

alt	âgé	**groß**	grand	**schwer**	lourd
breit	large	**hoch**	haut	**tief**	profond
dick	gros	**lang**	long	**weit**	loin
gewohnt	habitué	**los**	débarrassé de		

Adjectifs avec le datif

Ils expriment une prise de position par rapport à une personne ou à un objet. Er ist **mir** sehr **ergeben.**

ähnlich	semblable	**gehorsam**	obéissant	**recht**	juste
angeboren	inné	**gleich**	égal		qui convient
angenehm	agréable	**gleichgültig**	indifférent	**schädlich**	nuisible
begreiflich	compréhensible	**günstig**	favorable	**schwer**	difficile
behilflich	secourable	**klar**	clair	**teuer**	cher
bekannt	connu	**lästig**	importun	**treu**	fidèle
böse, gram	fâché contre	**leicht**	facile	**überlegen**	supérieur
dankbar	reconnaissant	**lieb, wert**	cher	**unterlegen**	inférieur
ergeben	dévoué à	**möglich**	possible	**verwandt**	parent
erwünscht	souhaité	**nah(e)**	proche	**wichtig**	important
fern	loin, distant	**neu**	nouveau	**willkommen**	bienvenu
fremd	étranger	**nützlich**	utile		

Adjectifs avec le génitif

Généralement qualitatifs, ils s'emploient dans la langue littéraire. Ich bin **meiner Sache gewiß.**

ansichtig	qui perçoit	**kundig**	qui connaît	**überdrüssig**	las de
bedürftig	qui a besoin de	**mächtig**	maître de	**verdächtig**	suspect de
bewußt	conscient de	**müde, satt**	las de	**wert**	qui vaut
fähig	apte à	**schuldig**	coupable de	**würdig**	digne de
gewiß	certain de	**sicher**	sûr de		

1. La langue actuelle tend à remplacer le génitif par l'accusatif (c'est le cas pour : **müde, satt, überdrüssig, wert**) ou par une préposition suivie de son cas.
   Ich bin **des vielen Redens müde** = Ich bin **das viele Reden müde.** Ich bin **müde von der Arbeit.**
2. Dans ce passage du génitif à l'accusatif, **haben** tend à se substituer à **sein.**
   Ich **bin seiner satt** = Ich **habe ihn satt.**
3. Certains adjectifs ont un sens différent selon le cas.
   Er ist mir **keinen Heller schuldig** *(redevable)*. Er ist **des Mordes schuldig** *(coupable)*.

1. *Traduire :*

1. Paul ist dreizehn Jahre alt. **2.** Das Brett ist 30 cm breit und 3 cm dick. **3.** Ich bin schwere Arbeit gewohnt. **4.** Mein Freund ist 1,70 groß. **5.** Das Zimmer ist 3 Meter hoch. **6.** Das Band ist 3 Meter lang. **7.** Er ist die Sorgen los. **8.** Die Ware ist 5 Pfund schwer. **9.** Der Brunnen ist 10 Meter tief. **10.** Es ist noch 1 Kilometer weit bis zum Dorf.

2. *Accorder le complément entre parenthèses :*

1. Nach langer Fahrt wurden wir endlich (die Stadt) ansichtig. **2.** Ich bin (seine Hilfe) bedürftig. **3.** Ich bin mir (keine Schuld) bewußt. **4.** Er ist (eine solche Tat) nicht fähig. **5.** Er ist (seine Sache) gewiß. **6.** Er ist (das Deutsche) kundig. **7.** Er war so zornig, daß er (seine Worte) nicht mehr mächtig war. **8.** Ich bin (das lange Warten) müde. **9.** Ich bin (er) satt. **10.** Er hat sich (ein Verbrechen) schuldig gemacht.

3. *Accorder le complément entre parenthèses :*

1. Er ist (sein Leben) nicht mehr sicher. **2.** Ich bin (der Lärm) überdrüssig. **3.** Er ist (ein Diebstahl) verdächtig. **4.** Das ist wirklich nicht (die Mühe) wert. **5.** Er ist (diese Ehre) würdig.

4. *Accorder le complément entre parenthèses :*

1. Er sieht (sein Bruder) ähnlich. **2.** (Er) ist das Gefühl für Kunst angeboren. **3.** Sein Besuch ist (ich) angenehm. **4.** Dein Wunsch ist (ich) begreiflich. **5.** Darf ich (Sie) behilflich sein ? **6.** Dieser Junge ist (ich) wohl bekannt. **7.** Sei (ich) nicht böse ! **8.** Ich bin (du) dankbar für deine Hilfe. **9.** Er ist (ich) sehr ergeben. **10.** Sein Besuch ist (ich) nicht erwünscht.

5. *Accorder le complément entre parenthèses :*

1. Er lebt fern (die Heimat). **2.** Die Sache ist (ich) fremd. **3.** Der Junge ist (seine Eltern) gehorsam. **4.** (Ich) ist jetzt alles gleich. **5.** Das kann (du) doch gleichgültig sein. **6.** Die Winde waren (sie) günstig. **7.** Diese Geschichte ist (ich) nicht klar. **8.** Diese Arbeit ist (ich) sehr lästig. **9.** Das Lernen fällt (er) sehr leicht. **10.** Der Junge ist (ich) lieb und wert.

6. *Accorder le complément entre parenthèses :*

1. Ist es (du) möglich zu kommen ? **2.** Er ist (der Tod) nah. **3.** Das ist (ich) neu. **4.** Dein Beitrag ist (ich) nützlich. **5.** Die Strafe war (er) nicht recht. **6.** Das Rauchen ist (du) schädlich. **7.** Das Lernen fällt (er) schwer. **8.** Der Junge ist (ich) lieb und teuer. **9.** Sei (du) selber treu ! **10.** Er ist (er) an Geist überlegen. **11.** Unsere Mannschaft war (ihr Gegner) unterlegen. **12.** Ich fühle mich (er) verwandt. **13.** Das ist (ich) äußerst wichtig. **14.** Du bist (ich) zu jeder Zeit willkommen.

7. *Compléter :*

1. Er ist sich sein.. Irrtum.. nicht bewußt. **2.** Ich bin d.. lang.. Warten.. müde. **3.** Er war sein.. Wagen.. nicht mehr mächtig. **4.** Ich bin mir mein.. Recht.. gewiß. **5.** Ein.. solch.. Bosheit ist er nicht fähig.

8. *Compléter :*

1. Wirf deine alten Bücher nicht weg, sie können dein.. Bruder nützlich sein. **2.** In der Schule war er immer sein.. Kamerad.. in den Fremdsprachen überlegen. **3.** Er lebte fern sein.. Familie. **4.** Er war oft d.. Verzweiflung nahe, wenn er an sie dachte. **5.** Ich bin dies.. Leute.. sehr dankbar für ihre Hilfe.

9. © *Remplacer les subordonnées de style littéraire en subordonnées de style courant :*

Ex. : **Als sie der Stadt endlich ansichtig wurden, freuten sie sich = Als sie die Stadt endlich sahen, freuten sie sich.**

1. Als er der Hilfe seiner Kinder bedürftig war, waren sie nicht da. **2.** Da er der deutschen Sprache kundig war, wurde er als Dolmetscher verpflichtet. **3.** Da sie des Landlebens überdrüssig sind, ziehen viele junge Leute in die Stadt. **4.** Weil er sich dieser Arbeit nicht fähig fühlt, nimmt er sie nicht an. **5.** Weil er des Sieges nicht sicher war, wollte er nicht am Rennen teilnehmen.

10. © *Traduire en utilisant des adjectifs suivis de compléments sans préposition :*

1. Le chien est fidèle à son maître. **2.** Tu ressembles à ta sœur. **3.** Il n'est pas digne de notre confiance. **4.** Votre visite m'est agréable. **5.** Ton travail m'a été très utile. **6.** Il n'est pas sûr de son affaire. **7.** Cette robe lui paraissait trop chère. **8.** Il était toujours obéissant à ses maîtres. **9.** Il était conscient de sa valeur. **10.** J'en ai assez de ce travail.

LES COMPLÉMENTS DE L'ADJECTIF (avec préposition)

1. Avec le datif

an	arm	pauvre en	reich	riche en	überlegen	supérieur en
	interessiert	intéressé à	schuld	responsable de	unterlegen	inférieur en
in	nachlässig	négligent dans				
mit	beladen	chargé de	fertig	fini avec	verwandt	apparenté à
	böse	fâché avec	sparsam	économe de	zufrieden	content de
	einverstanden	d'accord avec	vergleichbar	comparable à		
nach	durstig	assoiffé de	(be)gierig	avide de	hungrig	avide de
von	abhängig	dépendant de	frei	exempt de	müde	las, fatigué de
vor	blaß	pâle de	krank	malade de	sicher	à l'abri de
	bleich	blême de	rot	rouge de		
zu	bereit	prêt à	fähig	capable de	geeignet	propre à
	entschlossen	décidé à	freundlich	aimable avec		

2. Avec l'accusatif

an	gewöhnt	habitué à				
auf	angewiesen	tributaire de	eifersüchtig	jaloux de	stolz	fier de
	aufmerksam	attentif à	gefaßt	préparé à	wütend	furieux contre
	böse	fâché contre	neidisch	envieux de	zornig	en colère contre
für	bezeichnend	} caractéristique	dankbar	reconnaissant	geeignet	apte à
	charakteristisch		empfänglich	sensible à	verantwortlich	responsable de
gegen	anfällig	sujet à	grausam	cruel envers	mißtrauisch	méfiant envers
	empfindlich	sensible à				
in	verliebt	amoureux de				
über	ärgerlich	mécontent de	empört	révolté de	froh	content de
	bestürzt	consterné de	entrüstet	indigné de	glücklich	heureux de
	betrübt	désolé de	erstaunt	étonné de	zornig	irrité de
	böse	mécontent de				
um	besorgt	soucieux de				

Remarques :

1. Le complément précède ou suit l'adjectif.
   Er ist mit ihm zufrieden. Er ist zufrieden mit ihm.
2. Certains adjectifs peuvent être suivis de prépositions différentes selon que le complément est une personne ou une chose.
   personne : böse mit, auf, über, geeignet zu, zornig (wütend) auf.
   chose : böse über, geeignet für, zornig (wütend) über.

1. *Compléter les phrases ci-après par la préposition et accorder le complément :*

1. Der Lehrer ist nicht zufrieden ... (die Arbeit) dieses Schülers. **2.** Deine Hausarbeiten sind nicht vergleichbar ... (deine Leistungen) in der Schule. **3.** Wir sind weitläufig ... (unsere Nachbarn) verwandt. **4.** Er ist schon über 20 Jahre alt und immer noch abhängig ... (seine Eltern). **5.** Er war lange böse ... (sein Bruder). **6.** Er ist der beste Schüler der Klasse und manche seiner Kameraden sind eifersüchtig ... (er). **7.** Er ist ... (dieses hübsche blonde Mädchen) verliebt. **8.** ... (sein plötzlicher Tod) waren wir alle bestürzt. **9.** Ich bin ... (dieses unglaubliche Verhalten) empört. **10.** Ich bin immer mißtrauisch ... (er).

2. *Compléter les phrases ci-après par la préposition et les désinences :*

1. Er macht seinen Sohn aufmerksam ... d.. Gefahr.. des zu schnellen Fahrens. **2.** Das Kleid ist ... d.. heutig.. Abend nicht geeignet. **3.** Sie ist sehr besorgt ... ihr.. krank.. Mutter. **4.** In diesem abgelegenen Haus fühlt man sich nicht sicher ... d.. Einbrecher.. . **5.** Er kam ... schwer.. Paket.. beladen nach Hause. **6.** Ich bin ... mein.. neu.. Wagen sehr zufrieden. **7.** Unser Haus ist jetzt bezahlt und wir sind endlich frei ... all.. unser.. Schulden. **8.** Du solltest diesen Leuten dankbar ... ihr.. Hilfe sein. **9.** Zieh dich warm an, du weißt, daß du ... d.. Kälte empfindlich bist. **10.** Ich war ... dies.. Schicksalsschlag nicht gefaßt.

3. *Compléter par la préposition :*

1. Deine Mahlzeit ist arm ... Vitaminen. **2.** Er ist ... dem Geschäft interessiert. **4.** Du bist ... allem schuld. **5.** Er ist ihm ... Bildung überlegen. **6.** Ich bin meinem Freund ... Kraft unterlegen. **7.** Er ist nachlässig ... seiner Arbeit. **8.** Der Wagen ist ... Kisten beladen. **9.** Sie ist böse ... mir. **10.** Ich bin ... Ihnen einverstanden.

4. *Compléter par la préposition et les désinences :*

1. Er ist ... sein.. Aufgabe fertig. **2.** Er ist sparsam ... sein.. Geld. **3.** Mein Wagen ist ... dein.. nicht vergleichbar. **4.** Wir sind verwandt ... dies.. Herr... **5.** Niemand ist zufrieden ... sein.. Stande, jeder ... sein.. Verstand. **6.** Napoléon war durstig ... Ruhm. **7.** Wir sind hungrig ... frisch.. Luft. **8.** Er ist abhängig ... sein.. Mutter. **9.** Dieses Haus ist frei ... Schulden. **10.** Ich bin müde ... d.. Arbeit.

5. *Compléter par la préposition manquante :*

1. Er ist blaß ... Schreck. **2.** Er ist bleich ... Zorn. **3.** Sie ist krank ... Sehnsucht. **4.** Er ist rot ... Zorn. **5.** Dieses Haus ist sicher ... Diebstahl. **6.** Ich bin ... dieser Arbeit bereit. **7.** Er ist ... allem entschlossen. **8.** Er ist ... dieser Tat nicht fähig. **9.** Er ist freundlich ... mir. **10.** Er ist ...m Lehrer geeignet.

6. *Compléter par la préposition et les désinences :*

1. Er ist ... dies.. Wein gewöhnt. **2.** Er ist ... mein.. Hilfe angewiesen. **3.** Ich mache ihn ... sein.. Fehler aufmerksam. **4.** Er ist böse ... mein.. Schwester. **5.** Sie ist eifersüchtig ... ihr.. Bruder. **6.** Ich bin ... d.. Schlimmste gefaßt. **7.** Er ist neidisch ... mein.. Erfolg. **8.** Der Vater war ... sein.. Sohn zornig. **10.** Er ist wütend ... d.. schlecht.. Spiel seiner Mannschaft.

7. *Compléter par la préposition :*

1. Dieser Ausspruch ist ... ihn bezeichnend (charakteristisch). **2.** Ich bin dir dankbar ... dein.. Brief. **3.** Er ist empfänglich ... die Schönheit. **4.** Er ist ... den Lehrerberuf geeignet. **5.** Er ist ... diese Arbeit verantwortlich. **6.** Sie ist anfällig ... Erkältungen. **7.** Sei nicht grausam ... mich ! **8.** Er ist mißtrauisch ... die Technik. **9.** Er ist ... das Bild verliebt. **10.** Ich bin ärgerlich ... dich.

8. *Compléter par la préposition et les désinences :*

1. Ich bin ... dies.. Nachricht bestürzt. **2.** Ich bin ... d.. plötzlichen Tod meines Freundes sehr betrübt. **3.** Ich war ... sein.. Frechheit empört. **4.** Ich bin entrüstet ... dies.. Ungerechtigkeit. **5.** Er war ... d.. Pracht des Hauses erstaunt. **6.** Ich bin ... dies.. Lösung froh. **7.** Sie war glücklich ... dies.. Wiedersehen. **8.** Sie war traurig ... dies.. Verlust. **9.** Der Vater war ... d.. Zeugnis seines Sohnes zornig. **10.** Ich bin ... dein.. Gesundheit besorgt.

NIVEAU 1

1. *Mettre l'adjectif proposé au comparatif :*

1. Im Winter ist es (kalt) als im Sommer. **2.** Der Fuchs ist (schlau) als der Esel. **3.** Mein Bruder ist (alt) als ich. **4.** Deine Schwester ist (fleißig) als du. **5.** Der Junge ist (stark) als das Mädchen. **6.** Wasser ist (gut) für den Durst als Wein. **7.** Es ist heute (frisch) als gestern. **8.** Ein Hochhaus ist (hoch) als ein Haus. **9.** Der Hase läuft (schnell) als der Hund. **10.** Fisch ist (billig) als Fleisch. **11.** Im Supermarkt sind die Preise (niedrig) als sonstwo. **12.** Es gibt dort auch eine (groß) Auswahl. **13.** Aber in den (klein) Geschäften wird man oft (gut) bedient. **14.** Die Verkäuferinnen sind viel (nett) und haben (viel) Zeit für die Kunden. **15.** Dafür sind aber die Preise (hoch).

2. *Mettre les adjectifs ou adverbes proposés au comparatif :*

Trinkst du gern Bier ? Ja, aber Wein trinke ich (gern) und Wasser ist (gesund). Fährst du oft mit der Bahn ? Ja, aber (oft) fahre ich mit meinem Wagen. (Schnell) geht es natürlich mit dem Flugzeug, aber es ist auch viel (teuer).

3. *Mettre les adjectifs proposés au comparatif :*

1. Unser Haus ist zu klein, wir brauchen ein (groß). **2.** Wir kennen einen guten Architekten, einen (gut) soll es in der Stadt nicht geben. **3.** Ja, aber ein Fertighaus ist (billig). **4.** Wir müssen jetzt (sparsam) leben und dieses Jahr auf einen (lang) Urlaub verzichten. **5.** Dafür wird es aber bei uns bald viel (gemütlich).

4. *Compléter les phrases ci-après en utilisant le superlatif de l'adjectif proposé :*

1. Ich gebe mir die (groß) Mühe, aber nicht immer mit Erfolg. **2.** Welches ist der (schön) Tag des Jahres ? **3.** Kannst du mir den (gut) Schüler deiner Klasse nennen ? **4.** Er fängt immer mit den (schwierig) Aufgaben an. **5.** Im Winter haben wir die (lang) Nächte des Jahres.

5. *Compléter les phrases ci-après en utilisant le superlatif des adjectifs proposés :*

1. Trier ist die (alt) römische Stadt nördlich der Alpen. **2.** Trier ist auch eine der (schön) deutschen Städte. **3.** Welches ist der (hoch) Berg in Frankreich ? **4.** Bist du der (gut) Schüler deiner Klasse ? **5.** Woher kommen die (kalt) Winde ?

6. *Compléter les phrases ci-après en utilisant le comparatif de supériorité ou d'égalité :*

1. Der Esel ist nicht ... (stark) ... das Pferd. **2.** Du bist (alt) ... ich. **3.** Der Fuchs ist (schlau) ... die Gans. **4.** Die Maus ist (klein) ... die Ratte. **5.** Die Katze ist (klein) ... der Tiger.

7. *Compléter les phrases ci-après par les prépositions et les désinences :*

1. Diese Stadt ist reich ... schön.. Kirchen. **2.** Ich bin müde ... d.. Arbeit. **3.** Wir sind ... unser.. Arbeit fertig. **4.** Ich bin stolz ... mein.. Vater. **5.** Warum bist du zornig ... dein.. Bruder ?

8. *Compléter les phrases ci-après par les prépositions et les désinences :*

1. Der Vater ist stolz ... sein.. Sohn, aber ist böse ... sein.. Tochter, die schlecht arbeitet. **2.** Dieser Junge ist sehr böse, er ist grausam ... sein.. Hund. **3.** Der Lehrer ist unzufrieden ... d.. faul.. Schüler.. .

9. *Mettre dans les phrases ci-après l'adjectif proposé au comparatif :*

1. Es gibt wohl keinen (arm) Menschen als diesen alten Bettler. **2.** Ein Haus ist immer (bequem) als eine Wohnung. **3.** Dieses Kleid ist mir zu teuer, haben Sie kein (billig) ? **4.** Die Musik ist zu laut, kannst du den Apparat nicht (leise) stellen ? **5.** Er ist ein netter Mensch, ich kenne keinen (nett).

10. *Mettre dans les phrases et titres de journaux ci-après l'adjectif au comparatif :*

1. Ich rufe (gut) mal an. **2.** Die Welt wird immer (eng). **3.** Die Wahrheit ist oft (spannend) als ein Roman. **4.** Schritte in eine (gesund) Zukunft. **5.** Heizöl wieder (teuer). **6.** Über (spät) sollte man (früh) nachdenken. **7.** Der Mensch wird immer (reiselustig). **8.** Die neuen Motoren sind (leistungsfähig), (sparsam) und (sauber). **9.** (Wenig) industrielle Abwässer in Flüssen und Bächen. **10.** Defizit im Staatshaushalt (hoch).

NIVEAU 2

11. Mettre dans les phrases et titres de journaux ci-après les adjectifs proposés au superlatif :

1. Die (groß) und (reich) Macht : die USA. **2.** Die (schön) Bilder malt bei uns die Natur. **3.** Der bislang (heiß) Monat des Jahres. **4.** Im Verein ist Sport am (schön), weil wir hier laufend Freunde finden. **5.** Zurück zur Natur, das ist die (gut) Kur. **6.** Man braucht nicht immer das (neu), man muß nicht gleich alles wegwerfen. **7.** Sie brauchen das (sicher) Auto. **8.** Das war die (schrecklich) Stunde meines Lebens. **9.** Er ist auf das (schlimm) gefaßt. **10.** Er ist nicht mehr der (jung).

12. Mettre dans les slogans publicitaires ci-après les adjectifs proposés au comparatif de supériorité ou au superlatif :

1. In Sachen Umwelt sind wir (scharf) als das scharfe Auge des Gesetzes. **2.** Ölwechsel ist (gut) als Motorwechsel. **3.** Baedeker hat die (lang) Erfahrung für die faszinierend) Reiseziele dieser Welt. **4.** Auch wir versetzen keine Berge. Aber wir machen Müllberge (klein). **5.** (günstig) als mit der Lufthansa fliegt man selten.

13. Mettre dans les phrases ci-après les adjectifs proposés au superlatif :

1. Der (gut) Wille ist der (fest) Wille. **2.** Ein guter Schütze ist die (gut) Abwehr. **3.** Aus dem (klein) Funken wird oft der (groß) Brand. **4.** Die (dumm) sind die (schlimm). **5.** Der (arg) Feind ist in uns selber.

14. Compléter les phrases et titres de journaux ci-après par le comparatif ou le superlatif de l'adjectif proposé :

1. Das Geld gleicht dem Seewasser, je (viel) man davon trinkt, desto (durstig) wird man. **2.** Pakistan wird von den (hoch) Gipfeln der Erde begrenzt. **3.** Ein Buch in der Hand ist (gut) als eine Fernsehantenne auf dem Dach. **4.** Die (viel) Vegetarier leben (gesund) als die (viel) Fleischesser. **5.** Du bist der (nett) Mensch, den ich kenne. **6.** Keiner glaubt an (niedrig) Zinsen. **7.** Bauland im Saarland ist am (billig). **8.** Ausgaben um etwa 12 Milliarden (hoch). **9.** Aus dem (nah) in den (fern) Osten. **10.** Telekom macht die (mobil) Kräfte Deutschlands noch (mobil).

15. Ajouter dans les phrases ci-après les prépositions et les désinences :

1. Sein.. Natur sollte man treu bleiben. **2.** Wer drei Feinde hat, muß sich mit zwei.. vertragen. **3.** Immer dringender sind wir ... schnell.. Verkehrsmittel angewiesen. **4.** Wir sind stolz ... unser.. Sparkasse. **5.** Ich bin zufrieden ... d.. Ergebnis. **6.** Er ist abhängig ... dein.. gut.. Willen. **7.** Er ist krank ... Angst. **8.** Er ist bestürzt ... dein schlecht.. Benehmen. **9.** Er ist frei ... Vorurteil.. . **10.** Er ist sparsam ... sein.. Geld.

16. Traduire :

© **1.** Il est âgé de deux ans et demi. **2.** Nous pouvons jouer à quatre. **3.** Je l'ai vu trois fois cette semaine. **4.** Il m'a écrit deux fois. **5.** La première fois il était en Suisse, la deuxième fois en Italie. **6.** Il a vécu six ans en Angleterre. **7.** Tu écris mal, on ne peut pas lire tes chiffres, surtout les trois et les huit. **8.** Des centaines de personnes atten daient devant les caisses du stade. **9.** Il a passé un tiers de sa vie à l'étranger. **10.** Un match de football dure une heure et demie.

17. Traduire :

© **1.** Des milliers de personnes étaient rassemblées sur la place du marché. **2.** Ils ne se sont pas vus depuis trois ans. **3.** Il a gagné un million à la loterie. **4.** Le mois de février a 28 ou 29 jours. **5.** Il aura bientôt 10 ans. **6.** Je ne connais pas ces deux messieurs. **7.** Ils me sont étrangers tous les deux. **8.** Il me semble avoir déjà rencontré l'un d'eux quelque part. **9.** Aucun des deux n'habite dans notre rue. **10.** On attendait cinq cents personnes, il en est venu des milliers.

18. Traduire :

© **1.** Il connaît les meilleurs restaurants de la ville. **2.** Il a passé la plus grande partie de sa vie à l'étranger. **3.** Quel est le train le plus rapide de Berlin à Munich ? **4.** Je passe mes vacances dans les plus belles régions d'Europe. **5.** A Léningrad j'ai visité l'un des plus beaux musées du monde. **6.** Beaucoup de gens prétendent que Paris est la plus merveilleuse capitale du monde. **7.** C'est le soir que la télévision diffuse les meilleures émissions. **8.** Il ne m'a pas donné la

LES PRÉPOSITIONS

Toujours suivies de l'accusatif

durch für gegen ohne um wider — de même que **bis an, bis auf, bis über, bis vor**

Dieser Kuchen ist **für dich** — Ich bin naß **bis auf die Haut.**

wider = gegen est aujourd'hui d'un emploi littéraire.

Toujours suivies du datif

aus bei mit nach seit von zu — de même que **ab** (accusatif possible) **außer binnen dank** (génitif possible) **gemäß nebst samt**

Gott **mir uns**

Er wohnt **bei seinen Eltern.** — Niemand **außer ihm** war da.

1. Les prépositions **entgegen** *(contrairement à)*, **gegenüber** *(en face de)* gouvernent le datif et se placent après le pronom personnel.
   Er handelt **entgegen seiner Überzeugung.** — Ich setzte mich **ihm gegenüber.**
2. Constractions possibles : **beim, vom, zum, zur**
   Der Appetit kommt **beim** Essen. — Er ist **zum** Bahnhof gegangen.

Tantôt suivies du datif, tantôt de l'accusatif

an auf hinter in neben über unter vor zwischen

1. L'accusatif répond à la question **wohin ?** *(direction ou but)* : **dorthin, dahin**
   Wohin gehst du ? — Ich gehe **in die** Stadt.
2. Le datif répond à la question **wo ?** *(localisation)* : **dort, da, hier**
   Wo wohnst du ? — Ich wohne **in der** Altstadt.
3. Verbes de position + datif : **stehen, liegen, sitzen, hängen**
   Verbes de mouvement + accusatif : **stellen, legen, setzen, hängen**
   Er **sitzt auf der** Bank. — Er **setzt sich auf die** Bank.
4. Lorsque le sens spatial n'existe plus, **an, in, unter, vor, zwischen** sont généralement suivis du datif, **auf** et **über** de l'accusatif.
   unter diesen Umständen — Kinder **unter zehn Jahren** **(über zehn Jahre)** — **auf diese Weise**
5. Contractions possibles : **ins, ans, aufs, am, im**
   Am Abend sind wir **ins** Kino gegangen.

Suivies du génitif

(an)statt diesseits jenseits trotz während wegen

außerhalb innerhalb oberhalb unterhalb anläßlich infolge inmitten längs

mais au génitif non apparent, on tend à substituer le datif, notamment pour **trotz, wegen, während.**

während zweier Monate, **während** zehn **Jahren** — Er wohnt **außerhalb Kölns (von Köln).**

1. **zufolge, zugunsten** sont suivis du génitif ou précédés du datif.
   zufolge seines Wunsches, seinem Wunsche zufolge
2. Avec **entlang** précédant le nom, on trouve le génitif ou le datif, mais aujourd'hui, après le nom, plutôt l'accusatif.
   Noter le sens adverbial : **am ... entlang**
   Wir gehen **entlang des Ufers (dem Ufer)**, **das Ufer entlang.** — Wir gehen **am Ufer entlang.**

1. Ajouter les désinences :

1. Der Fluß fließt durch ein.. See. **2.** Sie hat für d.. Kleid 150 Mark bezahlt. **3.** Es ist nicht leicht, gegen d.. Strom zu schwimmen. **4.** Sie verreisen niemals ohne ihr.. Hund. **5.** Alle setzen sich um d.. Tisch. **6.** Das Kind ist aus d.. Fenster gefallen. **7.** Wir wohnen bei d.. Flugplatz. **8.** Mit d.. Wölfen muß man heulen. **9.** Nach d.. Arbeit ruht er gern. **10.** Mein Freund ist seit ein.. Woche krank.

2. Accorder les compléments entre parenthèses :

1. Er lehnt sich an (die Wand). Er wartet an (die Ecke). **2.** Er macht sich auf (der Weg). Er wohnt auf (das Land). **3.** Er setzt sich hinter (ich). Er sitzt hinter (ich). **4.** Er geht in (die Stadt). Er wohnt in (die Stadt). **5.** Ich stelle das Rad neben (der Eingang). Das Rad steht neben (der Eingang). **6.** Er springt über (der Graben). Die Lampe hängt über (der Tisch). **7.** Er taucht den Kopf unter (das Wasser). Er steht unter (ein Baum). **8.** Er steht vor (ein Geschäft). Er wartet vor (die Tür) auf (du). **9.** Ich will mich nicht zwischen (zwei Stühle) setzen. Das kann man zwischen (die Zeilen) lesen. **10.** Er geht auf (die Post). Diese Stadt liegt auf (die Strecke) nach München.

3. Accorder les compléments entre parenthèses :

1. Anstatt (der Hut) hättest du lieber eine Mütze aufsetzen sollen. **2.** Längs (die Straße) stehen alte Linden. **3.** Trotz (der Regen) machten wir einen Spaziergang. **4.** Während (die Ferien) gehe ich oft schwimmen. **5.** Wegen (das schlechte Wetter) sind wir zu Hause geblieben. **6.** Er wohnt außerhalb (die Stadt). **7.** Frankreich liegt diesseits (die Alpen), Italien jenseits. **8.** Oberhalb (das Dorf) siehst du einen Tannenwald. **9.** Anläßlich (der Geburtstag) gab es ein großes Fest. **10.** Infolge (ein Unfall) ist die Straße gesperrt.

4. Ajouter les désinences :

Eine Fahrt mit Hindernissen

Bei einbrechend.. Nacht sind wir von dicht.. Nebel überrascht worden. Wir sind ohne groß.. Schwierigkeit durch d.. hellerleuchtet.. Straßen der Stadt gekommen. Aber wegen d.. Nebel.. war das Fahren auf d.. Autobahn gefährlich. Wir fuhren lange hinter ein.. schwer.. Lastwagen her, den wir erst nach viel.. Kilometer.. überholen konnten. Wir waren mit unser.. Geduld am Ende, denn hinter unser.. Wagen sahen wir durch d.. Rückblickspiegel eine Reihe von nervös.. Fahrer.., die alle auf d.. Möglichkeit warteten, uns zu überholen. Wir waren heilfroh, als wir endlich von d.. Autobahn herunterkamen. Bei solch ein.. Verkehr würde es sich lohnen, mit d.. Zug zu fahren.

5. Ajouter les prépositions et les désinences :

Ratschläge an einen Autofahrer

Gib acht, wenn du ... d.. Straße gehst. Fahr nicht ... d.. Kreuzung, wenn die Ampel rot zeigt. Vergiß nicht ... d.. Rückspiegel zu schauen, bevor du überholst. Gib acht ... d.. Fußgänger ! Sei besonders vorsichtig ... dicht.. Nebel. Schalte dein Licht ... einbrechend.. Nacht an. Bleib nicht ... d.. link.. Fahrspur, wenn du überholt hast. Ärgere dich nicht ... d.. Langsamfahrer. Denk ... dein.. Familie und sei vorsichtig !

6. Ajouter les prépositions et les désinences :

Einkaufssorgen

Rolf sollte ... sein.. Mutter ... d.. Stadt fahren. Der Wagen stand ... d.. Tür, aber Rolf war ... sein.. Hausaufgaben nicht fertig. ... ein.. halb.. Stunde kam er endlich. Die Mutter trat nervös ...s Gaspedal ... ein.. Stunde schließen die Geschäfte, sagte sie ärgerlich. ... dies.. Zeit herrscht Hochbetrieb ... d.. Supermärkten, und ... d.. Kassen muß man Schlange stehen. Die Mutter ärgert sich ... ihr.. Sohn. Rolf denkt : Immer ... d.. Ruhe !

7. Ajouter les prépositions et les désinences :

© **Ein Unfall**

Der junge Mann war ... hoh.. Geschwindigkeit ... ein.. Baum gefahren. Als wir ... d.. Unfallstelle kamen, sahen wir den schwerverletzten Fahrer ... sein.. Wagen liegen. Ich eilte so schnell ich konnte ... d.. nächst.. Telefonzelle. ... d.. Hilfe eines Rettungsfahrzeugs konnten wir nichts ... d.. arm.. Mann tun. ... einig.. Minute.. war die Polizei ... Stelle. Gleich ... d.. Polizeiwagen kam auch schon ein Krankenwagen mit zwei Ärzten. ... ihr.. schnell.. Hilfe konnte der Mann ...s nächste Krankenhaus gebracht werden.

LES ADVERBES

Les adverbes sont indéclinables et assimilés à des particules.

Adverbes de lieu : Ils répondent aux questions **wo ?** *(localisation)* **wohin ?** *(direction ou but)* **woher ?** *(origine).*

1. Localisation par rapport à un repère : **hier** **da** **dort** – hie(r) und da, da und dort, irgendwo, woanders, nirgends ≠ überall, oben ≠ unten, vorn ≠ hinten, links ≠ rechts, draußen ≠ drinnen, außen ≠ innen, drüben
2. Direction par rapport à un repère : **hierhin, dahin, dorthin,** (n)irgendwohin, aufwärts ≠ abwärts, vorwärts ≠ rückwärts, seitwärts
3. Origine par rapport à un repère : **hierher daher, dorther,** von oben her, von unten her, etc.

Adverbes de temps : Ils répondent à la question **wann ?**

1. Passé lointain :	ehemals, ehedem, einst, früher, seinerzeit, damals, vormals, seitdem
2. Passé reproché :	eben, soeben, gerade, kürzlich, neulich, sonst, vorhin
3. Présent :	gegenwärtig, heutigentags, heutzutage, jetzt, nun, da, schon
4. Futur proche :	bald, demnächst, gleich, nächstens, sogleich, sofort
5. Succession :	zuerst, zunächst, erst, dann, zuletzt, endlich
6. Durée :	lange
7. Fréquence :	oft, immer
8. Exclusion :	nie(mals)
9. Permanence :	immer, stets, beständig, dauernd, immer noch
10. Progression :	nach und nach, allmählich, immer mehr, immer weniger
11. Discontinuité :	ab und zu, manchmal, zuweilen, von Zeit zu Zeit, bald..., bald
12. Simultanéité :	unterdessen, inzwischen
13. Répétition :	wieder, immer wieder

– **erst** s'oppose à **schon** comme appréciation de la durée.
Es ist **schon** 2 Uhr *(déjà !).* Es ist **erst** 2 Uhr *(seulement !).*

– Distinguer **immer noch** *(prolongation de la durée)* de **immer wieder** *(répétition).*
Er trägt **immer noch** denselben Anzug. Er macht **immer wieder** denselben Fehler.

Adverbes de manière : ils répondent à la question **Wie ?** ebenso, genau so, so

1. Tous les adjectifs peuvent être employés comme adverbes de manière. Les degrés de la comparaison se forment alors comme pour l'adjectif. Noter pourtant : **bald, eher, am ehesten.**
Wie hast du dir das gedacht ? – Das habe ich mir **so** gedacht. Er arbeitet **sehr** gut.
2. L'adverbe de manière peut être un ancien génitif souvent terminés par **-weise**
Glücklicherweise blieb er bei dem Unfall unverletzt.
3. Distinguer l'adverbe de comparaison **wie** de **als** *(en tant que)* exprimant la qualité.
Er benimmt sich **wie** ein dummer Junge. Er verdient sein Brot **als** Arbeiter.

Adverbes de cause ou de conséquence : ils répondent aux questions **warum ? weshalb ? weswegen ?**
darum, deshalb, deswegen, also

Certains s'emploient aussi comme conjonctions (voir p. 126).

Adverbes de quantité ou d'intensité : ils répondent aux questions **wieviel ? wie sehr ?**

Distinguer **genug** *(suffisamment)* de **ziemlich** *(passablement)* et **besonders** *(particulièrement)*
viel *(beaucoup : quantité)* de **sehr** *(beaucoup : intensité)*
erst *(résultat provisoire)* de **nur** *(résultat définitif)*

Es hat **ziemlich**, aber nicht **genug** geregnet. Es ist nicht **besonders** kalt. Es liegt **viel** Schnee, aber er ist **sehr** naß.
Dieses Buch hat **nur** 80 Seiten, ich habe aber **erst** 20 gelesen.

1. Traduire :

1. Hier kannst du nicht bleiben. **Da** haben wir vor Jahren gewohnt. Kennst du Köln ? Ja, ich war schon **dort**. In unserem Garten blühen **hier und da** schon Blumen. **Da und dort** sahen wir Pilze im Wald. Ich suche den Hund, er muß doch **irgendwo** sein. Er ist immer mit den Gedanken **woanders.** Ich habe den Hund **überall** gesucht, aber **nirgends** gefunden. **Oben** auf dem Berg ist es kalt, **unten** im Tal ist es wärmer. Mein Zimmer liegt nach **vorn** hinaus, das meiner Schwester nach **hinten**. Autofahrer sollen **rechts** fahren, Fußgänger **links** gehen. **Draußen** ist es kalt, **drinnen** in der Wohnung ist es schön warm. Das Fenster ist nach **innen** und nicht nach **außen** zu öffnen. **Drüben,** auf dem anderen Ufer, liegt Ludwigshafen.
2. Bis **hierher** ist alles gut gegangen. Er lief **dahin** und **dorthin** und fand den Weg nicht. Er ist **irgendwohin** gefahren, ich weiß aber nicht **wohin.** Im Gebirge geht es **auf**– und **abwärts**. Du sollst nicht **rückwärts,** sondern **vorwärts** fahren. Das Haus liegt etwas **seitwärts.**
3. Er muß von **daher (dorther)** gekommen sein. Der Befehl kommt **von oben her**. Die Herde kam **von unten herauf** auf die Alm.

2. Traduire :

1. Ehemals (ehedem, vormals, einst, früher) konnte er gut turnen. Heute wie **damals** sehnen sich alle Menschen nach Frieden. **Seinerzeit (früher)** gab es so etwas nicht. Wir haben dieselbe Schule besucht, **seitdem (inzwischen, unterdessen)** sind Jahre vergangen.
2. Er ist **[so]eben (gerade)** fortgegangen. Ich habe ihn **neulich (kürzlich)** gesehen. Er war **sonst** immer lustig.
3. Er ist **gegenwärtig** sehr beschäftigt. **Heutzutage (heutigentags)** besuchen alle Kinder die Schule. Es ist Zeit, ich muß **jetzt (nun)** gehen. Als der Hund seinen Herrn sah, **da** freute er sich. Es ist **schon** 6 Uhr.
4. Hoffentlich kommt er **bald (gleich).** Ich fahre **demnächst (nächstens)** nach München. Ich bleibe nur kurz. Ich komme **sogleich (sofort)** zurück.
5. Wir haben uns **zuerst (zunächst)** nicht richtig verstanden, aber **zuletzt** waren wir gute Freunde. **Erst** die Arbeit und **dann** das Vergnügen (Sprw.). Jetzt begreife ich **endlich,** was du willst.
6. Er ließ sich **lange** nicht sehen.
7. Ich gehe **oft** ins Kino. Die Kinder freuen sich **immer**, wenn es schneit.
8. Besser spät als **nie.** Er hat **niemals** einen Unfall gehabt.
9. Er war **immer (stets)** freundlich zu mir. Es hat heute **beständig (dauernd)** geregnet. Mein Freund ist **immer noch** krank.
10. Es geht ihm **allmählich (nach und nach)** besser. Es gibt **immer mehr** Autos und **immer weniger** Fußgänger.
11. Ab und zu (manchmal, zuweilen, von Zeit zu Zeit) trifft er sich mit Freunden.
12. Er ist **wieder** zu spät gekommen. Er versucht es **immer wieder**, aber es gelingt ihm nie.

3. Remplacer les mots soulignés par un synonyme :

© **1. Demnächst** fahre ich nach Berlin. **2.** Er kommt **sogleich**. **3.** Er ist **stets** guter Laune. **4.** Es hat heute **beständig** geregnet. **5.** Er war **vormals** Offizier. **6.** Er ist **eben** fortgegangen. **7.** Ich war **kürzlich** in Köln. **8. Heutzutage** lebt man länger. **9. Jetzt** ist es aber Zeit. **10.** Wir hatten **immer** schönes Wetter.

4. Traduire :

© **1.** Tantôt il pleut et tantôt il neige. **2.** Autrefois les hivers étaient plus froids. **3.** En ce temps-là nous allions à pied à l'école. **4.** Mon ami vient de partir. **5.** De nos jours beaucoup d'élèves ont congé le samedi. **6.** Récemment j'ai rencontré mon ami près de la gare. **7.** Je ne vais pas souvent au théâtre. **8.** Il est de nouveau allé en Suisse. **9.** Ce voyage a duré longtemps. **10.** Entre-temps il s'est mis à neiger.

5. Compléter par ***oben*** *ou* ***unten :***

1. Er behandelt mich von ... herab. **2.** Er mustert mich von ... bis .... **3.** Von ... hat man einen weiten Blick. **4.** Er legt den Koffer ... auf den Schrank. **5.** Er ist von ... bis ... naß. **6.** Er fährt im Fahrstuhl von ... nach oben. **7.** Das Dorf liegt ... im Tal. **8.** Tief ... im Keller lagert der Wein. **9.** Er hat von ... auf gedient. **10.** Alles Gute kommt von ... (Sprw.).

6. Compléter par ***sehr*** *ou* ***viel :***

1. Dieser Schüler ist ... fleißig. **2.** Ich habe nicht ... Zeit. **3.** Sie ist ... hübsch. **4.** Das ist ... bedauerlich. **5.** Ich esse ... Obst. **6.** Ich esse ... gern Äpfel. **7.** Er muß ... arbeiten. **8.** Er gibt sich ... Mühe. **9.** Danke ... ! **10.** Ich habe dir ... zu erzählen.

LES COMPLÉMENTS CIRCONSTANCIELS

Compléments de temps :

Ils répondent aux questions **wann ? seit wann ? bis wann ? wie lange ? wie oft ?**

1. Compléments indéterminés au génitif, déterminés à l'accusatif :
   Er kam **eines Tages.** Er kommt **jeden Tag,** er bleibt **den ganzen Tag.**
2. Périodicité : emploi de **alle, jeder (e, es)** ou d'un adverbe en **s** :
   alle vier Jahre **jede** dritte Minute **morgens, sonntags, nachts**
3. Compléments prépositionnels. Les prépositions mixtes sont toujours suivies du datif.
   im Jahr(e), Frühling, Januar **in der** Nacht, vierzehn Tagen **um** zehn Uhr, Mitternacht
   am Tag, Sonntag, Abend, Ende **zu** Ostern, Weihnachten **vor** zehn Tagen, einer Woche

   Moment approximatif
   gegen 10 Uhr

   Passé et futur par rapport au présent
   Er war **vor** 10 Tagen hier und kommt
   in 10 Tagen wieder.

   – Temps écoulé jusqu'au moment actuel
   seit zwei Wochen, **schon** zwei Wochen

   – Point de départ et d'arrivée
   vom 1. Juli **(bis) zum** 15. September

   Distinguer simultanéité **(wann ?)** et durée **(wie lange ?)**
   während des Winters zwei Jahre **lang**
4. Expression de la date et de l'heure
   Den wievielten haben wir heute ? – Wir haben heute Montag, **den** 1. Januar.
   Heute ist **der** 1. Januar.
   Goethe wurde **am** 28. August 1749 geboren und starb [**im** Jahre] 1832.
   Wieviel Uhr ist es ? – Es ist 2 [Uhr], Viertel **nach** 2, **halb** 2, **Viertel vor** 3, **fünf vor** 3, 3 [Uhr].

Compléments de lieu : Ils répondent aux questions : **woher ? wo ? wohin ?**

1. Lieu d'où l'on vient
   Ich komme **aus Köln, von der Arbeit.**
2. Lieu où l'on est
   Wir sind **zu Hause (daheim), auf der Post,**
   auf dem Land, beim Bäcker, am Strand, in Köln.
3. Lieu où l'on va
   Wir gehen **nach Hause (heim), auf die Post, aufs Land,**
   in die (zur) Schule, zu Tisch, nach Paris, in die Schweiz.
4. Position face à face
   Er sitzt **mir gegenüber.**
5. Notion de passage
   – aller au delà, traverser
   Ich gehe **über die Brücke, durch das Tal.**
   – passer devant
   Er ging **an mir vorbei (vorüber).**
   – devancer
   Er geht **mir voran (voraus).**
   – précéder et suivre
   Er geht **vor mir [her], hinter mir [her].**
   – aller côte à côte
   Er geht **neben mir [her].**
   – aller au-devant, vers
   Er kommt **mir entgegen, auf mich zu.**

Compléments de manière : Ils répondent à la question : **wie ?**

auf diese Weise **in** aller Eile **mit** Mühe **ohne** Geld **unter** Tränen **zu** Fuß

– Noter aussi le génitif archaïque de manière :
Klopfenden Herzens stand das Kind da. Er war **guter Laune.**

– La partie par laquelle on saisit quelqu'un ou quelque chose s'exprime à l'aide de **an** ou **bei.**
Er faßt mich **am (beim)** Arm.

Compléments de cause : Ils répondent aux questions : **warum ? weshalb ? weswegen ?**

Er starb **an** den Folgen eines Unfalls, **aus** Rache, **vom** Rauchen, **vor** Hunger, **wegen** Krankheit

– Le passage d'un état à un autre s'exprime à l'aide de la préposition **zu**
Das Wasser **wird zu** Eis.

1. Traduire :

1. Er wünschte mir einen guten Tag. **2.** Er war dieser Tage hier. **3.** Er lebt, ohne an den nächsten Tag zu denken. **4.** Er kommt jeden dritten Tag. **5.** Es ist noch früh am Tage. **6.** Der Dieb war am hellen Tag eingebrochen. **7.** Das ist ein Unterschied wie Tag und Nacht. **8.** Er hat heute keinen guten Tag. **9.** Er arbeitet Tag und Nacht. **10.** Eines schönen Tages stand unser Onkel aus Amerika vor der Tür.

2. Traduire les proverbes suivants :

1. Je dunkler die Nacht, desto schöner der Tag. **2.** Bei Nacht sind alle Katzen grau. **3.** Die Nacht ist keines Menschen Freund. **4.** Für den Fleißigen hat die Woche sieben Heute, für den Faulen sieben Morgen. **5.** Jahre lehren mehr als Bücher.

3. Traduire :

© **1.** Je suis venu il y a quinze jours. **2.** Je viendrai dans huit jours. **3.** Nous sommes ici depuis huit jours. **4.** Nous attendons depuis huit jours déjà de tes nouvelles. **5.** Il vient tous les jours. **6.** Il vient un jour sur deux. **7.** Il a travaillé toute la journée. **8.** Il est venu le même jour que moi. **9.** La Saint-Sylvestre est le dernier jour de l'année. **10.** Il n'est resté que trois jours.

4. Compléter à l'aide d'une préposition :

1. Ich fahre ... meinen Großeltern. **2.** Er geht schnell ... Hause. **3.** Wir kommen ... 8 Uhr. **4.** Er ist ... drei Wochen hier. **5.** Ich fahre ... Köln. **6.** Ich bleibe nicht gern ... Hause. **7.** Hier kann man ... jeder Zeit essen. **8.** Ich habe ... zehn Tagen angerufen. **9.** Spät ... der Nacht war er wieder da. **10.** Er ist ... seinem Freund.

5. Traduire :

1. Ich komme gerade von der Arbeit. **2.** Ich muß ein Paket auf die Post bringen. **3.** Er arbeitet bei der Post. **4.** Ich gehe in den Wald. **5.** Ich fahre in die Stadt. **6.** Ich reise in die Schweiz, aber nicht nach Italien. **7.** Er fliegt in die USA. **8.** Wir fahren nach Frankfurt und nicht nach Köln. **9.** Er geht zum Arzt. **10.** Die Straßenbahn fährt zum Zoo. **11.** Der Weg führt zum Bahnhof. **12.** Wir fahren aufs Land, wir wohnen aber nicht auf dem Land, sondern in der Stadt. **13.** Ich gehe noch in die Schule, mein Bruder geht aufs Gymnasium, später will er auf die Universität gehen. **14.** Wir gehen über die Brücke. **15.** Er wohnt noch bei seinen Eltern. **16.** Ich habe meinen Freund vom Bahnhof abgeholt. **17.** Er fährt mit der Straßenbahn. **18.** Wohin gehst du ? – Zur (auf die) Post. **19.** Er geht früh ins (zu) Bett. **20.** Wir gehen auf den Markt.

6. Traduire :

1. Er geht in die Lehre. **2.** Mein Bruder studiert an der Kölner Universität. **3.** Der Zug geht über Frankfurt. **4.** Lauf jetzt nicht über die Straße. **5.** Der alte Mann geht am Stock. **6.** Das Schiff geht an Land. **7.** Er geht auf Reisen. **8.** Dieser Schüler geht in die fünfte Klasse. **9.** Er geht zum Theater. **10.** Wir gehen gern ins Theater.

7. Compléter à l'aide d'une préposition :

1. Er geht nicht gern ... Fuß. **2.** Er schaut ... dem Fenster. **3.** Er biegt ... die Ecke. **4.** Er kam ... mich zu. **5.** Er biegt ... einen Seitenweg ein. **6.** Das Zimmer liegt ... dem Garten zu. **7.** Der Läufer geht als erster ... das Ziel. **8.** Er hat ... Rache gehandelt. **9.** Er stirbt ... Hunger. **10.** Das Geschäft bleibt ... Krankheit geschlossen.

8. Traduire :

© **1.** Je viendrai le 15 mai entre 16 et 17 heures. **2.** Ce matin il a neigé. **3.** L'année dernière nous avons passé nos vacances à la mer. **4.** Il est parti avant-hier soir. **5.** La prochaine fois nous irons au cinéma. **6.** Ma sœur est née en 1968. **7.** Le dimanche, je dors jusqu'à 10 heures. **8.** A Pâques, je pas serai huit jours à la campagne. **9.** Au prin temps les jours sont presque aussi longs qu'en automne. **10.** Il n'est pas trois heures et quart mais trois heures moins le quart.

9. Traduire :

© **1.** D'où viens-tu ? – De la forêt. **2.** Il faut que j'aille chez le coiffeur. **3.** Il traverse la forêt. **4.** Marche devant moi et non derrière moi. **5.** Assieds-toi en face de moi. **6.** Il est venu à ma rencontre. **7.** Il m'a croisé en voiture. **8.** Il n'est pas allé à la plage mais à la piscine. **9.** Il était de mauvaise humeur. **10.** Il saisit le voleur par le bras.

10. Compléter à l'aide d'une préposition :

1. Das Haus liegt ... einem Fluß. **2.** Dresden liegt ... der Elbe. **3.** Dieser Ort liegt ... den Alpen. **4.** Wir wollen jetzt ... Tisch gehen. **5.** Mein Zimmer geht ... den Hof. **6.** Sie nimmt Gläser ... dem Schrank. **7.** Wir essen früh ... Mittag. **8.** Jeder sucht sein Glück ... seine Weise. **9.** Er hat mir ... keiner Weise geholfen. **10.** ... dem vielen Rauchen wirst du noch krank.

NIVEAU 1

1. Compléter les phrases ci-après :

1. Wir gehen durch d.. Schnee. **2.** Sie geht zu ihr.. Bruder. **3.** Er wohnt bei sein.. Eltern. **4.** Er ist seit ein.. Woche da. **5.** Der Jäger kommt ohne sein.. Hund. **6.** Er holt das Album aus d.. Schrank. **7.** Dieses Buch ist für mein.. Freund. **8.** Ich gehe mit mein.. Vater. **9.** Er fährt gegen ein.. Baum. **10.** Sie träumt von d.. Ferien.

2. Compléter par la préposition :

1. Wir gehen jetzt ... Hause. **2.** Er bleibt nicht gern ... Hause. **3.** Ich gehe am Sonntag ... meinen Großeltern. **4.** Ich bleibe den Abend ... ihnen. **5.** Das Kind spielt ... seiner Schwester. **6.** Es regnet ... einer Woche. **7.** Das ist ein Geschenk ... meiner Tante. **8.** Die Kinder kommen ... der Schule. **9.** Dieser Ball ist ... dich. **10.** Ich bin müde, ich gehe ... Bett.

3. Compléter les phrases ci-après :

1. Ich lege das Buch auf d.. Tisch. **2.** Das Buch liegt auf d.. Tisch. **3.** Ich hänge das Bild an d.. Wand. **4.** Das Bild hängt an d.. Wand. **5.** Ich setze mich auf ein.. Stuhl. **6.** Ich sitze jetzt auf ein.. Stuhl. **7.** Ich gehe in d.. Dorf. **8.** Ich wohne in ein.. Dorf. **9.** Der Ball saust in d.. Torecke. **10.** Onkel Ernst geht auf d.. Jagd.

4. Compléter par une préposition mixte :

1. Der Himmel ist ... der Erde. **2.** Du liegst ... der Sonne. **3.** Der Vogel sitzt ... dem Baum. **4.** Bonn liegt ... Köln und Mainz. **5.** Die Brille sitzt ... der Nase. **6.** Der Turm steht ... dem Berg. **7.** Das Bild hängt ... dem Bett. **8.** Wir treten ... das Zimmer. **9.** Die Kirche steht ... dem Dorf. **10.** Der Hirt liegt ... einem Baum.

5. Compléter par la préposition :

1. Ich gehe ... die Straße. **2.** Er geht ... Bett. **3.** Ich fahre ... Berlin. **4.** Sie wohnen ... dem Land.. **5.** Sie geht ... Bäcker. **6.** Sie ist ... Bäcker. **7.** Wir bleiben ... Hause. **8.** Er läuft ... Hause. **9.** Wir kommen ... der Schule. **10.** Wir gehen ... die Schule.

6. Compléter par la préposition :

1. Woher kommst du ? Ich komme ... Köln. **2.** Wohin fährst du ? Ich fahre ... Paris. **3.** Wo wohnst du ? Ich wohne ... Bonn. **4.** Wann hast du frei ? Ich habe ... Sonntag frei. **5.** Wann hast du Ferien ? ... Juli habe ich Ferien. **6.** Wann bist du gekommen ? Ich bin ... drei Wochen gekommen. **7.** Wie lange bist du schon da ? Ich bin ... 14 Tagen da. **8.** Wie lange bleibst du ? Ich bleibe ... zum ersten Mai. **9.** Wann stehst du auf ? Ich stehe ... sieben Uhr auf. **10.** Wann gehst du zu Bett ? Ich gehe ... Abend zu Bett.

7. Ajouter les désinences :

1. Das Herz schlägt in d.. Brust. **2.** Die Tafel hängt an d.. Wand. **3.** Wir sehen mit d.. Augen. **4.** Wir riechen mit d.. Nase. **5.** Ich setze mich auf ein.. Bank. **6.** Ich gehe in d.. Garten. **7.** Sie spielen vor d.. Haus. **8.** Wir gehen in d.. Schule. **9.** Ich hänge das Bild an d.. Wand. **10.** An jed.. Hand haben wir fünf Finger.

8. Ajouter les désinences :

1. Wir fahren in den Ferien an d.. See. **2.** Bonn liegt a.. Rhein. **3.** Er erblickt ein Kind auf d.. Straße. **4.** Er blickt hinunter auf d.. Straße. **5.** Er klopft ihm auf d.. Schulter. **6.** Gehen Sie in dies.. Richtung ? **7.** Sie war in groß.. Sorge. **8.** Der Hund lief neben sein.. Herrn her. **9.** Sie trat vor d.. Spiegel. **10.** Das Buch kostet an d.. 40 Mark.

*9. Compléter par **am, im, um,** ou **zu** :*

1. ... 7 Uhr stehe ich auf. **2.** ... Vormittag sind wir in der Schule. **3.** ... zwölf Uhr sind wir zu Hause. **4.** ... Winter ist es kalt. **5.** ... Weihnachten haben wir Ferien. **6.** ... Ende der Ferien sind wir traurig. **7.** ... Ostern fahren wir nach Paris. **8.** ... Dezember feiern wir Weihnachten. **9.** ... 21. März beginnt der Frühling. **10.** ... Abend wird es dunkel.

*10. Compléter par des adverbes de temps en **s** :*

1. ... stehe ich auf. **2.** ... gehe ich zu Bett. **3.** ... esse ich zu Mittag. **4.** ... gehen die Kinder nicht in die Schule. **5.** ... scheint der Mond.

*11. Compléter par **am, im, um** ou **zu** :*

1. ... Abend gehen wir zu Bett. **2.** ... Herbst fallen die Blätter. **3.** ... Anfang war das

Wort. **4.** ... Nachmittag gehen wir auch in die Schule. **5.** ... Ostern haben wir Ferien. **6.** ... Januar ist es kalt. **7.** Ich stehe ... sieben Uhr auf. **8.** Er ist ... Jahre 1960 geboren. **9.** Wir besuchen euch ... Pfingsten. **10.** Wir sind jetzt ... Ende.

*12. Compléter par **nur** ou **erst** :*

1. Es ist noch nicht spät, es ist ... sechs Uhr. **2.** Ich habe nicht mehr viel Geld, ich habe ... noch 2 Mark. **3.** Wir sind noch nicht in Frankfurt, wir sind ... in Karlsruhe. **4.** Der Jäger kommt müde nach Hause, er hat ... einen Hasen erlegt. **5.** Warst du schon oft in Hamburg ? Ich war ... einmal dort.

*13. Compléter par **erst** ou **nur** :*

1. Ich bin ... zwölf Jahre alt. **2.** Wir haben ... 14 Tage Ferien. **3.** Es ist ... 7 Uhr. **4.** Er bleibt ... eine Stunde. **5.** Er ist ... gestern gekommen.

*14. Compléter par **genug, ziemlich, viel, sehr** :*

1. Das Wetter ist heute nicht ... schön. **2.** Ich habe ... Arbeit. **3.** Ich habe nicht Geld ..., um das Kleid zu kaufen. **4.** Er ist ... müde, er hat nicht geschlafen. **5.** Wir gehen heim, es ist schon ... spät. **6.** Wir haben jetzt ... gespielt. **7.** Im Winter ist es oft ... kalt. **8.** Im Frühling ist es schon ... warm.

15. Traduire :

© **1.** ce matin **2.** le mois dernier **3.** la semaine prochaine **4.** la prochaine fois **5.** lundi prochain **6.** à cette occasion là **7.** tous les jours **8.** tous les deux jours **9.** à la tombée de la nuit **10.** le lendemain

NIVEAU 2

16. Compléter en ajoutant les désinences :

1. Wir sind für weltweit.. Partnerschaft. **2.** Aus bös.. Tat.. lernt sich fort die böse Tat. **3.** Der kleine Tierquäler erwächst zu ein.. hart.., grausam.. Mann. **4.** Die ersten Textilfabriken entstanden vor ungefähr hundert Jahr.. . **5.** Schnell.. Essen für schnell.. Bürger. **6.** Zwei deutsche Teams auch unter ein.. Fahne. **7.** Steigende Absätze in d.. Zementindustrie. **8.** Die schwierige Suche nach ein.. Deponiestandort. **9.** Gutes Geschäft mit gut.. Möbel... **10.** Bei Busunglück in d.. Sowjetunion 56 Tote.

17. Compléter les proverbes suivants en ajoutant les désinences :

1. Der Spatz in d.. Hand ist besser als die Taube auf d.. Dach. **2.** Aus ein.. Mücke einen Elefanten machen. **3.** Ochsen gehören auf d.. Acker und nicht i.. Rathaus. **4.** Rache macht kleines Recht zu groß.. Unrecht. **5.** In d.. Not erkennt man die Freunde. **6.** In bös.. Zeit sind Freunde weit. **7.** Mit ein.. Blind.. läßt sich nicht von d.. Farbe reden. **8.** An gut.. Schule.. und gut.. Weg.. erkennt man den guten Staat. **9.** Neben d.. Schiff ist gut schwimmen. **10.** In ein.. leer.. Scheune kommt keine Maus.

18. Compléter les expressions suivantes en ajoutant les désinences.

1. Er haut über d.. Schnur. **2.** Niemand kann über sein.. eigen.. Schatten springen. **3.** Er hat ihm Sand in d.. Augen gestreut. **4.** Er hat ihn in d.. Sack gesteckt. **5.** Er fällt aus d.. Rolle. **6.** Er hat die Rechnung ohne d.. Wirt gemacht. **7.** Er wurde an d.. Pranger gestellt. **8.** Er plaudert aus d.. Schule. **9.** Er ist nicht trocken hinter d.. Ohr.. . **10.** Er führt mich an d.. Nase herum.

19. Compléter les proverbes ci-après :

1. Kein Weg ist lang ... ein.. gut.. Freund als Begleiter. **2.** Es führen viele Wege ... d.. Hölle, aber keiner heraus. **3.** Wer ... halb.. Wege umkehrt, irrt nur ... d.. Hälfte. **4.** ... gut.. Wetter kann jeder Steuermann sein. **5.** Wie man ... d.. Wald hineinruft, so schallt es heraus. **6.** Die Wahrheit liegt ... d.. Mitte. **7.** Es ist dafür gesorgt, daß die Bäume nicht ... d.. Himmel wachsen. **8.** Man soll den Tag nicht ... d.. Abend loben. **9.** Wer den Stock fürchtet, kann nur ... d.. Stock regiert werden. **10.** Dummheit und Stolz wachsen ... gleich.. Holz.

20. Compléter en ajoutant les désinences :

Ferien in Italien

Während d.. Sommerferien haben wir acht Tage an ein.. italienisch.. See verbracht. An d.. Küste der Adria hat es uns nicht gefallen. Tausende von Menschen lagen im Sand und ließen sich von d.. Sonne bräunen. Nach d.. Abendessen zogen sie bis spät in d.. Nacht hinein durch d.. Straßen, sangen und lärmten, ohne Rücksicht auf ander.. zu nehmen, die in ihr.. Betten vergeblich den Schlaf suchten.

21. Compléter en ajoutant les prépositions et les désinences :

Für oder gegen den Winter
Viele Skiläufer haben ... d.. letzt.. Winter.. vergeblich ... d.. Schnee gewartet. Jeden Abend warteten sie ungeduldig ... d.. Wetterbericht. Sie hofften ... ein schneeversprechend.. Tief, aber es kam nicht. ... d.. Wintersportstationen wartete man ... d.. Gäste. Viel früher als ... ander.. Jahr.. blühten ... d.. Gärten Tulpen und Narzissen. Und die Städter freuten sich, sie waren ... Schneereifen ... d.. Winter gekommen und ... d.. Straßen hatte es viel weniger Unfälle gegeben. Der Himmel hatte es gut ... ihnen gemeint.

22. Traduire :

© **1.** Il fait particulièrement froid aujourd'hui. **2.** Il n'a encore que 10 ans. **3.** Il n'est venu qu'à deux heures et il n'est resté que deux heures. **4.** J'ai assez travaillé. **5.** Il est passablement grand pour son âge.

23. Traduire :

© Où est le chien ? Il n'est pas là. Il s'est caché quelque part, peut-être dans le jardin. Il peut être aussi ailleurs. Mais est-il dehors ou à l'intérieur ? Je l'ai cherché partout et vu nulle part. Le voici enfin !

*24. Compléter par **erst** ou **nur** :*

© **1.** Ich bin ... eine Stunde hier. **2.** Es ist ... 8 Uhr. **3.** Es war ... ein Traum. **4.** ... jetzt verstehe ich ihn. **5.** ... noch zwei Minuten, dann kommt der Zug. **6.** Ich konnte ... staunen. **7.** ... kommt er, dann die anderen. **8.** Sie bekommt, was sie sich ... wünscht. **9.** Er kam ..., als das Fest vorbei war. **10.** ... wägen, dann wagen (Sprw.).

25. Ajouter les prépositions :

© **Aus einem Prospekt**
Winterberg ... Hochsauerland ist ... seinen rund 2500 Einwohnern nur eine kleine, aber eine besondere Stadt. Sie liegt 670 m ... dem Meeresspiegel und ist damit die höchstgelegene Stadt ... der Bundesrepublik. ... ihrer guten Luft ist sie ... einem Kurort geworden. Die Kurgäste können ... flachen oder steilen Wegen viele Kilometer spazierengehen. ... Abend werden dem Gast verschiedene Möglichkeiten der Unterhaltung geboten.

GEOGRAPHIESTUNDE
Lehrer : Wer weiß, wo Bordeaux liegt ?

Paul : In Papas Weinkeller.

RÄTSEL
Egon : Was ist der Unterschied zwischen einem Optimisten und einem Pessimisten ?
Michel : ! !
Egon : Stell sie beide vor ein Stück Schweizer Käse. Der Optimist sieht nur den Käse, der Pessimist nur die Löcher.

Lehrer : “Was geschah im Jahre 1412 ?”
Schüler : “Die Jungfrau von Orléans wurde geboren.”
Lehrer : “Gut ! Und im Jahre 1420 ?”
Schüler : “Die Jungfrau von Orléans feierte ihren achten Geburtstag.”

Direktor : “Wie kommt es, daß ich Sie bei der Lektüre statt bei der Arbeit antreffe ?”
Sekretärin : – “Weil Sie Kreppsohlen tragen, Herr Direktor.”

FRISCHE EIER
Die Mutter sagt zu Erich : “Wenn ich verreist bin, hast du die Aufgabe, jeden Tag die Eier aus dem Nest zu holen. Schreib aber bitte auf jedes Ei, das du aus dem Nest holst, wann es gelegt ist.”
– “Mach’ ich, Mutter”, versichert Erich. Und als die Mutter wiederkommt, steht auf jedem Ei “heute”.

Heinz und Bert gingen von der Schule heim. Es regnete. Sagte Bert : “Ob es regnet oder schneit – mein Vater geht immer ohne Hut.”
“Das ist noch gar nichts”, meinte der kleine Heinz, “mein Vater geht sogar ohne Haare.”

BERÜHMTE LEUTE
“Herr Sauer, haben Sie doch mit der Miete etwas Geduld ! Es wird einmal die Zeit kommen, wo die Leute auf der Straße stehen bleiben und sagen : Dort oben hat der Maler Dreifuß gewohnt !”
“So, so”, erwiderte der Hauswirt, “und wenn Sie nicht heute endlich die Miete bezahlen, werden das die Leute schon morgen sagen können !”

LA FORME PASSIVE

Passif avec sujet

	Forme active	Forme passive
Présent	: Meine Mutter ruft mich	Ich **werde** **von** meiner Mutter **gerufen**
Prétérit	: Meine Mutter rief mich	Ich **wurde** **von** meiner Mutter **gerufen**
Parfait	: Meine Mutter hat mich gerufen	Ich **bin** **von** meiner Mutter **gerufen worden**
Pl.-que-parf.	: Meine Mutter hatte mich gerufen	Ich **war** **von** meiner Mutter **gerufen worden**
Futur	: Meine Mutter wird mich rufen	Ich **werde** **von** meiner Mutter **gerufen werden**

– On emploie l'auxiliaire **werden** dont la forme du participe passé aux temps composés est **worden.**

– Le complément d'agent – généralement une personne, initiateur de l'action – est introduit par **von.** Lorsque l'agent est un instrument, un moyen, un intermédiaire, on peut employer **durch**, mais **von** tend à s'imposer.

Die Stadt wurde **durch (von)** Bomben zerstört.

Passif sans sujet (passif impersonnel)

	Forme active	Forme passive
Présent	: Hier spricht man Deutsch	Hier **wird** Deutsch **gesprochen**
	Man spricht hier Deutsch	Es **wird** hier Deutsch **gesprochen** (**es** explétif)
Parfait	: Dir hat man geholfen	Dir **ist** **geholfen worden**
	Man hat dir geholfen	Es **ist** dir **geholfen worden**

– Le passif impersonnel peut avoir valeur d'impératif (voir p. 116)

Jetzt **wird gearbeitet !**

– Ne pas confondre l'expression d'un constat (auxil. **sein**) et celle de l'action (auxil. **werden**).

Das Fenster **wird** geöffnet. Das Fenster **ist** geöffnet.

Autres tournures passives

1. Verbes exprimant l'idée de recevoir : **bekommen, kriegen + participe II**

   Er hat das Buch **geschenkt bekommen** (gekriegt) = Das Buch ist ihm geschenkt worden.

2. **sein, bleiben, geben zu + infinitif**

   Das **ist** kaum **zu ertragen** = Das kann kaum ertragen werden.
   Das Resultat **bleibt abzuwarten** = Das Resultat muß abgewartet werden.
   Es **gibt** viel **zu tun** = Es muß viel getan werden.

3. **lassen + sich + infinitif**

   Es **läßt sich** nicht **vermeiden** = Es kann nicht vermieden werden.

1. *Mettre au passif :*

1. Der Bäcker bäckt Brot. **2.** Der Metzger verkauft Fleisch und Wurst. **3.** Der Schneider fertigt Anzüge an. **4.** Der Schlosser repariert das Schloß. **5.** Die Sekretärin erledigt die Korrespondenz. **6.** Der Arzt untersucht den Kranken. **7.** Der Fischhändler verkauft Fische. **8.** Der Winzer baut Wein an. **9.** Der Meister bildet Lehrlinge aus. **10.** Die Polizei regelt den Verkehr.

2. *Mettre à l'actif :*

1. Das Urteil wurde vom Richter gefällt. **2.** Er soll verhaftet worden sein. **3.** Diese Bilder sind von einem berühmten Künstler gemalt worden. **4.** Die Gemeinde wird von einem Pfarrer übernommen. **5.** Diese Eiche wurde von einem Waldarbeiter mit der Axt gefällt. **6.** Unsere Katze ist vom Tierarzt geimpft worden. **7.** Das Geld ist vom Kellner kassiert worden. **8.** Die Gäste wurden vom Gastgeber an der Haustür erwartet. **9.** Diese Blumen sind von unserem Gärtner gezüchtet worden. **10.** Im Hotel wurde ein neuer Koch benötigt.

3. Mettre ces titres de journaux à l'actif :

© **1.** Bankkredite werden verbilligt. **2.** Die Tür wird nicht zugeschlagen. **3.** Wie die Geheimnisse dieser Welt zutage gefördert werden. **4.** Schlösser sollen zu Hotels umgewandelt werden. **5.** Wo die besten Autos der Welt gefahren werden, muß auch der Kraftstoff ausgezeichnet sein. **6.** Sie werden noch gebraucht. **7.** Absatzprobleme müssen schnell gelöst werden. **8.** Er wurde zum Direktor ernannt. **9.** Viele Autos müßten kontrolliert werden. **10.** Es müßte mehr gearbeitet und weniger ausgegeben werden.

4. Mettre au passif :

1. Der Hagel hat die Ernte vernichtet. **2.** Der Blitz hat den Baum getroffen. **3.** Die Nachbarin beaufsichtigte das Kind. **4.** Ein Storch hat dieses Nest gebaut. **5.** Die Eichhörnchen sammeln Vorräte für den Winter. **6.** Der Angler hat einen großen Hecht gefangen. **7.** Alle singen das Lied mit. **8.** Das Pferd hat den Reiter abgeworfen. **9.** Der Dirigent leitet das Orchester. **10.** Ein Diener brachte das Essen.

5. Mettre au passif :

Stadtbesichtigungen

1. Jeden Sommer besuchen viele Touristen die Stadt. **2.** Der Verkehrsverein stellt ihnen Prospekte und Stadtpläne zur Verfügung. **3.** Ein Fremdenführer schlägt den Touristen eine Stadtbesichtigung vor. **4.** Diese jungen Leute zeigen ihnen die wichtigsten Sehenswürdigkeiten. **6.** Sie begleiten sie in die verschiedenen Museen. **7.** Dort geben ihnen kundige Führer alle erwünschten Erklärungen. **8.** Zahlreiche Hotels bieten preiswerte Übernachtungen an. **9.** Abends veranstaltet die Stadt Konzerte im Stadtpark. **10.** Nicht nur die Touristen, sondern viele Stadtbewohner besuchen diese Konzerte gern.

6. Traduire :

© **1.** Er will bei der Arbeit nicht gestört werden. **2.** Er soll nicht eingeladen worden sein. **3.** Er muß bestraft werden. **4.** Er soll operiert worden sein. **5.** Er kann nicht gehört worden sein. **6.** Er möchte in Ruhe gelassen werden. **7.** Er darf im Büro nicht angerufen werden. **8.** Er soll überfahren worden sein. **9.** Er muß überrascht worden sein. **10.** Er muß gesehen worden sein.

7. Mettre au passif :

1. Man kauft dieses Buch gern. **2.** Man hört diese Musik überall. **3.** Man spricht viel davon. **4.** Man sieht ihn von weitem. **5.** Man schreibt heute weniger als früher. **6.** Aber man telefoniert viel mehr. **7.** Man denkt nicht daran. **8.** Man gibt viel unnötiges Geld aus. **9.** Man trägt heute kurze Röcke. **10.** Man braucht heute fast kein Bargeld mehr.

8. Mettre au passif :

Schneefreuden

1. Die Skiläufer erwarten den Schnee mit Sehnsucht. **2.** Die Schneefans lesen jeden Morgen den Wetterbericht. **3.** Heute meldet die Zeitung Schneefall in den Alpen. **4.** In den Bergen setzt man die Skilifte in Betrieb. **5.** Man richtet die Pisten her. **6.** Schon am frühen Morgen stürmen die Sportler die Skilifte und die Sesselbahnen. **7.** Die Straßenwacht hat die Zufahrtsstraßen freigemacht. **8.** Die Garagisten vermieten Schneeketten. **9.** Man kann auch Skier und Skischuhe mieten. **10.** Mittags ißt man meistens auf den Pisten.

9. Traduire ces titres de journaux puis former des phrases conformément au modèle :

Ex. : **Autofahrer schwer verletzt. Ein Autofahrer wurde schwer verletzt. Ein Autofahrer ist schwer verletzt worden.**

1. Bekannter Industrieller entführt. **2.** Drogenabhängiger tot aufgefunden. **3.** Wilddieb zu zwei Jahren Gefängnis verurteilt. **4.** Rekord gebrochen. **5.** Vertrag unterschrieben. **6.** Abhilfe geschaffen. **7.** Geiselnehmer erschossen. **8.** Falschmünzer verhaftet. **9.** Wal gerammt. **10.** Wespennest ausgehoben.

10. Mettre au passif :

© **1.** Ihm kann man helfen. **2.** Man soll ihn gesehen haben. **3.** Man muß ihm verzeihen. **4.** Man wird dich nicht verstehen. **5.** Man sollte ihn nicht stören.

LES EMPLOIS DE L'INDICATIF ET DE L'IMPÉRATIF

Conditions d'emploi de l'indicatif

L'expression du présent

Par l'indicatif, le locuteur exprime une réalité objective ou supposée telle.
Le présent est le temps du discours immédiat (conversation, récit, reportage) à partir du point de vue d'un locuteur.

Wohin **gehst** du ? – Ich **gehe** in die Schule.

Il peut avoir un sens intemporel.

Es **ist** nicht alles Gold, was glänzt. *(Sprw.)*

L'expression du passé

1. ***Le prétérit :*** l'événement s'est entièrement déroulé dans le passé (passé de narration).
   Es **war** einmal ein Kaiser.
2. ***Le parfait :*** l'événement est passé, mais ses conséquences demeurent (présent de l'accompli).
   Die Stadt **hat** mir sehr gut **gefallen.**
3. ***Le plus-que-parfait :*** l'événement en a précédé un autre dans le passé (passé de l'accompli).
   Als ich kam, **war** er schon **fortgegangen.**
4. ***L'antériorité immédiate*** s'exprime au moyen des adverbes **[so]eben** ou **gerade.**
   Wie ich es **[so]eben (gerade)** sagte.
5. ***Le présent historique*** donne un tour plus vivant au récit. Si l'action est unique, on emploie **als** ou **wie.**
   Wie (als) ich auf die Straße **komme, steht** da ein amerikanischer Wagen.

L'expression du futur

1. La forme composée avec **werden** est souvent remplacé par le présent surtout lorsque le futur est déjà suggéré par un adverbe de temps.
   Ich **werde** es ihm **sagen.** Ich **sage** es ihm **morgen.**
2. Le futur II qui exprime un événement achevé dans le futur est souvent remplacé par le parfait.
   Morgen **werde** ich das **gemacht haben** = Morgen **habe** ich das **gemacht.**

L'impératif

1. Formes normales (voir pp. 10, 11)
2. Autres formes
   – L'emploi d'un verbe de modalité permet de nuancer l'ordre (voir p. 19).
   – L'emploi de **lassen** exprime l'invitation, l'injonction.
   Laß mich in Ruhe !
   – Un ordre énergique peut s'exprimer par :

l'infinitif	***le participe II***	***le passif impersonnel***	***le présent***
Alles aussteigen !	Aufgepaßt !	Jetzt **wird gearbeitet !**	**Du kommst** mit !
le futur	***la particule séparable***	***un substantif***	***un adjectif***
Du wirst sofort **gehen**	Tür **zu !**	**Achtung !**	**Schnell !**

1. Mettre au parfait puis au futur :

1. Dieses Jahr fahren wir nach Frankreich. **2.** Wir schließen uns einer Reisegesellschaft an. **3.** Wir fliegen von Frankfurt nach Paris. **4.** Dort erwartet uns ein Bus. **5.** Der Reiseleiter empfängt uns am Flughafen. **6.** Mit ihm besichtigen wir Paris. **7.** Er zeigt uns alle Sehenswürdigkeiten. **8.** Dann geht es weiter in Richtung Mégève. **9.** Abends kommen wir in Mégève an. **10.** Dort bleiben wir eine Woche.

2. Traduire :

© **1.** Il est parti de très bonne heure. **2.** Il vient d'arriver. Le voyage était long. **3.** Je ne lui ai pas encore parlé. **4.** Il veut déjà repartir dimanche. **5.** Il n'aura pas le temps de rencontrer tous ses amis. **6.** Il avait d'abord prévu de rester plus longtemps. **7.** Mais son travail ne le lui permet pas. **8.** Il reviendra bientôt, je l'espère du moins. **9.** Il me l'a promis, mais j'en doute. **10.** Il ne tient pas souvent ses promesses.

3. Mettre au prétérit :

1. Mein Freund Thomas liest viel und kauft viele Bücher. **2.** Er besucht regelmäßig die Stadtbibliothek. **3.** Er besitzt auch einen Fernsehapparat. **4.** Er sieht sich viele Filme an. **5.** Er verpaßt keine Sportreportage. **6.** Aber die Werbungen interessieren ihn nicht. **7.** Dann stellt er den Apparat ab und greift zu einem Buch. **8.** Er hört sich auch manchmal klassische Musik an. **9.** Für moderne Musik hat er kein Verständnis. **10.** Er spielt selbst gern Klavier.

4. Traduire :

© **1.** Aufhören ! **2.** Im Gleichschritt marsch ! **3.** Kehrt marsch ! **4.** Im Laufschritt marsch ! **5.** Rührt euch ! **6.** Fort mit dir ! **7.** Laß das sein ! **8.** Nicht anfassen ! **9.** Leg das Messer sofort hin ! **10.** Bitte spring rasch zum Bäcker und hole mir ein Brot !

5. Traduire :

1. Mein Vater ist eben weggegangen. **2.** Ich wollte gerade anrufen. **3.** Es ist mir gerade was eingefallen. **4.** Er ist soeben abgereist. **5.** Eben habe ich mit ihm gesprochen.

6. Traduire :

© **1.** Mets la table. **2.** Va chercher le pain chez le boulanger ! **3.** Range la vaisselle dans le lave-vaisselle ! **4.** Rapporte le journal pour ton père ! **5.** Fais ton lit ! **6.** Range la salle de bains ! **7.** Donne à manger au chien ! **8.** Ne pars pas sans éteindre la lumière ! **9.** Ferme les portes et les fenêtres ! **10.** Eteins la télévision !

7. Traduire :

1. Ruhe jetzt ! **2.** Hört endlich mit dem Lärm auf ! **3.** Hinsetzen ! **4.** Hefte auf ! **5.** Bücher weg ! **6.** Los ! **7.** An die Arbeit ! **8.** Aufgepaßt ! **9.** Und nicht abschreiben !

8. Mettre au pluriel :

1. Steh schnell auf ! **2.** Zieh dich an ! **3.** Putz deine Zähne ! **4.** Beeile dich ! **5.** Vergiß dein Taschentuch nicht ! **6.** Nimm dein Rad und fahr in die Schule ! **7.** Paß auf die Autos auf ! **8.** Bleib stehen, wenn die Ampel rot ist ! **9.** Gib Zeichen, bevor du nach rechts oder links abbiegst ! **10.** Komm gleich nach der Schule nach Hause !

Nimm dir Zeit und nicht das Leben !

LES EMPLOIS DU SUBJONCTIF

Les deux formes

1. Le subjonctif I se conjugue sur le ***radical du présent*** de l'indicatif (voir page 11).
2. Le subjonctif II se conjugue sur le ***radical du prétérit*** de l'indicatif (voir page 11).

Emploi du subjonctif I

1. Dans le discours indirect (voir page 120).
2. Après certaines conjonctions et certaines expressions restrictives (voir page 132).
3. Dans les souhaits à caractère injonctif.
   Er **komme** sofort !
4. Dans les souhaits dont la réalisation semble possible.
   Es **lebe** der Kaiser !

– On se sert souvent du verbe de modalité **mögen** lorsque l'auteur du souhait sait que sa réalisation ne dépend pas de lui.
   Möge er lange leben !

Emploi du subjonctif II

1. Dans les subordonnées conditionnelles non réalisées ou imaginaires (voir page 128).
2. Après certaines conjonctions (voir page 132).
3. Dans les souhaits dont la réalisation semble incertaine, voire impossible (présent) et dans les regrets (passé). L'adverbe **doch** ou **nur** souligne ce sens.

On emploie alors une subordonnée avec ou sans **wenn**.
   Wenn er **dóch** Käme **Käme** er **dóch** !
   Wenn er **dóch** **gekommen wäre** ! **Wäre** er **dóch** **gekommen** !

4. Lorsqu'on oppose l'irréalité à la réalité.
   Fast **wäre** ich **eingeschlafen** !
5. Pour exprimer la possibilité.
   Wir **könnten** auch morgen **kommen**.
6. Pour exprimer le doute.
   Wenn er nun doch **käme** !
7. Pour atténuer une demande (tournure polie).
   Würden sie mir bitte einen Gefallen tun ?
8. Pour signifier qu'un objectif fut difficile à atteindre.
   Da **wären** wir endlich !

1. *Mettre le verbe entre parenthèses au présent du subjonctif II :*

1. (sein) er doch zu Hause geblieben ! **2.** (sein) er doch nicht so schnell gefahren ! **3.** (sein) nur gleich ein Arzt zur Stelle gewesen ! **4.** (haben) man ihn nur ins Krankenhaus gebracht ! **5.** (können) er sich doch schnell erholen !

2. *Mettre le verbe entre parenthèses au présent du subjonctif II :*

1. Wir (haben) ihn fast nicht wiedererkannt. **2.** Ich (sein) beinahe zu spät gekommen. **3.** Du (haben) auf ihn warten sollen. **4.** Ihr (haben) das Kind nicht allein lassen sollen. **5.** Wenn er doch bald (kommen) ! **6.** Das (haben) wir nun endlich geschafft ! **7.** (haben) du mich doch angerufen ! **8.** (können) Sie mir vielleicht sagen, wieviel Uhr es ist ? **9.** Fast (sein) die Sache schief gelaufen. **10.** (werden) Sie so gut sein, die Tür zu schließen ?

3. *Mettre le verbe entre parenthèses au présent du subjonctif II :*

1. (können) Sie mir vielleicht helfen ? **2.** (dürfen) ich Sie um einen Gefallen bitten ? **3.** (mögen) Sie so gut sein, mir recht bald Bescheid zu geben ? **4.** (werden) Sie bitte einen Augenblick auf das Kind aufpassen ? **5.** (sein) Sie so nett, weniger Lärm zu machen ? **6.** (sein) es Ihnen vielleicht möglich, bei mir vorbeizukommen ? **7.** (dürfen) ich Sie darum bitten, die Ausfahrt frei zu lassen ? **8.** (sein) Sie so freundlich, mir etwas Platz zu machen ? **9.** (haben) Sie etwas Zeit für mich ? **10.** (können) Sie mich mal besuchen ?

4. *Mettre le verbe entre parenthèses au présent du subjonctif I :*

1. (sein) du bloß ruhig, du hast nicht zu klagen ! **2.** Es ist, Gott (sein) Dank, nichts passiert. **3.** Es (kommen), was (wollen), ich bleibe hier. **4.** Es (leben) die Freiheit ! **5.** Es (bleiben) alles, so wie es jetzt ist ! **6.** Er (mögen) kommen, wenn es ihm Spaß macht ! **7.** (sein) doch endlich vernünftig ! **8.** Es (werden) hell ! **9.** Er (kommen) nicht zu spät ! **10.** Er (geben) sich doch etwas mehr Mühe !

5. *Transformer les phrases selon le modèle ci-après :* ©

Er hat keine Zeit. Und wenn er doch Zeit hätte !

1. Er war es nicht. **2.** Es kann nicht wahr sein. **3.** Er hat es nicht gehört. **4.** Er darf nicht kommen. **5.** Wir bekommen keinen Platz. **6.** Er ruft nicht an. **7.** Er kauft den Wagen nicht. **8.** Sie fahren nicht in Urlaub. **9.** Er gibt uns nicht recht. **10.** Er hat das Abitur nicht bestanden.

6. *Transformer les phrases ci-après en exclamatives de souhait :*

1. Ich habe keine Arbeit. **2.** Ich habe kein Geld. **3.** Ich kann mir keinen neuen Wagen leisten. **4.** Meine Eltern sind nicht zu Hause. **5.** Ich weiß nicht, wo ich sie erreichen kann.

7. *Transformer les phrases ci-après en exclamatives de regret :*

1. Sein Vater lebte nicht mehr. **2.** Seine Mutter mußte den ganzen Tag arbeiten. **3.** Sie konnte sich nicht um ihn kümmern. **4.** Er war in der Schule kein guter Schüler. **5.** Er paßte nicht auf. **6.** Er lernte seine Lektionen nicht. **7.** Er machte seine Aufgaben nicht. **8.** Er hörte dauernd Musik. **9.** Er dachte nicht an seine Zukunft. **10.** Er hatte keine Freunde.

8. *Traduire :*

© **1.** Si seulement il était là ! **2.** Ah, s'il me l'avait dit ! **3.** Si seulement je pouvais le voir ! **4.** Si seulement tu trouvais du travail ! **5.** Ah, si je t'avais écouté !

LE DISCOURS INDIRECT

Il permet à celui qui parle (locuteur) de ne pas prendre à son compte l'information qu'il rapporte. Le mode utilisé est en principe le subjonctif I, mais on trouve aussi le subjonctif II et même l'indicatif, surtout lorsque la principale est au présent et la subordonnée introduite par **daß**.

Karl sagt (sagte, hat gesagt). "Ich **bin** krank." *(discours direct)*
Karl sagt (sagte, hat gesagt), daß er krank **sei (wäre, ist)**. *(discours indirect)*

Construction

Avec conjonction ou (après certains verbes déclaratifs, voir p. 130) sans conjonction **daß** :

Karl sagt, **daß** er krank **sei.** Karl sagt, er **sei** krank.

– Les pronoms personnels se mettent généralement à la troisième personne.
– La ponctuation change.

Temps de la subordonnée du discours indirect

– Au ***présent*** du discours direct correspond le ***présent*** du subjonctif I ou II.
Ich **fahre** nach Bonn. Er sagt, er **fahre** nach Bonn.
Wir **fahren** nach Bonn. Sie sagen, sie **führen** nach Bonn.

– Au ***prétérit, parfait, plus-que-parfait*** du discours direct correspond le ***passé*** du subjonctif I ou II.
Ich **fuhr** nach Bonn. Er sagt, er **sei** nach Bonn **gefahren.**
Wir **fuhren** nach Bonn. Sie sagen, sie **wären** nach Bonn **gefahren.**

– Au ***futur*** du discours direct correspond le ***futur*** du subjonctif I ou II.
Ich **werde** nach Bonn **fahren.** Er sagt, er **werde** nach Bonn **fahren.**
Wir **werden** nach Bonn **fahren.** Sie sagen, sie **würden** nach Bonn **fahren.**

Remarques :

1. Une langue soignée donne la préférence au subjonctif I. Toutefois, on lui substitue le subjonctif II lorsque le subjonctif I ne se distingue pas de l'indicatif.
Er sagt, er **fahre** nach Bonn mais Sie sagen, sie **führen** nach Bonn.

2. Le subjonctif II tend à suppléer le subjonctif I grâce à ses formes plus marquées, même lorsqu'il n'y a pas risque de confusion avec l'indicatif.
Er sagt, er **hätte** keine Zeit au lieu de er **habe** keine Zeit.

3. Dans la langue courante, le futur du subjonctif II tend même à suppléer le présent du subjonctif I ou II. Cependant on évite ce temps avec les auxiliaires et les verbes de modalité.
Er sagt, er **komme** morgen (langue soignée), er **käme** morgen (langue courante).
er **würde** morgen **kommen** (tendance actuelle).

Formes interrogative et impérative

1. Dans l'interrogation indirecte, la subordonnée est introduite par **ob** ou un mot interrogatif.
Der Vater fragte, **wann** der Zug **abfahre, ob** sie noch Zeit **hätten.**

2. Au style indirect, on utilise pour un ordre *müssen* ou *sollen*, pour une prière *mögen*
Die Mutter sagte zu ihrem Sohn, er **müsse (solle)** nach Bonn fahren.
Ich bat meinen Freund, er **möge** mich besuchen.

*1. Mettre au discours indirect avec **daß** puis sans **daß** :*

Ein unglücklicher Versuch

Die Polizei meldet :

1. Ein 30 Jahre alter Mann erlitt lebensgefährliche Verbrennungen. **2.** Er wollte seine Hose in der Badewanne mit Benzin reinigen. **3.** Der Mann hatte in der Wanne Benzin mit Wasser gemischt. **4.** Er stellte den Warmwasserboiler an. **5.** Die Gasflamme führte zu einer Explosion. **6.** Die Verletzungen des Mannes waren sehr schwer. **7.** Er wurde im Hubschrauber in eine Klinik gebracht. **8.** Der Sachschaden wird auf mehr als 30 000 Mark geschätzt.

*2. Mettre au discours indirect sans **daß** :*

Die Zeitung berichtet :

1. Nur im Süden war das Wetter schön. **2.** Ein Tiger hat einen Zoodirektor angefallen. **3.** Der Alpenverein empfiehlt bei unzureichender Schneelage Pistensperrungen. **4.** Ein Bus fuhr auf einem am Fahrbahnrand geparkten Lastwagen auf. **5.** Dabei sind fünf Insassen des Omnibusses ums Leben gekommen. **6.** Der Drogenkonsum nimmt weiter zu. **7.** Die Polizei hat noch keine Spur von den Kindesentführern. **8.** Satellitenantennen sind gebührenfrei. **9.** Spuren im Schnee führten zu den Dieben. **10.** Schweden hält an Kernenergie fest.

3. Mettre au discours indirect :

© **Der Fuchsturm bei Jena**

In der Nähe von Jena lebte einst ein wilder und böser Riese. Er behandelte alle Menschen grausam. Auch seine Mutter schlug er. Da strafte ihn Gott. Ein gewaltiger Sturm brauste daher, und der Donner krachte fürchterlich. Plötzlich stürzte der Riese nieder. Die Berge fielen über ihn her und bedeckten ihn. Und aus diesem Grab wuchs sein kleiner Finger.

4. Mettre ce texte publicitaire au discours indirect sous les deux formes proposées :

a) Ein Sprecher sagt, daß Alcantara...

b) Ein zufriedener Kunde sagt, Alcantara...

Alcantara ist ein neues vielseitiges Material mit einzigartigen Qualitäten. Es ist weich und widerstandsfähig, knitterfrei, strapazier-fähig und pflegeleicht. Alcantara gibt es in vielen leuchtenden Farben. Für sportliche und elegante Kleidung wärmend oder luftig frisch. Für Innenverkleidungen von Autos, Schiffen, Eisenbahnwaggons und Flugzeugen. Für die Innenausstattung von Räumen, Vorhänge, Bezüge für Sofas, Sessel, Möbelstücke, Türen und Wände. Mit seinen besonderen Eigenschaften und seiner attraktiven Farbpalette erfüllt Alcantara alle Wünsche. In Schönheit ist Alcantara unnachahmlich. Es kann nicht kopiert werden. Sein Warenzeichen ist eingetragen, sein Name ist geschützt.

*5. Mettre au discours indirect, avec **daß**, puis sans **daß** :*

Mein Freund schreibt : **1.** Ich bin entlassen worden. **2.** Ich habe keine Arbeit mehr. **3.** Ich bin arbeitslos. **4.** Ich habe aber eine Frau und zwei Kinder. **5.** Ich muß sie doch ernähren. **6.** Meine Frau arbeitet ja nicht. **7.** Unsere Kinder sind noch sehr klein. **8.** Ich habe meinen Wagen verkaufen müssen. **9.** Ich will aber die Hoffnung nicht aufgeben. **10.** Ich werde dich anrufen, sobald es mir besser geht.

6. Mettre au discours indirect sans daß :

Mein Freund hat mir geschrieben : **1.** Ich bin zur Zeit mit meiner Freundin in Berlin. **2.** Wir haben vor, acht Tage zu bleiben. **3.** Ich mußte geschäftlich nach Berlin. **4.** Meine Freundin will sich die Stadt ansehen. **5.** Sie ist zum erstenmal in Berlin. **6.** Wir haben den gestrigen Nachmittag in Ostberlin verbracht. **7.** Am Abend war Hochbetrieb auf dem Alexanderplatz. **8.** Es wurde bis spät in die Nacht gesungen und getanzt. **9.** Von der Mauer ist nicht mehr viel zu sehen. **10.** Berlin erkennt man kaum wieder.

7. Mettre à l'interrogatif indirect :

Der Polizist fragt den jungen Mann : **1.** Wie heißen Sie ? **2.** Wie alt sind Sie ? **3.** Wo wohnen Sie ? **4.** Ist das Ihr Wagen ? **5.** Haben Sie einen Führerschein ? **6.** Wo kommen Sie her ? **7.** Wo fahren Sie hin ? **8.** Warum haben Sie sich nicht angeschnallt ? **9.** Wissen Sie noch nicht, daß es Vorschrift ist ? **10.** Soll ich diesmal ein Auge zudrücken ?

NIVEAU 1

1. Mettre au passif les phrases ci-après :

1. Der Junge hat das Fenster aufgemacht. **2.** Die Polizei hat den Dieb gefaßt. **3.** Der Metzger verkauft Fleisch und Wurst. **4.** Hier trinkt man nur Wein. **5.** Im Sommer trägt man gern helle Kleider. **6.** Man hat in dieser Stadt viel gebaut. **7.** Dein Freund erwartet dich seit gestern. **8.** Mein Bruder hat mich am Bahnhof abgeholt. **9.** Wer hat dieses Buch vergessen ? **10.** Wo erwartet man dich ?

2. Mettre au passif les phrases ci-après :

1. Der Jäger erlegt einen Bären. **2.** Die Germanen aßen viel Fleisch. **3.** Der Germane hat ein Wildschwein erlegt. **4.** In Trier trinkt man gern Moselwein. **5.** Viele Fremde besuchen jedes Jahr die Stadt Trier.

3. Mettre au passif les phrases ci-après :

1. Die Katze fängt eine Maus. **2.** Der Schüler schrieb eine Aufgabe. **3.** Die Arbeiter feiern das Richtfest. **4.** Die Arbeiter haben die Trümmer weggeräumt. **5.** Der Vater bringt ein Paket für seine Kinder. **6.** Die Straßenbahn hat den Hund totgefahren. **7.** Die Bomben haben viele Gebäude getroffen. **8.** Der Dachdecker hat das Dach gedeckt. **9.** Im Herbst feiert man das Winzerfest. **10.** Dann trinkt man viel Wein.

4. Mettre au passif les phrases ci-après :

1. Hier arbeitet man viel. **2.** Im Theater klatscht man. **3.** Man lachte. **4.** Man hat getanzt. **5.** In der Schule arbeitet man.

5. Mettre au passif les phrases ci-après :

1. Der Metzger verkauft Fleisch. **2.** Das Brot verkauft der Bäcker. **3.** Die Blumen züchtet der Gärtner. **4.** Den Haushalt versieht meine Mutter. **5.** Das Geld verdient mein Vater. **6.** Die wichtigen Einkäufe machen meine Eltern oft zusammen. **7.** Die Geschäfte schließen am langen Samstag erst um 19 Uhr. **8.** Viele interessante Angebote locken die Leute in die Stadt. **9.** Hier bietet ein Händler billige Herrenhemden an. **10.** Man gibt viel Geld aus.

*6. Mettre au discours indirect avec **daß** les phrases ci-après :*

Er hat geschrieben : **1.** “Ich bin krank. **2.** Ich muß das Bett hüten. **3.** Ich kann nicht in die Schule gehen. **4.** Der Arzt ist gekommen. **5.** Er hat mich untersucht.”

*7. Mettre au discours indirect sans **daß** les phrases ci-après :*

Ich habe gehört : **1.** “Er ist in Paris. **2.** Die Stadt gefällt ihm sehr. **3.** Er ist in die Oper gegangen. **4.** Er will bald nach England fahren. **5.** Er hat aber kein Geld mehr.”

*8. Mettre au discours indirect avec **daß** les phrases ci-après :*

1. Er behauptet : **1.** “Ich habe dich nicht gesehen. **2.** Ich bin nicht in der Stadt gewesen. **3.** Ich bin zu Hause geblieben. **4.** Ich hatte viel Arbeit. **5.** Ich konnte dich nicht anrufen.”

9. Compléter les phrases ci-après par les verbes proposés en les mettant au subjonctif :

Ich fragte meinen Vater, was das (sein). Er antwortete, es (sein) die großen Schiffe auf dem Rhein, deren Rauch aus hohen, dicken Schornsteinen gegen den Himmel (steigen). Auf den Schiffen (sein) lustige Menschen, die bei Musik tanzen, Wein trinken, Kuchen, Bratwürste oder gebackenen Fisch essen (können).

10. Compléter les phrases ci-après par les verbes proposés en les mettant au subjonctif :

1. Ich habe gelesen, der Bodensee (sein) im Herbst besonders schön. **2.** Man erzählt, dort (können) man im September noch baden. **3.** Man (finden) abends die Zeit nicht lang in Lindau. **4.** Dort (geben) es ein allerliebstes Theater. **5.** Die Besucher (haben) auch die Möglichkeit, schöne Konzerte zu hören.

11. Transformer les phrases ci-après en exclamatives de souhait :

1. Ich bin nicht reich. **2.** Ich habe kein Geld. **3.** Er ist nicht gesund. **4.** Er kann nicht kommen. **5.** Das Wetter ist nicht schön.

12. Transformer les phrases ci-après en exclamatives de regret :

1. Ich bin nicht gesund. **2.** Mein Freund ist nicht gekommen. **3.** Er hat schlecht gearbeitet. **4.** Er konnte nicht kommen. **5.** Die Sonne schien nicht.

NIVEAU 2

13. Former des phrases au passif avec les éléments proposés :

© **So wird ein Zelt aufgeschlagen**

1. Zeltplane – auf der Wiese – ausbreiten. **2.** Zeltstäbe – unter der Plane – aufrichten. **3.** Heringe – in die Erde einschlagen. **4.** Zeltschnüre – an den Zeltpflöcken – festbinden. **5.** Graben – um das Zelt – ausheben. **6.** Stroh – auf den Boden – verteilen. **7.** Schlafsäcke – über dem Stroh – ausrollen. **8.** Gepäck – in einer Zeltecke – verstauen. **9.** Wimpel – an der Zeltstange – anbinden.

14. Mettre au passif les phrases ci-après :

1. Die Diebe haben eine Fensterscheibe eingeschlagen. **2.** Die Alarmanlage haben sie außer Betrieb gesetzt. **3.** Sie haben das ganze Haus durchsucht. **4.** Sie haben alle Schränke geöffnet. **5.** Aber sie haben kein Geld gefunden. **6.** Vaters goldene Uhr haben sie mitgenommen. **7.** Die Polizei hat sie gefaßt. **8.** Der Richter hat sie verurteilt. **9.** Aber die goldene Uhr hatten sie längst verkauft. **10.** Die Versicherung hat uns dafür entschädigt.

15. Mettre au passif les phrases ci-après :

Das erste Auto

1. Zuerst träumt man davon. **2.** Man überlegt hin und her. **3.** Man spart das nötige Geld zusammen. **4.** Man macht Probefahrten. **5.** Schließlich bestellt man den Wagen. **6.** Man wartet ungeduldig auf die Lieferung. **7.** Man tankt bleifreies Benzin. **8.** Dann unternimmt man die erste Fahrt. **9.** Man lobt die bequemen Sitze, die großartige Straßenlage. **10.** Und schon nach kurzer Zeit spricht man von dem nächsten Wagen !

16. Mettre à l'actif le texte ci-après :

Immer mehr Wasser wird von jedem von uns verbraucht. Viel größere Wassermengen werden in Fabriken benötigt. Bei der Erzeugung von Baustoffen werden für eine Tonne 800 l Wasser benötigt. Einrichtungen wurden geschaffen, um die Wasserversorgung zu sichern. An der Ruhr sind große Stauseen angelegt worden. Das Grundwasser wird in den Wasserwerken hochgepumpt. Im Ruhrgebiet und am Rhein wird es in großen Filteranlagen aufbereitet, um als Trinkwasser brauchbar zu sein. In den Stauseen werden große Wassermengen gesammelt, die in den Sommermonaten in die Flüsse und Wasserwerke geleitet werden.

17. Traduire en utilisant une tournure passive :

© **1.** Ici on ne fume pas. **2.** On mange à une heure. **3.** Ce livre a été traduit en cinq langues. **4.** Il a été congédié. **5.** Ce chien n'a pas été vacciné. **6.** Ici on élève des truites. **7.** Il a été récompensé pour son travail. **8.** Il a été muté. **9.** Elle a été mordue par un chien. **10.** Ici on ne dort pas, on travaille.

18. Mettez dans les phrases ci-après les verbes proposés au subjonctif :

Lange Zeit glaubten die Menschen, die Erde (sein) flach und (befinden) sich im Mittelpunkt des Weltalls. Sie meinten, die Sonne (erheben) sich am Morgen aus dem Meer und (tauchen) am Abend ins Wasser zurück. Kolumbus war überzeugt, daß die Erde rund (sein).

19. Mettre au discours indirect :

Was ich in der Zeitung gelesen habe

Ich habe gelesen, daß... **1.** Die Grenzpolizei hat siebzehn Kilogramm Heroin beschlagnahmt. **2.** Das Rauschgift ist aus der Türkei gekommen. **3.** Die Zollbeamten haben die Plastikbeutel im Wageninneren gefunden. **4.** Das Rauschgift hat einen Wert von rund fünfzehn Millionen Mark. **5.** Die Polizei hat die drei Insassen des Wagens verhaftet.

20. Mettre au discours indirect :

Ich habe gelesen, daß... **1.** Der überraschende Wintereinbruch hat ein Verkehrschaos verursacht. **2.** Auf der Autobahn Nürnberg-Berlin steht ein einziger 60 Kilometer langer Stau. **3.** Der ganze Verkehr ist steckengeblieben. **4.** Viele sind vor Müdigkeit in ihren Wagen eingeschlafen. **5.** Polizeibeamte haben sie zur Weiterfahrt geweckt. **6.** Die meisten Autos hatten keine Winterreifen gehabt. **7.** Sie sind an den langen Steigungen hängengeblieben. **8.** Auf den Umgehungsstrecken riefen Schneetreiben und Straßenglätte Stauungen hervor. **9.** Die Tankstellen waren überlastet. **10.** Die Polizei rechnet mit einer weiteren schwierigen Nacht.

21. Mettre au discours indirect :

Mein Freund Holger hat mir erzählt : **1.** Ich bin Vegetarier aus ethischen Gründen. **2.** Ich will nicht, daß Tiere getötet werden. **3.** Schon als Kind habe ich mich geprügelt, wenn einer einen Käfer totgetreten hat. **4.** Im Wald habe ich die Hochsitze der Jäger umgesägt. **5.** Ich rechne mich zu den Umweltschützern.

22. Mettre au discours indirect :

Beim Reisebüro

Man hat mir gesagt, daß... **1.** Ein Urlaub in den Tiroler Bergen bietet jede Menge Sport und viel Unterhaltung. **2.** Die ganze Familie kommt voll auf ihre Rechnung. **3.** Kinder finden auf dem Bauernhof gute Spielmöglichkeiten. **4.** Man erreicht die Station auf guten Straßen. **5.** Das wirklich Anziehende der Seychellen sind die kleinen Inseln. **6.** Auch für Romantiker haben wir die richtige Insel. **7.** Man kann auch an Tagesausflügen teilnehmen. **8.** An den Nordseestränden kann man sich in gesunder Luft gut erholen. **9.** Eine Schiffsreise ist auch angenehm. **10.** Weitere Informationen erhält man von den Verkehrsämtern.

23. Mettre le texte ci-après au passif (présent © puis parfait) :

Was der Spaziergänger im All erlebt

1. Der Raumfahrer öffnet die Tür der Kapsel. **2.** Das Sonnenlicht blendet ihn. **3.** Er befestigt einen Spezialfilter an seinen Helm. **4.** Eine Art Rausch ergreift ihn. **5.** Der Abgrund zieht ihn an. **6.** Das Kabel bremst den Schwung. **7.** Der Raumfahrer erblickt die Wasserfläche des Kaspischen Meers. **8.** Er entdeckt die Gipfel des Kaukasus. **9.** Er befestigt die Fernsehkamera an der vorgesehenen Stelle der Kapsel. **10.** Die Fernsehzuschauer können nun seine Bewegungen auf dem Bildschirm verfolgen. (Aus "Zeitmagazin").

24. Mettre au discours indirect :

© Jeder kriegführende Staat behauptet von sich, daß er einen Verteidigungskrieg führt und für die gerechte Sache kämpft, daß er einen Kampf für Freiheit und Zivilisation aller Völker führt, daß er einen dauernden Frieden anstrebt, daß er alle Kräfte anspannen und kämpfen wird, bis der Gegner endgültig niedergeworfen ist, daß er ohne Zweifel Sieger bleiben wird, daß er siegreich vorgeht und nur geringe Verluste zu verzeichnen hat, daß die Bomben seiner Flieger nur militärische Institutionen der Gegner treffen und immer mit großem Erfolg, daß seine Artillerie und seine Flieger bedeutend besser sind als die Flieger und die Artillerie der Gegner, daß er gerade jetzt große Unternehmungen plant, die unbedingt Erfolg versprechen, daß der liebe Gott ihm zur Seite steht.

(Johannes R. BECHER)

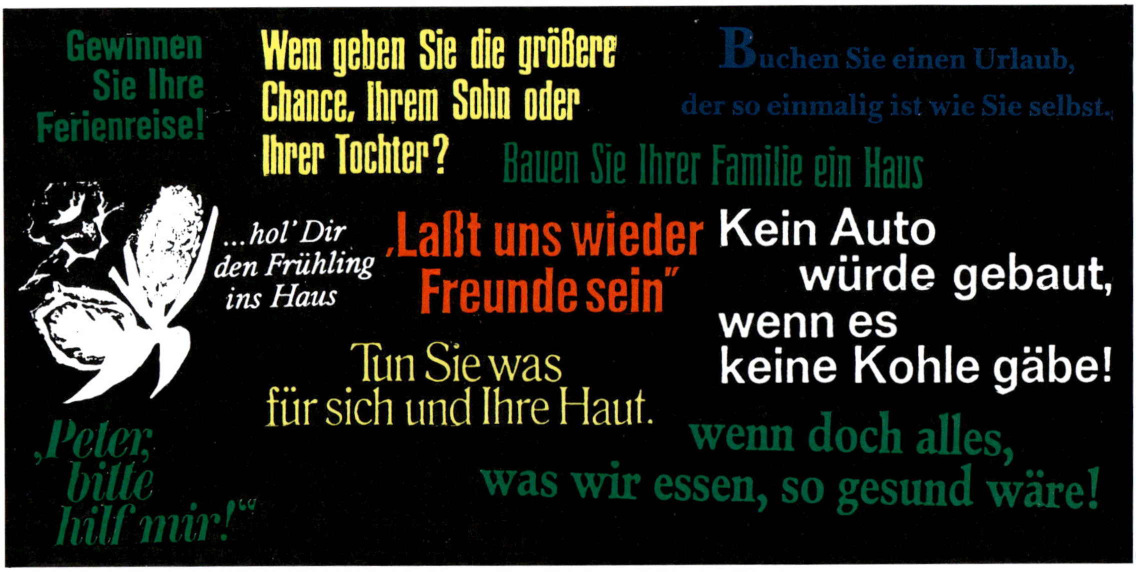

DIE GUTE WAHL

Brigitte : "Ich habe gerade Stoff zu meinem Brautkleid gekauft... Ach so, du weißt wohl gar nicht, daß ich in der nächsten Woche heirate ?"
Helga : "Das ist mir ganz neu, ich ahnte nicht einmal, daß du verlobt bist ! Aber ich hoffe, daß du die richtige Wahl getroffen hast !"
Brigitte : "Ganz bestimmt, der Stoff kostet 32 Mark das Meter !"

IM INNERN STECKT ES

Doktor : Du hättest dich doch waschen können, bevor du zu mir in die Sprechstunde kamst."
Junge : "Herr Doktor, ich dachte, es handle sich um ein inneres Leiden."

NUR MUT !

"Seien Sie ohne Sorge, Frau Koch !
Bald werden Sie wieder waschen, kochen, backen, bügeln und saubermachen können !"

VERLORENES SPIEL

Das Auswärtsspiel hatten sie verloren. Ziemlich hoch sogar.
Sagte der Spielführer zu seinen Mannen : Hört mal her ! Ich habe euch doch vor dem Spiel gesagt : Spielt, wie ihr noch nie gespielt habt ! Aber ich habe nicht gesagt : Spielt, als ob ihr noch nie gespielt hättet !"

LES CONJONCTIONS ET LOCUTIONS CONJONCTIVES

Conjonctions de coordination comportant l'addition d'éléments nouveaux

Sens positif : **und** : *et* – **sowie [auch], wie auch** : *de même que* – **sowohl...als (wie) [auch]** : *tout autant que*
und zwar : *à savoir* – **und auch** : *et également* – **außerdem, dazu** : *en outre*
nicht nur..., sondern auch : *non seulement..., mais aussi*
Sens négatif : **weder...noch** : *ni...ni* – **geschweige denn** : *à plus forte raison*

Conjonctions de coordination comportant l'opposition de deux éléments.

Alternative : **oder** : *ou* – **entweder...oder** : *ou...ou*
Adversative : **aber** : *mais* – **dagegen, hingegen** : *par contre, en revanche*
Comparative : **wie** : *comme* – **(eben)so...wie** *(égalité) : tout autant que,*
...als *(rarement :* **denn**) *(inégalité) : plus que*
Restrictive : **doch, [je]doch** : *pourtant* – **zwar...aber** : *certes... mais* – **aber, allein** *(archaïque) : mais*
sondern (vielmehr) : *mais au contraire* – **dennoch, trotzdem** : *malgré cela*
Explicative : **und zwar** : *plus précisément*

Conjonctions de coordination exprimant une relation de cause à effet

denn : *car* – **nämlich** : *c'est-à-dire* – **(al)so** : *ainsi* – **folglich, infolgedessen** : *il en résulte que*
deshalb, deswegen, daher, demnach : *c'est pourquoi*

Locutions binaires établissant une relation entre deux membres de phrase

bald...bald : *tantôt,... tantôt* – **mal...mal** : *parfois...parfois*
teils...teils : *en partie...en partie* – **halb...halb** : *moitié...moitié*
einserseits...andererseits, zum einen...zum anderen : *d'une part... d'autre part.*

Remarque : Les véritables conjonctions de coordination comme **aber, denn, oder, sondern, und** ne comptent pas comme membres de phrase (donc verbe en 2e position).
D'autres, considérées comme conjonctions-adverbes, peuvent ou non être considérées comme membres de phrase selon que l'accent est mis sur l'aspect adverbe ou conjonction.

Er liest gern, **doch** *(adverbe)* sieht er lieber fern.
Er liest gern, **doch** *(conjonction)* er sieht lieber fern.

Conjonctions de subordination de temps

Antériorité : **nachdem** : *après que* – **als** : *lorsque* – **wenn** : *quand* – **sobald, sowie** : *dès que*
seit(dem) : *depuis que*
Simultanéité : **während, indem** : *pendant que* – **solange** : *tant que* – **sooft** : *aussi souvent que*
als, wie, wenn : *comme, alors que*
Postériorité : **bis** : *jusqu'à ce que* – **bevor, ehe** : *avant que*

Conjonctions de subordination de manière

Sens négatif : **ohne daß** : *sans que* – **kaum daß** : *à peine* – **(an)statt daß** : *au lieu que*
Moyen : **indem** : *en + participe présent*
Comparaison : **wie, sowie, so...wie, als** : *de même que, comme* – **als...ob, als...wenn, wie...wenn** : *comme si*
Proportion : **je...desto (umso)** : *plus...plus* – **je nachdem** : *selon que*
Restriction : **(in)sofern, soweit, soviel** : *dans la mesure où* – **außer daß** : *sauf que*
es sei denn, daß : *à moins que*

Conjonctions de subordination de cause

Cause proprement dite : **weil, da** : *parce que* – **zumal** : *d'autant plus que*
Conséquence : **daß, so daß** : *de sorte que* – **als daß** : *pour que*
Finalité : **damit, daß** : *afin que*
Condition : **wenn** : *si* – **falls** : *au cas où*
Concession : **obwohl, obgleich, obschon** : *bien que* – **wenn auch** : *même si*

1. Traduire ces exemples illustrant le tableau grammatical :

1. Ich esse gern Äpfel, Birnen **sowie** Apfelsinen **und auch** Nüsse. Das kann dir **auch** passieren. Der Bürgermeister **wie auch** viele Eltern nahmen am Fest teil. Dieser Bauer hat Kühe **und** Schweine **und auch (außerdem, dazu)** Hühner **und** Enten. Er ist nicht begabt, **außerdem (dazu)** ist er noch faul. Ich kenne **sowohl** Deutschland **als (wie) auch** Österreich. Ich kenne **nicht nur** Deutschland, **sondern auch** Österreich. Er kennt **weder** Italien **noch** Spanien. Er hat nicht mal das Geld für ein Fahrrad, **geschweige** denn für ein Auto.
2. Ich trinke Wein **oder [auch]** Bier. **Entweder** rufe ich (ich rufe) dich an, **oder** ich schreibe dir. Ich komme morgen, **aber** ich kann nicht lange bleiben. Ich gehe oft ins Kino, mein Bruder **dagegen (hingegen)** selten. Du bist **[eben]so** alt **wie** mein Bruder, aber du bist größer **als** er. Ich ginge gern spazieren, **[je]doch** ich habe (habe ich) keine Zeit. Das Haus ist **zwar** schön, **aber** auch sehr teuer. Ich komme bestimmt, **außer** es regnet zu stark. Nicht er, **sondern** du bist schuld. Er liebt sie, **vielmehr** er betet (betet er) sie an. Es regnet, er will **dennoch (trotzdem)** kommen. Er ist ehrlich, **insofern** kannst du ihm vertrauen. Ich habe mir den Arm gebrochen, **und zwar** den rechten.
3. Er kann nicht kommen, **denn** er hat keine Zeit. Er kann nicht kommen, er ist **nämlich** erkältet. Lerne was, **so** kannst du was. Er ist krank, er muß **also (folglich, deshalb, deswegen, daher, darum, infolgedessen)** das Bett hüten.
4. Er fährt **bald** nach Frankfurt, **bald** nach Berlin. **Mal** fährt er mir dem Auto, **mal** mit dem Zug. Er verbringt seine Ferien **teils** in Deutschland, **teils** in Italien. Es ist **halb** Schnee, **halb** Regen. **Einerseits** gefällt mir dieses Kleid, **andererseits** ist es mir zu teuer.

2. Traduire :

1. Tür nicht öffnen, **bevor** der Wagen hält. Wir waren zu Hause, **ehe** es zu regnen begann. **Wenn** es schneit, freuen sich die Kinder.
2. Er war nur kurz da, **kaum daß** ich Zeit hatte, ihn zu begrüßen. **Sowie** ich fertig bin, komme ich. Er war **so, wie** ich ihn zuletzt gesehen hatte. Er ist jünger **als** er aussieht. **Je** länger ich ihn kenne, **um so** lieber habe ich ihn. **Je nachdem** das Wetter ist, gehen wir spazieren oder bleiben wir zu Hause. **Soviel** ich sehe, ist die Arbeit fertig. Der Urlaub war schön, **außer daß** es zu heiß war. Wir kommen, **außer wenn** es regnet.
3. Falls es regnet, komme ich etwas später. Sie ist schön, **wenn auch** nicht mehr ganz jung.

3. Traduire :

© **1.** Das ist weder Fisch noch Fleisch. **2.** Er hat weder geschrieben noch angerufen. **3.** Er trinkt weder Wein noch Bier noch Schnaps. **4.** Er wußte weder aus noch ein. **5.** Sie ist weder klug noch schön.

4. Traduire les proverbes suivants :

© **1.** Man wird alt wie eine Kuh und lernt immer noch dazu. **2.** Alter macht immer weiß, aber nicht immer weise. **3.** Wie der Anfang, so das Ende. **4.** Arm oder reich, vor Gott sind alle gleich. **5.** Such' dir deine Frau nicht beim Tanzen, sondern bei der Arbeit !

5. Mettre au comparatif les adjectifs entre parenthèses :

1. Je (groß) der Hunger, desto (gut) schmeckt das Essen. **2.** Je (hoch) der Schnee, desto (glücklich) sind die Skiläufer. **3.** Je (südlich) du fährst, desto (schön) wird das Wetter. **4.** Je (lang) die Tage sind, desto (kurz) sind die Nächte. **5.** Je (kalt) es draußen ist, desto (gemütlich) fühlt man sich zu Hause.

6. Traduire :

© **1.** Ce pauvre enfant n'a ni père ni mère. **2.** Ou bien tu viendras dimanche, ou bien tu ne viendras pas, il faut que tu te décides. **3.** Tantôt il a envie de travailler, tantôt il n'en a pas envie. **4.** Il a été malade tout l'hiver et malgré cela il a réussi son examen. **5.** Il a non seulement visité toute l'Allemagne, mais aussi la Suisse et l'Italie. **6.** Il est aussi malin qu'un singe. **7.** Je n'ai pas assez d'argent pour une Ford, à plus forte raison pour une Mercédès. **8.** Mon frère est grand et fort, ma sœur en revanche est petite et maladive. **9.** Nous avons un drôle de temps, tantôt il pleut, tantôt le soleil brille. **10.** Il joue non seulement du piano, mais aussi du violon, la musique moderne en revanche, il ne l'aime pas.

LA SUBORDONNÉE CONDITIONNELLE

Construction avec ou sans wenn

1. sans **wenn** : subordonnée en 1re position (verbe en tête). Principale généralement précédée de **so** ou **dann** :

   Regnet es nicht, **dann (so)** gehen wir spazieren.

2. avec **wenn** : subordonnée souvent en 1re position (verbe à la fin). Principale précédée ou non de **so** ou **dann** :

   Wenn das Kind krank ist, ruft die Mutter den Arzt.

– Pour exprimer l'incertitude du locuteur, on peut remplacer **wenn** par **falls.**

   Falls es regnet, bleiben wir zu Hause.

L'événement n'a pas eu lieu (irréel)

1. Passé du subjonctif II dans les deux propositions :

   Wenn du **gekommen wärest, wären** wir in die Stadt **gefahren.**

2. On trouve aussi dans la principale le futur II (emploi rare et littéraire).

   Wenn er ihn besser gekannt hätte, **würde** er das nicht **gesagt haben.**

L'événement n'a pas encore eu lieu (hypothétique)

1. Hypothèse réalisable : indicatif dans les deux propositions :

   Wenn du **kommst,** { **fahren** wir in die Stadt.
   { **werden** wir in die Stadt fahren.

2. Hypothèse non encore réalisée ou imaginaire : subjonctif II dans les deux propositions :

   Wenn du **kämest,** { **würden** wir in die Stadt **fahren.** (futur)
   { **führen** wir in die Stadt. (présent)

Remarques :

1. Le futur I du subjonctif II dans la principale se répand de plus en plus. Il permet d'éviter la confusion avec le prétérit de l'indicatif des verbes faibles. Il marque mieux la succession des actions.

   Wenn ich reich **wäre, würde** ich ein Auto **kaufen** (plutôt que **kaufte** ich ein Auto).

– On évite toutefois le futur avec les auxiliaires de temps et les verbes de modalité.

   Wenn du Zeit **hättest, könntest** du mich besuchen.

2. Le présent du subjonctif II, forme simple plus élégante, est ressenti comme archaïque ou littéraire.

   Wenn ich ein Vöglein **wär', flög'** ich zu dir.

1. *Traduire les proverbes et aphorismes :*

1. Wenn alle Tage im Jahr gefeiert würden, so würde Spiel so lästig sein wie Arbeit. **2.** Wenn man den Sack zu voll stopft, zerreißt er. **3.** Willst du was sein, so sei es ganz ; nichts ist ein Affe ohne Schwanz. **4.** Wenn mancher Mann wüßte, wer mancher Mann wär', tät' mancher Mann manchem Mann mehr Ehr'. **5.** Wenn die Magd Frau wird, so treibt sie den Herrn aus dem Haus.

2. *Mettre les phrases au subjonctif II :*

1. Wenn du krank bist, kannst du nicht in die Schule gehen. **2.** Wenn du kein Geld hast, kannst du dir kein Auto kaufen. **3.** Wenn ich zu Hause bleibe, lese ich viel. **4.** Wenn die Großeltern kommen, freuen sich die Kinder.

3. *Mettre au subjonctif II, présent puis passé :*

1. Wenn du gern liest, kaufe ich dir ein Buch. **2.** Wenn ich nach Paris fahre, schicke ich dir eine Postkarte. **3.** Wenn Uwe Zeit hat, spielt er Klavier. **4.** Wenn er Arbeit findet, freut er sich riesig. **5.** Wenn wir Gäste haben, bäckt Mutter Kuchen.

4. *Relier les phrases par* ***wenn****, puis les mettre au présent et au passé du subjonctif II :*

1. Er verdient viel Geld. Er kann sich ein Auto leisten. **2.** Er hat keine Schule, er darf länger schlafen. **3.** Sein Auto ist in der Garage, er muß ein Taxi bestellen. **4.** Du hast Zahnschmerzen, du mußt zum Zahnarzt gehen. **5.** Du rufst deinen Freund an, er gibt dir Auskunft.

5. *Relier les phrases par* ***wenn****, puis les mettre au présent et au passé du subjonctif II :*

Ich muß nach Paris

1. Ich fahre mit dem Zug, ich lasse mich von einem Taxi an die Bahn bringen. **2.** Ich bekomme einen Fensterplatz, ich kann mir während der Fahrt die Gegend ansehen. **3.** Ich komme nach wenigen Stunden in Paris an, meine Bekannten erwarten mich auf dem Bahnsteig. **4.** Sie laden mich zum Abendessen ein, wir essen in einem hübschen Restaurant. **5.** Ich übernachte im Hotel, um sieben Uhr weckt mich der Pförtner. **6.** Ich frühstücke in meinem Zimmer, das Zimmermädchen bringt mir das Frühstück auf einem Tablett. **7.** Ich muß schon um 9 Uhr in der Nähe des Eiffelturms sein, ich fahre am besten mit der U-Bahn. **8.** Ich kann meine Geschäfte am Vormittag erledigen, ich mache am Nachmittag einen Stadtbummel. **9.** Vor dem Abendessen kann ich mir eine kleine Ruhepause leisten, dann gehe ich ins Theater. **10.** Das Theater ist ausverkauft, dann gehe ich ins Kino.

6. *Mettre ces phrases au subjonctif II afin d'exprimer les réalisations possibles dépendant d'une condition préalable :*

Wenn ich etwas zu sagen hätte, würde ich ... **1.** Ich verbiete die gefährlichen Pflanzenschutzmittel in der Landwirtschaft. **2.** Die Betriebe dürfen keine Schadstoffe mehr in die Flüsse werfen. **3.** Die Autos ohne Katalysator bekommen keine Fahrberechtigung mehr. **4.** Es gibt kein verbleites Benzin mehr. **5.** Es wird nur mit bleifreiem Benzin gefahren. **6.** Die Fahrer müssen bei Stau ihren Motor abstellen. **7.** In öffentlichen Räumen darf nicht mehr geraucht werden. **8.** In den Städten werden alle Grünanlagen erhalten und sogar erweitert. **9.** Der Fernverkehr darf nicht mehr durch die Städte geleitet werden. **10.** U-Bahnen und sonstige öffentliche Verkehrsmittel werden bevorzugt.

7. *Traduire :*

© **1.** S'il pleuvait, nous resterions à la maison. **2.** Si tu venais avant 4 heures, je ne serais pas là. **3.** Si tu étais parti plus tôt, tu ne serais pas arrivé en retard. **4.** Si tu avais acheté cette voiture, tu aurais fait une bonne affaire. **5.** Si tu pouvais m'aider, je te serais reconnaissant.

8. *Traduire :*

© **1.** Si tu avais le temps, nous pourrions aller en ville. **2.** S'il faisait froid, nous ferions du feu. **3.** S'il voulait venir ce soir, il m'aurait téléphoné. **4.** S'il m'avait reconnu il m'aurait salué. **5.** Si tu l'avais su, tu me l'aurais dit.

9. *Traduire avec* ***wenn****, puis sans* ***wenn*** *:*

© **1.** S'il fait froid, je reste à la maison. **2.** Si j'ai du travail, je ne vais pas me promener. **3.** Si tu peux venir, je te montrerai mes cadeaux de Noël. **4.** Si tu le vois, salue-le de ma part ! **5.** Si mon fils travaille bien, je lui achèterai un disque.

10. *Traduire puis mettre au subjonctif II,*
© *présent et passé :*

1. Si tu m'invites, je viendrai dimanche. **2.** Si tu lui achètes un livre, il le lit aussitôt. **3.** Si ton père a une sœur, tu as une tante. **4.** Si ton arrière-grand-père vit encore, il est très âgé. **5.** S'il fait assez chaud, nous irons nous baigner.

11. *Traduire :*

© **1.** Si j'avais su que vous veniez, je vous aurais attendu. **2.** Si tu as faim, tu peux manger une pomme. **3.** S'il allait se coucher de bonne heure, il ne serait plus fatigué le matin. **4.** Si tu m'écoutais, tu boirais moins d'alcool. **5.** Si les automobilistes roulaient moins vite, il y aurait moins d'accidents. **6.** S'il avait plu davantage cet été, la récolte aurait été meilleure. **7.** S'il neigeait maintenant, nous pourrions faire du ski à Noël. **8.** Si ses parents le lui permettaient, il irait tous les jours à la piscine. **9.** Si les routes étaient enneigées, je laisserais ma voiture au garage. **10.** Si je prenais le train, je ne pourrais pas être à la maison ce soir.

LA SUBORDONNÉE TEMPORELLE, COMPLÉTIVE, INTERROGATIVE, CAUSALE

Subordonnée temporelle

1. Introduite par **wenn** *(quand, toutes les fois que)* ou **als** *(lorsque)*

– **als** : événement ponctuel, passé ou présent historique.

Als sein Vater **starb**, war er noch sehr jung. Es ist schon spät, **als** wir **ankommen.**

– **wenn** : présent (événement de portée générale), passé (événement répétitif).

Wenn es **schneit**, freuen sich die Kinder. [Jedesmal], **wenn** es **schneite**, freuten sie sich.

Schneit es, so freuen sich die Kinder.

2. Introduite par **bevor (ehe)** *(avant que)* ou **nachdem** *(après que)* :

Tür nicht öffnen, **bevor** der Wagen **hält.**

Nachdem es geschneit **hatte,** freuten sich die Kinder.

– **bevor** et **nachdem** ne peuvent s'employer dans une proposition infinitive.

– Emploi des temps après **nachdem** : principale (présent ou futur), subordonnée (parfait)
principale (prétérit ou parfait), subordonnée (pl. que p.)

3. Introduite par **während** ou **indem** *(pendant que)* :

Während (Indem) er sprach, klingelte das Telefon.

Indem peut exprimer la manière dont se fait l'action (souvent rendu en français par le participe I).

Der Dieb drang ins Haus, **indem** er eine Fensterscheibe einschlug.

Subordonnée complétive

Introduite par **daß** *(que)* ou **ob** *(si)* :

Ich denke, **daß** er morgen kommt.

Ich weiß nicht, **ob** er morgen kommt.

– Après les verbes déclaratifs exprimant l'idée de dire, penser, entendre, sentir, on peut avoir une complétive sans **daß.**

Ich denke, er kommt morgen.

Subordonnée interrogative

Introduite par **ob** *(si)* :

Frage ihn, **ob** er morgen kommt.

Subordonnée causale

Introduite par **weil** *(parce que)*, ou **da** *(comme)*

Généralement en tête de phrase, **da** se rapporte à une information déjà connue.
Généralement derrière la principale, **weil** apporte une information nouvelle.

Da er krank war, konnte er nicht kommen. Er konnte nicht kommen, **weil** er krank war.

– Après **hören** et **sehen**, on emploie souvent une subordonnée conjonctive introduite par **wie.**

Ich **höre, wie** der Wind heult und ich **sehe, wie** die Blätter fallen.

1. Traduire les proverbes et aphorismes suivants :

1. Wenn die Katze nicht zu Hause ist, tanzen die Mäuse. **2.** Wenn die Maus satt ist, ist das Mehl bitter. **3.** Wie man den Karren schmiert, so läuft er. **4.** Wenn die Jungen flügge geworden sind, verlassen sie das Nest. **5.** Sobald man spricht, beginnt man schon zu irren. **6.** Wenn man den Hund schlagen will, findet man immer einen Stock. **7.** Wenn sich die Hirten streiten, hat der Wolf gewonnenes Spiel. **8.** Während die Hirten schlafen, stiehlt man die Wolle den Schafen. **9.** Wie man in den Wald hineinruft, so schallt es heraus. **10.** Nichts wird gut und vollkommen sein, bevor die Menschen selbst gut und vollkommen geworden sind.

2. *Relier les phrases en faisant de la première une subordonnée temporelle :*

1. Ich kam an die Theaterkasse, die Vorstellung war ausverkauft. **2.** Ich bekam keinen Platz im Theater, ich beschloß ins Kino zu gehen. **3.** Ich betrat den Saal, die Vorstellung hatte schon begonnen. **4.** Ich hatte endlich einen Platz im Dunkel gefunden, es wurde hell. **5.** Ich sah mich um, ich erblickte meinen Freund.

3. *Relier les phrases en faisant de la première une subordonnée temporelle :*

1. Du willst ins Theater gehen, du mußt deine Eintrittskarte im Vorverkauf lösen. **2.** Du hast keine Eintrittskarte bekommen, du mußt eine halbe Stunde vor Beginn der Vorstellung vor dem Theater warten. **3.** Du hast Glück, ein verhinderter Zuschauer tritt dir seine Eintrittskarte ab. **4.** Du betrittst den Saal, du kannst dir ein Programm kaufen. **5.** Die Vorstellung gefällt den Leuten, sie klatschen lebhaft Beifall.

4. *Compléter par* ***wenn*** *ou* ***als*** *:*

1. ... wir mit dem Wagen in die Stadt fahren, müssen wir einen Parkplatz ausfindig machen. **2.** ... wir keinen gebührenfreien Parkplatz finden, halten wir vor einer Parkuhr. **3.** ... wir letzten Sonnabend in die Stadt kamen, waren alle Parkplätze besetzt. **4.** ... er das sah, ließ mein Vater uns aussteigen und wollte wieder nach Hause fahren. **5.** "... ihr mit euren Einkäufen fertig seid, kommt ihr halt zu Fuß nach Hause", sagte er. **6.** ... meine Mutter das hörte, war sie ärgerlich. **7.** "... wir vollbeladen aus den Geschäften kommen, können wir doch nicht zu Fuß nach Hause gehen", sagte meine Mutter. **8.** ... ihr die Geschäfte ausverkauft habt, könnt ihr ja eine Taxe nehmen, ich kann hier nicht stehen bleiben", antwortete mein Vater und fuhr los. **9.** ... wir das Kaufhaus verließen, konnten wir kein Taxi ausfindig machen. **10.** "... wir wieder zum Einkaufen in die Stadt wollen, fahre ich", sagte meine Mutter. "Ich finde immer einen Parkplatz."

5. *Relier par* ***bevor*** *les phrases ci-après :*

1. Jeden Morgen liest Vater seine Zeitung, erst dann steht er auf. **2.** Mutter deckt den Frühstückstisch, dann weckt sie die Kinder. **3.** Sie frühstücken tüchtig, dann gehen sie in die Schule. **4.** Mutter macht das Haus sauber, dann eilt sie zum Supermarkt. **5.** Sie sieht sich die Preise an, dann kauft sie ein. **6.** Der Vater holt die Kinder von der Schule ab, dann fährt er nach Hause. **7.** Die Kinder waschen sich die Hände, dann gehen sie an den Tisch. **8.** Sie essen das Hauptgericht, dann bekommen sie einen Nachtisch. **9.** Michael macht seine Hausaufgaben, dann geht er zum Tennis. **10.** Karin besucht ihre Freundin, dann macht sie ihre Schulaufgaben.

6. *Relier ces phrases à l'aide de* ***nachdem*** *; les transformer ensuite à l'aide de* ***bevor*** *:*

Im Restaurant

1. Vor der Tür haben wir uns die Speisekarte angesehen, dann sind wir ins Restaurant eingetreten. **2.** Wir haben unsere Mäntel an der Garderobe abgegeben, dann haben wir uns nach einem Platz umgesehen. **3.** Ein Ober hat uns einen schönen Fensterplatz angeboten, dann hat er uns die Speisekarte gebracht. **4.** Wir haben uns zu einer kleinen Vorspeise und einem Fleischgericht entschlossen, dann haben wir bestellt. **5.** Vater hat sich die Weinkarte angesehen, dann hat er eine Flasche Rotwein kommen lassen.

7. *Compléter ces phrases par* ***ob*** *ou* ***daß*** *:*

1. Weißt du, ... der Briefträger vorbei ist ? **2.** Ich weiß, ... er vorbei ist, aber ich weiß nicht, ... er etwas gebracht hat. **3.** Ich hoffe, ... er wenigstens die Zeitung gebracht hat. **4.** Frage mal deine Mutter, ... Tante Emma angerufen hat. **5.** Sie hat versprochen, ... sie heute anruft. **6.** Ich kann dir jetzt noch nicht sagen, ... wir morgen abend kommen können, aber ... wir immer gern zu dir kommen, ist sicher. **7.** ... es regnet oder nicht, spielt dabei keine Rolle. **8.** ... ich noch oft spät im Büro arbeiten muß, ist dir nichts Neues.

8. *Répondre en employant une subordonnée causale conformément au modèle :*

Ex. : **Warum bist du nicht in die Schule gegangen ? Ich bin nicht in die Schule gegangen, weil ich krank war. Da ich krank war, bin ich nicht in die Schule gegangen.**

Warum bist du gestern abend nicht gekommen ?

1. Meine Mutter ist krank. **2.** Ich habe keine Lust. **3.** Ich muß auf meine kleine Schwester aufpassen. **4.** Ich gehe ins Kino. **5.** Ich warte auf einen Anruf.

LA SUBORDONNÉE CONCESSIVE, FINALE, COMPARATIVE, CONSÉCUTIVE

Subordonnée concessive

1. Introduite par **obgleich, obwohl, obschon** *(bien que)*. Affirmation d'un fait réel : ***indicatif.***
   Obwohl es **regnete,** ging er spazieren.
2. Introduite par **wer (was)...auch, wer...auch, was...auch, wie...auch, wenn...auch, wo...auch, ob...ob, ob...oder, so + adj... auch, mögen + noch so.**

Affirmation d'un fait réel : ***indicatif.*** Hypothèse plus ou moins probable : ***subjonctif I ou II.***

– La concessive ne comptant pas comme premier élément, le verbe de la principale qui suit est en deuxième position, sauf si celle-ci est précédée d'un adverbe : **so, immer,** etc.

Wer auch kommt, er ist willkommen.
Ob es regnet, **ob** es schneit, er geht spazieren.
Was auch kommen **möge** (mag), ich tue es.
Er **mag noch so** viel arbeiten (**So viel** er **auch** arbeitet), er schafft es nicht.
So reich er **auch ist (sei),** er ist nicht glücklich.
Wenn er **auch** früher gekommen **wäre**, es wäre doch zu spät gewesen.

3. Introduction par **es sei denn [daß],** *(à moins que)*
   Éventualité probable ou restriction : ***indicatif,*** ou hypothétique : ***subjonctif I ou II.***

Er kommt bestimmt, { **es sei denn, daß** er krank **ist (sei).**
er **ist (sei)** krank.

Subordonnée finale

1. Introduite par **daß** *(que)*, **damit** *(afin que) :* ***indicatif*** ou ***subjonctif I ou II.***
   Si la finalité est considérée comme remplie : indicatif (surtout si la principale est au présent) sinon : subjonctif I ou II.
   Beeil dich, **damit (daß)** du bei Zeiten fertig wirst.
   Sie gibt ihm den Koffer, **damit** er ihn **trägt (trage)**.
   Sie gab ihm den Koffer, **damit** er ihn **trug** (**trage** ou **trüge**).
2. Introduite par **um...zu** *(pour) :* L'infinitive a même sujet que la principale (voir page 142).
   Er kommt, **um** mir **zu** helfen.

Subordonnée comparative

Introduite par **als (ob), als (wenn)** *(comme si) :* en principe ***subjonctif II.***

– Lorque **als** n'est pas suivi de **ob** ou **wenn,** il est suivi du verbe.
Er tut so, **als ob** er keine Zeit **hätte** (als **hätte** er keine Zeit).

Subordonnée consécutive

Introduite par **daß, so daß** *(de sorte que),* **als daß** *(pour que),* **ohne daß** *(sans que),* **zu** + *adj., ...***als daß** *(trop... pour que),* **eher, ...als daß** *(plutôt...que)*

Si la conséquence est considérée comme réelle : ***indicatif,*** sinon ***subjonctif I ou II***
Der Arzt kommt (kam) zu spät, **als daß** er noch helfen **kann (könnte, hätte helfen können).**
Sie ist so glücklich, daß sie weinen **könnte.**

1. Relier les deux phrases en faisant de la première une concessive introduite par ***obwohl***

1. Er ist viel älter als ich, wir verstehen uns sehr gut. **2.** Wir wohnen in derselben Straße, wir besuchen nicht dieselbe Schule. **3.** Er spielt viel besser Tennis als ich, wir spielen oft zusammen. **4.** Er gewinnt immer, ich ärgere mich nicht. **5.** Er bereitet sich sehr ernst auf das Abitur vor, er will nicht studieren. **6.** Ich weiß noch nicht, was ich werden will, ich werde die Universität besuchen. **7.** Meine Eltern würden es gerne sehen, ich will aber nicht Lehrer werden. **8.** Ich habe in der Schule Französisch gelernt, ich verstehe die Franzosen nicht. **9.** Wir haben einen sehr guten Lehrer, ich bringe es in Latein nie über eine Vier. **10.** Mein Freund hilft mir manchmal, ich mache keine Fortschritte.

2. Traduire :

1. Ich fahre mit dem Wagen, es sei denn, der Wetterbericht meldet Glatteis. **2.** Ich fliege nicht nach Berlin, es sei denn, der Betrieb würde mir den Flug zahlen. **3.** Ich kann vor 8 Uhr nicht da sein, es sei denn, ich werde früher mit meiner Arbeit fertig. **4.** Ich möchte dich zum Essen einladen, es sei denn, du hast andere Verpflichtungen. **5.** Wir könnten in den Ratskeller gehen, es sei denn, dort ist heute Betriebsruhe.

3. Traduire :

1. Was ich auch für dich tun kann, es kann dir nicht helfen. **2.** Was er auch denken mag, es ist mir egal. **3.** Was er dir auch erzählen mag, du darfst ihm nicht glauben. **4.** Wie spät er auch kommt, ich warte auf ihn. **5.** Wie weit es auch ist, ich gehe zu Fuß. **6.** Ob er will oder nicht, er muß heute zu Hause bleiben. **7.** Ob du es glaubst oder nicht, es ist wahr. **8.** So arm er auch ist, er hat immer etwas für die Armen übrig. **9.** So viel er auch verdienen mag, er hat niemals einen Pfennig übrig. **10.** Ob es schneit oder regnet, ich komme bestimmt.

4. Compléter par ***daß*** *ou* ***damit*** *:*

1. Sieh zu, ... du pünktlich um 18 Uhr da bist, ... wir uns vor dem Essen noch etwas unterhalten können. **2.** Sorge dafür, ... auch deine Eltern nicht zu spät kommen, ... wir bei Zeiten essen. **3.** ... du es weißt, Blumen brauchst du keine mitzubringen. **4.** ... wir Brot genug haben, dafür habe ich gesorgt. **5.** Kuchen gibt es auch so viel, ... alle satt werden. **6.** ... sich keiner langweilt, habe ich ein paar neue Schallplatten gekauft. **7.** Es ist vorgesehen, ... nach dem Essen getanzt wird. **8.** ... auch Nichttänzer auf ihre Rechnung kommen, habe ich Tische zum Kartenspielen bereitgestellt.

5. Relier les phrases en faisant de la seconde une subordonnée avec ***damit*** *:*

1. Geh früh schlafen, dann bist du morgen früh rechtzeitig wach. **2.** Mach die Fenster auf, dann kommt frische Luft ins Haus. **3.** Spar dein Geld, dann kannst du dir einen neuen Wagen kaufen. **4.** Laß dich beraten, dann machst du keine Dummheit. **5.** Trink nicht so viel, dann bleibst du gesund.

6. Traduire, puis supprimer ***ob*** *et* ***wenn*** *:*

1. Tu nicht so, als ob du das nicht könntest. **2.** Es war mir doch, als wenn jemand geläutet hätte. **3.** Er stellt sich so, als ob er nichts hören würde. **4.** Es sieht so aus, als ob es regnen wollte. **5.** Mir war, als ob ich durch die Prüfung gefallen wäre.

7. Compléter par ***so...daß, als...daß, ohne... daß*** *:*

1. Ich stehe früh auf, ... ich Zeit habe, gemütlich zu frühstücken. **2.** Ich gehe zu Fuß zur Arbeit, ... meine Frau über den Wagen verfügt. **3.** Die Schule ist zu weit entfernt, ... die Kinder den Weg zu Fuß machen könnten. **4.** Die Kinder gehen nicht zu Bett, ... sie ihre Schularbeiten gemacht haben. **5.** Ich verlasse das Haus lieber früher, ... ich nicht zu spät zur Arbeit komme. **6.** Ich ginge nicht aus dem Haus, ... ich alle Türen abgeschlossen hätte. **7.** Wir haben eine Alarmanlage anlegen lassen, ... wir ziemlich sicher vor Dieben sind. **8.** Fahr ja nicht fort, ... du mich vorher benachrichtigst. **9.** Gib mir deine Adresse, ... ich dich jederzeit anrufen kann. **10.** Es ist viel zu spät, ... er noch kommen könnte.

8. Traduire :

© **1.** Donne-moi ton adresse afin que je puisse t'écrire. **2.** Bien qu'il soit déjà tard, nous pourrions tout de même aller au cinéma. **3.** Nous pourrions peut-être aller en ville, à moins que tu n'aies pas le temps. **4.** Quoi qu'il dise, je ne changerai pas d'avis. **5.** Il joue si bien au tennis que je ne peux pas le battre.

NIVEAU 1

1. *Compléter les phrases ci-après en utilisant l'indicatif, le conditionnel présent, puis le conditionnel passé :*

1. Ich bin nicht hungrig und esse nicht, aber wenn ... **2.** Es ist nicht kalt und ich ziehe keinen Mantel an, aber wenn ... **3.** Es ist nicht warm und wir können nicht baden, aber wenn ... **4.** Ich bin nicht krank und ich brauche keinen Arzt, aber wenn ... **5.** Ich weiß es nicht und kann es dir nicht sagen, aber wenn ...

2. *Compléter les phrases ci-après en utilisant les verbes proposés :*

1. Wenn die Trauben reif (sein), würde die Weinlese beginnen. **2.** Wenn du (kommen), würden wir ins Kino gehen. **3.** Wenn ich am Winzerfest (teilnehmen), würde ich tanzen und singen. **4.** Wenn ich Geld (haben), würde ich mir ein Rad kaufen. **5.** Wenn der Jäger einen Hasen (sehen), wäre er froh.

3. *Compléter les phrases ci-après par* ***wie*** *ou* ***ob*** *:*

1. Sie weiß selbst nicht, ... reich sie ist. **2.** Er hat mir nicht gesagt, ... lange er bleibt. **3.** Er hat mir nicht gesagt, ... er lange bleibt. **4.** Ich weiß nicht, ... sie gut Deutsch spricht. **5.** Er hat mich gefragt, ... ich ihm helfen kann.

4. *Relier les phrases ci-après par* ***nachdem*** *:*

1. Er hat lange gesucht, er findet endlich eine Wohnung. **2.** Er hat seine Schulden bezahlt, er hat kein Geld mehr. **3.** Die Sonne ist untergegangen, es wird frisch. **4.** Die Kinder haben ihre Aufgaben gemacht, sie dürfen spielen. **5.** Er ißt zu Nacht, dann geht er ins Bett.

5. *Relier les phrases ci-après par* ***als, wenn*** *ou* ***ob*** *:*

1. Ich weiß nicht, ... ich zu Hause bleiben soll oder nicht. **2.** Ich freue mich immer, ... du kommst. **3.** Wir müssen tanken, ... wir kein Benzin mehr haben. **4.** Er hatte einen Unfall, ... er nach Hamburg fuhr. **5.** Er trinkt Bier, ... er durstig ist. **6.** Mein Freund fragt mich, ... ich mit ihm fahren will. **7.** Wir wollen spazieren gehen, ... das Wetter schön ist. **8.** Es war schon 8 Uhr, ... er ankam. **9.** Ich weiß nicht, ... er kommt. **10.** Ich war nicht zu Hause, ... du kamst.

6. *Compléter les phrases ci-après par* ***daß, wie*** *ou* ***weil*** *:*

1. Er hat einen Unfall gehabt, ... er zu schnell gefahren ist. **2.** Er hat mir geschrieben, ... alle gesund sind. **3.** Er fragte mich, ... ich das wußte. **4.** Er sagt mir, ... er keine Zeit hat. **5.** Er freut sich, ... er ein Paket bekommen hat. **6.** Er schiebt den Wagen, ... er kein Benzin hat. **7.** Wir sehen, ... der Mann seinen Wagen schiebt. **8.** Herr Schneider sagt, ... er kein Benzin mehr hat. **9.** Wir sehen, ... die Kinder Sandburgen bauen. **10.** Wir können nicht baden, ... Ebbe ist.

7. *Compléter les phrases ci-après par* ***wenn*** *ou* ***als*** *:*

1. ... du krank bist, ruft deine Mutter den Arzt. **2.** ... ich letzten Winter krank war, konnte ich nicht in die Schule gehen. **3.** ... ich nach 14 Tagen wieder kam, hatten meine Kameraden manches gelernt. **4.** ... ich nicht sitzen bleiben will, muß ich viel arbeiten. **5.** ... mein Onkel zu uns kam, brachte er mir immer etwas Schönes mit. **6.** ... das Kind nach Hause kam, war die Mutter nicht zu Hause. **7.** ... du Zeit hast, kannst du mit mir in die Stadt gehen. **8.** ... du nach Heidelberg fährst, kannst du das Schloß mit dem berühmten Faß besichtigen. **9.** ... du nicht zu spät in die Schule kommen willst, mußt du früh aufstehen. **10.** ... die Weihnachtsferien da sind, freuen sich die Kinder.

8. *Compléter les phrases ci-après par* ***wenn*** *ou* ***als*** *:*

1. ... es dunkel ist, gehen wir nach Hause. **2.** ... mein Vater kam, war es schon 10 Uhr. **3.** ... du kommst, werde ich mich freuen. **4.** ... du gut arbeitest, sind deine Eltern froh. **5.** ... die Ferien vorbei waren, mußten wir von unseren Freunden Abschied nehmen.

9. *Compléter les phrases ci-après par une conjonction :*

1. ... das Wetter schön ist, fahren wir spazieren. **2.** ... es nicht regnet, können wir zu Fuß gehen. **3.** ... du leise sprichst, kann ich dich nicht verstehen. **4.** Ich weiß nicht, ...

ich morgen kommen kann. **5.** ... das Wasser noch zu kalt ist, können wir nicht baden. **6.** ... ich keine Zeit hatte, habe ich dich nicht in die Stadt begleitet. **7.** ... er zwei Jahre in England verbracht hatte, ist er nach Afrika geflogen. **8.** ... das Buch sehr teuer war, habe ich es gekauft. **9.** ... er lange in Frankreich war, spricht er sehr schlecht Französisch. **10.** ... unsere Wohnung klein ist, gefällt sie uns doch.

***10.** Compléter les phrases ci-après par une conjonction :*

1. ... du fleißig bist, kannst du bald allein arbeiten, sagte der Meister. **2.** ... ich noch in die Schule ging, war ich nicht immer sehr fleißig. **3.** ... du deine Aufgaben machst, sollst du deine Lektionen lernen. **4.** ... wir gearbeitet haben, gehen wir gern spazieren. **5.** Er tut, ... er alles könne, und dabei kann er nichts. **6.** Du mußt früh ins Bett gehen, ... du morgen früh frisch und munter bist. **7.** Er tut nichts, ... er viel Arbeit hat. **8.** Ich kann dir noch nicht sagen, ... ich am Sonntag kommen kann. **9.** Hörst du, ... die Vögel singen ? **10.** Du spielst, ... dein Bruder arbeitet.

***11.** Compléter les phrases ci-après par **das** ou **daß** :*

1. Er sagt, ... er ein Reh gesehen hat. **2.** Das Feldhuhn, ... der Jäger erlegt hat, ist noch jung. **3.** Siehst du das Reh, ... dort läuft. **4.** Wir sehen, ... dieser Jäger froh ist. **5.** Dieses Kaninchen, ... ganz weiß ist, hat rote Augen. **6.** Der Jäger sagt, ... er keinen Hasen gesehen hat. **7.** Das Schloß, ... in Heidelberg steht, ist alt. **8.** Der Saft läuft in ein Faß, ... im Keller steht. **9.** Alle sehen, ... das Feldhuhn auffliegt. **10.** Ich sehe ein Eichhörnchen, ... Nüsse frißt.

NIVEAU 2

***12.** Transformer en subordonnées les phrases ci-après :*

Verkehrsprobleme

Wir wissen alle, daß ...

1. Es gibt in unseren Städten immer mehr Autos. **2.** Viele Leute wohnen außerhalb der Städte und fahren jeden Tag in die Stadt. **3.** Eine große Anzahl benutzt den eigenen Wagen. **4.** Viele verzichten aus verschiedenen Gründen auf die öffentlichen Verkehrsmittel. **5.** Morgens und abends kommt es in den Städten oft zu einem wahren Verkehrschaos. **6.** Die Straßen sind dem hohen Verkehr nicht angepaßt. **7.** Überall wird überlegt, wie man dieses Problem lösen kann. **8.** Oft versucht man es mit Umgehungsstraßen. **9.** Halteverbot und Parkverbot sollen die Autofahrer dazu bringen, ihre Autos in der Garage zu lassen. **10.** Die meisten benutzen dennoch ihren Wagen.

***13.** Compléter le texte ci-après par des conjonctions de subordination :*

Die Überraschung

1. ... ihr gute Zeugnisse nach Hause bringt, fahren wir über Weihnachten zum Wintersport. **2.** Aber ... wir ein paar Tage bleiben wollen, müssen wir Zimmer bestellen. **3.** Ich bestelle keine Zimmer, ... ich eure Zeugnisse gesehen habe. **4.** ... sie das hörten, machten die Kinder traurige Gesichter. **5.** ... wir aber die Zeugnisse erst am letzten Schultag bekommen, gibt es keine Zimmer mehr. **6.** Und richtig, ... die Kinder ihre Zeugnisse nach Hause brachten, war es für den Feldberg zu spät. **7.** ... wir im Schwarzwald kein Zimmer bekommen, fahren wir eben in die Vogesen, sagte der Vater. **8.** Und ... es sein muß, schlafen wir im Wagen. **9.** ... er das sagte, lächelte der Vater. Er hatte nämlich vorgesorgt. **10.** ... das Gepäck bereit war, stand ein nagelneuer Wohnwagen vor dem Haus.

***14.** Compléter le texte ci-après par une conjonction de subordination :*

1. ... wir uns zu dieser Fahrt entschlossen haben, wart ihr einverstanden. **2.** Sagt mir endlich, ... ihr mitfahren wollt, oder nicht. **3.** Aber ... wir fahren, müssen wir uns über die Kosten einigen. **4.** Die Fahrt wird nicht billig, ... mein Wagen viel Benzin verbraucht. **5.** Aber wir können ja noch entscheiden, ... wir meinen Wagen oder euren nehmen.

***15.** Transformer les phrases selon le modèle :*

Modèle : **Die berufstätige Frau kommt müde nach Hause. Aber sie kann nicht zu Bett gehen. Sie muß vorher das Abendessen bereiten.**

Sie kann nicht zu Bett gehen, bevor sie das Abendessen bereitet hat.

1. den Tisch decken. **2.** das Baby füttern. **3.** die Kinder ausziehen und waschen. **4.** das Geschirr spülen. **5.** die Küche aufräumen. **6.** das Frühstück für den Morgen richten. **7.** die Schularbeiten der Kinder kontrollieren. **8.** ihre kranke Mutter anrufen. **9.** einen Blick in die Zeitung werfen. **10.** nachsehen, ob im Haus alles in Ordnung ist.

16. Transformer ces mêmes phrases selon cet autre modèle :

Modèle : **Sie kann ins Bett gehen, nachdem sie das Abendessen bereitet hat.**

17. Transformer les phrases selon le modèle :

Modèle : **Ich fahre mit dem Wagen, weil ich mit dem Wagen schneller am Ziel bin.**
1. Mit dem Zug komme ich pünktlich ans Ziel. **2.** Für eine Person ist der Zug billiger. **3.** Mit dem Wagen bin ich auf keine Zeit angewiesen. **4.** Das Autofahren macht mir einfach Spaß. **5.** Ich kann auf der Autobahn überall in einer Raststätte Pause machen. **6.** Mit dem Auto kann ich viel mehr Gepäck mitnehmen. **7.** Im Zug kann ich im Speisewagen essen, ohne Zeit zu verlieren. **8.** Im Zug kann ich mir die Gegend in aller Ruhe ansehen. **9.** Ich habe Zeit, Zeitungen und Illustrierte zu lesen. **10.** Mit dem Zug stören mich weder Schnee noch Glatteis.

18. Compléter le texte ci-après par des conjonctions de subordination :

1. Hörst du, ... die Vögel singen ? **2.** ... es Frühling wird, erwacht die Natur. **3.** Aber ... die Tulpen blühen, dauert es noch einige Zeit. **4.** Gleich ... der Schnee geschmolzen ist, erscheinen die ersten Krokusse. **5.** ... es diesen Winter nicht kalt war, bekommen wir schon früh Narzissen. **6.** Ich weiß, ... du die Natur liebst. **7.** Aber ... du einen Garten anlegst, mußt du wissen, ... er viel Geld und Mühe kostet. **8.** ... ich großen Wert auf einen schönen Garten lege, muß ich auf manches verzichten. **9.** ... man sein Geld für Blumen oder schöne Kleider ausgibt, das muß man vorher überlegen. **10.** ... ich in meinem Garten sitze und das Ergebnis meiner Arbeit betrachte, bin ich glücklich.

19. Transformer les phrases ci-après en introduisant la première proposition par la conjonction donnée :

1. (wenn) Die Sommerferien beginnen, viele Tiere werden ausgesetzt. **2. (bevor)** Das Grundwasser wird als Trinkwasser benutzt, es muß in Wasserwerken sorgfältig aufbereitet werden. **3. (wenn)** Die Hirten zanken sich, die Schafe haben freies Spiel. **4. (wenn)** Alle Leute fahren zur Arbeit, der Verkehr kommt fast zum Stehen. **5. (wenn)** Es liegt Schnee, die Station kann alles bieten, was man sich für einen Winterurlaub wünscht. **6. (während)** Er schlief, ein Dieb drang durch das Fenster ins Haus ein. **7. (wie)** Er hatte es versprochen, er kam pünktlich. **8. (als)** Er hatte sein Studium beendet, er war gerade 25 Jahre alt. **9. (obschon)** Es ist sehr kalt, er zieht keinen Mantel an. **10. (da)** Er ist krank, er kann nicht kommen.

20. Traduire :

© **1.** Tous les soirs, j'écoute les nouvelles avant d'aller me coucher. **2.** Après avoir fait la vaisselle, ma mère regarde la télévision. **3.** Quand elle regarde la télévision, elle s'endort souvent. **4.** Elle n'est pas contente quand on la réveille. **5.** Je sais qu'elle est souvent très fatiguée le soir. **6.** Je ne peux pas te dire si mon père regarde la télévision ou lit son journal. **7.** Il dit toujours qu'il fait les deux choses en même temps. **8.** Je ne sais pas encore si je resterai à la maison ce soir. **9.** Je vais au cinéma quand le film m'intéresse. **10.** Je vais au lit après avoir dit bonne nuit à toute la famille.

*21. Traduire en utilisant la conjonction **wie** :*

© **1.** J'entends chanter les oiseaux. **2.** Je vois l'avion qui atterrit. **3.** Entends-tu sonner les cloches ? **4.** Je vois le bateau quitter le port. **5.** Je vois le chien poursuivre le lièvre.

22. Transformer les phrases ci-après en phrases
© *conditionnelles :*

Modèle : **Wenn ich einen Hund hätte,** ...
Mein Lieblingshund
1. Ich taufe ihn Wulle. **2.** Ich kaufe ihm ein Halsband. **3.** Ich richte ihm eine Hütte ein. **4.** Ich gebe ihm Fleisch und Gemüse zu fressen. **5.** Ich gehe mit ihm spazieren. **6.** Ich nehme ihn auch im Auto mit. **7.** Ich bade und kämme ihn einmal in der Woche. **8.** Ich lasse ihn nie allein. **9.** Ich spreche mit ihm wie mit einem Menschen. **10.** Er ist der klügste Hund der ganzen Stadt. (d'après Christel EHLERT)

*23. Répondre aux questions posées en introduisant les phrases par **solange** ?*

Wie lange muß der Kampf um die Menschenrechte weitergehen ?

Modèle : **Dieser Kampt muß weitergehen, solange noch Menschen in einer Welt des Überflusses Hunger leiden.**

1. Menschen leiden noch Hunger in einer Welt des Überflusses. **2.** Menschen werden durch Mauern und Minen voneinander getrennt. **3.** In Südafrika muß ein Neger sich fürchten, wenn er einem Weißen begegnet. **4.** Die Städte der reichen Welt dulden noch Elendsviertel. **5.** Ein Verbrechen wird nicht überall ein Verbrechen genannt. **6.** Menschen sagen : Was gehen mich die anderen an ? **7.** Eine Frau empfängt für gleiche Arbeit weniger Lohn als ein Mann. **8.** Der Schatten der Atombomben verdüstert das Leben. **9.** Bürgerkriege brechen überall aus. **10.** Die Menschen sind nicht vernünftig. (d'après Hans-Georg NOACK)

24. Modifier les phrases ci-après conformément au modèle donné :

Modèle : **Wozu müssen Maßnahmen ergriffen werden ?**
Es müssen Maßnahmen ergriffen werden, damit sich die Menschen wohler fühlen.

1. Die Umweltverschmutzung darf nicht weiter zunehmen. **2.** Dem Waldsterben muß Einhalt geboten werden. **3.** Das Wasser der Flüsse soll wieder sauber werden. **4.** Die Fabriken dürfen die Luft nicht mehr verpesten. **5.** Auf den Straßen soll es weniger Unfälle geben. **6.** Die Städte sollen umweltfreundlicher werden. **7.** Die Landwirtschaft darf keine schädlichen Vertilgungsmittel anwenden. **8.** Die Städter sollen sich in ihren Wohnungen in Sicherheit fühlen. **9.** Die Menschen sollen nicht weiter unter dem Straßenlärm leiden. **10.** Die Jugendlichen sollen so schnell wie möglich einen Arbeitsplatz finden können.

25. Transformer les phrases ci-après conformément au modèle donné :

Modèle : **Gerda fragt sich, ob sie in der fremden Stadt eine geeignete Wohnung finden wird. Gerda macht sich Sorgen.**

1. Wird es mir in dieser Stadt gefallen ? **2.** Ist die Umgebung angenehm ? **3.** Gibt es in der Nähe ein Freizeitzentrum ? **4.** Kann ich übers Wochenende nach Hause fahren ? **5.** Kann ich mit dem Bus zur Arbeit fahren oder brauche ich meinen Wagen ? **6.** Kann ich mittags in der Betriebskantine essen ? **7.** Werden meine Kollegen mir als Frau den Anfang leichter machen ? **8.** Bin ich den Anforderungen des Betriebs gewachsen ? **9.** Genügen meine Kenntnisse den Ansprüchen meiner Vorgesetzten ? **10.** Werde ich mich schnell an meine neue Tätigkeit gewöhnen ?

26. Traduire :

1. Mon ami allemand habite en Bavière, plus précisément à Augsbourg. **2.** Cette voiture est certes petite, mais assez grande pour moi. **3.** Mets ton manteau, car il fait très froid. **4.** J'aimerais m'acheter une bicyclette, mais je n'ai pas d'argent. **5.** Nous avons longtemps attendu, pourtant il n'est pas venu. **6.** Nous passons nos vacances à la mer ou à la montagne. **7.** J'étudie les langues anciennes, à savoir le latin et le grec. **8.** D'une part il n'aime pas la marche, d'autre part il craint le soleil. **9.** Il est malade et ne peut donc pas venir. **10.** Ou bien tu nous accompagnes, ou bien tu restes à la maison.

27. Traduire :

1. Ob er arm ist oder ob er reich ist, das geht mich nichts an. **2.** Was die Leute auch denken, ich mache, was mir gefällt. **3.** So schwer es mir fällt, ich kann dir nicht helfen. **4.** Wenn ich dir auch helfen würde, es hätte keinen Sinn. **5.** Er mag sich noch so viel Mühe geben, die Arbeit ist zu schwer für ihn. **6.** Wie spät es auch ist, er will nicht nach Hause gehen. **7.** So schnell er auch fährt, er kommt zu spät. **8.** Du magst noch so vorsichtig sein, einen Fehler kannst du trotzdem machen. **9.** Ob du mitfährst oder nicht, ich fahre morgen früh um 8 Ihr los. **10.** Wo er sich auch versteckt, ich werde ihn finden.

WAS IST AUS ROBERTS MOPED GEWORDEN ?
"Nun, Robert, hast du kein Moped mehr ?"
– "Nein, Eugen, das hat sich nicht gelohnt. Entweder war das Moped in Reparatur oder ich."

DAS IST NICHT SO SCHLIMM !
Während du weg warst, Mutter, hat Willi einen Käfer verschluckt. Aber mach dir keine Sorgen, ich habe ihm bereits Insektenpulver gegeben.

SCHULUNTERRICHT

Der Lehrer erklärte den menschlichen Körper. "Wozu sind die Ohren notwendig ?"
– "Damit wir sehen können", antwortet Richard.
"Das ist doch Unsinn. Mit den Ohren kann man doch nicht sehen."
– "Das nicht, Herr Lehrer, aber wenn wir sie nicht am Kopf hätten, fiele uns die Mütze über die Augen."

ARME LEUTE !

Theo besucht seinen Freund Leo und trifft ihn gerade an, wie er mit seiner Schwester vierhändig auf dem Klavier spielt. Da meint Theo : "Seid ihr so arm, daß ihr mit zwei Personen auf einem Klavier spielen müßt ?"

EIN FERNSEHFAN

"Solange er am Fernseher sitzt, geht er wenigstens in keine Kneipe."

IST LUFT WIRKLICH LEBENSWICHTIG ?

Lehrer : "Warum ist die Luft für den Menschen so wichtig ?"
Ewald : "Weil man sonst die Autoreifen nicht aufpumpen könnte."

L'INFINITIF SUJET OU COMPLÉMENT

L'infinitif sujet

Il est construit sans **zu** s'il est seul, avec ou sans **zu** s'il a un ou des compléments.
Selber essen macht fett (Sprw.). Für ihn (zu) arbeiten macht Freude.

– On ne met une virgule que lorsque le sujet est repris par un pronom.
Für ihn **(zu)** arbeiten, das macht Freude.

L'infinitif complément

1. Avec **zu** (cas général). Lorsque le verbe possède une particule séparable, **zu** s'intercale entre la particule et le verbe.
Er scheint **zu** lachen. Du scheinst nicht auf**zu**passen.

– **haben zu** + infinitif marque une obligation.
Du **hast zu** kommen = Du mußt kommen.

– **sein zu** + infinitif marque une nécessité ou une possibilité.
Das **ist** noch **zu** tun = Das muß noch getan werden.
Das **ist** leicht **zu** tun = Das kann leicht getan werden.

2. Sans **zu**

– Après les verbes de modalité :
Er **kann** Deutsch sprechen.

– Après les verbes de perception : **hören, sehen, fühlen, spüren, lassen, machen :**
Ich **höre (sehe)** ihn kommen. Er **fühlt (spürt)** sein Herz schlagen. **Laß** mich schlafen ! Du **machst** mich lachen.

– Après les verbes de mouvement dans certaines expressions : **fahren, führen, gehen, kommen, sich legen, reiten, schicken**
Er **geht** gern angeln. Er **fährt** jeden Sonntag spazieren. Mein Freund **kommt** mich besuchen.
Die Mutter **schickt** das Kind schlafen. Er **legt** sich schlafen. Er **reitet** spazieren.

– Après **haben, bleiben, finden** pour exprimer la position.
Bleiben Sie sitzen ! Ich **fand** ihn im Bett liegen. Wir **haben** dort ein Haus stehen.

3. Avec ou sans **zu**

– Après **lehren, lernen, helfen** on emploie aujourd'hui **zu** lorsque l'infinitif, accompagné de compléments, est considéré comme une infinitive séparée de la principale par une virgule.
Der Lehrer lehrt die Kinder lesen, schreiben und rechnen
Die Kinder lernen lesen, schreiben und rechnen
Er hilft tragen. Er hilft mir den Koffer tragen.

ZUM LACHEN

DIE NEUE SEKRETÄRIN
"Wie sind Sie eigentlich mit Ihrer neuen Sekretärin zufrieden ?"
– "Überhaupt nicht. So etwas Unordentliches habe ich noch nicht erlebt. In vier Wochen hat sie es geschafft, alles so durcheinander zu bringen, daß kein Mensch mehr etwas findet."
– "Dann würde ich sie aber hinauswerfen !"
– "Völlig ausgeschlossen. Sie ist ja die einzige, die noch Bescheid weiß !"

Raimund will seinem Vater zu Weihnachten ein Buch schenken. "Was soll es sein ?" erkundigt sich der Buchhändler, "ein Lexikon, ein Sachbuch, ein Gedichtbuch oder etwas Leichteres ?"
– "Es kann ruhig etwas Schweres sein", sagt Raimund, "ich habe einen Gepäckträger am Fahrad."

1. *Traduire :*

1. Zu schnell fahren ist gefährlich. **2.** Bei schlechtem Licht lesen ist schlecht für deine Augen. **3.** Zu viel rauchen schadet deiner Gesundheit. **4.** Zu spät kommen stört die Vorstellung. **5.** Seinen Freunden zum Geburtstag gratulieren, das gehört sich. **6.** Postkarten aus dem Urlaub schicken ist eine alte Sitte. **7.** Seinen Freunden in der Not helfen ist selbstverständlich. **8.** Sich ein neues Auto kaufen macht Freude. **9.** Sonntags zu Hause bleiben gefällt mir. **10.** Nachmittags ihre Freundinnen zum Kaffee einladen, das machen viele Frauen gern.

2. *Traduire :*

1. Ich habe ihn von weitem kommen sehen. **2.** Ich wollte nicht gesehen werden, aber er hat mich sprechen hören. **3.** Er kann schon lange Auto fahren. **4.** Er läßt sich von seinem Chauffeur zum Flughafen bringen. **5.** Die alte Frau spürt den Schnee kommen. **6.** Er muß gleich da sein, ich habe ihn um die Ecke fahren sehen. **7.** Ich lasse mir meine Einkäufe ins Haus bringen. **8.** Er bleibt gern lange liegen. **9.** Sie läßt sich von ihrer Mutter nichts sagen. **10.** Du kannst doch nicht den ganzen Nachmittag vor dem Fernseher sitzen bleiben.

3. *Traduire les expressions suivantes :*

© **1.** Das habe ich kommen sehen. **2.** Er macht sie weinen. **3.** Er läßt es sich gut schmecken. **4.** Laß ihn nur machen ! **5.** Er kommt mir helfen. **6.** Er kommt heute essen. **7.** Er geht gern baden. **8.** Er geht früh schlafen. **9.** Niemand kommt aufmachen. **10.** Die Mutter schickt das Kind ein Brot holen.

4. *Traduire les expressions suivantes :*

1. Du hast zu schweigen. **2.** Ich habe nichts zu tun. **3.** Ich habe noch zu arbeiten. **4.** Was habe ich zu bezahlen ? **5.** Du hast hier nichts zu suchen. **6.** Ich habe damit nichts zu tun. **7.** Er hat nichts zu sagen. **8.** Das Mädchen ist noch zu haben. **9.** Es sind keine Theaterkarten mehr zu haben. **10.** Hunde sind an der Leine zu führen.

5. *Compléter par* ***zu*** *si nécessaire :*

1. Er scheint krank (sein), sonst wäre er längst da. **2.** Oder er hat (arbeiten). **3.** Richtig, wenn er Arbeit hat, ist er nicht davon (abbringen). **4.** Er läßt sich bei der Arbeit nicht (stören). **5.** Er hört sogar das Telefon nicht (läuten). **6.** Er bleibt an seinem Schreibtisch (sitzen). **7.** Selbst am Sonntag fährt er dann nicht mit seiner Familie (spazieren). **8.** Aber wenn er mit seiner Arbeit fertig ist, hört man ihn (singen) und (pfeifen). **9.** Man sieht ihn im Garten den Rasen (mähen). **10.** Er hilft seinen Kindern ihre Schularbeiten (machen).

6. *Modifier les phrases ci-après conformément au modèle :*

Er liest gern schöne Bücher. Schöne Bücher lesen, das macht er gern.

1. Er spielt gern Tennis. **2.** Er läuft im Winter gern Ski. **3.** Er geht gern im Wald spazieren. **4.** Er hört sich gern laute Musik an. **5.** Er lädt gern Freunde ein. **6.** Er unterhält sich gern mit seinen Kameraden. **7.** Er bleibt sonntags gerne lange liegen. **8.** Er schreibt seinem Brieffreund gern auf Französisch. **9.** Er sieht sich abends gern einen Film an. **10.** Er fotografiert gern Folkloretänze.

7. *Traduire :*

© **1.** Je vois tomber la neige. **2.** Nous entendons le vent siffler autour de la maison. **3.** Il laisse courir son chien librement. **4.** Il entend l'horloge sonner 8 heures. **5.** On sent l'hiver approcher. **6.** Je l'ai fait venir pour lui parler. **7.** Elle emmène ses enfants jouer dans le parc. **8.** Il aime s'entendre parler. **9.** Après la classe, il va nager dans la piscine chauffée. **10.** Il reste longtemps allongé au soleil.

L'INFINITIF SUBSTANTIVE, LA SUBORDONNÉE INFINITIVE

L'infinitif substantivé

1. Il prend une majuscule. Il est toujours neutre, et exprime une idée collective ou l'action générale indiquée par le verbe. Il s'emploie rarement au pluriel.
   Das Essen ist hier gut.
2. Il peut remplacer une subordonnée infinitive ou conjonctive.
   Nach dem Essen sieht er fern = **Nachdem er gegessen** hat, sieht er fern.
3. Précédé de **beim**, il exprime la simultanéité et correspond au participe présent français.
   Er singt gern **beim Arbeiten.**

   – Noter **beim** + **infinitif substantivé** + **sein** *(être en train de)*
   Er **ist beim Arbeiten.**

La subordonnée infinitive

1. L'infinitive se sépare de la principale par une virgule. Viennent ensuite les compléments de l'infinitif et, à la fin, l'infinitif lui-même précédé de **zu**.
   Es freut mich, meine Eltern zu sehen.
   (principale) (complément zu) (infinitif)
2. zu s'intercale entre la particule et le verbe.
   Es freut mich, meine Eltern morgen wieder**zu**sehen.
3. L'infinitive peut être introduite par les prépositions **um** *(pour)*, **ohne** *(sans)*, **(an)statt** *(au lieu de)*. Son sujet est alors celui de la principale.
   Er sprang ins Wasser, **um** das Kind **zu** retten.
   Er sprang ins Wasser, **ohne** sich aus**zu**ziehen.
   Alle standen am Ufer, **(an)statt** dem Kind **zu** helfen.

Remarques :

– L'infinitive peut précéder la principale. Celle-ci commence alors par le verbe.
Statt auf dem Hof zu spielen, mußte ich Schularbeiten machen.

A l'infinitif **um...zu** correspond l'interrogatif **wozu ?**
Wozu brauchst du das Geld ? – **Um** mir Schuhe **zu** kaufen.

– L'infinitif simple précède généralement le verbe dont il est complément.
Es hat zu **regnen** begonnen.

– Si la proposition infinitive dépend d'un verbe avec préposition, elle est généralement annoncée par un démonstratif adverbial.
Ich **denke** nicht **daran**, zu Hause zu bleiben.

1. Traduire :

1. Glauben ist leichter als Denken. **2.** Dienen lehrt herrschen. **3.** Spinnen lernt man bei Spinnen. **4.** Reden ist Silber, Schweigen ist Gold. **5.** Schweigen und denken kann niemanden kränken. **6.** Schweigen ist auch eine Antwort. **7.** Borgen macht Sorgen. **8.** Erhalten ist schwerer als erwerben. **9.** Ersparen ist leichter als erhalten. **10.** Fragen macht klug.

2. Traduire :

1. Es geht auf Biegen oder Brechen. **2.** Er geht zum Essen in eine Gaststätte. **3.** Das Lesen macht ihm noch Schwierigkeiten. **4.** Geben ist seliger als Nehmen. **5.** Bitten ist lang, Befehlen kurz.

3. *Traduire :*

1. Er hat beim Schwimmen seine Uhr verloren. **2.** Der Stoff ist beim Waschen eingegangen. **3.** Vorsicht beim Aussteigen ! **4.** Vorsicht beim Einlaufen des Zuges ! **5.** Das Kind macht Fortschritte im Rechnen. **6.** Er hat sich beim Skilaufen ein Bein gebrochen. **7.** Der Appetit kommt beim Essen. **8.** Beim Essen spricht man nicht. **9.** Er hat im Fallen die Vase umgeworfen. **10.** Besuche machen immer Freude, wenn nicht beim Kommen, dann beim Gehen.

4. *Traduire :*

Ohne Faulheit, kein Fortschritt ! Weil der Mensch zu faul war zu rudern, erfand er das Dampfschiff ; weil er zu faul war, zu Fuß zu gehen, erfand er das Auto ; weil er zu faul war, abends die Augen zuzumachen, erfand er das Fernsehen. (M. HAUSMANN)

5. *Traduire les proverbes et aphorismes suivants :*

1. Ich bin zu alt, um nur zu spielen, zu jung, um ohne Wunsch zu sein. **2.** Um wahrhaft beliebt zu sein, darf man weder klug noch zu dumm sein. **3.** Das größte Elend ist, kein Elend tragen zu können. **4.** Man lebt nicht, um zu essen, sondern man ißt, um zu leben. **5.** Man darf nur alt werden, um milder zu sein.

6. *Relier à la précédente la proposition entre parenthèses :*

1. Ich freue mich darauf, (dich bald wiedersehen). **2.** Er hat mir davon abgeraten, (in diesem Hotel absteigen). **3.** Ich habe mich nur schwer dazu entschließen können, (mein Heimatort verlassen). **4.** Er wurde durch seine Krankheit dazu gezwungen, (sein Haus verkaufen). **5.** Ich habe immer Angst davor, (eine Flugreise unternehmen).

7. *Transformer les phrases ci-après conformément au modèle :*

Es ist gesund, im Sommer zu wandern.
Das Wandern in Sommer ist gesund.

1. Es ist angenehm, im Sommer im Freien zu leben. **2.** Es ist gefährlich, in diesem See zu baden. **3.** Es ist gefährlich, auf eisglatten Straßen zu fahren. **4.** Es ist verboten, hier zu parken. **5.** Es ist Jugendlichen unter 15 Jahren nicht gestattet, dieses Lokal zu betreten.

8. *Transformer la deuxième phrase en infinitive :*

1. Ich brauche Geld, ich will mir einen neuen Wagen kaufen. **2.** Er ist in die Schule gegangen, er hat seine Bücher nicht mitgenommen. **3.** Ich habe meine Freundin angerufen, ich habe ihr nicht geschrieben. **4.** Du sollst deine Aufgaben machen, du sollst nicht ins Kino gehen. **5.** Ich gehe zur Post, ich kaufe Briefmarken.

9. *Remplacer les subordonnées par des* © *infinitifs substantivés :*

1. Ich habe ihn überrascht, während er las. **2.** Er ist eingeschlafen, während er fernsah. **3.** Er verliert immer, wenn er Karten spielt. **4.** Er kam unter einen Wagen, als er die Straße überquerte. **5.** Er hat sich erkältet, als er badete.

10. *Transformer les phrases en remplaçant la subordonnée par un infinitif substantivé :*

1. Bevor ich einschlafe, lese ich gern. **2.** Ich freue mich immer, wenn du kommst. **3.** Was wir in der Kantine essen, schmeckt mir nicht. **4.** Es ist nicht angenehm, hier zu zelten. **5.** Es ist verboten, hier zu baden.

11. *Traduire :*

© **1.** Il déjeûne avec ses enfants au lieu de manger à la cantine. **2.** Pour pouvoir déjeûner avec eux, il rentre chez lui en métro. **3.** Il ne quitte pas la maison sans avoir lu son journal. **4.** Parfois il écoute les nouvelles au lieu de lire son journal. **5.** Il prend son temps pour savoir ce qui se passe dans le monde.

12. *Traduire :*

© **1.** Il a quitté son pays pour aller travailler à l'étranger. **2.** Il a cherché longtemps sans trouver un travail intéressant. **3.** Il est difficile de travailler en Allemagne sans savoir l'allemand. **4.** Au lieu de passer ses vacances en France, il a appris l'allemand. **5.** Il faut beaucoup travailler pour parler l'allemand couramment.

LE PARTICIPE I ET II ET LA PROPOSITION QUALIFICATIVE

Le participe I et II

1. Il peut s'employer comme adjectif épithète et se décline (voir page 68).
   Die Mutter tröstet das **weinende** Kind. Eine gut **gebratene** Gans ist eine gute Gabe Gottes.
2. Accompagné d'un ou de plusieurs compléments, qui généralement le précèdent, le participe forme un groupe participial généralement séparé de la principale par une virgule.
   Er verließ **(,) laut lachend (,)** das Zimmer.
   Die Reise, **schon lange geplant,** fand endlich statt.
3. Emplois spéciaux du participe I :

– Seul, ou précédé d'un adverbe, il indique la manière dont se déroule l'action.
   Schweigend verließ er das Zimmer.

– Comme épithète précédé de **zu**, il indique l'obligation ou la possibilité.
   eine **zu beachtende** Vorschrift = eine Vorschrift, die man beachten soll (muß).

4. Emplois spéciaux du participe II :

– Avec le verbe **kommen**, il précise la manière dont se fait le mouvement.
   Ein Vogel **kam geflogen.** Der Junge **kommt gelaufen.**

– Avec certains verbes et à certains temps, il prend la forme de l'infinitif (voir page 18).
   Ich habe lange **warten müssen.**

La proposition qualificative

Le verbe d'une relative, employé comme participe I ou II, ou le participe du groupe participial, peuvent devenir épithètes du substantif auquel ils se rapportent.
   Der von Köln **abfahrende** Zug (der Zug, der von Köln abfährt,) hat Verspätung.
   Die von diesem Arzt **behandelten** Kranken (die Kranken, die der Arzt behandelt,) waren zufrieden.

– Ordre des mots dans une proposition qualificative

1. ***Déterminatif***	**2.** ***Complément(s) de l'épithète***	**3.** ***Épithète***	**4.** ***Substantif***
der	von Köln	abfahrende	Zug
die	vom Arzt	behandelten	Kranken
die	vor Kälte	zitternden	Kinder
der	von seinen Feinden	besiegte	Kaiser

Cette tournure est surtout propre au style écrit.

Remarque :

Les quatre verbes de position se construisent généralement avec le participe I.
(Noter le participe II **gelegen** dans le sens de situé).
   Der unter einem Baum **liegende** Mann schlief.
   Das am Bach **gelegene** Dorf ist malerisch.

1. Traduire les proverbes ci-après :

1. Betrunkene und Kinder sagen die Wahrheit. **2.** Die Wissenden reden nichts, die Redenden wissen nichts. **3.** Verliebte laufen stets der Uhr voraus. **4.** Das Vergangene ist das Künftige von heute. **5.** Nach getaner Arbeit ist gut ruhen.

2. Remplacer le verbe entre parenthèses par le participe I :

1. Hast du schon eine (fliegen) Untertasse gesehen ? **2.** Zigeuner sind (fahren) Leute. **3.** Heute arbeiten viele am (laufen) Band. **4.** Früher gab es viele (wandern) Handwerksburschen. **5.** Ich habe die (laufen)

Arbeit erledigt. **6.** Er hält mich auf dem (laufen). **7.** Die Aufgabe ist (spielen) leicht. **8.** Am (kommen) Sonntag arbeite ich nicht. **9.** Die Ware geht (reißen) ab. **10.** Es ist ein (reizen) Mädchen.

3. Remplacer le verbe entre parenthèses par le participe II :

1. Galilei war ein (lehren). **2.** Wir haben ein schön (liegen) Landhaus. **3.** Das ist ein (verbieten) Weg. **4.** Ich habe die (verbessern) Auflage gekauft. **5.** Bei ihm hast du (gewinnen) Spiel. **6.** Er spricht nur (brechen) Deutsch. **7.** (brennen) Kind scheut das Feuer. **8.** Er setzt sich gern an den (decken) Tisch. **9.** Wir bestellen ein (braten) Hähnchen. **10.** Wir gedenken der (fallen).

4. Remplacer les verbes entre parenthèses par le participe I ou II :

1. Im Dreißigjährigen Krieg zogen (plündern) und (sengen) Horden durch das Land. **2.** Wir unterscheiden zwischen (schreiben) und (sprechen) Sprache. **3.** Dieses Hotel ist das (führen) Haus in der Stadt, es ist ein sehr gut (führen) Haus. **4.** Seit dem (vergehen) Jahr hat er eine (leiten) Stellung im Unternehmen inne. **5.** Er hat eine (bewegen) Vergangenheit hinter sich, doch jetzt führt er ein (zurückziehen) Leben.

5. Remplacer les verbes entre parenthèses par le participe I ou II :

1. (aufklären) Menschen glauben nicht an Gespenster. **2.** Wir haben das (anfangen) Gespräch fortgesetzt. **3.** Der Hund lief mit (einziehen) Schwanz zurück. **4.** Die (empören) Zuschauer pfiffen das Stück aus. **5.** Der (aufbrechen) Kassenschrank war leer. **6.** Bei (einbrechen) Nacht will ich zu Hause sein. **7.** Er hat ein (einnehmen) Wesen. **8.** Die (einnehmen) Arznei hat sofort gewirkt. **9.** Die (einrücken) Truppen wurden von der Bevölkerung begrüßt. **10.** Heute bläst ein (schneiden) Ostwind.

6. Remplacer les verbes entre parenthèses par le participe I ou II :

1. Das an Masern (erkranken) Kind darf nicht in die Schule gehen. **2.** Der (behandeln) Arzt untersucht das (fiebern) Kind. **3.** Die Mutter holt die (verschreiben) Medikamente in der Apotheke. **4.** Das im Bett (liegen) Kind findet die Zeit lang. **5.** Die aus der Schule (kommen) Geschwister sollten das Krankenzimmer nicht betreten. **6.** Masern sind eine (anstecken) Krankheit. **7.** Aber die noch nicht (anstecken) Geschwister wollen mit ihrem Bruder spielen. **8.** Die Mutter versucht die (lärmen) Kinder zu beruhigen. **9.** Der von den Kindern (machen) Lärm ermüdet den kranken Jungen. **10.** Das gut (pflegen) Kind ist bald wieder gesund.

7. Transformer les verbes entre parenthèses en participe I ou II. Transformer ensuite les qualificatives en subordonnées relatives :

©

1. Die im Gebirge (wohnen) Leute verbringen ihre Ferien gern im Süden. **2.** Den von vielen Sportlern (erwarten) Schnee vermissen sie nicht. **3.** Die im Winter manchmal (überfüllen) Berghotels stehen im Sommer oft leer. **4.** Die bei Schnee schwer zu (erreichen) Dörfer ziehen im Sommer die Wanderer an. **5.** Fröhlich (marschieren) Menschen trifft man überall im Gebirge an.

8. Transformer les relatives en qualificatives :

© **1.** Ich habe den Zug, der um 8 Uhr abfährt, nicht erreicht. **2.** Ich mußte auf den Zug warten, der erst eine Stunde später abfährt. **3.** Der Zug, der aus Hamburg kommt, hatte eine Stunde Verspätung. **4.** Die Reisenden, die auf dem Bahnsteig warteten, wurden ungeduldig. **5.** Wann der Zug, den die Leute erwarten, in Köln ankommt, kann keiner sagen.

9. Transformer les qualificatives en relatives :

1. Der seine Zeitung lesende Vater will nicht gestört werden. **2.** Das von den Kindern gekaufte Geschenk macht der Mutter die größte Freude. **3.** Die eben angekommenen Großeltern verbringen die Feiertage bei ihren Kindern. **4.** Das erst vor kurzem erschienene Buch ist schon vergriffen. **5.** Der über Nacht gefallene Schnee hat zu einem Verkehrschaos geführt.

10. Faire des phrases d'après le modèle suivant :

Das ist die Vorschrift, die man beachten muß. Das ist die zu beachtende Vorschrift.

1. Das ist die Rechnung, die man bezahlen muß. **2.** Das ist das Museum, das man besichtigen soll. **3.** Das ist das Ziel, das man erreichen muß. **4.** Das sind die Kühe, die man melken muß. **5.** Das sind die Bäume, die man fällen muß.

STRUCTURE DE LA PHRASE : LA PLACE DU VERBE CONJUGUÉ

En position initiale

– Interrogative globale
Hilft Karl dem Vater ?

– Exclamative de regret ou de souhait
Käme Karl doch !

– Exclamative (tournure stylistique)
Hilft Karl doch dem Vater !

– Injonctive à l'impératif
Hilf dem Vater !

– Subordonnée de sens conditionnel sans **wenn**
Bist du da, (so) mußt du mir helfen.

– Archaïsmes
Sah ein Knab' ein Röslein stehn.

En deuxième position

– Énonciative, avec en tête le sujet, ou un complément, un adverbe, une subordonnée
Karl **hilft** dem Vater heute.
Heute **hilft** Karl dem Vater.
Dem Vater **hilft** Karl heute.
Wenn Karl Zeit hat, **hilft** er dem Vater.

– Énonciative avec intonation interrogative
Karl **hilft** dem Vater ?

– Exclamative
Wie **hilft** Karl dem Vater !

– Après l'expression d'une alternative
Ob er kommt oder nicht, ich **gehe** jetzt.

– Interrogative partielle
Wer **hilft** dem Vater ?

– Subordonnée à forme énonciative sans subordonnant (surtout discours indirect)
Ich träumte, es sei Frieden.

– Après certaines concessives.
Wie dem auch sei, ich **bleibe** hier.

En position finale

– Exclamative
Wie Karl seinem Vater **hilft** !

– Subordonnée relative
Karl, der seinem Vater **hilft,** ist brav.

– Subordonnée conjonctive
Ich weiß, daß Karl heute seinem Vater **hilft.**

– Infinitive
Karl kommt, um seinem Vater zu **helfen.**

Remarques :

1. Les conjonctions de coordination (voir page 126), les interjections, **ja, nein, doch,** ainsi que certaines expressions **(kurz, mit einem Wort, unter uns gesagt, im Gegenteil)** ne comptent pas comme premier terme.
   Nein , ich **komme** nicht, aber er **wird** kommen.
2. Le sujet et l'auxiliaire communs à deux propositions ne sont généralement pas répétés.
   Er stieg in den Wagen und fuhr los.
3. Aux temps composés, le participe II où l'infinitif se mettent à la fin, sauf au double infinitif.
   Ich weiß, daß Karl seinem Vater **hat helfen wollen.**
4. La particule séparable se met à la fin et ne reprend sa place que dans les temps composés.
   Karl steht um 7 Uhr **auf.** Er ist um 7 Uhr **auf**gestanden. Er wird um 7 Uhr **auf**stehen.
5. Un élément peut être, pour des raisons stylistiques, rejeté hors construction.
   Er hatte sich erkältet **in der kalten Nacht.**
6. Subordonnée de comparaison sans **ob** ou **wenn** (le verbe se met après **als**).
   Er tat, als **hätte** er keine Zeit.
7. Noter la place des verbes après **entweder...oder.**
   Entweder **kommst** du (du **kommst**) jetzt, oder ich gehe allein.

1. *Mettre la subordonnée en tête dans les phrases ci-après :*

1. Die Kinder freuen sich, wenn es schneit. **2.** Die Reisenden steigen aus, sobald der Zug eingefahren ist. **3.** Wir bleiben zu Hause, solange es regnet. **4.** Er kann nicht in die Schule gehen, weil er krank ist. **5.** Mein Freund kam, während wir von ihm sprachen. **6.** Du mußt die Tür abschließen, bevor du fortgehst. **7.** Er zieht keinen Mantel an, obschon es kalt ist. **8.** Ich habe ihn noch nicht gesehen, seitdem er von seiner Reise zurückgekommen ist. **9.** Er geht angeln, sooft er kann. **10.** Ich bin gern gewandert, als ich noch jünger war.

2. *Supprimer **wenn** dans les phrases ci-après :*

1. Wenn du krank bist, lasse ich den Arzt kommen. **2.** Wenn er Zeit hat, kommt er vorbei. **3.** Wenn du ihn sehen solltest, grüß ihn von mir. **4.** Wenn es dir Spaß macht, können wir spazieren gehen. **5.** Wenn dir dieses Buch gefällt, gebe ich es dir gern.

3. *Supprimer **wenn** dans les phrases ci-après :*

1. Wenn er doch bald käme ! **2.** Wenn er doch gesund wäre ! **3.** Wenn er nur Arbeit hätte ! **4.** Wenn er nur besser arbeiten würde ! **5.** Wenn er doch zum Arzt gegangen wäre !

4. *Traduire :*

© **1.** Aimes-tu lire ? **2.** Avez-vous vendu votre maison ? **3.** As-tu de nombreux amis ? **4.** Regardez-vous souvent la télévision ? **5.** Va-t-elle en ville aujourd'hui ? **6.** Viens donc ! **7.** Travaille donc un peu mieux ! **8.** Ecoutez-moi donc ! **9.** Taisez-vous donc ! **10.** Dis-moi enfin la vérité !

5. *Transformer les interrogatives en exclamatives selon le modèle ci-après :*

Arbeitet er ? Und wie er arbeitet ! Und wie arbeitet er !

1. Schläft sie ? **2.** Regnet es ? **3.** Hat er geschimpft ? **4.** Kann er schwimmen ? **5.** Scheint die Sonne ?

6. *Mettre à l'impératif (2e personne du singulier et forme de politesse)*

1. die Hände davonlassen. **2.** schnell dahinlaufen. **3.** Brot holen. **4.** den Garten umgraben. **5.** sich ein Stück Kuchen nehmen.

7. *Construire des phrases conformément au modèle ci-après :*

Er ist müde. Er behauptet, daß er müde ist. Er behauptet, er sei müde.
1. Er findet keinen Schlaf. **2.** Er kann nicht kommen. **3.** Er muß zu hart arbeiten. **4.** Er hat sein möglichstes getan. **5.** Er ist zu Fuß in die Stadt gegangen.

8. *Mettre au parfait conformément au modèle ci-après :*

Er hat keine Theaterkarte bekommen können. Er sagt, daß er keine Theaterkarte hat bekommen können.
1. Er hat dich nicht finden können. **2.** Er hat nicht verreisen können. **3.** Sie hat nicht kommen wollen. **4.** Sie hat sich das Kleid machen lassen. **5.** Er hat nicht auf mich hören wollen.

9. *Traduire :*

© **1.** Il n'a pas pu rester plus longtemps. **2.** Je ne sais cependant pas pourquoi il n'a pas pu rester plus longtemps. **3.** Il voulait venir et je me demande pourquoi il n'a pas pu venir. **4.** Mon fils est rentré à 4 heures, a bu une tasse de lait et il est reparti aussitôt. **5.** Il se lève toujours très tôt, mais se couche tard. **6.** Que fais-tu dehors par ce mauvais temps ? **7.** Pourquoi fais-tu comme si tu ne m'entendais pas ? **8.** Réponds-moi enfin ! **9.** Que tu rentres ou que tu ne rentres pas, cela m'est finalement égal. **10.** Mais ne te plains pas quand ce sera trop tard !

ZUM LACHEN

LEBENSREGELN

Weißt du was, so schweig !
Ist dir wohl, so bleib !
Hast du was, so halt !
Nimm dir Zeit und nicht das Leben !
Halte deine Stadt sauber !
Schweige, wenn du etwas weißt !
Bleibe, wenn es dir gefällt !
Wenn du etwas hast, halte es fest !

IM MUSIKALIENGESCHÄFT

"Haben Sie Klavierstücke ?" fragt die Kundin im Musikaliengeschäft.
"Bedaure", sagt der neue Lehrling beleidigt, "wir führen nur ganze Klaviere.

STRUCTURE DE LA PHRASE : L'ORDRE DES MOTS

La première place dans la phrase énonciative

Dans une phrase autonome énonciative, le verbe conjugué est toujours en deuxième position.
La première place est occupée soit par le sujet, soit par tout autre membre de phrase qui est ainsi mis en relief.
Le sujet est alors en troisième position.

Ich bin gestern trotz des schlechten Wetters mit meinem Bruder nach Köln gefahren.
Gestern bin **ich** trotz des schlechten Wetters mit meinem Bruder nach Köln gefahren.
Trotz des schlechten Wetters bin **ich** gestern mit meinem Bruder nach Köln gefahren.
Mit meinem Bruder bin **ich** gestern trotz des schlechten Wetters nach Köln gefahren.
Nach Köln bin **ich** gestern trotz des schlechten Wetters mit meinem Bruder gefahren.

Remarques :

– Lorsque la phrase énonciative est la suite logique de la phrase précédente, la première place est souvent occupée par un adverbe.

Dann bin ich nach Köln gefahren.

– En principe, la première place ne peut être occupée que par un seul membre de phrase, mais il peut être complexe. Ces ajouts sont placés entre virgules.

Gestern, **trotz des schlechten Wetters,** bin ich nach Köln gefahren.

– Pour insister, accentuer, on peut rencontrer des formes verbales (infinitif, participe II) comme premier membre, surtout au passif.

Arbeiten will er nicht.
Gearbeitet hat er den ganzen Tag. **Gearbeitet** wird heute nicht.

La place du sujet et des compléments

– Ordre : ***sujet - noyau verbal - complément au datif - complément à l'accusatif - verbe***

sujet	noyau verbal	complément au datif	complément à l'accusatif	verbe
Der Vater	hat	seinem Sohn	ein Búch	geschenkt.

– Une nouvelle information peut intervenir sous forme de modificateur (généralement adverbe). Elle se place alors immédiatement avant le groupe verbal et porte l'accent.

Der Vater **hat** **seinem Sohn** **géstern** **ein Buch** **geschenkt.**

– Si l'information n'est pas nouvelle, l'adverbe peut se placer en dehors du groupe verbal.

Ich weiß, daß der Vater **gestern** seinem Sohn **ein Búch geschenkt hat.**

– Un pronom désaccentué précédant les autres informations peut remplacer un groupe nominal, lorsque l'information est déjà connue. Le pronom à l'accusatif précède toujours celui au datif.

Der Vater hat **es** seinem Sóhn geschenkt. Er hat **ihm** ein Búch geschenkt.
Er hat **es ihm** geschénkt.

– Lorsque le sujet n'est pas en première position, le pronom (surtout s'il est réfléchi) peut même se placer avant celui-ci.

Gestern hat **ihm** **der Vater** ein Búch geschenkt. Gestern hat **sich** **der Vater** ein Búch gekauft.

– En cas d'information neutre, l'accent de phrase est sur le déterminant du groupe verbal.

Der Vater hat seinem Sohn **ein Búch** geschenkt.

– En cas d'information nouvelle, il est sur le complément qui fournit cette information.

Der Vater hat seinem Sohn ein Búch geschenkt. (sous-entendu : und keine Uhr !)
Der Vater hat das Buch seiner Tóchter geschenkt. (sous-entendu : und nicht seinem Sohn !)

1. Transformer les phrases ci-après en mettant en tête l'élément en italique, puis l'élément en caractères gras :

1. Er hat sich *gestern abend* **das Photoalbum** angesehen. **2.** Sie gibt *ihr Geld* **nur ungern** aus. **3.** Er fährt *mit dem Auto* **nach Berlin.** **4.** Wir können *erst nächste Woche* **zu meinen Großeltern** fahren. **5.** Ich spiele *jeden Sonntag* **mit meinen Freunden** Tennis.

2. Transformer les phrases ci-après en mettant en tête l'élément en italique, puis l'élément en caractères gras :

1. Er wollte *den Winterurlaub* **mit seinen Kindern** in einem hübschen Gebirgsdorf verbringen. **2.** Er hatte sich aber *nach langem Überlegen* **für das bekannte Arosa** entschieden. **3.** Er hatte *auf der Autokarte* **die möglichen Zufahrtsstraßen** studiert. **4.** Es gibt *bis Chur* **eine gut ausgebaute Autobahn**. **5.** Er kann aber mit Winterausrüstung *von Chur aus* Arosa **nur über eine kurvenreiche, meistens schneefreie Straße** erreichen. **6.** Er hat sich deshalb *Winterreifen und Schneeketten* **bei seinem Garagisten** gekauft. **7.** Die Kinder haben *zu Weihnachten* **von den Großeltern** neue Skier bekommen. **8.** Sie warten ungeduldig, *lange vor der Abfahrtszeit,* **vor der Haustür** auf ihre Mutter. **9.** Der Vater hat *am Abend zuvor* **die Koffer** mit großer Sorgfalt im Kofferraum verstaut. **10.** Sie fahren *freudestrahlend* **pünktlich um 8 Uhr** los.

3. A l'aide des éléments donnés, faire cinq phrases en plaçant successivement en tête chacun des cinq groupes fonctionnels :

der Lehrer - einen Film zeigen - seine Schüler - gestern - in der Schule.

4. Remplacer dans les phrases ci-après les substantifs par des pronoms :

1. Der Vater hat seinem Sohn den Wagen gekauft. **2.** Die Tochter hat von ihrem Vater das Moped bekommen. **3.** Monika bringt der Katze eine Schüssel Milch. **4.** Der Briefträger hat meinen Eltern ein Paket gebracht. **5.** Der Vater ärgert sich über seinen Sohn.

5. Placer dans l'ordre les pronoms entre parenthèses :

1. Im Kino läuft ein schöner Film. Hast (ihn, du) schon gesehen ? **2.** Das ist meine Freundin. Darf (sie, dir, ich) vorstellen ? **3.** Ich habe meinen Hut bei dir vergessen. Kannst (du, mir, ihn) bringen ? **4.** Er kann nicht kommen. Hat (es, er, dir) gesagt ? **5.** Du hast doch einen neuen Wagen. Willst (mir, ihn, du) nicht zeigen ?

6. Placer dans l'ordre les mots entre parenthèses :

1. Der Briefträger hat (meinem Onkel, gestern, ein Paket) gebracht. **2.** Mein Vater hat (Blumen, meiner Mutter) geschenkt. **3.** Ich war (im Kino, mit meinem Freund, gestern). **4.** Ich will (mit meinen Eltern, nächstes Jahr, nach Spanien) fahren. **5.** Ich schicke (eine Postkarte, meinen Großeltern).

7. Répondre par l'affirmative au parfait aux phrases impératives ci-après en remplaçant les substantifs par des pronoms : ©

1. Bring deinem Vater die Zeitung ! **2.** Schreib deinen Großeltern. **3.** Nimm dem Kind die Streichhölzer ab ! **4.** Biete dem armen Mann deine Hilfe an ! **5.** Lies deiner Schwester den Brief vor !

8. Traduire :

© **1.** Je te prête ce livre, je te le prête. **2.** Il m'a donné ton adresse, je te dis qu'il me l'a donnée. **3.** L'enfant n'a pas vu le chat. Sa mère le lui a montré. **4.** J'avais besoin de chaussures neuves, mon père me les a achetées. **5.** Tu ne connais pas cette histoire ? Je te l'ai cependant déjà racontée.

9. Traduire :

© **1.** En Allemagne, le Père Noël apporte les cadeaux aux enfants le 24 décembre. **2.** Les adultes aussi reçoivent leurs cadeaux ce jour-là. **3.** L'arbre de Noël occupe la plus belle place de la salle de séjour. **4.** Le lièvre de Pâques dépose des œufs durs coloriés et des petits lièvres en chocolat dans les jardins. **5.** Les enfants les cherchent en poussant des cris de joie.

10. Traduire :

© **1.** Le football attire des milliers de spectateurs sur les stades. **2.** Les élèves ne vont en classe que le matin, ils font du sport l'après-midi. **3.** Ils passent le baccalauréat après la treizième année scolaire. **4.** Mais beaucoup quittent l'école avant le baccalauréat. **5.** Ils veulent apprendre un métier et cherchent une place chez un patron.

LA NÉGATION

La particule négative nicht

1. Négation globale

– Elle porte sur tout le contenu de la phrase. **nicht** qui fait partie du groupe verbal ne porte pas l'accent. Il figure généralement en tête du groupe verbal.

Ich glaube, daß er **nicht** kómmt. Ich weiß, daß er **nicht** ins Kíno geht.

– Lorsqu'un élément défini (groupe nominal non prépositionnel ou pronom) fait partie du groupe verbal, celui-ci précède **nicht**. Lorsqu'il est indéfini, la négation s'exprime par **kein.**

Ich bezahle die Rechnung **nicht.** Ich trinke **kein** Bier.

– Accentuation de **nicht** et de **kein** : La négation peut porter l'accent de phrase lorsque, à la suite d'une question ou d'une affirmation préalable, elle apporte une information nouvelle.

Siehst du deinen Bruder ? – Nein, ich sehe ihn **nícht**.

Hat dein Bruder ein Fahrrad ? – Nein, er hat **kéin** Fahrrad.

Le groupe nominal défini **(deinen Bruder)**, élément connu, remplacé par le pronom **ihn** ne fait plus alors partie du groupe verbal. Il en est de même pour le groupe nominal indéfini.

2. Négation partielle

La négation porte sur un élément autre que le groupe verbal. **nicht** ne porte pas l'accent, mais les deux termes qu'on oppose portent un accent d'insistance.

nicht précède alors l'élément sur lequel porte la négation, **sondern** marque la rectification.

Willst du mich sprechen ? – Nein, **nicht dích**, **sondern** deinen **Brúder** will ich sprechen.

Autres particules négatives ou restrictives

– **schon lange - noch nicht lange**	Ist Rolf **schon lange** da ? – Nein, er ist **nocht nicht lange** da.
– **schon - erst**	Ist Rolf **schon** da ? – Nein er kommt **erst** morgen.
– **noch - nicht mehr**	Ist Rolf **noch** da ? – Nein, er ist **nicht mehr** da.
– **noch - kein(e) mehr**	Hast du **noch** Zeit ? – Nein, ich habe **keine** Zeit **mehr.**
– **noch nicht - noch lange nicht**	Kommt er **noch nicht** ? – Nein, er kommt **noch lange** nicht.
– **gar** renforce la négation.	Ich habe **gar keine** Zeit mehr.
– **nicht einmal** marque l'atténuation	Er geht **nicht einmal** in die Stadt.
– **weder... noch** nie les deux termes d'une alternative	Er ist **weder** arm **noch** reich.
– **nicht nur...sondern auch**	Er ist **nicht nur** fleißig, **sondern auch** begabt.
– **[noch] nie[mals]**	Das ist mir **(noch) nie(mals)** passiert.
– **je... nie**	Hast du ihn **je** gesehen ? – Nein, ich habe ihn **nie** gesehen.
– **jemand...niemand**	Ist **jemand** gekommen ? – Nein, **niemand** ist gekommen.
– **irgendwo...nirgendwo (nirgends)**	Hast du den Hund **irgendwo** gesehen ? – Nein, ich habe ihn **nirgendwo (nirgends)** gesehen.
– **etwas ... nichts**	Weißt du **etwas** ? – Nein, ich weiß **nichts.**

ZUM LACHEN

BALD IST DIETERS NAMENSTAG

Weihnachten hat Dieter einen Papagei bekommen. Stolz zeigt er ihn seinem Freund und sagt : "Zum Namenstag wünsche ich mir ein Weibchen dazu, dann habe ich ein Pärchen.
– "Dann darfst du aber **keinen** Papagei, **sondern** einen Mamagei kaufen", rät der Freund.

BEI DER PRÜFUNG

Bei der Prüfung zeigt sich ein Schüler sehr nervös.
Professor : "Warum bist du so aufgeregt ? Hast du Angst vor meinen Fragen ?"
– "Nun, Herr Professor, **nicht** vor Ihren Fragen ist mir bange, **sondern** vor meinen Antworten."

1. Répondre par la négative aux questions ci-après :

1. Wird es morgen regnen ? **2.** Kommst du heute abend ? **3.** Hast du mich verstanden ? **4.** Verstehst du ihn ? **5.** Gefällt dir dieses Buch ? **6.** Habt ihr den neuen Mercedes bestellt ? **7.** Kennst du deine Nachbarn ? **8.** Hörst du dir die Nachrichten an ? **9.** Liest dein Vater die Bildzeitung ? **10.** Hast du die Tür abgeschlossen ?

2. Mettre à la forme négative :

1. Er hat seinen Mantel mitgenommen. **2.** Unser Sohn hat uns angerufen. **3.** Diese Suppe schmeckt mir. **4.** Er ist gekommen. **5.** Er hat viel Arbeit. **6.** Ich bin deinem Bruder begegnet. **7.** Mutter hat den teuren Mantel gekauft. **8.** Er hat mir auf meine Frage geantwortet. **9.** Du darfst heute ins Kino gehen. **10.** Sie kann morgen zu Hause bleiben.

3. Répondre par la négative aux questions ci-après :

1. Hast du Hunger ? **2.** Trägt deine Freundin einen Pelzmantel ? **3.** Kennst du einen guten Schneider ? **4.** Hast du Zeit für mich ? **5.** Habt ihr Lust auf ein Glas Bier ? **6.** Ißt du Suppe ? **7.** Habt ihr morgen Schule ? **8.** Verstehen Sie Spaß ? **9.** Hast du einen Freund in Frankreich ? **10.** Gibt es bei euch einen Supermarkt ?

4. Répondre par la négative aux questions ci-après :

1. Wohnt ihr schon lange in Frankfurt ? **2.** Geht dein Bruder schon in die Schule ? **3.** Habt ihr euren alten Mercedes noch ? **4.** Fährst du heute schon in Urlaub ? **5.** Hat jemand angerufen ?

5. Répondre par la négative aux questions ci-après :

1. Weißt du schon, was du werden willst ? **2.** Willst du nach dem Abitur gleich arbeiten ? **3.** Hast du schon einen Studienplatz ? **4.** Möchtest du in Berlin studieren ? **5.** Suchst du dir ein Zimmer in einem Studentenheim ? **6.** Kannst du jeden Abend nach Hause fahren ? **7.** Kauft dir dein Vater einen Wagen ? **8.** Arbeitest du in den Ferien immer noch als Fremdenführer ? **9.** Hast du letzten Sommer etwas verdient ? **10.** Kennst du jemand in München ?

6. Répondre par la négative aux questions ci-après :

1. Hat jemand bei euch angerufen ? **2.** Ist dir so etwas schon eimal passiert ? **3.** Hast du etwas gehört ? **4.** Bist du dumm oder faul ? **5.** Verstehst du etwas von dieser Sache ? **6.** Fährst du Auto oder Rad ? **7.** Hat er noch Geld ? **8.** Warst du schon einmal in der Schweiz ? **9.** Kennst du ihn schon lange ? **10.** Kommt er heute ?

7. Mettre à la forme négative :

© **1.** Dieses Buch finde ich interessant. **2.** Ich lese gern und habe auch Zeit dazu. **3.** Abends sehe ich oft fern. **4.** Ich spiele jeden Nachmittag Tennis. **5.** Wir kaufen viel im Supermarkt.

8. Mettre à la forme affirmative :

© **1.** Es ist noch nich lange her. **2.** Er lebt nicht mehr. **3.** Ich kenne ihn nicht. **4.** Wir haben keinen Wagen. **5.** Was du erzählst, wußte ich nocht nicht.

9. Traduire :

© **1.** Il ne va pas en classe depuis huit jours. **2.** Il n'a plus de fièvre. **3.** Mais le médecin ne veut pas qu'il se lève. **4.** Il n'aime pas rester au lit. **5.** Il ne veut manger ni viande ni légumes. **6.** Il n'a pas bonne mine. **7.** Il ne sait que faire. **8.** Lire ne l'intéresse pas. **9.** Ecouter la radio ne lui plaît pas. **10.** Il ne peut pourtant pas dormir toute la journée.

10. Traduire :

© **1.** Je ne bois ni vin ni bière. **2.** Il ne va jamais au cinéma. **3.** Nous n'avons pas un seul ami dans cette ville. **4.** Je cherche mes clefs et je ne les trouve nulle part. **5.** Ton frère est-il encore à Paris ? **6.** Il n'y est plus depuis longtemps. **7.** Je n'ai plus le temps de lire. **8.** J'attendais des amis, mais per sonne n'est venu. **9.** Nous ne les avons pas vus depuis longtemps. **10.** Il n'est encore jamais parti en vacances.

11. Traduire les expressions courantes ci-après :

© **1.** Du wartest doch, nicht wahr ? **2.** Nicht, daß ich wüßte. **3.** Ich habe nicht dich gemeint, sondern deinen Bruder. **4.** Bitte nicht berühren ! **5.** Nicht füttern ! (Auf schrift an Käfigen im Zoo). **6.** Nicht zu glauben ! **7.** Nicht rauchen ! **8.** Nicht werfen ! (Aufschrift auf Paketen). **9.** Du etwa nicht ? **10.** Was es nicht alles gibt !

NIVEAU 1

1. *Compléter, le cas échéant, par* ***zu*** *:*

1. Ich freue mich, nach Paris ... fahren. **2.** Ich will nach Paris ... fahren. **3.** Er kann nicht mit mir nach Paris ... fahren. **4.** Er scheint traurig ... sein. **5.** Er hofft bald wieder ... kommen. **6.** Er freut sich, mich dann wieder ... sehen. **7.** Sie wollen heute tanzen ... gehen. **8.** Er bleibt vor dem Laden ... stehen. **9.** Er läßt sich die Haare ... schneiden. **10.** Du hast nichts ... sagen.

2. *Compléter, le cas échéant, par* ***zu*** *:*

1. Er bekommt das Bild ... sehen. **2.** Er läßt seinen Schirm ... liegen. **3.** Er vergißt ... kommen. **4.** Er glaubt ihn ... kennen. **5.** Er lernt ... schwimmen. **6.** Er bleibt ... stehen. **7.** Er will Wein ... trinken. **8.** Er scheint nicht ... kommen. **9.** Er sieht ihn ... fallen. **10.** Er bittet dich ... schreiben.

3. *Compléter par* ***um, anstatt*** *ou* ***ohne*** *:*

1. Wir fahren in den Schwarzwald, ... Wintersport zu treiben. **2.** Ich lese ein Buch, ... meine Aufgaben zu machen. **3.** Er geht ins Bett, ... zu essen. **4.** Sie geht in die Stadt, ... sich ein Paar Schuhe zu kaufen. **5.** Wir bleiben zu Hause, ... ins Kino zu gehen. **6.** Sie trinken Wein, ... Traubensaft zu trinken. **7.** Sie gehen in den Weinkeller, ... Rheinwein zu trinken. **8.** Sie lachen und singen, ... zu arbeiten. **9.** Sie fahren nach Bacharach, ... bei der Weinlese zu helfen. **10.** Sie fahren mit dem Wagen, ... mit dem Zug zu fahren.

4. *Compléter par* ***um, anstatt*** *ou* ***ohne*** *:*

1. Ich nehme den Zug, ... nach Köln zu fahren. **2.** Sie fahren in den Schwarzwald, ... zu Hause zu bleiben. **3.** Er gibt sein Gepäck auf, ... es zu tragen. **4.** Wir gehen ins Bett, ... zu schlafen. **5.** Er steigt in den Zug ein, ... seinen Koffer zu vergessen. **6.** Er ist an mir vorbeigegangen, ... mich zu sehen. **7.** Alle erreichen den Hof, ... naß zu werden. **8.** Ich trinke Wasser, ... Bier zu trinken. **9.** Die Magd geht in den Stall, ... die Kühe zu melken. **10.** Die Bauern ziehen ihre bunte Tracht an, ... in die Kirche zu gehen.

5. *Compléter par* ***um, ohne,*** *ou* ***anstatt*** *:*

1. Er ist krank, er geht zu Bett, ... etwas zu essen. **2.** Erika geht zum Metzger, ... Fleisch zu kaufen. **3.** Die Heinzelmännchen kommen, ... den Menschen zu helfen. **4.** Sie nehmen eine Taxe, ... zu Fuß zu gehen. **5.** Wir lösen eine Fahrkarte, ... nach Köln zu fahren. **6.** Wir treiben Sport, ... gesund zu bleiben. **7.** Ich trinke Wasser, ... Wein zu trinken. **8.** Die Maurer kommen, ... ein Haus zu bauen. **9.** Das faule Kind spielt, ... seine Aufgaben zu machen. **10.** Sie gehen ins Geschäft, ... ein Kleid zu kaufen.

6. *Compléter par un infinitif substantivé :*

1. Der Wind pfeift, ich höre d.. ... des Windes. **2.** Der Hund bellt, wir hören d.. ... des Hundes. **3.** Die Vögel singen, hörst du d.. ... der Vögel ? **4.** Die Uhr schlägt, hört ihr d.. ... der Uhr ? **5.** Der Kuckuck ruft, ich höre s.. ... .

7. *Mettre les verbes entre parenthèses au participe I en les accordant :*

1. eine (brennen) Frage. **2.** eine (bluten) Wunde. **3.** die (kämpfen) Truppe. **4.** der (fliegen) Holländer. **5.** eine (helfen) Hand. **6.** die (lagern) Post. **7.** das (drohen) Gewitter. **8.** die (fauchen) Katze. **9.** die (bitten) Hand. **10.** das (weinen) Kind.

8. *Mettre les verbes entre parenthèses au participe II en les accordant :*

1. (färben) Haar. **2.** (kochen) Kartoffeln. **3.** (ernten) Äpfel. **4.** (schmuggeln) Zigaretten. **5.** ein (schmücken) Saal. **6.** ein (übersetzen) Buch. **7.** eine (lösen) Aufgabe. **8.** eine (überstürzen) Abreise. **9.** ein (übertragen) Sinn. **10.** eine (überstehen) Krankheit.

9. *Transformer les relatives en qualificatives :*

1. Der Schnee, der gestern gefallen ist, bedeckt das Land. **2.** Die Häuser, die im Krieg zerstört wurden, wurden später wieder aufgebaut. **3.** Der Zug, der um elf Uhr abfährt, ist drei Stunden später in Paris. **4.** Ich verbringe meine Ferien in einem kleinen Dorf, das mitten in den Bergen liegt. **5.** Die Familie Müller wohnt in einem Haus, das vor zwei Jahren gebaut wurde. **6.** Die Straße, die in dieses Gebirgsdorf führt, ist schmal und kurvenreich. **7.** Das Paket, das ich gestern abgeschickt habe, ist für meinen Bruder. **8.** Die Angler, die am Rhein sitzen, wollen viele Fische fangen. **9.** Der Reisende, der zu spät auf den Bahnsteig kam, verpaßte den Zug. **10.** Der Wagen, den Herr Fischer gekauft hat, ist bequem und fährt schnell.

10. Transformer les qualificatives en relatives :

1. Die vom Arzt verschriebene Arznei schmeckt gut. **2.** Die Mutter gibt ihrem laut weinenden Kind ein Stück Schokolade. **3.** Ich verbringe meine Ferien bei einem auf dem Lande wohnenden Freund. **4.** Die auf dem Schulhof spielenden Kinder haben den Lehrer nicht gehört. **5.** Hast du den armen vor Kälte zitternden Mann gesehen ?

11. Transformer les phrases ci-après en commençant par le complément en gras :

1. Ich gehe **jeden Tag** in die Schule. **2.** Rudi spielt **draußen.** **3.** Die Sonne scheint **am Tag**. **4.** Es schneit **im Winter**. **5.** Der Mond glänzt **nachts.**

12. Former la phrase négative correspondante :

1. Ich gehe in die Stadt. **2.** Es regnet. **3.** Er hatte gestern Schule. **4.** Ich gehe früh zu Bett. **5.** Er läuft schnell. **6.** Ich habe meinen Freund gesehen. **7.** Er ißt gern Gemüse. **8.** Sie kauft Brot. **9.** Der Hund bellt die ganze Nacht. **10.** Das weiß ich.

NIVEAU 2

13. Traduire les proverbes suivants :

1. Bösen zu mißfallen ist so gut wie ein Lob. **2.** Was dich nicht brennt, das versuche nicht zu löschen. **3.** Schwer ist zu hüten, was jedermann gefällt. **4.** Junge Mädchen sind schwerer zu hüten als ein Sack Flöhe. **5.** Wem nicht zu raten ist, dem ist auch nicht zu helfen.

*14. Faire, le cas échéant, précéder de **zu** l'infinitif entre parenthèses :*

1. Es ist bequem und spart Zeit, für große Reisen ein Flugzeug (benutzen). **2.** Jeder möchte ein eigenes Auto (haben), um damit zur Arbeit (fahren), um Wochenendausflüge (machen) oder um an den Urlaubsort (gelangen). **3.** Will man einen Freund (haben), so muß man auch für ihn Krieg (führen) wollen ! Und um Krieg (führen), muß man Feind (sein) können. **4.** Du scheinst keine Lust (haben), mit mir (spazieren) gehen. **5.** Du scheinst ihn (kennen), läßt er mit sich (sprechen) ?

15. Transformer la deuxième phrase en infinitive :

1. Viele Leute handeln, sie denken nicht an die Folgen. **2.** Er geht spazieren, er arbeitet nicht. **3.** Er ist fortgegangen, er hat sich nicht verabschiedet. **4.** Er treibt viel Sport, er will gesund bleiben. **5.** Sie zieht sich um, sie geht ins Theater. **6.** Er verließ das Zimmer, er sagte kein Wort. **7.** Er fährt mit seinem Wagen, er fährt nicht mit dem Zug. **8.** Der Angler kam nach Hause, er hatte keinen Fisch gefangen. **9.** Großhändler kaufen große Mengen von Waren ein, sie verkaufen sie an Obst-und Gemüseläden weiter. **10.** Die Landwirte mußten sich Maschinen anschaffen, sie mußten die Arbeitskräfte ersetzen.

16. Faire du verbe ou de l'adjectif entre parenthèses un substantif :

1. Das (betreten) des Rasens ist verboten. **2.** Abends werden die (faul) fleißig. (Sprw.) **3.** Die (faul) und die (dreist) schrei'n am lautesten. **4.** Dem (friedlich) gewährt man gern den Frieden. **5.** Dem (mutig) hilft Gott. **6.** Freie Bahn dem (tüchtig) ! **7.** Er hat das (sagen). **8.** Das (wandern) ist des Müllers Lust. **9.** Er hat nichts (gut) im Sinn. **10.** Das (schön) in der Kunst ist immer wahr, das (wahr) aber nicht immer schön.

*17. Faire, le cas échéant, précéder de **zu** l'infinitif entre parenthèses.*

Ein beschäftigter Mann

1. Mein Mann scheint heute erst spät nach Hause (kommen). **2.** Er hatte wahrscheinlich keine Zeit mich (benachrichtigen). **3.** Er versäumt es sonst nie (anrufen), um mir (sagen), wo er ist. **4.** Anstatt wie gewöhnlich die Straßenbahn (nehmen), ist er heute morgen mit dem Wagen zur Arbeit gefahren. **5.** Er benutzt seinen eigenen Wagen, um nicht an die Zeit gebunden (sein). **6.** Beim Arbeiten vergißt er oft auf die Uhr (schauen). **7.** Oft kommt er nach Hause, ohne zu Mittag gegessen (haben). **8.** Heute sollte er mit einem Geschäftsfreund in der Stadt zu Mittag (essen). **9.** Anstatt in einem Gasthaus (essen), nimmt er sich oft ein belegtes Brot mit. **10.** Oft kann er abends nicht (fernsehen), denn er hat noch allerhand Arbeit mitgebracht, die er (erledigen) hat.

18. Traduire :

© **1.** Après le dîner nous nous asseyons dans un fauteuil pour regarder la télévision. **2.** Grand-mère regarde rarement la télévision sans s'endormir. **3.** Le samedi soir nous jouons aux cartes avec les enfants au lieu de regarder la télévision. **4.** Nous passons rarement un dimanche sans inviter des amis. **5.** Nous trouvons très agréable de recevoir de bons amis.

19. Mettre les verbes entre parenthèses au participe I en les accordant :

1. ein (schneiden) Wind. **2.** ein (schreien) Unrecht. **3.** ein (erschrecken) Beispiel. **4.** ein (fühlen) Herz. **5.** eine (rühren) Geschichte. **6.** eine (schleichen) Krankheit. **7.** eine (reißen) Strömung. **8.** (reisen) Kaufleute. **9.** die (ziehen) Wolken. **10.** ein (bewegen) Augenblick.

20. Compléter les phrases par le participe II des verbes donnés :

1. Er sitzt da mit (kreuzen) Beinen. **2.** Er darf nichts (braten) essen. **3.** Was der Nüchterne denkt, redet der (betrinken). (Sprw.) **4.** Er ist ein (schätzen) Künstler. **5.** Die (schlagen) Mannschaft war unzufrieden mit dem Schiedsrichter. **6.** Es ist ein Unterschied zwischen dem (sprechen) und dem (schreiben) Wort. **7.** Der Diamant ist ein (schleifen) Edelstein. **8.** Ist der Teufel ein (fallen) Engel ? **9.** Er wurde wegen einer (fälschen) Unterschrift bestraft. **10.** Der (anklagen) nahm das Urteil an.

21. Transformer les relatives en qualificatives :

1. Der Fisch, den du auf dem Markt gekauft hast, scheint nicht besonders frisch zu sein. **2.** Die Fische, die auf dem Markt verkauft werden, sind angeblich immer frisch. **3.** Von wem ist der Brief, den der Briefträger eben gebracht hat ? **4.** Der Brief, den ich erwarte, ist noch nicht angekommen. **5.** Kennst du alle Leute, die in unserer Nachbarschaft wohnen ? **6.** Nein, aber ich habe gestern mit der Frau gesprochen, die neben uns wohnt. **7.** Hast du das Buch gelesen, das ich dir zum Geburtstag geschenkt habe ? **8.** Nein, aber die Schallplatte, die ich schon lange wünsche, habe ich mir gekauft. **9.** Heute regnet es. Die Leute, die auf gutes Wetter hofften, sind sicher enttäuscht. **10.** Aber der Regen, der heute fällt, war von den Bauern erwünscht.

22. Mettre à la forme négative :

© **1.** Ich habe etwas gehört. **2.** Er ist schon da. **3.** Das ist mir schon oft passiert. **4.** Jemand hat angerufen. **5.** Ich denke daran. **6.** Er hat viel Zeit. **7.** Ich möchte ein Eis. **8.** Das soll er gesagt haben. **9.** Er hat mir die ganze Geschichte erzählt. **10.** Er fährt nach Köln.

23. Transformer les phrases selon le modèle :

Wir könnten an die Nordsee fahren Es wäre schön, an die Nordsee zu fahren.

1. Wir verfügen über eine Ferienwohnung auf einer Nordseeinsel. **2.** Wir machen Ferien auf einem Bauernhof in der Lüneburger Heide. **3.** Wir fliegen mit einer Chartermaschine nach Spanien. **4.** Wir schließen uns einer Reisegesellschaft an. **5.** Wir fahren mit dem Rad über Land. **6.** Wir übernachten in einer Jugendherberge. **7.** Wir bleiben zu Hause und ruhen uns aus. **8.** Wir sammeln Pilze in einer waldreichen Gegend. **9.** Wir betreuen fremde Kinder, um Geld fürs nächste Semester zu verdienen. **10.** Wir helfen den Bauern bei der Weinlese.

24. Modifier les phrases ci-après en faisant de la première une infinitive précédée de ***anstatt...zu*** *:*

Der Vater spricht zu seinem Sohn.

1. Du siehst bis Mitternacht fern, du solltest lieber beizeiten zu Bett gehen. **2.** Du kaufst blöde Illustrierte, du solltest lieber gute Bücher lesen. **3.** Du liest dauernd Krimis, du solltest lieber einen anständigen Roman lesen. **4.** Du treibst dich mit Gammlern und Rockern herum, du solltest dir deine Freunde sorgfältiger auswählen. **5.** Du spielst und träumst den ganzen Tag, du solltest mir lieber helfen.

25. Faire des phrases selon le modèle :

Du solltest deine Wohnung nicht verlassen, ohne einige Vorsichtsmaßnahmen zu treffen.

1. Schließe Fenster und Türen. **2.** Lasse deine Fensterläden herunter. **3.** Drehe den Gashahn ab. **4.** Stelle den Strom ab. **5.** Hinterlasse deine Anschrift. **6.** Gib deinen Blumen Wasser. **7.** Gib deine Katze in Pflege. **8.** Benachrichtige deine Nachbarn. **9.** Sage deinem Briefträger Bescheid. **10.** Schließe eine gute Versicherung gegen Diebstahl ab.

26. *Faire avec les phrases ci-après des propositions infinitives introduites par :* ***Wir schlagen vor,... :***

Was wir Schüler unseren Lehrern vorschlagen

1. die Schulzeit kürzen. **2.** die Ferien gleichmäßig verteilen. **3.** eine Reform der Lehrpläne durchführen. **4.** uns weniger Hausaufgaben geben. **5.** die Anzahl der Schüler in den Klassen verringern. **6.** die Ganztagsschule einführen. **7.** uns mehr Freizeit geben. **8.** dem Sport mehr Platz gewähren. **9.** die Schüler mit ihrer Umwelt vertraut machen. **10.** sie auf ihren zukünftigen Beruf vorbereiten.

27. *Transformer les subordonnées en* © *qualificatives :*

Der neue Herrscher : das rote Lämpchen

1. Sie haben kein Auge für die Schaufenster, die hell erleuchtet sind. **2.** Sie achten nur auf die Ampel, die abwechselnd rot und grün wird. **3.** Keiner der Fahrer, die unbeweglich am Steuer sitzen, schaut nach rechts oder links. **4.** Die Fahrer, die durch die Straßen der Stadt fahren, sind richtige Automaten. **5.** Das rote Lämpchen, das absolute Autorität ausübt, zieht alle Blicke auf sich. **6.** Die Ampel, die hier kommandiert, ist der neue Herrscher unserer Welt. **7.** Selbst der Fußgänger, der über die Straße geht, unterwirft sich ihrer Autorität. **8.** Die Städte, die nach dem Krieg erbaut wurden, haben keine Seele. **9.** Die Seele, die ihnen fehlt, kann nicht künstlich geschaffen werden. **10.** Die Leute, die in diesen Städten wohnen, sehnen sich nach einer menschlicheren Umwelt.

(D'après Dieter FORTE)

28. *Poser les questions auxquelles répondent les groupes fonctionnels en caractère gras :*

1. Sie haben früher **in Köln** gewohnt. **2.** Sie haben **letztes Jahr** ein Haus am Stadtrand gebaut. **3.** Der Vater fährt jeden Morgen **mit der Straßenbahn** in die Stadt. **4. Die Kinder** besuchen noch die Grundschule. **5.** Die Schule beginnt **um 8 Uhr**. **6.** Die Mutter bringt **die Kinder** in die Schule. **7.** Sie macht ihre Einkäufe **zweimal in der Woche. 8. Brot und Brötchen** liefert der Bäcker jeden Morgen ins Haus. **9.** Das Fleisch kauft sie **beim Fleischer** nebenan. **10.** Sonntags fährt die ganze Familie oft **aufs Land.**

ZUM LACHEN

IM TIERPARK

Hansl spaziert mit seinem Vater im Tierpark. Vor einem Leopardenkäfig sieht er ein Schild mit der Aufschrift "Frisch gestrichen !"
Tiefsinnig betrachtet Hansl den Leoparden und sagt schließlich enttäuscht zum Vater : "Und ich hatte immer gemeint, die Flecken wären echt !"

HARTER KAMPF

Klein Fritzchen, der gerade Indianer spielt, wird von seiner Mutter in der Speisekammer entdeckt. "Was macht der rote Krieger da ?"
– "Ich kämpfe !" – "So ? Mit wem ?" – "Mit der Versuchung !"

ERSTER ERFOLG

"Helga, macht dir deine Gymnastik noch Spaß ? Kannst du schon deine Fußspitzen berühren ?" – "Nein, berühren nicht – aber ich fange an, sie zu sehen !"

O WEH !

"Ich habe Bauchweh", jammert Fritz seiner Mutter die Ohren voll. Diese erwidert : "Das kommt davon, weil dein Bauch leer ist, es wäre besser, wenn du etwas drinnen hättest !"
Am Nachmittag kommt Onkel Wilhelm zu Besuch und klagt über Kopfweh. Darauf sagt Fritz : Onkel Wilhelm, das kommt daher, weil dein Kopf leer ist, du hättest besser etwas drin !"

VERSPRECHEN UND HALTEN SIND ZWEI

Vater : Gerhard, du hattest doch versprochen, um sieben Uhr bestimmt zu Hause zu sein.
Gerhard : Ja, Vater.
Vater : Und ich hatte dir eine Tracht Prügel versprochen, wenn du später kämest.
Gerhard : Ja, Vater. Aber weil ich mein Versprechen nicht gehalten habe, brauchst du doch dein's auch nicht zu halten.

Je voller desto toller

Es kommt vor, daß man im Schlaf vom Paradiese träumt,

Konzentration ist nicht nur eine Sache des guten Willens, sondern auch guter Nerven!

Die neuen Städte: Weder Fisch noch Fleisch

Damit die Briefe richtig ankommen

Sie fragen, ob sich Sparen noch lohnt? Die Dresdner Bank sagt: Ja!

Sie werden wieder so schlank wie in Ihren besten Tagen, obwohl Sie essen, was Ihnen schmeckt!

Wenn Sie wollen, daß Ihr Weihnachtsstern auch Ostern noch blüht.

Wie man sich bettet, so liegt man

Frauen sind vorsichtig und denken, bevor sie handeln

Gernot fiel in den See. Er wird in ein Boot gerettet. Die Männer fragen ihn : "Warum bist du denn nicht geschwommen ?"
Darauf Gernot : "Da steht ein Schild : Schwimmen verboten !"

– "Draußen war's viel zu kalt, um einen Schneemann zu bauen."

Hier ist das Mieder, von dem Sie nichts spüren. Außer, daß es Sie schön macht.

Ich will aus München eine Stadt machen, daß keiner sagen kann, er kenne Deutschland, wenn er München nicht gesehen hat!
(König Ludwig I.)

Freistaat Bayern

Weil er nicht zahlen wollte, mußte er sterben

Ein Wunder, daß ich noch am Leben bin

Während Sie sich erholen, gönnen Sie Ihrem Wagen doch auch etwas Gutes.

Geben Sie Ihren grauen Haaren eine natürlich aussehende Haarfarbe zurück
ohne zu färben

Aus gutem Grund hat Bayern viel zu bieten

Wer keine üblen Gewohnheiten hat, hat wahrscheinlich keine Persönlichkeit

Ein Bericht für alle, die mehr wissen wollen über ihren Körper, über Gesundheit und Krankheit, über Ärzte und Patienten

Es reicht nicht, die Sprache ferner Märkte zu beherrschen.
Man muß ihre Menschen verstehen.

"...und selbst wenn sie uns erwischen sollten – es hat sich gelohnt !"

"Das hast du nun davon ! Du hättest ihn auch einmal zu Wort kommen lassen sollen !"

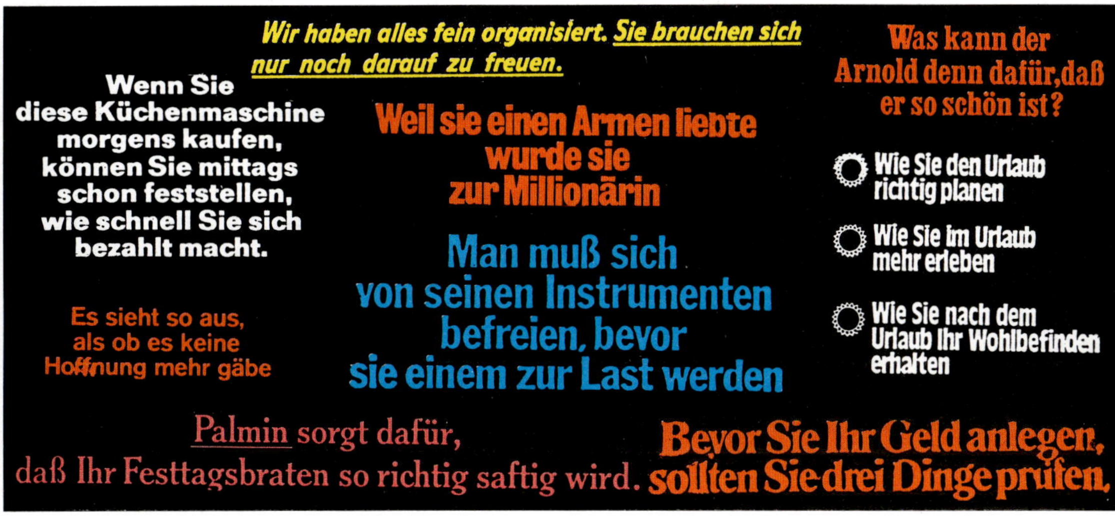

Manfred hat morgen Geburtstag. Am Abend zuvor sitzt er noch lange tief gebeugt über einem Buch." "Nun, hör aber endlich auf zu lesen", mahnt, die Mutter. "Das geht nicht, Mutter, ich muß das Buch noch zu Ende lesen. Auf dem Umschlag steht ausdrücklich : Für Jungen von 8-10 Jahren. Und morgen werde ich elf."

Fremdsprachiger Hund

Zwei Hunde treffen sich.
"Wau, wau", sagt der eine.
Darauf der andere : "Kikeriki !"
– "Nanu, wundert sich der erste, "was heißt denn das ?" – "Ja, mein Lieber !" antwortet der andere, "Fremdsprachen gelernt !"

AIDE A LA TRADUCTION

TRADUCTION DE "Y"

1. **"Y"** adverbe de lieu
   - Lieu où l'on est (locatif) : **da, dort**
     J'**y** serai. Ich werde **da (dort)** sein.
   - Lieu où l'on va (directionnel) : **hin, dahin, dorthin**
     J'**y** vais. Ich gehe **hin (dahin, dorthin).**
2. **"Y"** pronom, complément d'un verbe
   - désigne des choses (démonstratif adverbial)
     J'**y** pense. Ich denke **daran**.
   - des personnes (emploi rare) : pronom ou nom
     J'y pense encore (à cet homme).
     Ich denke noch **an ihn** (an diesen Mann).

TRADUCTION DE "DONT"

1. Complément d'un nom
   - **dessen** (antécédent masculin et neutre singulier), **deren** (antécédent féminin et pluriel)
     La maison **dont** tu vois le toit m'appartient. Das Haus, **dessen** Dach du siehst, gehört mir.
2. Complément d'un verbe ou d'un adjectif
   - pronom relatif ou relatif adverbial (possible pour les choses) au cas voulu par le verbe ou l'adjectif
     L'homme **dont** tu m'as parlé est mon oncle. Der Mann, **von dem** du mir gesprochen hast, ist mein Onkel.
     J'ai fait le voyage **dont** j'ai longtemps rêvé. Ich habe die Reise gemacht, **von der (wovon)** ich lange geträumt habe.
     C'est la jeune fille **dont** il est amoureux. Das ist das Mädchen, **in das** er verliebt ist.
     C'est un travail **dont** je suis fier. Das ist eine Arbeit, **auf die (worauf)** ich stolz bin.
3. Partitif
   - **von + relatif**
     Le berger a deux chiens **dont** l'un est encore très jeune. Der Hirt hat zwei Hunde, **von denen** der eine noch sehr jung ist.

TRADUCTION DE "IL Y A"

1. **"Il y a"** temporel
   - exprimant un temps écoulé : **es ist (sind)** + **complément de temps à l'accusatif** + **her,** daß ...
     Il y a longtemps que je ne l'ai pas vu. **Es ist lange her, daß** ich ihn nicht gesehen habe.
     Il y a un mois que je ne l'ai pas vu. **Es ist einen Monat her, daß** ich ihn nicht gesehen habe.
   - exprimant la durée : action achevée : **vor** + **complément de temps au datif**
     action qui dure : **seit** + **complément de temps au datif**
     schon + **complément de temps à l'accusatif**
     Il y a trois ans, je ne le connaissais pas encore. **Vor drei Jahren** kannte ich ihn noch nicht.
     Il y a trois ans que je le connais. Ich kenne ihn **seit drei Jahren (schon drei Jahre).**
2. **"Il y a"** introductif ne se traduit pas
   Il y a quelqu'un qui voudrait te parler. Jemand möchte dich (Es möchte dich jemand) sprechen.
3. **"Il y a"** au sens de "il existe" : **es gibt** + **accusatif**
   Il y a des gens qui ne sont jamais satisfaits. **Es gibt Menschen,** die nie zufrieden sind.

4. **"Il y a"** précisant la quantité : **es ist (sind)** + **accusatif**

Il n'**y a** plus que **deux bouteilles** de vin. **Es sind** nur noch **zwei Flaschen** Wein da.
Nur noch **zwei Flaschen** Wein sind da.

5. **"Il y a"** précisant la position : emploi des verbes de position : **stehen, sitzen, liegen, hängen**

Il y a un oiseau sur la branche. Ein Vogel **sitzt** auf dem Ast.

Il y a un tilleul devant notre maison. Eine Linde **steht** vor unserem Haus.

6. **"Il y a"** dans certaines expressions : **es gibt** + **accusatif**

Hier **il y a eu** un gros orage. Gestern **hat es** ein schweres Gewitter **gegeben.**

Il n'**y a** rien à manger. **Es gibt** nichts zu essen.

Qu'**y a**-t-il de nouveau. Was **gibt's** Neues ?

TRADUCTION DE "EN"

1. **"en"** pronom

– remplaçant une personne ou un animal

Ma fille travaille très bien, j'**en** suis très fier.
Meine Tochter arbeitet sehr gut, ich bin sehr stolz **auf sie.**

Ce chien est très beau, qui **en** est le propriétaire ?
Dieser Hund ist sehr schön. Wer ist **dessen** Besitzer ?

– remplaçant une chose : pronom personnel pour les verbes régissant le datif ou l'accusatif, pronom démonstratif pour les verbes ou adjectifs régissant le génitif (démonstratif adverbial possible).

Apporte-moi le livre, j'**en** ai besoin.
Bringe mir das Buch, ich brauche **es**.

J'**en** suis sûr. Ich bin **dessen** sicher. J'**en** ai honte. Ich schäme mich **dessen.**

J'ai une belle maison, j'**en** suis fier. Ich habe ein schönes Haus, ich bin stolz **darauf.**

2. **"en"** partitif indéfini

– traduction par **davon**

As-tu encore de ce vin ? Oui, j'**en** ai encore quelques bouteilles.
Hast du noch von diesem Wein ? Ja, ich habe noch einige Flaschen **davon.**

– traduction par **welches**

As-tu encore de l'argent ? Oui, j'**en** ai encore. Hast du noch Geld ? Ja, ich habe noch **welches.**

– autres traductions

As-tu encore du vin ? Combien **en** as-tu encore ? Hast du noch Wein ? Wieviel hast du noch ?

As-tu encore une voiture ? Non, je n'**en** ai plus. Hast du noch einen Wagen ? Nein, ich habe keinen mehr.

Veux-tu des pommes ? Il y **en** a beaucoup cette année. Willst du Äpfel ? Es gibt dieses Jahr viele.

J'**en** ai assez. Ich habe es satt.

3. **"en"** adverbe de lieu

J'étais à Cologne, j'**en** viens. Ich war in Köln. Ich komme **von dort.**

4. **"en"** préposition

en bois, **aus** Holz - **en** ville, **in der** (die) Stadt

5. **"en"** + participe I

– sans complément : participe I seul

L'enfant arriva **en pleurant** à la maison. Das Kind kam **weinend** nach Hause.

Il prit congé **en pleurant.** Er nahm **weinend** Abschied.

– idée de simultanéité

• subordonnée conjonctive introduite par **als, wenn, während, indem**

En voyant le gros chien, l'enfant fut effrayé. **Als (Wenn)** das Kind den großen Hund sah, erschrak es.

Tout **en travaillant**, il pensait aux vacances. **Während (Indem)** er arbeitete, dachte er an die Ferien.

• **beim** + infinitif substantivé : verbe français sans complément

Il chante **en travaillant**. Er singt **beim Arbeiten.** (voir page 18).

• coordonnée + démonstratif adverbial **dabei** ou adverbe **gleichzeitig** ou relative introduite par le relatif adverbial **wobei.**

Il travaille **en écoutant** de la musique. Er arbeitet und hört **dabei (gleichzeitig)** Musik.
Er arbeitet, **wobei** er Musik hört.

– idée d'hypothèse : **wenn**

En travaillant mieux, tu seras récompensé. **Wenn** du besser arbeitest, wirst du belohnt.

– idée de moyen : **indem**

Un voleur a pénétré dans la maison **en cassant** une fenêtre.
Ein Dieb drang ins Haus, **indem** er ein Fenster einschlug.

– idée de cause, de conséquence : **indem**

Tu lui feras plaisir **en** lui **rendant** visite. Du machst ihm Freude, **indem** du ihn besuchst.

1. Traduire :

© **1.** Il y passé son enfance. **2.** Je n'y suis pour personne. **3.** Tu y vas, toi, au cinéma ? **4.** J'y renonce. **5.** Je n'y manquerai pas. **6.** J'y attache beaucoup d'importance. **7.** Il y consent. **8.** Il s'y connaît. **9.** Pensez-y ! **10.** J'y étais.

2. Traduire :

© **1.** Il y a cinq kilomètres d'ici au village. **2.** Qu'est-ce qu'il y a ? **3.** Il n'y en a pas pour tout le monde. **4.** Il y a des gens qui ne sont jamais contents. **5.** Qu'y a-t-il de nouveau ? **6.** Il y a huit jours, j'étais encore à Berlin. **7.** Il y a de cela huit jours. **8.** Il y a une vingtaine d'années, on pouvait facilement stationner en ville. **9.** Il y a deux ans qu'il est malade. **10.** Il n'y a personne à la maison.

3. Traduire :

© **1.** Ce voyage, je m'en souviendrai. **2.** Quelles belles pommes ! Donne-m'en une ! **3.** Je m'en remets à vous. **4.** On en parle. **5.** On pourrait en faire un roman. **6.** Aller en ville ? Mais j'en viens. **7.** Personne ne s'en souvient. **8.** Je m'en réjouis. **9.** Personne n'en est mort. **10.** On n'en viendra pas là.

4. Traduire :

© **1.** Il n'en démord pas. **2.** J'en suis fier. **3.** J'en ai assez. **4.** Il en est capable. **5.** Il pourrait en mourir. **6.** N'y compte pas ! **7.** J'y travaille avec ardeur. **8.** N'y touchez pas ! **9.** Dans cette forêt il y a beaucoup de sangliers. **10.** Qu'il y vienne !

5. Traduire :

© **1.** Il est parti il y a deux ans. **2.** Quand il y en a pour un, il y en a pour deux. **3.** Il n'habite pas en France mais en Suisse. **4.** Il n'y a plus de pain. **5.** Il n'y avait rien à boire. **6.** Mon sac à main est en cuir. **7.** Des bouteilles ? Oui, j'en ai encore. **8.** J'en suis sûr. **9.** Tu peux prendre la voiture, je n'en ai pas besoin. **10.** As-tu de l'argent ? Je n'en ai pas.

LES PETITS MOTS INTENSIFS

auch	généralisation	Was er **auch** sagt, es ist gelogen.	*Quoi qu'il dise, il ment.*
bloß	inquiétude	Was ist **bloß** los ?	*Qu'est-ce qui se passe encore ?*
denn	renforcement, insistance,	Was ist **denn** eigentlich los ?	*Qu'est-ce qui se passe donc ?*
	exhortation	Los **denn** !	*Eh bien, allons-y ?*
doch	confirmation de ce qui	Das ist **doch** allerhand !	*Vraiment, c'est un comble !*
	était douteux ou contesté	Ich habe es **doch** gleich gesagt.	*C'est bien ce que j'avais dit.*
	demande de confirmation	Du kommst **doch** morgen ?	*Tu arrives bien demain ?*
	impatience	Komm **doch** !	*Mais viens donc !*
eben	résignation	Er ist **eben** ein Esel.	*Que voulez-vous ? C'est un âne.*
	mise en relief	Das ist mir **eben** recht.	*Cela m'arrange.*
eigentlich	demande de précision	Was ist **eigentlich** geschehen ?	*Qu'y a-t-il eu exactement ?*
etwa	crainte d'une affirmation	Bist du **etwa** krank ?	*Serais-tu malade par hasard ?*
geradezu	mise en relief	Das ist **geradezu** eine Frechheit.	*C'est vraiment du culot !*
halt	constatation résignée	Du mußt **halt** darauf verzichten.	*Que veux-tu, il faut y renoncer !*
immer	généralisation	Wer **immer** kommt, ich bin nicht da.	*Je n'y suis pour personne.*
ja	mise en relief	**Ja**, es war eine schöne Zeit.	*Eh oui, c'était le bon temps !*
	surprise	Es schneit **ja**.	*Mais c'est qu'il neige.*
	confirmation	Er kann nicht kommen. Er ist **ja** krank.	*...puisqu'il est malade.*
	vive recommandation	Komm **ja** nicht zu spät !	*Surtout n'arrive pas trop tard !*
	mise en garde	Das soll er **ja** lassen.	*Surtout qu'il ne s'en mêle pas !*
mal	invitation pressante	Komm **mal** her !	*Arrive un peu ici !*
nun	impatience	Nun ! Komm **doch !**	*Eh bien, arrive donc !*
nun (ein) mal	constatation désabusée	Er will es **nun mal** besser wissen.	*Il se croit plus malin que tout le monde.*
nur	généralisation	Er bekommt, was er **nur** will.	*Tout ce qu'il veut, il l'a.*
	résignation	Laß ihn **nur** machen !	*Laisse-le donc faire !*
	exhortation	Komm **nur** ! **Nur** Mut !	*Allons, arrive ! Courage !*
	menace	Komme **nur** nicht nach Hause !	*Tu vas voir ce qui va t'arriver !*
	intérêt mêlé d'inquiétude	Was ist **nur** mit ihm los ?	*Qu'est-ce qu'il lui est bien arrivé ?*
schon	anticipation optimiste	Es wird **schon** stimmen	*Ça doit être juste.*
	éventualité souhaitée	Wenn du **schon** da bist, so hilf mir auch !	*Du moment que tu es là, ...*
	mise en relief négative	Ich weiß es nicht und er **schon** gar nicht.	*...et lui encore moins*
	exhortation insistante	Komm **schon !**	*Allons, arrive !*
überhaupt	incertitude	Arbeitet er **überhaupt** etwas ?	*Est-ce qu'il fait vraiment quelque chose ?*
	prise de position négative	Ich mag ihn **überhaupt** nicht.	*Je ne peux absolument pas le sentir.*
	question subsidiaire	Und **überhaupt**, warum kommt er nicht selbst ?	*Et au fond, pourquoi ...*
vielleicht	admiration parfois ironique	Du hast **vielleicht** gearbeitet !	*Toi, on peut dire que tu as travaillé.*
wohl	supposition plausible	Er kommt **wohl** morgen.	*Je pense qu'il arrivera demain.*

L'ÉPREUVE DE COMPÉTENCE LINGUISTIQUE AU BACCALAURÉAT

1.

A. *Posez la question correspondant aux éléments soulignés :*

1. Irene hilft neuen Kunden im Supermarkt. **2.** Diese Kundinnen gehen an die Kasse. **3.** Irene kommt aus dem Lager zurück. **4.** Die Leiterin bat die junge Frau um Aufklärung. **5.** Irenes Arbeit ist eintönig.

B. *Complétez les phrases suivantes :*

Irene, ... im Supermarkt arbeitet, ... schlecht bezahlt. Früher ... sie nur Hausfrau gewesen. ... sie etwas Geld verdienen ..., hat sie diese Halbtagsstelle angenommen.

C. *Répétez les paroles d'Irène et de la caissière en complétant les amorces indiquées (discours indirect) :*

1. "Einer muß es ja machen." Irene sagte, ... **2.** "Dafür werde ich zu schlecht bezahlt." Irene meinte, ... **3.** "Wir bleiben unter uns." Irene sagte, ... **4.** "Holen Sie sofort Wasser !" Die Kassiererin rief, ... **5.** "Ich will hier putzen." Die Kassiererin sagte, ...

2.

A. *Transformez les groupes prépositionnels soulignés en propositions subordonnées ou infinitives :*

1. Nach langem Nachdenken schreibt Hans an seinen Vater. **2.** Hans hat Angst vor dem Wiedersehen mit dem Direktor. **3.** Wegen der schlechten Noten wird Heilner als schlechter Schüler angesehen.

B. *Reformulez chacune des phrases suivantes en utilisant un verbe de modalité :*

1. Hans Giebenraths Reaktion ist verständlich. **2.** Der Direktor hat Lust, die Freundschaft zwischen Giebenrath und Heilner zu zerstören. **3.** Hans hatte keine andere Wahl, als zu schweigen.

C. *Complétez :*

Es geht um Giebenrath, ... Verhalten den Lehrern in letzter Zeit Sorgen bereitet. Hans steht unter Heilner.. Einfluß. Dies.. Freundschaft mit ein.. unruhig.. Schüler macht d.. Lehrer.. Sorgen. Sie wollen Hans ... hindern, Heilner zu sehen. Ein solch.. Verhalten entspricht d.. Erziehungsmodell dies.. Schule nicht. Die Lehrer raten Giebenrath, sich nicht mehr ... Heilner beeinflussen ... lassen.

D. *Posez la question qui correspond à l'élément souligné :*

1. Der Direktor hat dem schüchtern eingetretenen Jungen die Hand gedrückt. **2.** Er möchte ein wenig mit Giebenrath reden. **3.** Viele Jahre später erinnert er sich noch an diesen peinlichen Zwischenfall. **4.** Am Ende des Schuljahrs wird Giebenrath wieder nach Hause gehen.

E. *Traduisez :*

1. Le directeur demande à Hans de ne plus fréquenter Heilner. **2.** Comme Giebenrath et Heilner sont des amis fidèles, ils se rencontrent tous les jours.

3.

A. *Transformez les phrases suivantes en produisant une subordonnée relative :*

1. Herr Frölich träumt von einem Kunden. Er kann sich auf ihn verlassen. **2.** Herr Frölich träumt von einer Fabrik. Ihre Arbeiter werden nie entlassen. **3.** Herr Frölich träumt von einer Sekretärin. Er kann sich mit ihrer Arbeit zufriedengeben. **4.** Herr Frölich denkt an eine Kundin. Er kann ihr trauen. **5.** Carmen spricht mit dem Chef. Seine Geschäfte sind gar nicht blühend. **6.** Herr Frölich trifft die Arbeiter. Er hat ihnen gekündigt.

B. *Répondez par la négative aux questions suivantes :*

1. Waren alle Arbeiter so enttäuscht wie Werner ? **2.** Konnte Werner eine andere Arbeit finden ? **3.** Hat Werner etwas Falsches gemacht ? **4.** Hat Carmen die Hoffnung schon verloren ? **5.** Hatte Werner schon etwas gefunden ? **6.** Gab Carmen der Sekretärin die Tasche ?

4.

A. *Transposez les phrases suivantes selon le modèle ci-dessous :*

Ein iranischer Student erzählt diese Geschichte. - Diese Geschichte wird von einem iranischen Studenten erzählt.

1. Ein Mann spricht Hassan an. **2.** Hassan lädt den Mann ein. **3.** Seine Freundin hat ihn verlassen. **4.** Man darf ihn nicht zu streng beurteilen. **5.** In seiner Firma hat man letztes Jahr 150 Angestellte entlassen. **6.** Wie kann man solche Probleme lösen ?

B. *Complétez par la désinence appropriée :*

1. Der Deutsche, d.. dem Studenten auf d.. Straße begegnet, hält ihn für ein.. Ausländer. **2.** Viele Deutsche, mit d.. er gesprochen hatte, waren überzeugt, daß er in Deutschland geboren war. **3.** Seit ein.. Monat hatte er nichts mehr von sein.. Freundin gehört. **4.** Hassan folgte d.. Mann und fragte ih.., ob er mit ih.. in ein.. Kneipe gehen wolle. **5.** Der Student, d.. Familie im Iran geblieben war, hatte oft Heimweh.

C. *Transformez les phrases en les faisant précéder de : "Hassan wäre glücklich, wenn..." :*

1. Er kann seine Eltern besuchen. **2.** Er darf in der Bundesrepublik weiter studieren. **3.** Er wohnt in einem Studentenheim. **4.** Die Leute haben keine Vorurteile.

D. *Transposez ce texte en commençant par "Hassan erzählt, ..." sans utiliser la conjonction "daß" et en procédant aux transformations nécessaires :*

"Ich habe an einer deutschen Universität studiert, aber ich bin kurz nach der Revolution in den Iran zurückgekehrt. Ich wollte mithelfen beim Aufbau einer neuen, gerechteren Gessellschaft. Ein Jahr später bin ich gerade noch davongekommen, bevor man mich verhaften wollte : Seither lebe ich in der Bundesrepublik. Meine Freunde sind im Gefängnis, und meine Eltern können mir kein Geld schicken.

5.

A. *Parmi les éléments proposés entre parenthèses, soulignez le seul qui convient :*

(Wenn, Wann, Als, Als ob) ich an diesem Tag (aufstehe, erwache, erwachte, erweckte) (Mutter sagte mir, Mir sagte Mutter, dann Mutter sagte mir, sagte mir Mutter), ich müsse (dem, den, das, des) Tisch decken. Es dauerte ein paar Stunden, (bis, nachdem, bisher, zuvor) wir (aus, seit, mit, zu) allen Vorbereitungen fertig waren. (Dann unsere Gäste kamen, Bald kamen unsere Gäste, Dann kämen unsere Gäste, Dann unsere Gäste kommen), alle schwarz gekleidet, (an, zu, um, vor.)
Nachdem (sie meine Eltern begrüßt haben, begrüßten sie meine Eltern, sie meine Eltern begrüßten, meine Eltern sie begrüßt hatten), wurde ihnen das Essen serviert. Ich wunderte mich (um, auf, über, an) das gute Benehmen der Zigeuner, (da hatten meine Eltern soviel Böses über sie gesagt, da meine Eltern soviel Böses über sie gesagt, da meine Eltern hatten gesagt soviel Böses über sie.) Wenn sie gewöhnliche Gäste gewesen wären, (hätten, wären, würden, seien) sich die Eltern an ihren Tisch (gesessen, gesetzt, gedeckt, erinnert.) So fand ich es dumm, daß sie sich so wenig (um der, um denen, über die, um die) Zigeuner kümmerten. (Ich aber, Ich dennoch, Ich trotzdem, Trotzdem ich) blieb (bei ihnen, an ihnen, zu ihnen, nach ihnen) und lernte so einen sehr freundlichen jungen Mann (können, kenne, gekannt, zu kennen,) von dem ich herzlich (eingeladen geworden war, einladen werde, eingeladen wurde, einladen würde,) ihn gelegentlich zu besuchen.

B. *Complétez : Der Erzähler schreibt an Roman.*

Lieb.. Roman !
Was ist ... Dir geworden ? Ich habe zufällig erfahren, daß Deine Sippe sich zur Zeit in d.. Nachbarschaft aufhält. Wir haben uns schon so ... nicht mehr gesehen. Erinnerst Du Dich noch ... dies.. köstlich.. Leichenschmaus, d.. Ihr bei uns bestellt h.. ? Bevor ich Dich kennen ..., glaubte ich mein.. Eltern, wenn sie von d.. bös.. Zigeuner.. sprachen. Nach d.. Gespräch mit Dir ist mir ...gefallen, wie ungerecht meine Eltern Fremd.. gegenüber sind. Ich habe sie dar... aufmerksam gemacht, daß Zigeuner ganz normal.. Menschen sind, ... denen wir Respekt haben sollen. Leider ... es mir nicht gelungen, sie da... zu überzeugen.

Las bald von Dir ... !
Ich würde mich ... ein Wiedersehen freuen !
Dein Fritz.

6.

A. *Complétez si nécessaire par les termes ou désinences qui conviennent :*

Warum hatte Karin damals ihr.. Mutter nicht alles erzählt ? Vielleicht ... diese dann zu ... Lehrer gegangen, ... mit ihm zu sprechen. Jetzt ist die schlimme Zeit vorbei. Sie hat nun gut.. Freunde, die ... helfen, anstatt sie ... quälen. Sie will sich nicht mehr ... erinnern. Sie will ein neu.. Leben anfangen.

B. *Complétez en choisissant l'un des quatre éléments :*

1. Karin war allein ; sie hatte ... keine Freundin. (leider, trotzdem, besonders, hoffentlich) **2.** Karin litt ..., daß die anderen hart mit ihr umgingen. (damit, dafür, davon, darunter) **3.** Die Frau vom Lebensmittelladen wartete, ... Karin sich vom Geschäft entfernt hatte. (als, sobald, bis, nachdem) **4.** Die Sozialschwester hat Karin helfen ... . (gewollt, wollen, zu wollen, wollte)

C. *Transformez les séquences soulignées en propositions subordonnées en choisissant à chaque fois la conjonction qui convient parmi les suivantes :*

ob, wenn, bevor, obwohl, weil, nachdem, seitdem, da

1. Trotz ihrer Traurigkeit weinte Karin nie. **2.** Wegen ihrer schlechten Noten mußte sie sitzen bleiben. **3.** Nach langem Warten erblickte die Händlerin Karin. **4.** Seit ihrem Gespräch mit der Sozialschwester wußte die Mutter über alles Bescheid.

7.

A. *Bilden Sie Sätze mit Hilfe der Konjunktionen obwohl, nachdem, damit, während, da (jede Konjunktion nur einmal) :*

1. Rolf hatte den Brief gelesen ; dann weinte er. **2.** Er kocht das Mittagessen ; die Mutter ist nämlich weg. **3.** Die Mutter will bald zurückkommen ; trotzdem wollen die Brüder heimlich in den Westen fahren. **4.** Werner erklärte seinem Bruder seinen Fluchtplan ; Rolf hörte ihm atemlos zu. **5.** Rolf und Werner gehen durch unbelebte Straßen, niemand soll sie bemerken.

B. *Ergänzen Sie folgenden Text :*

Die Brüder haben ein.. Brief von ihr.. Mutter bekommen. Nach d.. Mittagessen sprechen sie ... d.. Plan, d.. sich Werner ausgedacht hat. Rolf hat Angst, aber Werner macht sein.. Bruder Mut. Die Brüder wollen ... d.. Mauer ... Westberlin flüchten.

C. *Setzen Sie die Verben in den Konjunktiv II (subjonctif II présent ou passé selon le cas) :*

1. Wenn die Mutter in die DDR ... (zurückkommen), ... sie das Leben dort (nicht mehr aushalten) ... . **2.** Wenn der Vater ... (nicht sterben), ... das Leben für die Mutter leichter (sein). **3.** Wenn die DDR die Mauer ... (nicht bauen), ... die Familie (nicht getrennt sein).

D. *Übersetzen Sie !*

Rolf hielt den Brief der Mutter in der Hand, den ersten seit jener Nacht, in der die Mauer in ihrer Heimatstadt emporgewachsen war. "Natürlich bleiben wir zusammen", schrieb sie, "sobald Petras Masern vorüber sind, kehren wir zurück."
Langsam schob Rolf den Brief in den Umschlag zurück.
In wenigen Tagen wären auch wir gereist, dachte er, während er sich in der Küche das Frühstück zurechtmachte.

8.

B. *Complétez le texte suivant en remplaçant chaque espace par le mot ou la terminaison qui convient :*

Am folgend.. Vormittag erwachte Peter sehr spät. Er stand sofort ..., ... er hatte viel zu tun. D.. ganz.. Tag putzte er sein.. Wohnung. Er arbeitete so schwer, ... er am Abend todmüde war. Er hatte kein.. Hunger und ... sich nur noch mit ein.. Tasse Kaffee vor d.. Fernseher setzen. Er hörte die Nachrichtensprecherin und sah die Bilder, ... sie wirklich zu verstehen. ... er bemerkte, daß er einschlief, ging er ... Bett. ... zwei Uhr wurde er wach. Hatte er nicht das Telefon klingeln ... ? Er blieb ... Bett liegen und spitzte die Ohren, ... alles blieb still. Er lag dann lange wach und schlief erst wieder ein, ... er ein Glas Wasser getrunken hatte.

C. *Complétez les phrases proposées à l'aide des informations fournies entre parenthèses :*

1. Peter tut zuerst, ... (er hat Elke nicht gesehen). **2.** Sie spricht ihn aber an, ... (er soll stehenbleiben). **3.** Da dreht er sich um, ... (er will sie begrüßen). **4.** Er wäre weitergegangen, ... (sie hat ihn nicht angesprochen). **5.** ... (sie trennen sich), beschließen sie, sich bald wiederzusehen.

9.

C. *Remplacez chaque espace libre par la forme verbale qui convient. Les formes à utiliser seront empruntées aux verbes entre parenthèses ou, si nécessaire, aux auxiliaires "sein, haben, werden".*

Gestern abend ... Gregor und seine Eltern im Wohnzimmer (sitzen) und ... sich (unter-

rhalten) -oder besser gesagt, sie ... sich wieder einmal (streiten).
"Warum ... du letzten Sonntag den ganzen Tag auf deinem Zimmer ... (bleiben) ?" fragte der Vater. "Sogar wir, deine Eltern, mußten draußen warten. Wir ... nicht einmal hinein (dürfen). Du ... wenigstens auf unsere Fragen ... können (antworten) ! Aber nein ! Wir ... vor deiner Tür (stehen), ... nur deine Musik (hören) und ... nicht einmal (wissen), ob du nicht etwa krank ... (sein) ! Nie ... Eltern von ihrem Sohn so ... ... wie wir (behandeln) !"
Gregor, der bisher ... ... (schweigen), ... von seinem Stuhl auf (springen). "Ich ... euch etwas vorschlagen (mögen) !" ... er mit fröhlicher Stimme (rufen). "Wie wäre es, wenn wir uns alle drei auf meinem Zimmer Rock-Musik ... ... (anhören) ? Wer ... (wissen) ? Vielleicht ... sie euch besser ... als euer blödes Fernsehprogramm (gefallen) ! ... doch mit (kommen) ! Und bitte, keine Angst, es ... ein Kurzprogramm werden (sollen) ; mehr als zweieinhalb bis drei Stunden ... es nicht ... (dauern) !"

10.

B. Complétez par une désinence ou par un mot :

Lohnt ... sich immer, wohlhabend.., berühmt.. Eltern ... ... ? Ein.. Kind kann Freiheit wichtiger sein ... Wohlstand. Kindern gefällt ... immer, wenn sie ohne d.. Anwesenheit ihr.. Eltern i.. tief.. Wald oder in den Ruinen spielen. Solche Spiele sind etwas Wunderbares, ... sie sich später ... Erwachsen.. erinnern werden.

CORRIGÉS DES EXERCICES

[4.**16**] **1.** fängt **2.** bricht **3.** trifft **4.** spricht **5.** stirbt

[6.**16**] **1.** hält (hielt, hat gehalten) **2.** bläst (blies, hat geblasen) **3.** siehst (sahst, hast gesehen) **4.** schläft (schlief, hat geschlafen) **5.** liest (las, hat gelesen)

[20.**17**] **1.** wartete **2.** holte **3.** käme **4.** begrüßten **5.** schiene **6.** führet **7.** wüsche **8.** betrögest **9.** bliebe **10.** flöge
1. würde … warten **2.** würde … abholen **3.** würde … kommen **4.** würden … begrüßen **5.** würde … scheinen **6.** würdet … fahren **7.** würde … waschen **8.** würdest … betrügen **9.** würde … bleiben **10.** würde … fliegen

[21.**17**] **1.** Er gibt mir die Hand. **2.** Er ißt zu schnell. **3.** Er bewundert den neuen Wagen. **4.** Er trägt den Koffer. **5.** Er schläft lange. **6.** Er wäscht ihm den Kopf. **7.** Er macht seine Aufgaben. **8.** Er liest die Zeitung. **9.** Er bleibt zu Hause. **10.** Er geht ins Theater.

[22.**17**] **1.** Du hast mich erschreckt. **2.** Er hat seinen Durst gelöscht. **3.** Ich habe ihm nicht geantwortet. **4.** Ich war erschrocken. **5.** Er saß vor seiner Tür. **6.** Du trittst mir auf den Fuß. **7.** Die Suppe ist versalzen. **8.** Du zeichnest sehr gut. **9.** Der Schnee schmilzt. **10.** Deine Wange ist geschwollen.

[3.**19**] **1.** kann **2.** muß **3.** mag **4.** kann **5.** darf **6.** will **7.** wollen **8.** kann **9.** muß **10.** will

[4.**19**] **1.** Ich möchte nicht daran denken. **2.** Ich kann nicht anders machen (tun). **3.** Was will er von mir ? **4.** Er hat nicht kommen dürfen. **5.** Er mag nicht arbeiten. **6.** Er darf nicht [hin]ausgehen. **7.** Er sollte das wissen. **8.** Er kann nicht fortgehen. **9.** Er hat fortgehen müssen. **10.** Das muß wahr sein.

[5.**19**] Que dois-je faire de cela ? **2.** Qu'il vienne ! **3.** Vous pouvez m'en croire. **4.** Le sort ne l'a pas voulu. **5.** Cela devrait être possible. **6.** Ce n'est pas moi qui y ferais obstacle. **7.** Personne ne me peut rien. **8.** Tu peux toujours courir. **9.** C'est bien possible. **10.** Cela peut aller pour cette fois.

[9.**20**] **1.** will **2.** dürfen **3.** kann **4.** soll **5.** kann **6.** muß **7.** soll **8.** darf **9.** muß **10.** wollen

[12.**20**] muß, kann, müßt, darf, kann, will, muß, mag, dürft, muß, darf, sollt

[21.**21**] **1.** Puisse-t-il avoir raison ! **2.** Si seulement il arrivait bientôt ! **3.** Où a-t-il bien pu entendre cela ? **4.** Il a beau dire, c'est lui qui est responsable de l'accident. **5.** C'est possible.

[22.**21**] **1.** Tu ne tueras point. **2.** Qu'il fasse ce qu'il voudra ! **3.** Qu'il vienne ! **4.** Il y a de quoi se mettre en colère. **5.** Le travail n'avance pas.

[23.**21**] Au cours des dernières années, un administrateur civil écrivit à un maire à l'occasion de l'extension d'un cimetière et lui demanda combien d'habitants de la commune pourraient mourir (auraient envie) dans l'année. – Autant que je sache, aucun, répondit le maire. – Vous m'avez mal compris, écrivit à nouveau le conseiller. Je vous demandais combien pourraient (éventualité) mourir. – Tous, répondit le maire. Impatienté, le conseiller écrivit une troisième fois. Je vous demandais combien pourraient (auraient la permission de) mourir. – Oh, sur ce point je n'ai pas d'ordre à donner, répondit le maire consciencieux.

[24.**21**] Er soll sehr reich sein. **2.** Du mußt ihm unbedingt schreiben. **3.** Er kann dir bestimmt helfen. **4.** Es darf in diesem Saal nicht geraucht werden. **5.** Er möchte dich gern wiedersehen. **6.** Er kann vor morgen nicht hier sein. **7.** Er darf noch nicht aufstehen. **8.** Er sollte mehr arbeiten. **9.** Du solltest jetzt fortgehen, sonst kommst du zu spät. **10.** Ich mag diesen Kaffee nicht, er ist zu stark.

[25.**21**] **1.** Was sollte ich machen ? **2.** Ich muß hingehen. **3.** Was konnte er machen (tun) ? **4.** Du solltest kommen. **5.** Wir möchten ins Kino gehen. **6.** Sie wollten dich besuchen. **7.** Er hat diesen Film nicht gemocht. **8.** Was möchtest du trinken ? **9.** Ich muß nach Hause [gehen]. **10.** Darfst du rauchen ?

[26.**21**] **1.** Könnten Sie mir sagen, wieviel Uhr es ist (wie spät es ist) ? **2.** Er hätte uns benachrichtigen können. **3.** Du hättest ihm helfen sollen. **4.** Wir dürfen den Rasen nicht betreten. **5.** Was hätte ich sagen sollen ?

[4.**23**] **1.** Das Feuer brennt im Kamin. **2.** Er hat mir ein Buch gebracht. **3.** Hast du an mich gedacht ? **4.** Ich kenne diese Stadt nicht. **5.** Seine Eltern haben ihn Jürgen genannt. **6.** Du rennst sehr schnell. **7.** Ich habe ihm einen Brief gesandt (gesendet). **8.** An wen soll ich mich wenden ? **9.** Wenn du mir ein Glas Wasser brächtest (bringen würdest), wäre ich froh. **10.** Der Wind hat sich gewendet.

[5.**23**] **1.** Das Kind ist über die Straße gerannt. **2.** Er hat mir alle Städte genannt, die er im Urlaub (in den Ferien) besichtigt hat. **3.** Wenn du ein Zimmer suchst, wende dich an den Verkehrsverein (das Verkehrsamt) ! **4.** Ich höre Radio nur, wenn es moderne Musik sendet. **5.** Ich kenne hier niemand[en], an wen soll ich mich wenden ?

[7.**23**] **1.** Je suis fatigué d'avoir marché. **2.** Si tu lui racontes cela, il va mourir de rire. **3.** Il s'enroue à force de crier. **4.** Il se fâchera tout rouge si tu lui dis cela. **5.** Il s'est empiffré. **6.** Avant le départ, les athlètes s'échauffent. **7.** Il se fait porter malade. **8.** Il s'est satisfait de ta réponse. **9.** Il a mal aux doigts d'écrire. **10.** Dans le Tiers-Monde beaucoup d'enfants mangent rarement à leur faim.

[9.**23**] **1.** Schämst du dich nicht ? **2.** Er fürchtet sich nicht vor dem Hund. **3.** Du hast dich erkältet. **4.** Mein Freund verläßt sich immer auf mich. **5.** Es hat sich gelohnt.

[22.**26**] **1.** Les hérissons doivent passer l'hiver dehors. **2.** Les joueurs du Bayern qui peuvent, doivent ou sont obligés de tout gagner. **3.** Une eau pure doit passer par de profondes couches rocheuses. **4.** Les sacs à provisions en plastique devraient servir plusieurs fois. **5.** Il est permis de doubler les véhicules agricoles.

[23.**26**] **1.** Il n'est personne si âgée qui ne veuille vivre encore une année, il n'est personne si jeune qui ne puisse mourir le jour même. **2.** Il faut pourvoir les emplois d'hommes et non pas les hommes d'emplois. **3.** Qui n'est pas capable de bien paresser n'est pas non plus capable de bien travailler. **4.** Seuls les médecins ont le droit de mentir. **5.** Qui veut tromper un paysan doit se faire accompagner d'un paysan. **6.** Aussi bête qu'on soit, il faut savoir se débrouiller. **7.** L'obligation est dure à avaler. **8.** L'obligation est une pilule amère. **9.** Il faut hurler avec les loups. **10.** Les philosophes doivent être des rois et les rois des philosophes.

[24.**26**] **1.** Prends ton petit déjeuner tout seul, partage ton repas de midi avec un ami et offre ton dîner à ton ennemi. **2.** Reste au pays et gagne ta vie honnêtement ! **3.** N'exige pas qu'on te loue à grand bruit ! Montre ce que tu sais faire et on te reconnaîtra. **4.** Economise quand il en est temps et tu auras ce qu'il faut quand tu seras dans le besoin. **5.** Prends conseil avant d'agir ! **6.** Regarde la mère avant de te fiancer avec la fille ! **7.** Tue un homme et tu seras un assassin, tues-en mille et tu seras un héros. **8.** Fais l'éloge de la montagne mais reste dans la vallée ! **9.** Imite le cadran solaire et ne compte que les heures ensoleillées ! **10.** Sois toujours fidèle et honnête !

[34.**27**] kennst, weißt, kann, weiß, kannst, weiß, kann, können, weiß, weißt

[36.**27**] **Ce qu'un joyeux drille est capable de faire et a le droit de faire.** Notre Gerhard aime avoir le dernier mot. Un jour il se faufile par la porte en passant près de sa mère qui s'en aperçoit au dernier moment. "Tu veux encore une fois partir en douce", dit-elle et lui barra le chemin. "Il faut que j'aille encore vite chez Wolf", répondit-il un peu gêné. "Il faut, tu devrais plutôt dire je veux", le reprit sa mère, "et voilà une heure que tu dois aller me chercher du pain. Quand tu me l'auras apporté, je veux bien que tu files où tu voudras." Ce disant, elle lui mit l'argent préparé dans la main et Gerhard fila chez le boulanger. Quand il revint, il posa le pain sur la desserte, regarda sa mère d'un air narquois et la fit attendre comme s'il voulait dire : "Et maintenant je veux entendre quelque chose." La mère tomba effectivement dans le panneau: "Tu peux filer maintenant", dit-elle. Gerhard dit d'un ton ironique : "Cela je le peux depuis longtemps, mais tu devrais dire : maintenant tu as le droit de sauter." Et hop, il était dehors.

[2.**33**] **1.** Der Mond nimmt ab. **2.** Es hört auf zu regnen. **3.** Der Zug ist eben eingefahren. **4.** Binde den Hund los! **5.** Er hört früh auf. **6.** Die Sonne geht unter. **7.** Mach das Fenster auf ! **8.** Die Reisenden steigen alle aus. **9.** Meine Uhr geht nach. **10.** Er kommt her.

[3.**33**] **1.** weg **2.** los **3.** bei **4.** empor **5.** entgegen **6.** nach **7.** nieder **8.** auf **9.** vorbei **10.** fort

[6.**33**] **1.** Trink dein Glas aus ! **2.** Mach die Tür zu ! **3.** Mach das Fenster auf ! **4.** Hör mir gut zu ! **5.** Laß den Hund los !

[7.**33**] **1.** Es fängt an zu schneien. **2.** Alle Reisenden steigen in den Zug ein. **3.** Die Tage nehmen zu. **4.** Die Sonne geht auf. **5.** Er bindet den Hund fest (an). **6.** Er kommt zurück. **7.** Im Herbst fallen die Blätter ab. **8.** Der Zug fährt um 14 Uhr ab. **9.** Er geht seit einer Viertelstunde hin und her (auf und ab). **10.** Er geht immer voran.

[8.**33**] **1.** Meine Uhr geht vor, deine geht nach. **2.** Er ist fortgelaufen. **3.** Zieh dich schnell an ! **4.** Die Fabrik ist abgebrannt. **5.** Er ist an mir vorbeigegangen, ohne mich anzusehen (-schauen). **6.** Ich konnte das nicht voraussehen. **7.** Er geht durch die Menge hindurch. **8.** Er ist eben heimgekommen. **9.** Sie sind eben fortgegangen. **10.** Was stellt dieses Gemälde dar ?

[2.**35**] mißbraucht, mißtrauen, mißachtet, mißlungen, mißverstanden

[6.**35**] **1.** empfangen **2.** mißfallen **3.** erholt **4.** zerrinnt **5.** vergessen **6.** entgangen **7.** bemerken **8.** erschöpft **9.** empfohlen **10.** begreifen

[8.**35**] **1.** Wir begrüßen unsere Gäste. **2.** Ich verspreche dir meine Hilfe. **3.** Er hat mir dieses Geschäft empfohlen. **4.** Zerbrich dir den Kopf nicht ! **5.** Er hat mir seine Reise erzählt. **6.** Ich habe den Zug verpaßt (verfehlt). **7.** Warum hast du dich verspätet ? **8.** Er beklagt sich immer. **9.** Die schlechten Nachrichten verbreiten sich schnell. **10.** Das Haus gehört meinen Großeltern.

[10.**37**] durchgebrochen, durchbrochen **2.** durchgedacht, durchdacht **3.** durchgedrungen, durchdringt **4.** durchgefahren, durchfahren **5.** durchgesetzt, durchsetzt

[11.**37**] **1.** Er hat die Straße überquert. **2.** Am Sonntag ist der Park überlaufen. **3.** Er hat sich die Taschen vollgestopft. **4.** Er ist in den Flammen umgekommen. **5.** Der Garten ist mit einer Hecke umgeben. **6.** Die Katze hat die Vase umgeworfen. **7.** Er hat sein Werk vollendet. **8.** Er hat das Buch umgetauscht. **9.** Er ist in Köln umgestiegen. **10.** Er ist in der Prüfung durchgefallen.

[14.**39**] **1.** befallen **2.** aufgefallen **3.** durchgefallen **4.** ausgefallen **5.** eingefallen **6.** entfallen **7.** gefallen **8.** überfallen **9.** hergefallen **10.** zugefallen

[15.**39**] **1.** entsetzt **2.** besetzt **3.** eingesetzt **4.** ersetzt **5.** durchgesetzt **6.** aufgesetzt **7.** abgesetzt **8.** ausgesetzt **9.** beigesetzt **10.** angesetzt

[16.**39**] **1.** überschlagen **2.** zugeschlagen **3.** nachschlagen **4.** eingeschlagen **5.** durchgeschlagen **6.** abschlagen **7.** ausgeschlagen **8.** beschlagen **9.** aufgeschlagen **10.** vorgeschlagen

[17.**39**] **1.** eingelegt **2.** abgelegt **3.** angelegt **4.** aufgelegt **5.** belegt **6.** erlegt **7.** überlegt **8.** zerlegt **9.** festgelegt **10.** beigelegt

[18.**39**] **1.** ausgezogen **2.** zugezogen **3.** unterzogen **4.** überzogen **5.** eingezogen **6.** verzogen **7.** aufgezogen **8.** angezogen **9.** eingezogen **10.** erzogen

[19.**39**] **1.** eingefahren **2.** aufgefahren **3.** verfahren **4.** abgefahren **5.** überfahren **6.** widerfahren **7.** aufeinandergefahren **8.** befahren **9.** eingefahren (ou abgefahren) **10.** zerfahren

[28.**41**] **1.** widerrufen **2.** durchgesehen **3.** sich durchgesetzt **4.** durchblättert **5.** durchgegriffen **6.** er ist ... durchgefallen **7.** ist durchgebrannt **8.** widerfahren **9.** habe ihn wiedergesehen **10.** durchgefahren

[29.**41**] **1.** übernimmt **2.** überreichte **3.** überbracht **4.** überwacht **5.** übergesetzt **6.** überrascht **7.** greift über **8.** überschwemmt **9.** überarbeitet **10.** übersehen

[30.**41**] **1.** umstellen **2.** ist umgezogen **3.** sieht sich um **4.** geht unter **5.** umschalten **6.** umgekommen **7.** er unterliegt seinem Gegner **8.** geht ...um **9.** unterrichtet **10.** zieht sich oft um

[11.**45**] **1.** Er entledigt sich seines Mantels. **2.** Er erfreut sich eines ausgezeichneten Rufs. **3.** Sie nahm sich seiner an **4.** Er erbarmt sich der Armen. **5.** Er bedient sich des Fahrstuhls.

[12.**45**] **1.** Du schmeichelst mir. **2.** Es ist mir nicht gelungen. **3.** Ich verlasse mich auf dich. **4.** Ich schäme mich. **5.** Ich sehe dem Spiel zu. **6.** Warum drohst du mir ? **7.** Sie folgt der Mode. **8.** Er hat mir sehr geholfen. **9.** Folge deinen Eltern und deinen Lehrern! **10.** Diese Pflanzen widerstehen der Kälte und dem Regen.

[12.**47**] **1.** Ich verfüge nicht über viel Zeit. **2.** Ich soll diesen Text ins Deutsche übersetzen. **3.** Er vertieft sich in die Arbeit. **4.** Ich habe ihn auf seinen Irrtum aufmerksam gemacht. **5.** Er interessiert sich für [die] Musik. **6.** Er dankt (bedankt sich bei) dir für deinen langen Brief.

[13.**55**] **1.** nach dem **2.** an einen **3.** über den **4.** vor **5.** vor dem **6.** vor den **7.** dem andern **8.** an die **9.** einem **10.** guter **11.** einem **12.** von **13.** aus **14.** der **15.** der

[17.**56**] **1.** Ich habe keine Angst vor dir. **2.** Ich hänge sehr an meiner Uhr. **3.** Er weiß nichts von dieser Geschichte (Sache). **4.** Ich halte zu meinem Freund. **5.** Er schöpft Wasser aus dem Bach. **6.** Er will an dem Ausflug teilnehmen. **7.** Er hat mich damit beauftragt. **8.** Was folgerst du daraus ? **9.** Er verkehrt mit niemand[em]. **10.** Er fürchtet sich vor nichts.

[18.56] Mein lieber Jochen **1.** Ich danke dir für deinen langen Brief. **2.** Du beklagst dich über mein langes Schweigen. **3.** Du weißt doch, daß ich mich auf eine Prüfung vorbereite. **4.** Ich verfüge über wenig Freizeit. **5.** Sie beschränkt sich auf einen Kinobesuch im Monat. **6.** Ich muß auf vieles verzichten. **7.** Ich warte mit Ungeduld auf das Ende dieses Schuljahrs. **8.** Heute abend muß ich einen Text ins Deutsche übersetzen. **9.** Wundere dich also nicht über diesen kurzen Brief ! **10.** Verlasse dich auf mich, sobald es möglich ist, werde ich dich besuchen. Ulrich.

[20.56] **1.** über, darüber **2.** über **3.** um **4.** um **5.** auf, auf **6.** auf **7.** worauf **8.** auf **9.** um **10.** für

[22.56] **1.** Wir sind bei Nacht in dieser Stadt, die wir nicht kannten, angekommen. **2.** Wir haben uns nach einem Hotel erkundigt. **3.** Wir haben uns an das Verkehrsamt gewendet (gewandt). **4.** Wir wollten uns mit einem bescheidenen Zimmer begnügen, um nicht zuviel Geld auszugeben. **5.** Wir staunten über die Preise. **6.** Wir folgten dem Rat eines freundlichen jungen Mädchens. **7.** Wir dankten ihm für seine Hilfe. **8.** Es warnte uns vor den Taschendieben. **9.** Wir traten zusammen in ein Café. **10.** Wir luden es zum Abendessen ein.

[9.59] a) der Löwe, der Schlaf, das Mädchen, das Lamm, der Irrtum, das Spiel, das Kloster, die Woche, das Essen, die Türkei b) der Honig, die Bäckerei, die Zeitung, die Niederlande, das Kalb, das Rätsel, der Reichtum, das Gehen (Laufen), der Hammer, der Schmetterling.

[1.60] **1.** Lorsque l'orgueil paraît, la fortune disparaît. **2.** La prétention profite rarement. **3.** La modestie est la plus belle des parures. **4.** La douceur apaise toute chose. **5.** Distribue une part de tes biens, dépenses-en une autre partie et épargne le reste ! **6.** Plus nombreuses sont les parts, plus petits sont les morceaux. **7.** C'est l'enseigne qui attire le chaland. **8.** Dès qu'ils ont des ailes, les oisillons quittent le nid. **9.** La politesse ouvre toutes les portes.

[2.60] **1.** Il est tellement excité qu'il ne sait par où commencer. **2.** Il fait passer sa mauvaise humeur sur moi. **3.** Elle dansait avec beaucoup de grâce. **4.** Tout le monde admirait sa magnanimité. **5.** Il a toujours eu beaucoup de patience, mais sa longanimité est maintenant épuisée. **6.** Par la douceur tu obtiendras davantage que par la force et la violence (Plus fait douceur que violence). **7.** Depuis longtemps déjà il était dépressif. **8.** Il pense avec nostalgie à son enfance.

[3.61] **1.** Je n'en pense pas moins. **2.** Il a choisi la meilleure part. **3.** La plus grande partie de la forêt a brûlé. **4.** Pour ma part je reste à la maison. **5.** Il a eu sa part. **6.** J'ai lu la première partie de Faust. **7.** La partie méridionale du pays est la plus pittoresque. **8.** Il a terminé la plus grande part de son travail. **9.** Nous habitons le plus beau quartier de la ville. **10.** Je suis une partie de la partie qui à l'origine était le tout, une partie des ténèbres qui enfantèrent la lumière. (Gœthe)

[4.61] Quand nous allons manger ensemble, chacun paie son écot. **2.** Il recherche toujours son avantage. **3.** Il manquait le meilleur joueur, ce fut un gros handicap pour l'équipe. **4.** Paris a 20 arrondissements. **5.** L'Australie est le plus petit continent. **6.** Ce compartiment est occupé. **7.** Il a hérité de son père son talent pour la musique. **8.** Je vais tout de suite te prouver le contraire. **9.** Le juge prononce la sentence. **10.** C'est un jugement de Salomon.

[5.61] **1.** Il a provoqué un scandale public en se baignant tout nu. **2.** Malheur à celui par qui le scandale arrive. **3.** Il éprouve un grand besoin de repos. **4.** Les obsèques eurent lieu dans la plus grande intimité. **5.** J'ai de vieux timbres à l'effigie de l'empereur. **6.** Les négociations n'ont abouti à aucun résultat. **7.** Le voleur a été condamné à une peine de prison. **8.** Ils vivent dans des conditions misérables. **9.** Notre instituteur a de bons rapports avec ses élèves. **10.** Tu t'es rendu coupable d'une grave omission.

[6.61] **1.** Une affliction compatissante et silencieuse agit davantage sur le cœur humain que de nombreuses paroles. **2.** Je l'ai fait avec sa permission. **3.** Mes économies sont à la Caisse d'Epargne. **4.** Quand la lune ne brille pas, les ténèbres sont épaisses. **5.** Il a de vastes connaissances dans le domaine de la musique. **6.** Pendant mon absence mon jardin est devenu une véritable forêt-vierge.

[8.61] **1.** Dieser Mann ist ein guter Kunde. **2.** Die römischen Soldaten trugen einen Schild. **3.** Dieser große Junge ist mein Sohn. **4.** Eine einsame Kiefer stand auf der Heide. **5.** Er trägt einen großen Hut. **6.** Ich habe ein Bund Radieschen gekauft. **7.** Du sollst das Steuer nicht loslassen. **8.** Sein Verdienst ist groß. **9.** Die Tabaksteuer ist erhöht worden. **10.** Ich verbringe meine Ferien an der See.

[9.61] **1.** Er zeigt seinen Unmut nicht. **2.** Asien ist der größte Erdteil. **3.** Das Gericht hat sein Urteil gefällt. **4.** Ich habe Glück, das Abteil ist leer. **5.** Er denkt nur an seinen Vorteil. **6.** Die Demut ist das Gegenteil des Hochmuts. **7.** Ich wohne in einem ruhigen Stadtteil. **8.** Hast du schon eine Sonnen- oder eine Mondfinsternis gesehen ? **9.** In dieser Wildnis begegnete man niemand[em]. **10.** Er hat die Erlaubnis, in diesem See zu angeln.

[6.63] **1.** Unser Haus hat drei Stockwerke. **2.** Kennst du die Worte dieses Lieds ? **3.** Dieser Satz besteht aus fünf Wörtern. **4.** Es ist ein Werk in zwei Bänden. **5.** In diesem Park gibt es viele Bänke. **6.** Mein Freund hat mir gute Ratschläge gegeben. **7.** Ich habe zwei Pfund Kirschen und drei Flaschen Bier gekauft. **8.** Er hat zwei Glas Wein getrunken. **9.** Es war ein Heer von zehnausend Mann. **10.** Zum Geburtstag habe ich zwei Blumesträuße bekommen.

[6.65] **1.** Ich habe zwei Vettern und drei Schwäger. **2.** Meine Freundin hat zwei Mäntel gekauft. **3.** Unsere Nachbarn sind in Urlaub gefahren. **4.** Der Fischer flickt (repariert) seine Netze. **5.** Die Pferde haben keine Nägel, sondern Hufe. **8.** Abends ziehe ich meine Pantoffeln an. **9.** Dieses Hotel hat (verfügt über) 50 Betten. **10.** Ich kann deine Gedanken lesen.

[8.67] **1.** Mein Großvater, der Vater meines Vaters, lebt in Köln. **2.** Der Sohn meines Onkels, mein Vetter Uli, geht in dieselbe Schule wie ich. **3.** Die Eltern meiner Mutter sind jung (früh) gestorben. **4.** Sie hatten einen Sohn, meinen Onkel Heinz, und eine Tochter, meine Tante Erika. **5.** Die Freundin meiner Schwester ist eine sehr gute Schülerin.

[9.67] **1.** Ich habe die Werke Goethes (Goethes Werke), des berühmten deutschen Dichters, gekauft. **2.** Ich habe Goethes Geburtshaus in Frankfurt besichtigt. **3.** Goethe war Schillers Freund. **4.** Mein Freund hat in Heidelberg, einer des ältesten Universitäten Europas, Deutsch studiert. **5.** Was denkt dein deutscher Freund von Paris, der Hauptstadt Frankreichs ?

[9.69] **1.** Du trägst ein schönes Kleid. **2.** Ich habe mir schwarze Schuhe gekauft. **3.** Mein Freund hat breite Schultern. **4.** Er wohnt in einem kleinen Dorf. **5.** Er hat hohes Fieber. **6.** Er hat schöne Ferien verbracht. **7.** Meine große Schwester hat sich gestern verlobt. **8.** Wir haben einen kleinen Spaziergang gemacht. **9.** Hast du vom kalten Krieg sprechen hören ? **10.** Weißt du, wer Karl der Kühne war ?

[7.**71**] **1.** Unsere Katze hat drei kleine Kätzchen. **2.** In vielen kleinen Dörfern gibt es keine Geschäfte. **3.** Der Kölner Dom hat zwei Türme. **4.** Ich habe dir etwas sehr Wichtiges zu sagen. **5.** Hast du die beiden Hunde gesehen ? - Ja, ich habe alle beide gesehen.

[8.**71**] **1.** Er hat mir nichts Interessantes erzählt. **2.** Die Eltern sind ausgegangen, und ihre beiden Kinder sind allein zu Hause. **3.** Hast du mir etwas Schönes mitgebracht ? **4.** Ich bin auf den Turm des Straßburger Münsters gestiegen. **5.** Ißt du [die] Frankfurter Würstchen gern ? **6.** Ich möchte öfter einem solchen Konzert beiwohnen. **7.** Ich habe dir sonst nichts zu sagen. **8.** Hast du diese beiden schönen Bücher gelesen ? **9.** Wir haben mehrere hübsche Städtchen besichtigt. **10.** Viele kleine Dörfer und alle großen Städte haben einen Sportplatz.

[4.**73**] **1.** Mein Vater ist Bäcker. **2.** Er ist ein sehr guter Bäcker. **3.** Bei ihm findet man (gibt es) den ganzen Tag frisches Brot. **4.** Im Juli, dem Urlaubsmonat für viele Menschen, sind die Tage am längsten. **5.** Pfingsten feiert man (wird) 50 Tage nach Ostern (gefeiert). **6.** Die Schweiz ist ein kleines Land, dessen Hauptstadt Bern ich kenne. **7.** Kennen Sie Lothringen ? **8.** Ja, aber ich kenne das Elsaß besser. **9.** Wir wohnen in der Stadt, aber wir haben auch ein Haus auf dem Land. (Landhaus) **10.** (Die) Kinder sollten nicht zuviel Schokolade und Süßigkeiten essen.

[5.**73**] **1.** Bist du hungrig ? Nein, ich bin nicht hungrig (Hast du Hunger ? Nein, ich habe keinen Hunger). **2.** Ich habe französisches Geld, aber kein deutsches [Geld]. **3.** Ich trinke Milch, aber keinen Wein. **4.** Liest du gern ? Ja, aber keine Romane. **5.** Kannst du mir Feuer geben ? Nein, ich habe kein Feuerzeug. **6.** Hast du Zeit, mit mir in die Stadt zu gehen ? **7.** Sie hat sich weiße Schuhe für den Sommer gekauft. **8.** Im Winter trägt sie schwarze Stiefel. **9.** Er hat Fleisch und Gemüse gegessen, aber kein Obst. **10.** Sie spricht laut (mit lauter Stimme).

[6.**73**] **1.** Ich kenne ganz Frankreich, aber nur die Hälfte Deutschlands. **2.** Ich habe viele Bücher, deren Titel ich vergessen habe, gelesen. **3.** Er will seinen Freunden schreiben, deren Anschrift er verloren hat. **4.** Wessen Freund ist Uwe ? **5.** Dieser Mann hat ein gutes Herz.

[7.**73**] **1.** Herr Doktor Müller behandelt uns seit Jahren. **2.** Frau Doktor Springer ist eine ausgezeichnete Studienrätin. **3.** [Der] Kaiser Wilhelm der Zweite hat nach dem ersten Weltkrieg abgedankt. **4.** [Der] König Ludwig der Vierzehnte ließ das Schloß Versailles [er] bauen. **5.** [Der] Kaiser Karl der Große ist in Aachen begraben.

[8.**73**] **Ferien in Italien.** **1.** Ich kenne Italien. **2.** Im Sommer ist es dort am Tage (tagsüber) sehr warm. **3.** Aber nach dem Sonnenuntergang wird die Temperatur angenehm. **4.** Dann kann man Tennis spielen und natürlich Eis essen. **5.** Ich habe Italienisch gelernt, aber ich habe auch Freunde, die Französisch und Deutsch sprechen.

[24.**76**] **1.** Der Bauer pflügt seinen Acker. **2.** Unser Nachbar besitzt einen sehr schönen Hund. **3.** Die Magd half der Bäuerin. **4.** Die Katze hat eine Maus gefangen. **5.** Nach und nach baut der Vogel sein Nest. **6.** Der junge Mann trug ein blaues Hemd. **7.** Man sah in der Ferne den Mast des Schiffes. **8.** Der Jäger hat ein Wildschwein und ein Reh erlegt. **9.** Früher umgab ein Graben die Stadt. **10.** Neben dem Schiff erblickte (sah) man ein kleines Boot.

1. Die Bauern pflügen ihre Äcker. **2.** Unsere Nachbarn besitzen sehr schöne Hunde. **3.** Die Mägde halfen den Bäuerinnen. **4.** Die Katzen haben Mäuse gefangen. **5.** Nach und nach bauen die Vögel ihre Nester. **6.** Die jungen Männer trugen blaue Hemden. **7.** Wir sahen in der Ferne die Masten der Schiffe. **8.** Die Jäger haben Wildschweine und Rehe erlegt. **9.** Früher umgaben Gräben die Städte. **10.** Neben den Schiffen erblickten wir kleine Boote.

[6.**79**] **1.** Herr Schulz hat seinen Regenmantel und Frau Schulz ihren Regenschirm [mit]genommen. **2.** Ist das Ihr Mantel oder ist es meiner (der meine) ? **3.** Es ist nicht meine Arbeit sondern seine (die seine). **4.** Er verbringt die Festtage mit den Seinen. **5.** Jedem seins (das Seine).

[9.**79**] **1.** Ich habe denselben Lehrer wie meine Schwester. **2.** Wir wohnen in demselben Haus wie meine Großeltern. **3.** Dein Vater hat den gleichen Wagen wie wir. **4.** Wir verbringen unseren Urlaub in demselben Hotel wie unsere Bekannten (Freunde). **5.** Sie trägt denselben Mantel wie letztes (voriges) Jahr. **6.** Mein Vater liest jeden Tag dieselbe Zeitung. **7.** Meine Schwester und ich tragen immer die gleichen Kleider. **8.** Er singt immer dasselbe Lied. **9.** Wir besichtigen nicht gern jedes Jahr dieselbe Gegend. **10.** Ich esse nicht gern jeden Tag dasselbe.

[10.**79**] **1.** Ich kenne denjenigen nicht, von dem du mir gesprochen hast. **2.** Sie erwartete eine solche (solch eine) Antwort nicht. **3.** Einen solchen (so einen) Lärm kann ich nicht vertragen. **4.** Hast du schon eine solche (solch eine) Geschichte gehört ? **5.** Was soll ich mit diesem Bleistift [machen] ? Ich kann damit nicht schreiben.

[6.**81**] **1.** Il n'a pas pu venir à cause de toi. **2.** Ils étaient trois. **3.** Je l'ai fait uniquement pour vous. **4.** Te souviens-tu encore de nous ? **5.** Ne te mets pas en peine pour moi.

[7.**81**] **1.** Ich habe es ihm nicht gesagt. **2.** Er weiß, was er will. **3.** Das hat er gesagt (Er hat es gesagt). **4.** Es hat den ganzen Tag geregnet. **5.** Wo ist Ihr Wagen, Herr Müller ? **6.** Das ist mir gleich (egal). **7.** Ich (für meinen Teil) werde kommen. **8.** Ich danke dir. **9.** Ich bitte dich um Verzeihung. **10.** Frage ihn, ob der Wagen ihm gehört.

[9.**81**] **1.** Er ist nicht bei ihm, er ist auch nicht bei ihr. **2.** Sie helfen (sich) einander (gegenseitig). **3.** Sie gehen hintereinander. **4.** Du arbeitest für dich. **5.** Wir arbeiten zusammen. **6.** Er liebt nur sich selbst. **7.** Er hat es selbst gesagt. **8.** Das glaubst du selber (selbst) nicht. **9.** Er sah vor sich hin. **10.** Kenne dich selbst !

[11.**81**] **1.** für einen selbstverschuldeten ... **2.** selbständig. **3.** selbstmörderisch. **4.** selbstgebackenes Brot. **5.** selbstverdienten.

[12.**81**] **1.** Er hat Selbstmord begangen. **2.** Er treibt Selbstkritik. **3.** Er trägt einen seidenen Selbstbinder. **4.** Die Völker wollen das Selbstbestimmungsrecht. **5.** Der zweite Akt dieses Stücks ist nur ein langes Selbstgespräch.

[1.**82**] **1.** Qui veut gagner doit oser. **2.** Qui veut jouer au mouton se fait manger par les loups. **3.** Il faut semer pour récolter. **4.** On ne peut aider celui qui n'accepte pas de conseils. **5.** Qui sème le vent récolte la tempête.

[9.**83**] **1.** welches **2.** wovon **3.** warum **4.** wozu **5.** wozu **6.** wem **7.** mit wem **8.** an welchem **9.** wessen **10.** in welchem

[11.**83**] **1.** In welcher dieser Städte möchtest du leben ? **2.** Aus welchem Grund ist er nicht gekommen ? **3.** Welches Kleid ziehst du morgen Abend an ?

4. Sag mir, welches dieser Bücher du schon gelesen hast ! **5.** Mit welchem deiner Brüder verträgst du dich am besten ? **6.** Welches ist deine Meinung ? **7.** Woher kommt dieser Brief ? **8.** Was für ein Tier ist das ? **9.** Welches sind die ärmsten Länder ? **10.** Welche Blumen gefallen dir am besten ?

[7.**85**] einen, man, einen, einem, einen, einem, man, einem, man.

[8.**85**] **1.** Niemand weiß (Es weiß keiner), wo er ist. **2.** Ich brauche viel Geld, aber ich habe keins. **3.** Keiner kann ihm (Es kann ihm keiner) helfen. **4.** Wenn du etwas brauchst, sag es mir ! **5.** Er wollte etwas sagen, aber keiner hörte ihm zu. **6.** Willst du noch etwas Wein ? **7.** Du hast hier nichts zu sagen. **8.** Dieser Hund gehört niemand[em]. **9.** Es muß doch jemandes Hund sein. **10.** Hast du mit jemand[em] gesprochen ? Nein, mit niemand[em].

[12.**87**] **1.** wem ...dem **2.** wer ...der **3.** wer ...der **4.** wer ...dem **5.** wer ...den **6.** wer ...den **7.** wem ...den **8.** wer ...der **9.** wer ...der **10.** wer ...dem

[17.**87**] **1.** nirgendwo **2.** irgendwo **3.** irgend jemand **4.** niemand **5.** irgendeine

[20.**87**] **1.** Ihr solltet alle um 8 Uhr da sein. **2.** Aber viele sind zu spät gekommen. **3.** Einige sind nicht beizeiten wach geworden (aufgewacht). **4.** Andere haben ihren Bus verpaßt (verfehlt). **5.** Vielleicht ist der eine oder der andere krank.

[11.**91**] **1.** nichts Schöneres **2.** modernere **3.** höheren **4.** nichts Neueres **5.** leichtere

[3.**93**] les sept merveilles du monde, les sept arts libéraux, les quatre éléments, les neuf muses, les quatre saisons, le grand huit, les douze apôtres, la guerre de cent ans, la guerre de trente ans, la première (seconde) guerre mondiale, mille fois merci, les mille et une nuits, un mille-pattes, le plan quadriennal, une voiture à quatre places, un chant à quatre voix, la pause de quatre heures.

[6.**93**] **1.** Der Zug soll in fünf Minuten ankommen. **2.** Er ist nur zwei Tage bei uns geblieben. **3.** Er ist der Vater von fünf Kindern. **4.** Er ist erst dreißig Jahre alt. **5.** Seine beiden Kinder gehen in die Schule. **6.** Die beiden Kinder arbeiten gut. **7.** Er ist stolz auf seine beiden Kinder. **8.** Welches dieser drei Kinder ist das größte ? **9.** Ich sehe diese beiden Kinder jeden Tag. **10.** Diese beiden Kinder sehen sich ähnlich (gleichen sich ou einander).

[8.**93**] **1.** Ich sehe ihn zum erstenmal. **2.** Ich habe ihn zweimal angerufen, er hat nicht ein einziges Mal geantwortet. **3.** Ich habe die Hälfte meiner Bücher verkauft, erstens weil ich keinen Platz mehr hatte und zweitens weil ich Geld brauchte. **4.** Die Hälfte meiner Familie ist in Italien vor dem Ersten Weltkrieg geboren. **5.** Paris zählt mehr als (über) zwei Millionen Einwohner.

[3.**95**] **1.** es, em **2.** em, em **3.** er **4.** er **5.** er **6.** es **7.** en **8.** em **9.** es **10.** es

[8.**95**] **1.** Alle Wege führen nach Rom. **2.** Alles was glänzt ist nicht Gold. **3.** Alle wissen es. **4.** Er kommt jeden zweiten Tag. **5.** Er geht am frühen Morgen fort. **6.** Ende gut, alles gut. **7.** Um nichts in der Welt ginge er allein in den Wald. **8.** Er ist zu allem bereit. **9.** Sie war Mädchen für alles. **10.** Er setzt alles aufs Spiel.

[9.**95**] **1.** Er arbeitet den ganzen Tag. **2.** Er hat das ganze Buch in einer einzigen Nacht gelesen. **3.** Er kennt ganz Europa. **4.** Er hat den ganzen Sommer auf dem Land verbracht. **5.** Nachts ist die ganze Stadt beleuchtet. **6.** Die ganze Gegend ist mit Schnee bedeckt. **7.** Ich habe die ganze Nacht kein Auge zugemacht. **8.** Dieses Hotel ist das ganze Jahr (ganzjährig) geöffnet. **9.** Wir haben den ganzen Winter keinen Schnee gehabt. **10.** Er hat sein ganzes Leben in demselben Betrieb gearbeitet.

[9.**97**] **1.** Als er die Hilfe seiner Kinder brauchte, ... **2.** Da er Deutsch konnte, ... **3.** Da sie das Landleben müde sind, ... **4.** Weil er zu dieser Arbeit nicht fähig ist (diese Arbeit nicht machen kann), ... **5.** Weil er nicht sicher war zu siegen, ...

[10.**97**] **1.** Der Hund ist seinem Herrn treu. **2.** Du siehst deiner Schwester ähnlich. **3.** Er ist unseres Vertrauens nicht würdig. **4.** Ihr Besuch ist mir angenehm. **5.** Deine Arbeit war mir sehr nützlich. **6.** Er ist seiner Sache nicht sicher. **7.** Dieses Kleid schien ihr zu teuer. **8.** Er war seinen Lehrern immer gehorsam. **9.** Er war sich seines Wertes bewußt. **10.** Ich bin diese Arbeit satt (müde) (Ich habe diese Arbeit satt).

[16.**101**] **1.** Er ist zweieinhalb Jahre alt. **2.** Wir können zu viert spielen. **3.** Ich habe ihn diese Woche dreimal gesehen. **4.** Er hat mir zweimal geschrieben. **5.** Das erstemal war er in der Schweiz, das zweitemal in Italien. **6.** Er hat sechs Jahre lang in England gelebt. **7.** Du schreibst schlecht, man kann deine Zahlen nicht lesen, besonders die Dreien und die Achten. **8.** Hunderte von Menschen warteten vor (an) den Kassen des Sportplatzes (Stadions). **9.** Er hat ein Drittel seines Lebens im Ausland verbracht. **10.** Ein Fußballspiel dauert anderthalb Stunden.

[17.**101**] **1.** Tausende von Menschen waren auf dem Marktplatz versammelt. **2.** Sie haben sich seit drei Jahren nicht gesehen. **3.** Er hat eine Million in der Lotterie gewonnen. **4.** Der Monat Februar hat 28 oder 29 Tage. **5.** Er wird bald 10 Jahre alt. **6.** Ich kenne diese beiden Herren nicht. **7.** Sie sind mir beide fremd. **8.** Es scheint mir, als wäre ich einem von ihnen schon einmal irgendwo begegnet. **9.** Keiner von beiden (der beiden) wohnt in unserer Straße. **10.** Man erwartete 500 Personen, es sind Tausende gekommen.

[18.**101**] **1.** Er kennt die besten Restaurants der Stadt. **2.** Er hat den größten Teil seines Lebens im Ausland verbracht. **3.** Welches ist der schnellste Zug von Berlin nach München ? **4.** Ich verbringe meinen Urlaub (meine Ferien) in den schönsten Gegenden Europas. **5.** In Leningrad habe ich eines der schönsten Museen der Walt besichtigt. **6.** Viele Leute behaupten, Paris sei die schönste (herrlichste) Hauptstadt der Welt. **7.** Am Abend strahlt das Fernsehen die besten Sendungen aus. **8.** Er hat mir nicht den geringsten Grund seiner Abwesenheit angegeben. **9.** Je wärmer es ist, je wohler fühle ich mich. **10.** Es ist höchstens zwei Uhr.

[19.**102**] **1.** Das sieht ihm ganz und gar ähnlich. **2.** Er beherrscht das Englische (die englische Sprache) nicht. **3.** Das ist mir neu. **4.** Du machst es dir leicht. **5.** Er hat keine Ahnung davon.

[21.**102**] **1.** Der erste Mai ist immer ein Feiertag. **2.** Er will immer das letzte Wort haben. **3.** Das Bürgertum bildete den Dritten Stand. **4.** Ich habe ein Viertelpfund Butter gekauft. **5.** Das ist in den fünfziger Jahren geschehen (passiert). **6.** Diese Zeitschrift erscheint zweimal im Jahr. **7.** Man spricht jetzt nicht nur von einer Dritten sondern auch von einer Vierten Welt. **8.** Zweimal sechs ist zwölf. **9.** Ich habe doppelt soviel wie du verdient. **10.** Ich komme in zweieinhalb Stunden wieder.

[23.**102**] **1.** Wie alt sind Sie ? Wie groß sind Sie ? **2.** Wie hoch ist der Eiffelturm ? der Kölner Dom ? der Stuttgarter Fernsehturm ? **3.** Wie dick ist diese Mauer ? dieses Brett ? dieses Blech ? **4.** Wieviel wiegen Sie (welches ist Ihr Gewicht ?) **5.** Wie lang ist der Nil ? der Rhein ? die Rhone ? **6.** Welches ist die Bevölkerungszahl von Paris ? von München ? von Bonn ?

[24.**102**] **1.** Er ist zu jedem (allen Leuten) höflich. **2.** Er ist trunken vor Freude. **3.** Er ist zu allem fähig. **4.** Ich bin abhängig von ihm. **5.** Er ist mißtrauisch gegen ihn. **6.** Er war in seine Kusine verliebt. **7.** Er war über sein Verhalten empört. **8.** Ich bin mit deiner Arbeit zufrieden. **9.** Seien Sie mir nicht böse ! **10.** Er ist an diese Arbeit gewöhnt.

[7.**105**] mit hoher ..., gegen einen ..., an die ..., neben seinem ..., an die nächste ..., ohne die ..., für den armen ..., nach einigen Minuten ..., zur Stelle ..., hinter dem ..., dank ihrer schnellen ..., ins nächste ...

[3.**107**] **1.** nächstens (bald) **2.** gleich (sofort) **3.** immer **4.** dauernd **5.** früher (einst, ehemals) **6.** gerade **7.** neulich **8.** Heute ... **9.** nun **10.** dauernd (stets)

[4.**107**] **1.** Bald regnet es, bald schneit es. **2.** Früher waren die Winter kälter. **3.** Damals gingen wir zu Fuß in die Schule. **4.** Mein Freund ist eben fortgegangen. **5.** Heutzutage haben viele Schüler samstags frei. **6.** Kürzlich bin ich meinem Freund beim Bahnhof begegnet. **7.** Ich gehe nicht oft ins Theater. **8.** Er ist wieder in die Schweiz gefahren. **9.** Diese Reise hat lange gedauert. **10.** Inzwischen hat es zu schneien angefangen (begonnen).

[3.**109**] **1.** Ich bin vor vierzehn Tagen gekommen. **2.** Ich werde in acht Tagen kommen. **3.** Wir sind seit acht Tagen hier. **4.** Wir warten schon seit acht Tagen auf Nachricht[en] von dir. **5.** Er kommt jeden Tag. **6.** Er kommt jeden zweiten Tag. **7.** Er hat den ganzen Tag gearbeitet. **8.** Er ist am selben Tag wie ich angekommen. **9.** Silvester ist der letzte Tag des Jahres. **10.** Er ist nur drei Tage geblieben.

[8.**109**] **1.** Ich werde am 15. Mai zwischen 16 und 17 Uhr kommen. **2.** Heute morgen (früh) hat es geschneit. **3.** Letztes (Voriges) Jahr haben wir unseren Urlaub (unsere Ferien) an der See verbracht. **4.** Er ist vorgestern abend fortgegangen. Das nächste Mal gehen wir ins Kino. **5.** Meine Schwester ist [im Jahre] 1968 geboren. **6.** Sonntags schlafe ich bis 10 Uhr. **7.** Zu Ostern werde ich 8 Tage auf dem Land verbringen. **9.** Im Frühjahr (Frühling) sind die Tage fast so lang wie im Herbst. **10.** Es ist nicht Viertel nach drei, sondern Viertel vor drei.

[9.**109**] **1.** Woher kommst du ? Aus dem Wald. **2.** Ich muß zum Frisör gehen. **3.** Er geht durch den Wald. **4.** Gehe vor mir und nicht hinter mir. **5.** Setz dich mir gegenüber. **6.** Er ist mir entgegengekommen. **7.** Er ist im Auto an mir vorbeigefahren. **8.** Er ist nicht an den Strand, sondern ins Schwimmbad gegangen. **9.** Er war schlechter Laune. **10.** Er faßt den Dieb beim (am) Arm.

[15.**111**] **1.** Heute früh (morgen) **2.** Letzten (Vorigen) Monat. **3.** [die] Nächste Woche **4.** Das nächste Mal (Nächstes Mal) **5.** [am] Nächsten Montag. **6.** Bei dieser Gelegenheit. **7.** Jeden Tag. **8.** Jeden zweiten Tag. **9.** bei einbrechender Nacht. **10.** Am nächsten Tag.

[22.**112**] **1.** Es ist heute besonders kalt. **2.** Er ist erst 10 Jahre alt. **3.** Er ist erst um zwei Uhr gekommen und ist nur zwei Stunden geblieben. **4.** Ich habe genug gearbeitet. **5.** Er ist ziemlich groß für sein Alter.

[23.**112**] Wo ist der Hund ? Er ist nicht da. Er hat sich irgendwo versteckt, vielleicht im Garten. Er ist vielleicht auch sonstwo (woanders). Aber ist er draußen oder drinnen ? Ich habe ihn überall gesucht und nirgends gesehen. Da ist er endlich !

[24.**112**] **1.** erst **2.** erst **3.** nur **4.** erst **5.** nur **6.** nur **7.** erst **8.** nur **9.** erst **10.** erst

[25.**112**] im, mit, über, in, wegen, zu, auf, am

[3.**115**] **1.** Man verbilligt Bankkredite. **2.** Man schlägt die Tür nicht zu. **3.** Wie man die Geheimnisse der Welt zutagefördert. **4.** Man soll Schlösser zu Hotels umwandeln. **5.** Wo man die besten Autos der Welt fährt... **6.** Man braucht sie noch. **7.** Man muß Absatzprobleme schnell lösen. **8.** Man ernannte ihn zum Direktor. **9.** Man müßte viele Autos kontrollieren. **10.** Man müßte mehr arbeiten und weniger ausgeben.

[6.**115**] **1.** Il ne veut pas être dérangé pendant son travail. **2.** Il paraît qu'il n'a pas été invité. **3.** Il faut qu'il soit puni. **4.** Il paraît qu'il a été opéré. **5.** Il n'a pas pu être entendu. **6.** Il voudrait qu'on le laisse tranquille. **7.** Il n'est pas permis de lui téléphoner au bureau. **8.** On dit qu'il a été écrasé. **9.** Il doit avoir été surpris. **10.** On a dû le voir.

[10.**115**] **1.** Ihm kann geholfen werden. **2.** Er soll gesehen worden sein. **3.** Es muß ihm verziehen werden. **4.** Du wirst nicht verstanden werden. **5.** Er sollte nicht gestört werden.

[2.**117**] **1.** Er ist sehr früh fortgegangen. **2.** Er ist eben angekommen. **2.** Die Reise war lang. **3.** Ich habe noch nicht mit ihm gesprochen. **4.** Er will schon am Sonntag wieder fortgehen. **5.** Er wird keine Zeit haben, allen seinen Bekannten (Freunden) zu begegnen. **6.** Er hatte zuerst vorgesehen, länger zu bleiben. **7.** Aber seine Arbeit erlaubt es ihm nicht. **8.** Er kommt bald wieder (wird bald wiederkommen), ich hoffe es wenigstens. **9.** Er hat es mir versprochen, aber ich bezweifle es. **10.** Er hält seine Versprechen nicht oft.

[4.**117**] **1.** Cessez ! **2.** En avant, marche ! **3.** Demi-tour ! **4.** Pas de gymnastique ! **5.** Repos ! **6.** Va-t-en ! **7.** Ne te mêle pas de cela ! **8.** N'y touche pas ! **9.** Pose le couteau immédiatement ! **10.** Cours vite chez le boulanger, je te prie, et rapporte-moi un pain !

[6.**117**] **1.** Deck den Tisch ! **2.** Hol Brot beim Bäcker ! **3.** Räume das Geschirr in die Spülmaschine ! **4.** Bring die Zeitung für deinen Vater mit ! **5.** Mach dein Bett ! **6.** Räume das Badezimmer auf ! **7.** Geh nicht fort, ohne das Licht auszumachen ! **8.** Gib dem Hund zu fressen ! **9.** Mach die Fenster und die Türen zu ! **10.** Stell den Fernseher ab !

[5.**119**] **1.** Und wenn er es doch gewesen wäre ! **2.** Und wenn es doch wahr wäre ! **3.** Und wenn er es doch gehört hätte ! **4.** Und wenn er doch kommen dürfte ! **5.** Und wenn wir doch einen Platz bekämen ! **6.** Und wenn er doch anriefe (anrufen würde) ! **7.** Und wenn er doch den Wagen kaufte (kaufen würde) ! **8.** Und wenn Sie doch in Urlaub führen (fahren würden) ! **9.** Und wenn er uns doch recht gäbe (geben würde) ! **10.** Und wenn er das Abitur doch bestanden hätte !

[8.**119**] **1.** Wenn er nur da wäre ! **2.** Wenn er es mir nur gesagt hätte ! **3.** Wenn ich ihn nur sehen könnte ! **4.** Wenn du nur Arbeit finden würdest (fändest) ! **5.** Wenn ich dir nur gehorcht hätte !

[3.**121**] habe gelebt, habe behandelt, habe er geschlafen, habe ihn bestraft, sei dahergebraust, habe gekracht, sei niedergestürzt, seien über ihn hergefallen und hätten ihn bedeckt, aus diesem Grab sei ...gewachsen.

[13.**123**] **1.** Die Zeltplane wird auf der Wiese ausgebreitet. **2.** Die Zeltstäbe werden unter der Plane aufgerichtet. **3.** Die Heringe werden in die Erde eingeschlagen. **4.** Die Zeltschnüre werden an den Zeltpflöcken festgebunden. **5.** Ein Graben wird um das Zelt ausgehoben. **6.** Stroh wird auf dem Boden verteilt. **7.** Die Schlafsäcke werden über dem Stroh ausgerollt. **8.** Das Gepäck wird in einer Zeltecke verstaut. **9.** Ein Wimpel wird an der Zeltstange angebunden.

[17.**123**] **1.** Hier wird nicht geraucht. **2.** Es wird um ein Uhr gegessen. **3.** Dieses Buch ist in fünf Sprachen übersetzt worden. **4.** Er ist entlassen worden. **5.** Dieser Hund ist nicht geimpft worden. **6.** Hier werden Forellen gezüchtet. **7.** Er ist für seine Arbeit belohnt worden. **8.** Er ist versetzt worden. **9.** Sie ist von einem Hund gebissen worden. **10.** Hier wird nicht geschlafen, hier wird gearbeitet.

[23.**124**] **1.** Die Tür der Kapsel wird von dem Raumfahrer geöffnet. **2.** Er wird vom Sonnenlicht geblendet. **3.** Ein Spezialfilter wird von ihm an seinem Helm befestigt. **4.** Er wird von einer Art Rausch ergriffen. **5.** Er wird vom Abgrund angezogen. **6.** Der Schwung wird von dem Kabel gebremst. **7.** Die Wasserfläche des Kaspischen Meers wird vom Raumfahrer erblickt. **8.** Die Gipfel des Kaukasus werden von ihm entdeckt. **9.** Die Fernsehkamera wird von ihm an der vorgesehenen Stelle der Kapsel befestigt. **10.** Seine Bewegungen können nun von den Fernsehzuschauern auf dem Bildschirm verfolgt werden.

1. ist ... geöffnet worden **2.** ist ... geblendet worden **3.** ist ... befestigt worden **4.** ist ... ergriffen worden **5.** ist ... angezogen worden **6.** ist ... gebremst worden **7.** ist ... erblickt worden **8.** sind ... entdeckt worden **9.** ist ... befestigt worden **10.** haben ... verfolgt werden können

[24.**124**] führe, kämpfe, führe, anstrebe, anspannen und kämpfen werde, sei, bleiben werden, vorgehe, habe, träfen, seien, plane, versprächen, stehe

[3.**127**] **1.** Ce n'est ni chair ni poisson. **2.** Il n'a ni écrit ni téléphoné. **3.** Il ne boit ni vin, ni bière, ni eau de vie. **4.** Il ne savait où donner de la tête. **5.** Elle n'est ni belle ni intelligente.

[4.**127**] **1.** On prend de l'âge et on en apprend tous les jours. **2.** L'âge vous donne toujours des cheveux blancs mais ne vous rend pas toujours sage. **3.** Tel commencement, telle fin. **4.** Pauvres ou riches, devant Dieu nous sommes égaux. **5.** Ne va pas chercher ta femme au bal mais au travail !

[6.**127**] **1.** Dieses arme Kind hat weder Vater noch Mutter. **2.** Entweder du kommst am Sonntag, oder du kommst nicht, du mußt dich entscheiden. **3.** Bald hat er Lust zu arbeiten, bald hat er keine Lust dazu. **4.** Er war den ganzen Winter krank und hat doch (trotzdem) seine Prüfung bestanden. **5.** Er hat nicht nur ganz Deutschland besichtigt, sondern auch die Schweiz und Italien. **6.** Er ist so schlau wie ein Affe. **7.** Ich habe nicht Geld genug für einen Ford, geschweige denn für einen Mercedes. **8.** Mein Bruder ist groß und stark, meine Schwester dagegen klein und kränklich. **9.** Wir haben ein komisches Wetter, bald regnet es, bald scheint die Sonne. **10.** Er spielt nicht nur Klavier, sondern auch Geige, die moderne Musik dagegen, die mag er nicht.

[7.**129**] **1.** Wenn es regnete, würden wir zu Hause bleiben. **2.** Wenn du vor 4 Uhr kämest, wäre ich nicht zu Hause. **3.** Wenn du früher gegangen wärest, wärest du nicht zu spät gekommen. **4.** Wenn du diesen Wagen gekauft hättest, hättest du ein gutes Geschäft gemacht. **5.** Wenn du mir helfen könntest, wäre ich dir dankbar.

[8.**129**] **1.** Wenn du Zeit hättest, könnten wir in die Stadt gehen. **2.** Wenn es kalt wäre, würden wir Feuer machen. **3.** Wenn er heute abend kommen wollte, hätte er mich angerufen. **4.** Wenn er mich erkannt hätte, hätte er mich gegrüßt. **5.** Wenn du es gewußt hättest, hättest du es mir gesagt.

[9.**129**] **1.** Wenn es kalt ist, bleibe ich zu Hause. **2.** Wenn ich Arbeit habe, gehe ich nicht spazieren. **3.** Wenn du kommen kannst, zeige ich dir meine Weihnachtsgeschenke. **4.** Wenn du ihn siehst, grüße ihn von mir ! **5.** Wenn mein Sohn gut arbeitet, kaufe ich ihm eine Schallplatte.

[10.**129**] **1.** Wenn du mich einlädst, komme ich am Sonntag. **2.** Wenn du ihm ein Buch kaufst, liest er es sofort. **3.** Wenn dein Vater eine Schwester hat, hast du eine Tante. **4.** Wenn dein Urgroßvater noch lebt, ist er sehr alt. **5.** Wenn es warm genug ist, gehen wir baden.

1. Wenn du mich eingeladen hättest, wäre ich am Sonntag gekommen. **2.** Wenn du ihm ein Buch gekauft hättest, hätte er es sofort gelesen. **3.** Wenn dein Vater eine Schwester gehabt hätte, hättest du eine Tante gehabt. **4.** Wenn dein Urgroßvater noch gelebt hätte, wäre er sehr alt gewesen. **5.** Wenn es warm genug gewesen wäre, wären wir baden gegangen.

1. Wenn du mich einlüdest, würde ich am Sonntag kommen. **2.** Wenn du ihm ein Buch kauftest, würde er es sofort lesen. **3.** Wenn dein Vater eine Schwester hätte, hättest du eine Tante. **4.** Wenn dein Urgroßvater noch lebte, wäre er sehr alt. **5.** Wenn es warm genug wäre, würden wir baden gehen.

[11.**129**] **1.** Wenn ich gewußt hätte, daß Sie kämen (ihr kämet), hätte ich auf Sie (euch) gewartet. **2.** Wenn du Hunger hast, kannst du einen Apfel essen. **3.** Wenn er früh schlafen ginge, wäre er morgens nicht mehr müde. **4.** Wenn du auf mich hörtest, würdest du weniger Alkohol trinken. **5.** Wenn die Autofahrer langsamer führen, würde es weniger Unfälle geben. **6.** Wenn es diesen Sommer mehr geregnet hätte, wäre die Ernte besser gewesen. **7.** Wenn es jetzt schneite, würden wir an (zu) Weihnachten Ski laufen. **8.** Wenn seine Eltern es ihm erlaubten, würde er jeden Tag ins Schwimmbad gehen. **9.** Wenn die Straßen verschneit wären, würde ich meinen Wagen in der Garage lassen. **10.** Wenn ich den Zug nähme, könnte ich heute abend nicht zu Hause sein.

[1.**130**] **1.** Quand le chat est parti, les souris dansent. **2.** Quand la souris n'a plus faim, la farine est amère. **3.** C'est l'huile qui fait tourner la machine. **4.** Quand les oiseaux savent voler, ils quittent le nid. **5.** Dès qu'on se met à parler, on commence à se tromper. **6.** Qui veut battre son chien trouve toujours un baton (qui veut noyer son chien l'accuse de la rage). **7.** Quand les bergers se disputent, les loups ont partie gagnée. **8.** Pendant que les bergers dorment, on vole la laine des moutons. **9.** L'écho vous renvoie les mots que vous adressez à la forêt. **10.** Rien ne sera bien ni parfait avant que les hommes soient devenus bons et parfaits eux-mêmes.

[8.**133**] **1.** Gib mir deine Anschrift (Adresse), damit ich dir schreiben kann ! **2.** Obschon es schon spät ist, könnten wir doch ins Kino gehen. **3.** Wir könnten vielleicht in die Stadt gehen, es sei denn du hast keine Zeit. **4.** Was er auch sagen mag (sagt), ich werde meine Meinung nicht ändern. **5.** Er spielt so gut Tennis, daß ich ihn nicht schlagen kann.

[20.**136**] **1.** Jeden Abend höre ich mir die Nachrichten an, bevor ich zu Bett gehe. **2.** Nachdem sie das Geschirr gespült hat, sieht meine Mutter fern. **3.** Wenn sie fernsieht, schläft sie oft ein. **4.** Sie ist nicht froh, wenn man sie weckt. **5.** Ich weiß, daß sie abends oft sehr müde ist. **6.** Ich kann dir nicht sagen, ob mein

Vater fernsieht oder seine Zeitung liest. **7.** Er sagt immer, daß er beides zugleich macht (tut). **8.** Ich weiß noch nicht, ob ich heute abend zu Hause bleibe. **9.** Ich gehe ins Kino, wenn der Film mich interessiert. **10.** Ich gehe zu Bett, nachdem ich der ganzen Familie gute Nacht gesagt habe.

[21.**136**] **1.** Ich höre, wie die Vögel singen. **2.** Ich sehe, wie das Flugzeug landet. **3.** Hörst du, wie die Glocken läuten? **4.** Ich sehe, wie das Schiff den Hafen verläßt. **5.** Ich sehe, wie der Hund den Hasen verfolgt.

[22.**136**] **1.** würde ich ihn Wulle taufen. **2.** würde ich ihm ein Halsband kaufen. **3.** würde ich ihm eine Hütte einrichten. **4.** würde ich ihm Fleisch und Gemüse zu fressen geben. **5.** würde ich mit ihm spazieren gehen. **6.** würde ich ihn im Auto mitnehmen. **7.** würde ich ihn einmal in der Woche baden und kämmen. **8.** würde ich ihn nie allein lassen. **9.** würde ich mit ihm wie mit einem Menschen sprechen. **10.** wäre er der klügste Hund der ganzen Stadt.

[3.**141**] **1.** J'ai vu venir la chose. **2.** Il la fait pleurer. **3.** Il mange de bon appétit. **4.** Laisse-le faire ! **5.** Il vient m'aider. **6.** Il vient manger aujourd'hui. **7.** Il aime aller se baigner. **8.** Il va se coucher de bonne heure. **9.** Personne ne vient ouvrir. **10.** La mère envoie son enfant chercher du pain.

[7.**141**] **1.** Ich sehe den Schnee fallen (wie der Schnee fällt, es schneien, wie es schneit). **2.** Wir hören den Wind um das Haus pfeifen. **3.** Er läßt seinen Hund frei [herum]laufen. **4.** Er hört die Uhr acht schlagen. **5.** Man spürt den Winter herannahen. **6.** Ich habe ihn kommen lassen, um mit ihm zu sprechen. **7.** Sie führt ihre Kinder in den Stadtpark (zum Spielen). **8.** Er hört sich gern sprechen. **9.** Nach der Schule geht er ins geheizte Schwimmbad schwimmen. **10.** Er bleibt lange in der Sonne liegen.

[1.**142**] **1.** Il est plus facile de croire que de réfléchir. **2.** Servir vous apprend à commander (Pour bien commander il faut savoir obéir). **3.** On apprend à filer en regardant les araignées (c'est en forgeant qu'on devient forgeron). **4.** La parole est d'argent, le silence est d'or. **5.** Se taire et réfléchir ne peut blesser personne. **6.** Le silence est aussi une réponse. **7.** Emprunter est cause de souci. **8.** Il est plus difficile de conserver ce que l'on a que de l'acquérir. **9.** Il est plus facile d'économiser que de conserver. **10.** Poser des questions vous rend intelligent (C'est en questionnant qu'on s'instruit).

[2.**142**] **1.** Ça passe ou ça casse. **2.** Il va déjeuner dans un restaurant. **3.** Il a encore des difficultés pour lire. **4.** Il y a plus de joie à donner qu'à recevoir. **5.** Il est plus facile de commander que de demander.

[9.**143**] **1.** Ich habe ihn beim Lesen überrascht. **2.** Er ist beim Fernsehen eingeschlafen. **3.** Er verliert immer beim Kartenspielen. **4.** Er kam unter einen Wagen beim Überqueren der Straße. **5.** Er hat sich beim Baden erkältet.

[11.**143**] **1.** Er ißt mit seinen Kindern zu Mittag, anstatt in der Kantine zu essen. **2.** Um mit ihnen essen zu können (Damit er mit ihnen essen kann), fährt er mit der U-Bahn nach Hause. **3.** Er verläßt das Haus nicht, ohne seine Zeitung gelesen zu haben. **4.** Manchmal hört er sich die Nachrichten an, anstatt seine Zeitung zu lesen. **5.** Er nimmt sich Zeit, um zu wissen, was in der Welt geschieht.

[12.**143**] **1.** Er hat seine Heimat verlassen, um im Ausland zu arbeiten. **2.** Er hat lange gesucht, ohne eine interessante Arbeit zu finden. **3.** Es ist schwer, in Deutschland zu arbeiten, ohne Deutsch [sprechen] zu können. **4.** Anstatt seine Ferien in Frankreich zu verbringen, hat er Deutsch gelernt. **5.** Man muß viel arbeiten, um fließend Deutsch zu sprechen.

[1.**144**] **1.** Les ivrognes et les enfants disent la vérité. **2.** Ceux qui savent ne disent rien, ceux qui parlent ne savent rien. **3.** Les amoureux sont toujours en avance sur l'heure. **4.** Le passé est le futur d'aujourd'hui. **5.** Le travail accompli, il fait bon se reposer.

[7.**145**] **1.** wohnenden **2.** erwartete **3.** überfüllten **4.** erreichenden **5.** marschierende

1. Die Leute, die im Gebirge wohnen ... **2.** Den Schnee, den viele Wintersportler erwarten ... **3.** Die Berghotels, die im Winter manchmal überfüllt sind ... **4.** Die Dörfer, die bei Schnee schwer zu erreichen sind ... **5.** Menschen, die fröhlich marschieren ...

[8.**145**] **1.** ...den um 8 Uhr abfahrenden Zug. **2.** ...auf den erst eine Stunde später abfahrenden Zug. **3.** Der aus Hamburg kommende Zug ... **4.** Die auf dem Bahnsteig wartenden Reisenden ... **5.** ...der von den Leuten erwartete Zug.

[4.**147**] **1.** Liest du gern ? **2.** Haben Sie (Habt ihr) Ihr (euer) Haus verkauft ? **3.** Hast du viele Freunde ? **4.** Seht ihr oft fern ? **5.** Geht sie heute in die Stadt ? **6.** Komm doch ! **7.** Arbeite doch ein bißchen (etwas) besser ! **8.** Hör mir doch zu ! **9.** Halten Sie (Haltet) doch den Mund (Ruhe ! Still !) ! **10.** Sag mir endlich die Wahrheit !

[9.**147**] **1.** Er hat nicht länger bleiben können. **2.** Ich weiß jedoch nicht, warum er nicht hat länger bleiben können. **3.** Er wollte kommen und ich frage mich, warum er nicht hat kommen können. **4.** Mein Sohn ist um vier Uhr nach Hause gekommen, hat eine Tasse Milch getrunken und ist sofort wieder gegangen. **5.** Er steht immer sehr früh auf, aber geht spät schlafen (zu Bett). **6.** Was machst du bei diesem schlechten Wetter draußen ? **7.** Warum machst du so, als ob du mich nicht hörtest (hören würdest) ? **8.** Antworte mir endlich. **9.** Ob du heimkommst oder nicht, ist mir schließlich egal. **10.** Aber beklage dich nicht, wenn es zu spät ist !

[7.**149**] **1.** Ich habe sie ihm gebracht. **2.** Ich habe ihnen geschrieben. **3.** Ich habe sie ihm abgenommen. **4.** Ich habe sie ihm angeboten. **5.** Ich habe ihn ihr vorgelesen.

[8.**149**] **1.** Ich leihe dir dieses Buch, ich leihe es dir. **2.** Er hat mir deine Anschrift (Adresse) gegeben, ich sage, daß er sie mir gegeben hat. **3.** Das Kind hat die Katze nicht gesehen. Seine Mutter hat sie ihm gezeigt. **4.** Ich brauchte neue Schuhe, mein Vater hat sie mir gekauft. **5.** Du kennst diese Geschichte nicht. Ich habe sie dir aber schon erzählt.

[9.**149**] **1.** In Deutschland bringt der Weihnachtsmann den Kindern ihre Geschenke am 24. Dezember. **2.** Die Erwachsenen bekommen ihre Geschenke auch an diesem Tag. **3.** Der Weihnachtsbaum steht am schönsten Platz des Wohnzimmers. **4.** Der Osterhase legt bunte harte Eier und kleine Osterhäschen aus Schokolade in die Gärten. **5.** Die Kinder suchen sie mit fröhlichem Geschrei (und schreien dabei vor Freude).

[10.**149**] **1.** Der Fußball zieht Tausende von Zuschauern auf die Sportplätze. **2.** Die Schüler gehen nur vormittags in die Schule, am Nachmittag treiben sie Sport. **3.** Sie machen das Abitur nach dem 13. Schuljahr. **4.** Aber viele verlassen die Schule vor dem Abitur. **5.** Sie wollen einen Beruf lernen und suchen eine Lehrstelle bei einem Meister.

[7.**151**] **1.** Dieses Buch finde ich nicht interessant. **2.** Ich lese nicht gern und habe auch keine Zeit dazu. **3.** Abends sehe ich nicht oft fern. **4.** Ich spiele nicht jeden Nachmittag Tennis. **5.** Wir kaufen nicht viel im Supermarkt.

[8.**151**] **1.** Es ist schon lange her. **2.** Er lebt noch. **3.** Ich kenne ihn. **4.** Wir haben einen Wagen. **5.** Was du erzählst, wußte ich schon.

[9.**151**] **1.** Er geht seit acht Tagen nicht in die Schule. **2.** Er hat kein Fieber mehr. **3.** Aber der Arzt will nicht, daß er aufsteht. **4.** Er bleibt nicht gern im Bett [liegen]. **5.** Er will weder Fleisch noch Gemüse essen. **6.** Er sieht nicht gut aus. **7.** Er weiß nicht, was er machen (anfangen) soll. **8.** Lesen interessiert ihn nicht. **9.** Radio hören gefällt ihm nicht. **10.** Er kann doch nicht den ganzen Tag schlafen.

[10.**151**] **1.** Ich trinke weder Wein noch Bier. **2.** Er geht nie[mals] ins Kino. **3.** Wir haben keinen einzigen Freund in dieser Stadt. **4.** Ich suche meine Schlüssel und finde sie nirgends. **5.** Ist dein Bruder noch in Paris ? **6.** Er ist schon lange nicht mehr dort. **7.** Ich habe keine Zeit zum Lesen. **8.** Ich erwarte Freunde, aber es ist niemand (niemand ist) gekommen. **9.** Wir haben sie schon lange nicht gesehen. **10.** Er ist noch nie[mals] in Urlaub gefahren.

[11.**151**] **1.** Tu attends, n'est-ce pas ? **2.** Pas que je sache. **3.** Je ne pensais pas à toi mais à ton frère. **4.** Ne pas toucher s'il vous plaît ! **5.** Ne pas donner à manger aux animaux (inscription sur les cages du zoo). **6.** C'est incroyable. **7.** Interdit de fumer. **8.** Ne pas renverser, attention fragile ! (inscription sur les paquets) **9.** Et pas toi ! **10.** Qu'est-ce qu'il ne faut pas voir !

[18.**154**] **1.** Nach dem Abendessen setzen wir uns in einen Sessel, um fernzusehen. **2.** Großmutter sieht selten fern, ohne einzuschlafen. **3.** Samstags abends spielen wir mit den Kindern Karten, anstatt fernzusehen. **4.** Wir verbringen selten einen Sonntag, ohne Bekannte (Freunde) einzuladen. **5.** Wir finden es sehr angenehm, gute Freunde zu empfangen.

[22.**154**] **1.** Ich habe nichts gehört. **2.** Er ist noch nicht da. **3.** Das ist mir noch nicht oft passiert. **4.** Niemand hat angerufen. **5.** Ich denke nicht daran. **6.** Er hat nicht viel Zeit. **7.** Ich möchte kein Eis. **8.** Das soll er nicht gesagt haben. **9.** Er hat mir nicht die ganze Geschichte erzählt. **10.** Er fährt nicht nach Köln.

[27.**155**] **1.** Sie haben kein Auge für die hellerleuchteten Schaufenster. **2.** Auf die abwechselnd rot unf grün werdende Ampel. **3.** Keiner der unbeweglich am Steuer sitzenden Fahrer. **4.** Die durch die Straßen der Stadt fahrenden Fahrer. **5.** Das absolute Autorität ausübende rote Lämpchen. **6.** Die hier kommandierende Ampel. **7.** Selbst der über die Straße gehende Fußgänger. **8.** Die nach dem Krieg erbauten Städte. **9.** Die ihnen fehlende Seele. **10.** Die in diesen Städten wohnenden Leute.

[1.**161**] **1.** Er hat dort seine Kindheit verbracht. **2.** Ich bin für niemand[en] da. **3.** Und du, gehst du ins Kino ? **4.** Ich verzichte darauf. **5.** Ich werde es nicht versäumen (Ich werde es ausrichten) **6.** Ich lege großen Wert darauf. **7.** Er ist damit einverstanden (Er gestattet es). **8.** Er versteht sich darauf. **9.** Denken Sie daran ! **10.** Ich war dabei (dort).

[2.**161**] **1.** Es sind fünf Kilometer [bis] zum Dorf. **2.** Was ist los ? **3.** Es reicht nicht für alle. **4.** Es gibt Leute, die nie[mals] zufrieden sind. **5.** Was gibt's Neues ? **6.** Vor acht Tagen war ich noch in Berlin. **7.** Es war vor acht Tagen (Es sind acht Tage her). **8.** Vor zwanzig Jahren konnte man in der Stadt leicht parken. **9.** Er ist seit zwei Jahren krank. **10.** Es ist niemand zu Hause.

[3.**161**] **1.** An diese Reise werde ich mich erinnern (Diese Reise werde ich nicht vergessen). **2.** Was für (Welch') schöne Äpfel (Sind das schöne Äpfel) ! Gib mir einen [davon] ! **3.** Ich verlasse mich auf Sie. **4.** Man spricht davon. **5.** Daraus (Darüber) könnte man einen Roman machen (schreiben). **6.** In die Stadt gehen ? Ich komme ja eben daher (von dort). **7.** Niemand erinnert sich daran. **8.** Ich freue mich darüber. **9.** Es ich [noch] keiner daran (davon) gestorben. **10.** Dazu (Soweit) wird es nicht kommen.

[4.**161**] **1.** Er geht nicht davon ab. **2.** Ich bin stolz darauf. **3.** Ich bin es satt (Es genügt mir) (Ich habe genug davon). **4.** Dazu ist er imstande. **5.** Daran (Davon) könnte er sterben. **6.** Rechnen Sie nicht damit ! **7.** Ich arbeite eifrig daran. **8.** Berühren Sie das nicht ! (Lassen Sie die Hände davon) ! **9.** In diesem Wald gibt es viele Wildschweine. **10.** Er soll (mag) nur kommen !

[5.**161**] **1.** Er ist vor zwei Jahren fortgegangen. **2.** Was für einen reicht, reicht auch für zwei. **3.** Er wohnt nicht in Frankreich, sondern in der Schweiz. **4.** Es ist kein Brot mehr da. **5.** Es gab nichts zu trinken. **6.** Meine Handtasche ist aus Leder. **7.** Flaschen ? Ja, ich habe noch welche. **8.** Ich bin dessen sicher. **9.** Du kannst den Wagen nehmen, ich brauche ihn nicht. **10.** Hast du Geld ? Ich habe keins.

[1.**161**] A. **1.** Wem hilft Irene im Supermarkt ? **2.** Wohin gehen diese Kundinnen ? **3.** Woher kommt Irene zurück ? **4.** Worum bat die Leiterin die junge Frau ? **5.** Wessen Arbeit ist eintönig ?

B. die, wird, ist, Damit, kann

C. **1.** einer müsse es ja machen. **2.** sie werde dafür zu schlecht bezahlt. **3.** sie blieben unter sich. **4.** Irene solle sofort Wasser holen. **5.** sie wolle dort putzen.

[2.**162**] A. **1.** Nachdem er lange nachgedacht hat, schreibt Hans an seinen Vater. **2.** Hans hat Angst davor, den Direktor wiederzusehen. **3.** Da er schlechte Noten bekommt, wird Heilner als schlechter Schüler angesehen.

B. **1.** Hans Giebenraths Reaktion kann man verstehen. **2.** Der Direktor möchte die Freundschaft zwischen Giebenrath und Heilner zerstören. **3.** Hans mußte schweigen.

C. dessen, s, e, em, en, en, n, daran, es, em, er, von, zu

D. **1.** Wem hat der Direktor die Hand gedrückt ? **2.** Mit wem möchte er ein wenig reden ? **3.** Woran erinnert er sich noch viele Jahre später ? **4.** Wohin wird Giebenrath am Ende des Schuljahrs wieder gehen ?

E. **1.** Der Direktor bittet Hans darum, mit Heilner nicht mehr zu verkehren. **2.** Da Giebenrath und Heilner treue Freunde sind, treffen sie sich jeden Tag.

[3.**161**] **1.** auf den er sich verlassen kann. **2.** deren Arbeiter nie entlassen werden. **3.** mit deren Arbeit er sich zufriedengeben kann. **4.** der er trauen kann. **5.** dessen Geschäfte gar nicht blühend sind. **6.** denen er gekündigt hat.

C. **1.** Nein, nicht alle Arbeiter waren so enttäuscht wie Werner. **2.** Nein, Werner konnte keine andere Arbeit finden. **3.** Nein, Werner hat nichts Falsches gemacht. **4.** Nein, Carmen hat die Hoffnung noch nicht verloren. **5.** Nein, Werner hatte noch nichts gefunden. **6.** Nein, Carmen gab der Sekretärin die Tasche nicht.

[4.**162**] A. **1.** Hassan wird von einem Mann angesprochen. **2.** Der Mann wird von Hassan eingeladen. **3.** Er ist von seiner Freundin verlassen worden. **4.** Er darf nicht zu streng beurteilt

INDEX ALPHABÉTIQUE

(Les chiffres renvoient aux pages)

Imprimé en France par I.M.E. - 25110 Baume-les-Dames - D.L. : Octobre 2002
N° éditeur : 10098356-(III)-(9,7)-(CABL 90)

werden. **5.** In seiner Firma sind letztes Jahr 150 Angestellte entlassen worden. **6.** Wie können solche Probleme gelöst werden ?

B. **1.** er, er, en **2.** enen **3.** em, er **4.** em, n, m, e **5.** essen

C. **1.** wenn er seine Eltern besuchen könnte. **2.** wenn er in der Bundesrepublik weiterstudieren dürfte. **3.** wenn er in einem Studentenheim wohnen könnte. **4.** wenn die Leute keine Vorurteile hätten.

D. er habe an einer deutschen Universität studiert, er sei aber kurz nach der Revolution in den Iran zurückgekehrt. Er habe beim Aufbau einer neuen, gerechteren Gesellschaft mithelfen wollen. Ein Jahr später sei er gerade noch davongekommen, bevor man ihn habe verhaften wollen. Seither lebe er in der Bundesrepublik. Seine Freunde seien im Gefängnis, und seine Eltern könnten ihm kein Geld schicken.

[5.**163**] A. Als ich an diesem Tag erwachte, sagte mir Mutter, ich müsse den Tisch decken. Es dauerte ein paar Stunden, bis wir mit allen Vorbereitungen fertig waren. Bald kamen unsere Gäste, alle schwarz gekleidet, an. Nachdem meine Eltern sie begrüßt hatten, wurde ihnen das Essen serviert. Ich wunderte mich über das gute Benehmen der Zigeuner, da meine Eltern soviel Böses über sie gesagt hatten. Wenn sie gewöhnliche Gäste gewesen wären, hätten sich die Eltern an ihren Tisch gesetzt. So fand ich es dumm, daß sie sich so wenig um die Zigeuner kümmerten. Ich aber blieb bei ihnen und lernte so einen freundlichen jungen Mann kennen, von dem ich herzlich eingeladen wurde, ihn gelegentlich zu besuchen.

B. er,aus, er, lange, an, en, en, en, habt, lernte, en, en, en, n, em, auf, en, auf, e, vor, ist, von, hören, über

[6.**163**] A. er, wäre, dem, um, e, ihr, zu, daran, es

B. **1.** leider **2.** darunter **3.** bis **4.** wollen

C. **1.** Obwohl sie traurig war, ... **2.** Sie mußte sitzen bleiben, weil sie schlechte Noten hatte. **3.** Nachdem sie lange gewartet hatte, ... **4.** Die Mutter wußte über alles Bescheid, seitdem sie mit der Sozialschwester gesprochen hatte.

[7.**164**] A. **1.** Nachdem er den Brief gelesen hatte, weinte Rolf. **2.** Da die Mutter weg ist, kocht er das Mittagessen. **3.** Obwohl die Mutter bald zurückkommen will, wollen die Brüder heimlich in den Westen fahren. **4.** Während Werner seinem Bruder seinen Fluchtplan erklärte, hörte ihm Rolf atemlos zu. **5.** Rolf und Werner gehen durch unbelebte Straßen, damit sie niemand bemerkt.

B. en, er, em, von, em, en, em, über, ie, nach

C. **1.** ...zurückkäme, hielte sie das Leben dort nicht mehr aus. **2.** ... nicht gestorben wäre, wäre das Leben für die Mutter leichter (gewesen). **3.** ... nicht gebaut hätte, wäre die Familie nicht getrennt (worden).

D. Rolf tenait à la main la lettre de sa mère, la première lettre depuis cette nuit où le mur avait surgi dans leur ville natale. “Naturellement, nous restons ensemble”, écrivait-elle, “dès que la rougeole de Pétra sera guérie, nous reviendrons.” Rolf remit lentement la lettre dans son enveloppe. Il suffirait de quelques jours pour que nous fassions nous aussi le voyage, pensait-il en préparant son petit déjeuner dans la cuisine.

[8.**164**] B. en, auf, denn, en, en, e, daß, en, konnte, er, en, ohne, Als, ins, Um, hören, im, aber, nachdem

C. **1.** als ob er Elke nich gesehen hätte (als hätte er Elke nicht gesehen). **2.** Sie spricht ihn aber an, so daß er stehen bleibt. **3.** Da dreht er sich um, um sie zu begrüßen. **4.** Er wäre weitergegangen, hätte sie ihn nicht angesprochen (wenn sie ihn nicht angesprochen hätte). **5.** Bevor sie sich trennen, beschließen sie, sich bald wiederzusehen.

[9.**164**] C. saßen, unterhielten, stritten, bist ... geblieben, durften, hättest, antworten, standen, hörten, wußten, warst, sind, behandelt worden, geschwiegen hatte, sprang, möchte, rief, anhören würden, weiß, wird, gefallen, Kommt, soll, wird, dauern

[10.**164**] D. es, e, e, zu haben, em, als, es, ie, er, m, en, woran, als, e